Valériane König

Präzedenzwirkung internationaler Schiedssprüche

Schriften zum Europäischen und Internationalen Privat-, Bank- und Wirtschaftsrecht

---

EIW Band 48

Valériane König

Präzedenzwirkung internationaler Schiedssprüche

Dogmatisch-empirische Analysen zur Handels- und Investitionsschiedsgerichtsbarkeit

DE GRUYTER

ISBN 978-3-11-033461-6
e-ISBN 978-3-11-033465-4

Library of Congress Cataloging-in-Publication Data
A CIP catalog record for this book has been applied for at the Library of Congress.

Bibliografische Information der Deutschen Nationalbibliothek
Die Deutsche Nationalbibliothek verzeichnet diese Publikation in der Deutschen Nationalbibliografie; detaillierte bibliografische Daten sind im Internet über http://dnb.dnb.de abrufbar.

Druck: Hubert & Co. GmbH & Co. KG, Göttingen
♾ Gedruckt auf säurefreiem Papier
Printed in Germany

www.degruyter.com

Dank

Diese Arbeit wurde im Wintersemester 2012/2013 von der Juristischen Fakultät der Humboldt-Universität zu Berlin als Dissertation angenommen. Das Manuskript wurde im Sommer 2012 abgeschlossen, vereinzelt konnten später erschienene Beiträge und Entscheidungen berücksichtigt werden.

Eine Reihe von Personen und Institutionen hat die Entstehung dieser Arbeit unterstützt, wofür ich gerne meinen Dank aussprechen möchte. Dabei richtet sich mein Dank zunächst an die Studienstiftung des deutschen Volkes, die Harvard Law School (Harvard University, Cambridge, MA), das Deutsch-Französische Jugendwerk, die Deutsch-Britische Juristenvereinigung sowie die Mathews-Stiftung für die freundliche Gewährung eines großzügigen Druckkostenzuschusses.

Meinem Doktorvater, Stefan Grundmann (Humboldt-Universität zu Berlin), danke ich vor allem für seine Offenheit, eine die herkömmlichen Fachgrenzen überschreitende Arbeit zu begleiten. Jörn Griebel (Universität zu Köln) danke ich insbesondere für die über die Zweitbegutachtung hinausgehenden wichtigen Impulse und seine fortdauernde Unterstützung. Sehr wertvoll war mir ferner der Austausch mit Christoph Schreuer (Universität Wien) sowie die Anregungen von William W. Park (Boston University), Gabrielle Kaufmann-Kohler (Université de Genève), Emmanuel Gaillard (Université Paris XII) und August Reinisch (Universität Wien).

Besonders danken möchte ich Thomas Reiberling für die kritische Durchsicht weiter Teile dieser Arbeit. Für die Korrektur des Manuskripts sowie für seine stete persönliche Unterstützung danke ich schließlich von Herzen Andree Michaelis.

Inhalt

Abkürzungsverzeichnis

A. A.	Andere(r) Ansicht
AAA	American Arbitration Association
A. A. Yb.	Austrian Arbitration Yearbook
Abs.	Absatz
AC	Law Reports, Appeal Cases
All ER	All England Law Reports
Am. J. Comp. L.	American Journal of Comparative Law
Am. Rev. Int. Arb.	American Review of International Arbitration
Am. U. Int. L. Rev.	American University International Law Review
Arb.	Arbitration
Arb. Int.	Arbitration International
Art.	Artikel
ASA	Association Suisse de l'Arbitrage/Swiss Arbitration Association
ASA Bull.	ASA Bulletin
ASA SpS	ASA Special Series
Aufl.	Auflage
Bd.	Band
Berkeley J. Int. L.	Berkeley Journal of International Law
BGB	Bürgerliches Gesetzbuch
BGBl.	Bundesgesetzblatt
BGH	Bundesgerichtshof
BGHZ	Entscheidungen des Bundesgerichtshofs in Zivilsachen
BIT	Bilateral Investment Treaty
BTW	Beiträge zum Transnationalen Wirtschaftsrecht
B. U. Int. L. J.	Boston University International Law Journal
B. U. L. Rev.	Boston University Law Review
Bull. civ.	Bulletin des arrêts des chambres civiles de la Cour de cassation
Bull., A.P.	Bulletin des arrêts de la Cour de cassation, Assemblée plénière
Bull. info.	Bulletin d'information de la Cour de cassation
Bus. L. Int.	Business Law International
BVerfG	Bundesverfassungsgericht
CA	Cour d'appel
Cah. arb.	Cahiers de l'Arbitrage
Clunet	Journal du droit international (Clunet)
Colum. J. Trans. L.	Columbia Journal of Transnational Law
CLR	Commonwealth Law Reports
DAB	Dispute Adjudication Board
D. Chron.	Recueil Dalloz, Chronique
Disp. Res. J.	Dispute Resolution Journal
DIS	Deutsche Institution für Schiedsgerichtsbarkeit e.V.
DIS-SchO	DIS-Schiedsgerichtsordnung vom 01.07.1998
EJIL	European Journal of International Law
Emory L. J.	Emory Law Journal
ERA	Einheitliche Richtlinien und Gebräuche für Dokumenten-Akkreditive

EÜH	Europäisches Übereinkommen über die internationale Handelsschiedsgerichtsbarkeit vom 21. 04. 1961, BGBl. 1964 II, 426.
EuGH	Europäischer Gerichtshof
EVÜ	Übereinkommen von Rom über das auf Schuldverhältnisse anzuwendende Recht vom 19. Juni 1980, BGBl. 1986 II, 109
EWCA	England and Wales Court of Appeal Decisions
FIDIC	Fédération Internationale des Ingénieurs Conseils
Fordham Int. L. J.	Fordham International Law Journal
Fordham L. Rev.	Fordham Law Review
GG	Grundgesetz
Gaz. Pal.	Gazette du Palais
Geo. L. J.	Georgetown Law Journal
Geo. J. Int. L.	Georgetown Journal of International Law
GLJ	German Law Journal
GVG	Gerichtsverfassungsgesetz
Harv. Int. L. J.	Harvard International Law Journal
Harv. L. Rev.	Harvard Law Review
Hg.	Herausgeber
h. M.	Herrschende Meinung
IAR	International Arbitration Rules (des AAA/ICDR)
IBA Rules	IBA Rules on the Taking of Evidence in International Arbitration
ICC	International Chamber of Commerce
ICC Bull.	ICC International Court of Arbitration Bulletin
ICC Rules	ICC Rules of Arbitration
ICDR	International Centre for Dispute Resolution
ICE	British Institution of Civil Engineers
ICLQ	The International and Comparative Law Quarterly
ICLR	The International Construction Law Review
ICSID	International Centre for Settlement of Investment Disputes
ICSID AR	ICSID Arbitration Rules
ICSID News	News from ICSID (Newsletters)
ICSID Rev.	ICSID Review – Foreign Investment Law Journal
IGH	Internationaler Gerichtshof
IGH-Statut	Statut des Internationalen Gerichtshofs
IILJ WP	Institute for International Law and Justice Working Paper
ILC	International Law Commission
Incoterms	International Commercial Terms
Indian J. Int. L.	Indian Journal of International Law
Ind. L. J.	Indiana Law Journal
Int. Arb. L. Rev.	International Arbitration Law Review
Int. Bus. L. J.	International Business Law Journal
Int. L.	The International Lawyer
Int. Rev. L. Econ.	International Review of Law and Economics
IPR	Internationales Privatrecht
IPRax	Praxis des Internationalen Privat- und Verfahrensrechts
JBl.	Juristische Blätter
JCP	Juris-Classeur périodique (La Semaine Juridique)

J. Int. Arb.	Journal of International Arbitration
J. Int. Disp. S.	Journal of International Dispute Settlement
J. L. Econ.	Journal of Law and Economics
J. L. Soc.	Journal of Law and Society
JWIT	The Journal of World Investment and Trade
JuS	Juristische Schulung
JZ	Juristenzeitung
Kans. L. Rev.	Kansas Law Review
KK	Karlsruher Kommentar zur StPO
L. Econ. Res.	New York University Law and Economics Research Paper Series
Leiden J. Int. L.	Leiden Journal of International Law
Lloyd's Rep.	Lloyd's Reports
LPICT	The Law and Practice of International Courts and Tribunals
L. Pol. Int. Bus.	Law and Policy of International Business
LSE WP	LSE Law, Society and Economy Working Papers
L. Soc. Rev.	Law and Society Review
Mich. J. Int. L.	Michigan Journal of International Law
MLJ	McGill Law Journal
MüKo	Münchener Kommentar
NAFTA	North American Free Trade Association
N. C. L. Rev.	North Carolina Law Review
NJW	Neue Juristische Wochenschrift
Notre Dame L. Rev.	Notre Dame Law Review
N. Y. L. J.	New York Law Journal
NYU WP	New York University Working Paper
Ohio St. L. J.	Ohio State Law Journal
PCA	Permanent Court of Arbitration
Penn. St. Int. L. Rev.	Penn State International Law Review
Penn. St. L. Rev.	Penn State Law Review
Pepp. Disp. Res. L. J.	Pepperdine Dispute Resolution Law Journal
PPS	Perspectives on Psychological Science
RabelsZ	Rabels Zeitschrift für ausländisches und internationales Privatrecht
RDAI	Revue de Droit des Affaires Internationales
RdC	Recueil des Cours
Rev. Arb.	Revue de l'arbitrage
RIW	Recht der internationalen Wirtschaft
RJ	Rechtshistorisches Journal
Rom-I-VO	Verordnung (EG) Nr. 593/2008 des Europäischen Parlaments und des Rates vom 17. Juni 2008 über das auf vertragliche Schuldverhältnisse anzuwendende Recht (Rom I), BGBl. 2009 I, 1574
RTD civ.	Revue trimestrielle de droit civil
Rth	Rechtstheorie
SCC	Stockholm Chamber of Commerce
SchiedsVZ	Zeitschrift für Schiedsverfahren
SFDI	Société française pour le droit international
SGCA	Singapore Court of Appeal
SGHC	Singapore High Court

StPO	Strafprozessordnung
Suff. Trans. L. Rev.	Suffolk Transnational Law Review
Tex. Int. L. J.	Texas International Law Journal
TDM	Transnational Dispute Management
Tul. L. Rev.	Tulane Law Review
UNB L. J.	University of New Brunswick Law Journal
U. M. Int. Comp. L. Rev.	University of Miami International and Comparative Law Review
UNCITRAL	United Nations Commission on International Trade
UNCITRAL-SchO	Schiedsordnung der UNCITRAL
UNIDROIT	International Institute for the Unification of Private Law
UNRIAA	United Nations Reports of International Arbitral Awards
UWG	Gesetz gegen den unlauteren Wettbewerb
Vand. J. Trans. L.	Vanderbilt Journal of Transnational Law
Vand. L. Rev.	Vanderbilt Law Review
Va. J. Int. L.	Virginia Journal of International Law
Vorb.	Vorbemerkung
VVDStRL	Veröffentlichungen der Vereinigung Deutscher Staatsrechtslehrer
VwGO	Verwaltungsgerichtsordnung
WBÜ	Weltbankübereinkommen zur Beilegung von Investitionsstreitigkeiten zwischen Staaten und Angehörigen anderer Staaten, BGBl. 1969 II, 369
Wis. L. Rev.	The Wisconsin Law Review
WLR	Weekly Law Reports
W. M. L. Rev.	William and Mary Law Review
WTO	World Trade Organization
Yale J. Int. L.	Yale Journal of International Law
Y.B. Comm. Arb.	Yearbook Commercial Arbitration
ZaöRV	Zeitschrift für ausländisches öffentliches Recht und Völkerrecht
ZfRSoz	Zeitschrift für Rechtssoziologie
ZGS	Zeitschrift für das gesamte Schuldrecht
ZPO	Zivilprozessordnung
ZRP	Zeitschrift für Rechtspolitik
ZfRV	Zeitschrift für Rechtsvergleichung
ZVglRWiss	Zeitschrift für Vergleichende Rechtswissenschaft

Einführung

Forschungsfeld und Fragestellung

Rechtsstreitigkeiten werden zunehmend vor internationalen Schiedsgerichten ausgetragen. Dabei können sowohl die Handels- als auch die Investitionsschiedsgerichtsbarkeit einen großen Zulauf verzeichnen: So hat sich in den letzten 20 Jahren die Zahl der Anträge zur Durchführung eines Schiedsverfahrens bei dem 1923 unter dem Dach der Internationalen Handelskammer (*International Chamber of Commerce*, ICC) gegründeten Internationalen Schiedsgerichtshof (*International Court of Arbitration*) mehr als verdoppelt.[1] Das erst 1966 mit Inkrafttreten des Weltbankübereinkommens (WBÜ) gegründete Internationale Zentrum zur Beilegung von Investitionsstreitigkeiten (*International Centre for Settlement of Investment Disputes*, ICSID) nahm sechs Jahre später seinen ersten Fall an. Seit 2003 wurden jährlich über 20 neue Verfahren eingeleitet, im Jahr 2011 betreute das ICSID sogar 38 neue Streitfälle.[2]

Zu einer wachsenden Anzahl internationaler Streitigkeiten und einer erhöhten Inanspruchnahme internationaler Schiedsverfahren führte der steigende Welthandel[3] ebenso wie die explosionsartige Vervielfachung von Direktinvestitionen.[4] Hinzu kommt, dass es ein zunehmend dichtes Netz an bilateralen In-

---

1 Gingen im Jahr 1993 noch 352 Anträge zur Durchführung eines Schiedsverfahrens ein, waren es 2000 bereits 541 und zehn Jahre später sogar 793 Anträge, s. ICC, ICC Bulletin, Vol. 22 (1), Statistical Report 2010. Eine Übersicht zur Anzahl der bei den verschiedenen Institutionen eingegangenen Anträge nach Jahrgängen (1993 bis 2007) findet sich bei Born, International Commercial Arbitration – Vol. I, S. 69.

2 Berücksichtigt werden Verfahren nach dem WBÜ sowie nach den Additional Facility Rules, s. ICSID, The ICSID Caseload – Statistics, 2012 (1), S. 8, verfügbar unter: <http://icsid.worldbank.org/ICSID/FrontServlet?requestType=ICSIDDocRH&actionVal=ShowDocument&CaseLoadStatistics=True&language=English31> (zuletzt abgerufen am: 01.07.2013).

3 Zur Entwicklung des weltweiten Warenhandels s. WTO, International Trade Statistics 2009, S. 10, verfügbar unter: <http://www.wto.org/english/res_e/statis_e/its2009_e/its2009_e.pdf> (zuletzt abgerufen am: 01.07.2013). Diese Statistik zeigt, dass der nominale Wert der exportierten Waren 2008 bei 15,7 Billionen US-Dollar lag und damit über hundertmal höher war als im Jahr 1963. Der im Zusammenhang mit der globalen Finanz- und Wirtschaftskrise 2008/2009 gesunkene Wert stieg 2011 auf 17,8 Billionen US-Dollar, s. WTO, International Trade Statistics 2009, S. 14 und 24, verfügbar unter: <http://www.wto.org/english/res_e/statis_e/its2012_e/its2012_e.pdf> (zuletzt abgerufen am: 01.07.2013).

4 Zur Entwicklung der ausländischen Direktinvestitionen s. OECD, Shifting Wealth, S. 81. Aus der dort aufgeführten Statistik ergibt sich, dass sich die laufend getätigten ausländischen Direktinvestitionen von 13 Milliarden US-Dollar im Jahr 1970 auf 207 Milliarden US-Dollar im Jahr 1990 sowie auf knapp 1,98 Billionen US-Dollar im Jahr 2007 erhöht haben. Nach einer krisen-

vestitionsabkommen (*Bilateral Investment Treaties*, BITs) Investoren erleichtert, Verfahren zur Wahrung und Durchsetzung eigener Rechte anzustrengen. Denn hier bedarf es anders als im völkerrechtlichen Fremdenrecht keiner Flankierung durch den diplomatischen Schutz des Heimatstaates. Während dort, dem traditionellen völkerrechtlichen Verständnis entsprechend, nicht dem Einzelnen, sondern lediglich dem souveränen Staat Rechte erwachsen,[5] kann der Investor hier eigene Rechte unmittelbar aus dem zwischen seinem Heimatstaat und dem Anlagestaat abgeschlossenen Investitionsvertrag geltend machen. Mittlerweile existieren bereits über 2800 BITs, von denen eine Vielzahl die Verpflichtung der Anlagestaaten enthält, sich der Schiedsgerichtsbarkeit des ICSID zu unterwerfen.[6] Auf der Grundlage einer solchen BIT-Klausel kann ein Investor dann seine subjektiven Rechte vor einem ICSID-Schiedsgericht geltend machen.[7]

Mit der steigenden Bedeutung der internationalen Schiedsgerichtsbarkeit geht einher, dass die Gerichtsbarkeit zunehmend „privatisiert“ bzw. „entstaatlicht“ wird. Die von Schiedsrichtern entschiedenen Fälle betreffen zentrale Bereiche des Wirtschaftsrechts, teilweise ganze Branchen. Denn in vielen Branchen gibt es kaum noch Vertragsbeziehungen, in denen keine Schiedsabrede getroffen wird. So enthielten bereits vor 15 Jahren über 80 % der Exportverträge im Anlagen- und Maschinenbau Schiedsvereinbarungen.[8] Internationale Bauvorhaben, internationale Energieverträge und der internationale Seehandel sind nur einige der Bereiche, in denen die staatliche Gerichtsbarkeit immer mehr an Bedeutung verliert.[9] Diese Entwicklung wird vor allem dadurch befördert, dass sich die Parteien von der Schiedsgerichtsbarkeit bestimmte Vorteile versprechen. Zu die-

---

bedingten Verringerung stiegen die Direktinvestitionen für das Jahr 2011 wieder auf über 1,5 Billionen US-Dollar, s. UNCTAD, World Investment Report 2012, S. 3, verfügbar unter: <http://unctad.org/en/PublicationsLibrary/wir2012_embargoed_en.pdf> (zuletzt abgerufen am: 01.07.2013).

5 Zum völkerrechtlichen Fremdenrecht s. Ipsen, Völkerrecht, § 50 Rn. 2ff.

6 So weist bereits Arnoldt, Praxis des Weltbankübereinkommens, S. 23, auf über 1000 BITs mit einer solchen Verpflichtung hin.

7 Die Kompetenz des ICSID beruhte in 63 % der im Jahr 2011 geführten Verfahren auf einem BIT, vgl. ICSID, The ICSID Caseload – Statistics, 2012 (1), S. 10, verfügbar unter: <http://icsid.worldbank.org/ICSID/FrontServlet?requestType=ICSIDDocRH&actionVal=ShowDocument&CaseLoadStatistics=True&language=English31> (zuletzt abgerufen am: 01.07.2013).

8 Hirsch, SchiedsVZ 2003, 49; vgl. auch Lionnet, in: FS Sandrock, S. 603.

9 Zu den internationalen Baustreitigkeiten s. insbesondere Kapitel 1 des 2. Teils der vorliegenden Arbeit, zur „international oil and gas arbitration“ s. etwa Bishop, Y.B. Comm. Arb. 23 (1998), 1131 ff., und die Veröffentlichungen des Global Energy Law & Regulation Portal (OGEL), verfügbar unter: <http://www.ogel.org> (zuletzt abgerufen am: 01.07.2013), zum internationalen Seehandel s. Maurer, Lex Maritima.

sen zählt primär ihre enge Verzahnung mit der Handelspraxis,[10] die auch zur Bezeichnung der Schiedsrichter als „juges naturels" des internationalen Handels geführt hat.[11] Immerhin können die häufig von Experten besetzten Schiedskörper den Besonderheiten einer Branche sowie den dort herrschenden Parteiinteressen besonders Rechnung tragen.[12] Damit wird sowohl die Akzeptanz des Schiedsspruchs als auch die Anwendung von Handelsbräuchen erleichtert.[13] Ebenso wird die Neutralität des Forums als wichtiger Vorzug sowohl der Handels- als auch der Investitionsschiedsgerichtsbarkeit angesehen. Gerade in Investitionsstreitigkeiten, bei denen ein Investor gegen seinen Gaststaat vorgehen möchte, wird nach einer neutralen – staatsunabhängigen – Jurisdiktion gesucht.[14]

Der Zuwachs an Schiedsklagen führt zu einer steigenden Anzahl an schiedsrichterlichen Entscheidungen.[15] Diese offenbaren häufige Bezugnahmen auf die frühere Rechtsprechung, obgleich weder ICC- noch ICSID-Schiedsgerichte an frühere Schiedssprüche gebunden sind. Die vorliegende Arbeit untersucht dieses Phänomen. Indem die früheren Entscheidungsbegründungen zur Referenz für spätere Entscheidungen werden, kommt den früheren Entscheidungen eine faktische Präzedenzwirkung zu. Deren genaue Ausprägung lässt sich dabei – so die entscheidende These dieser Arbeit – anhand der jeweiligen Art der Bezugnahme feststellen. Daher wird diese faktische Präzedenzwirkung mit Blick auf ihre Voraussetzungen und die sie prägenden Faktoren ergründet sowie eine Methodik zur Erforschung ihrer konkreten Gestalt entworfen. Damit soll diese Arbeit theoretisch, aber auch empirisch, die zentralen Grundlagen etablieren.

Für die Rechtsfortbildung ist die Präzedenzwirkung von höchster Bedeutung, denn Rechtsfortbildung setzt Präzedenzwirkung voraus: Nur wenn spätere Entscheidungen die Fortentwicklung übernehmen, handelt es sich um eine wirkliche

---

10 So schreibt auch Cremades, Am. J. Comp. L. 31 (1983), 526, 534: „[A]rbitration in the commercial setting has served as a bridge between actual practice and normative aspiration, between commercial reality and the law."

11 Dasser, Internationale Schiedsgerichte, S. 387; ferner Breitenstein, in: FS Sandrock, S. 111, 112.

12 Zur „tailor-made justice" s. Dezalay/Garth, Dealing in virtue, S. 310. S. ferner Franck, Fordham L. Rev. (2005), 1521, 1606; Renner, Zwingendes transnationales Recht, S. 59; Sandrock, in: Rechtsfortbildung, S. 21, 36.

13 Cremades, Am. J. Comp. L. 31 (1983), 526, 534.

14 Lionnet, in: FS Sandrock, S. 603, 606; Schroeder, Lex mercatoria arbitralis, S. 27.

15 Bei der ICC waren es 479 Schiedssprüche allein im Jahr 2010, vgl. ICC, ICC Bulletin, Vol. 22 (1), S. 15. Beim ICSID waren es 96 Schiedssprüche zwischen 2001 und 2010 sowie 14 Schiedssprüche im Jahr 2011, vgl. ICSID, The ICSID Caseload – Statistics, 2012 (1), S. 15, verfügbar unter: <http://icsid.worldbank.org/ICSID/FrontServlet?requestType=ICSIDDocRH&actionVal=ShowDocument&CaseLoadStatistics=True&language=English31> (zuletzt abgerufen am: 01.07.2013).

Rechtsfortbildung. Wenn sich nun Rechtsgebiete nahezu vollständig oder zum Großteil von der staatlichen Judikative abwenden, können staatliche Richter das Recht in jenen Bereichen nicht mehr fortbilden. Vor diesem Hintergrund stellt sich die Frage, ob Schiedsrichter befugt sind, Recht fortzubilden und in welchen Bereichen sowie welchem Umfang sie tatsächlich rechtsschöpfend tätig werden.

Die Präzedenzwirkung von Schiedssprüchen und die Rechtserzeugung durch Schiedsgerichte stehen in der internationalen Handelsschiedsgerichtsbarkeit und in der Investor-Staat-Schiedsgerichtsbarkeit gleichermaßen zur Frage. Dies ist mitunter auf die strukturelle Verwandtschaft beider Bereiche zurückzuführen. Prozessual wurzelt die Investitionsschiedsgerichtsbarkeit in der internationalen Handelsschiedsgerichtsbarkeit, weshalb ihre strukturellen Bedingungen mit Blick auf die Präzedenzwirkung vergleichbar sind. Auf beide lässt sich ferner jene Kritik beziehen, welche in Bezug auf die „offshore justice"[16] geäußert wird und insbesondere die Legitimität privater Rechtserzeugung durch Schiedsgerichte in Frage stellt.[17] Dass Schiedsgerichte der Handelsschiedsgerichtsbarkeit schwerpunktmäßig in anderen Rechtsgebieten agieren als Spruchkörper der Investor-Staat-Schiedsgerichtsbarkeit, steht einer gemeinsamen und vergleichenden Analyse nicht entgegen. Es sind vor allem die einzelnen Rechtsbereiche und weniger die Schiedsgerichtsbarkeiten, die maßgebende Besonderheiten und Unterschiede aufweisen. Entsprechend finden sich selbst innerhalb eines Zweiges der Schiedsgerichtsbarkeit Rechtsgebiete, die kaum Berührungspunkte miteinander teilen. So hat etwa das Recht des internationalen Seehandels (*lex maritima*) mit dem Recht internationaler Bauvorhaben (*lex constructionis*) ebenso wenig gemein wie mit dem internationalen Investitionsrecht. Die Spezifika einzelner Bereiche sprechen daher nicht gegen die gemeinsame Betrachtung der ICC- und der ICSID-Spruchpraxis. Im Gegenteil: Im vorliegenden Kontext ist es gerade von Bedeutung, dass in verschiedenen Rechtsgebieten, die sowohl die Handels- wie auch die Investitionsschiedsgerichtsbarkeit betreffen, jeweils ähnliche Phänomene zu beobachten sind, die mittels empirischer Analyse Schlussfolgerungen zulassen und so den Vergleich der beiden Schiedsgerichtsbarkeiten erlauben.

Die in dieser Studie getroffene Auswahl der Themenbereiche zeigt überdies, dass weder die Handelsschiedsgerichtsbarkeit als rein zivilrechtlich noch die Investitionsschiedsgerichtsbarkeit als rein öffentlich-rechtlich gedacht werden kann. Die dem staatlichen Rechtssystem entstammende Trennung von öffentli-

---

16 Dezalay/Garth, L. Soc. Rev. 29 (1995), 27, 58.

17 Vgl. nur Franck, Fordham L. Rev. (2005), 1521ff.; Jarrosson, in: La procédure arbitrale, S. 263ff.; Tercier, Rev. Arb. 2011, 653ff.

chem Recht und Zivilrecht[18] verliert jenseits des Staates an Berechtigung. Besonders anschaulich ist dies bei Investitionsstreitigkeiten zu beobachten, die sich „in einer Grauzone zwischen (Internationalem) Privatrecht und öffentlichem (Völker)Recht“[19] bewegen. Scheint es bereits auf nationaler Ebene zunehmend schwierig, einzelne Rechtsbereiche zur Gänze entweder dem öffentlichen Recht oder dem Zivilrecht zuzuordnen, so ließe sich ein solches Vorgehen auch mit Blick auf einzelne Gebiete des transnationalen Rechts kaum realisieren.

Beide zu untersuchenden Zweige der internationalen Schiedsgerichtsbarkeit sind aus diesen Gründen Gegenstand der vorliegenden Arbeit. Dabei werden sie gerade in Hinblick auf ihre jeweiligen Gemeinsamkeiten und Besonderheiten untersucht.

Gang der Untersuchung

Den Ausgangspunkt der theoretischen Überlegungen des ersten Teils der Arbeit bildet eine Darstellung der Bedeutung von Präjudizien sowie der richterlichen Rechtsfortbildung im angloamerikanischen, deutschen und französischen Rechtssystem. Darüber hinaus wird der Begriff der Präzedenzwirkung näher bestimmt sowie deren Bedeutung für die schiedsgerichtliche Rechtserzeugung und die Kohärenz der Spruchpraxis kurz skizziert (Kapitel 1). Daran anschließend werden die Voraussetzungen der faktischen Präzedenzwirkung von Entscheidungen internationaler Schiedsgerichte und die sie prägenden Faktoren ergründet (Kapitel 2). Der Entwurf einer Methodik zur Erforschung der konkreten Gestalt der Präzedenzwirkung von Entscheidungen ist dabei ebenso Gegenstand dieser Arbeit wie die Frage nach der Befugnis von Schiedsgerichten, Recht fortzuentwickeln, und die Darstellung der möglichen Bereiche schiedsrichterlicher Rechtserzeugung (Kapitel 3).

Auf diesen dogmatischen Grundlagen aufbauend wird im zweiten Teil der Arbeit die handelsschiedsgerichtliche (Kapitel 1) sowie die investitionsschiedsgerichtliche Spruchpraxis untersucht (Kapitel 2). Für den Bereich der Handelsschiedsgerichtsbarkeit beschränkt sich diese Untersuchung auf die Spruchpraxis der wichtigsten Schiedsinstitution, der ICC.[20] Für die Investor-Staat-Schiedsgerichtsbarkeit gilt dies analog für das ICSID, wobei hier, soweit dies mit Blick auf

18 S. bereits Ulpian: „Publicum ius est quod ad statum rei Romanae spectat, privatum quod ad singulorum utilitatem“, Ulpian Digesten 1. 1. 1. 2.

19 Renner, Zwingendes transnationales Recht, S. 113.

20 Craig/Park/Paulsson, ICC Arbitration, S. 2, bezeichnen die ICC als „the dominant general-purpose institution [...] in the field of international commercial arbitration“.

Entwicklungen im internationalen Investitionsrecht erforderlich ist, vereinzelt auch Nicht-ICSID-Schiedssprüche berücksichtigt werden. Dabei werden für die handelsrechtliche wie für die investitionsrechtliche Schiedsgerichtsbarkeit je eine kompetenzrechtliche und eine materiellrechtliche Themenstellung behandelt. Anhand dieser werden die Präzedenzwirkung der Schiedssprüche, etwaige schiedsrichterliche Rechtsfortbildungen sowie die Kohärenz der Spruchpraxis untersucht.

1. Teil: Dogmatische Grundlagen

Kapitel 1: Präzedenzwirkung – Konzepte im nationalen Recht, Begriff und Bedeutung

I. Die Bedeutung von Präjudizien und die richterliche Rechtsfortbildung im nationalen Recht

Der Gleichheitsgrundsatz gehört „[s]eit der Antike [...] zu den fundamentalen Vorstellungen jeder Rechtskultur".[21] In dem Bestreben, gleichheitstaugliche Entscheidungen zu fällen, orientieren sich staatliche Gerichte an vorangegangenen Entscheidungen.[22] Dies gilt sowohl bei der Rechtsfortbildung wie auch bei der Auslegung und Konkretisierung gesetzlicher Normen.[23]

Die internationale Schiedsgerichtsbarkeit inspiriert sich sehr stark sowohl vom *Common Law* als auch vom kontinentaleuropäischen Recht.[24] Gerade die internationale Handelsschiedsgerichtsbarkeit ist „ein Knotenpunkt, an dem die Fäden unterschiedlicher Rechtstraditionen zusammenlaufen – aber auch neu verwoben werden."[25] Vor diesem Hintergrund soll die Stellung der Rechtsprechung in den unterschiedlichen Rechtssystemen sowie der Umgang mit Präjudizien im Folgenden exemplarisch am Beispiel des angloamerikanischen, des deutschen und des französischen Rechts dargestellt werden.[26] Diese rechtsvergleichende Perspektive dient dabei als Ausgangspunkt für die Untersuchung der Präzedenzwirkung in der internationalen Schiedsgerichtsbarkeit. Die Rolle von

---

21 Luhmann, Recht der Gesellschaft, S. 111. S. auch die dort folgenden Ausführungen zur „Gleichheitsproblematik", auf die hier nicht näher eingegangen werden soll.

22 Kähler, Rechtsprechungsänderung, S. 418; Schilling, Konkretisierungskompetenz und Konkretisierungsmethoden im Europäischen Privatrecht, S. 170.

23 Zur Konkretisierung durch Präjudizien vgl. Schilling, Konkretisierungskompetenz und Konkretisierungsmethoden im Europäischen Privatrecht, S. 178 ff.

24 Vgl. Baum, in: Liber Amicorum Böckstiegel, S. 21 ff.; Böckstiegel, SchiedsVZ 2011, 113 f.; Schlosser, in: Rechtsfortbildung, S. 5, 7: „Deshalb gilt es auch, gleich zu Beginn ein uraltes Vorurteil zu zerstreuen, das von den Bequemen im Geiste in die Welt gesetzt wurde: Common-law-Verfahren und kontinentaleuropäische Prozeduren seien jeweils ein in sich geschlossenes System; es sei unmöglich, Elemente aus dem einen in das andere zu übertragen, ohne daß es dabei zu Friktionen komme. Die Schiedsgerichtsbarkeit beweist gerade das Gegenteil [...]."

25 Renner, Zwingendes transnationales Recht, S. 96.

26 Die rechtsvergleichende Betrachtung nimmt somit jene Rechtsordnungen zum Gegenstand, die den größten Einfluss auf das Schiedsgerichtswesen haben. Aus diesem Grunde wird die völkerrechtliche Gerichtspraxis (namentlich des IGH) nicht in diese einführende Kontextualisierung aufgenommen. Während sich also die dogmatischen Grundlagen dieser Arbeit samt der entwickelten Methodik durchaus auf die völkerrechtliche Spruchpraxis anwenden lassen und damit künftigen Forschungsarbeiten als Fundament dienen, kann diese nicht Teil des Ausgangspunkts der nachstehenden Darstellung sein.

Präjudizien im angloamerikanischen, deutschen und französischen Recht wird daher nicht skizziert, um *Common Law*- und *Civil Law*-Traditionen erneut einander gegenüberzustellen. Die Darstellung der verschiedenen Umgangsformen soll hier vielmehr die graduell unterschiedliche Bedeutung von Präjudizien über die Grenzen der Rechtskreise hinweg aufzeigen und dazu dienen, die Eigenheiten der internationalen Schiedsgerichtsbarkeit vor dem Hintergrund dieser Einflüsse analysieren zu können.

1. Der angloamerikanische Rechtsraum

Im angloamerikanischen Rechtsraum ist ein Präjudiz (*precedent*) eine Gerichtsentscheidung, die eine Autorität für die Lösung von gleichen oder ähnlichen Rechtsfragen darstellt.[27] Es gilt dabei der aus England stammende Grundsatz *stare decisis et non quieta movere,* wonach bei Vorentscheidungen „stehen zu bleiben ist".[28] Die Bindungswirkung geht lediglich von der *ratio decidendi*, also den tragenden Urteilsgründen, aus.[29] Für die Bindungswirkung muss es sich ferner um die *ratio decidendi* einer Entscheidung eines Gerichts handeln, welches das zur Entscheidung berufene Gericht – hierarchisch – überhaupt binden kann.[30] Mit dieser hierarchischen Komponente geht die vertikale Dimension der Präjudizienbindung einher. Gerichte einer niedrigeren Stufe sind danach grundsätzlich an Entscheidungen von Gerichten höherer Stufen gebunden.[31] Die in horizontaler Hinsicht bestehende Präjudizienbindung folgt dagegen keiner bestehenden Hierarchie. Nach dieser sind Gerichte an ihre eigenen früheren Entscheidungen sowie an solche von Gerichten gleicher Stufe gebunden.[32]

Darüber hinaus muss der zugrundeliegende Sachverhalt für den aktuellen Fall einschlägig sein.[33] Somit lassen sich drei konstitutive Elemente der Bindungswirkung von Präjudizien im angloamerikanischen Rechtsraum festhalten: (1) Die

---

27 Entscheidungen über Tatsachenfragen können nicht als Präjudizien herangezogen werden, vgl. Bailey/Ching/Taylor, English Legal System, S. 476.

28 S. bereits die Bracton zugeschriebene Schrift aus dem 13. Jahrhundert, Bracton/Woodbine/Thorne, Laws and Customs of England.

29 Blumenwitz, Einführung, S. 52; Bailey/Ching/Taylor, English Legal System, S. 477.

30 Zander, The law-making process, S. 263.

31 Vgl. dazu Schilling, Konkretisierungskompetenz und Konkretisierungsmethoden im Europäischen Privatrecht, S. 171 f.

32 Vgl. Baker, English legal history, S. 200; Schilling, Konkretisierungskompetenz und Konkretisierungsmethoden im Europäischen Privatrecht, S. 172.

33 Zander, The law-making process, S. 263; Garner, Black's Law Dictionary, Stichwort: Precedent.

Entscheidung muss von einem bestimmten Gericht erlassen worden sein. (2) Es muss sich um die *ratio decidendi* der Entscheidung handeln. (3) Es müssen die zugrundeliegenden Sachverhalte vergleichbar sein.

Doch sind nicht alle Präjudizien bindend (im Sinne von *binding precedents*). *Persuasive precedents* binden die Gerichte nicht. Nichtsdestotrotz kommt ihnen Präzedenzwirkung zu, sind sie doch schließlich „entitled to respect and careful consideration".[34] Gerichte setzen sich hier also inhaltlich mit Entscheidungen auseinander, die zwar formal für sie nicht bindend sind, sie aber überzeugen können.[35] Die Überzeugungskraft (*persuasive power*) von Entscheidungen kann unterschiedlich ausfallen: „It is a truism upon which there is no need to enlarge that dicta are of varying degrees of persuasiveness."[36] Welcher Grad an Präzedenzwirkung den *persuasive precedents* im Einzelfall zukommt, hängt von einer Reihe von Kriterien ab. Zu diesen zählen, welches Gericht entschieden hat, ob die formulierte Regel Teil der *ratio decidendi* ist, welchen Ruf der Richter genießt und ob der Richter des zu entscheidenden Falles der früheren Entscheidung zustimmt.[37] Der Präjudizienwert ist einer Entscheidung mithin nicht immanent. Folglich ist es einem Richter auch nicht möglich, zu verhindern, dass seiner Entscheidung Präzedenzwirkung zukommt.[38] Erst die nachträgliche Auseinandersetzung mit einer Entscheidung vermittelt ihr Präjudizienwert. Lautet die aktuelle Entscheidung dann gleich, so ist die höchstmögliche Präzedenzwirkung (einer nicht bindenden Entscheidung) feststellbar. Lehnt das Gericht die Argumentation der früheren Entscheidung hingegen ab, dann ist ihre Präzedenzwirkung gering. Dass das Gericht an die frühere Entscheidung nicht gebunden ist, bedeutet, dass es frei ist, dieser zu folgen oder nicht zu folgen. Die Überzeugungskraft der früheren Entscheidung ist dann die maßgebliche Größe, auf der die Präzedenzwirkung beruht.

Ob es sich um ein *binding* oder *persuasive precedent* handelt, spielt keine Rolle, wenn der zu entscheidende Fall von der früheren Entscheidung unter-

---

34 Garner, Black's Law Dictionary, Stichwort: Persuasive precedent.

35 Vgl. Klöckner, Grenzüberschreitende Bindung, S. 14.

36 Cross/Harris, Precedent, S. 77.

37 Bailey/Ching/Taylor, English Legal System, S. 512; Blumenwitz, Einführung, S. 54 f.: „Ein wohl durchdachtes Dictum kann hohes Ansehen erlangen, ist aber als solches kein bindender Richterspruch, sondern bestenfalls eine treffende Äußerung zum Problem, die durch das Ansehen des betreffenden Richters oder durch die Überzeugungskraft der Formulierung (der sog. ‚persuasive power') oder der Gedankenführung später Anklang findet; die so formulierte Rechtsregel gewinnt ihre Präjudizienkraft aber auch dann nur vom späteren gleichlautenden Spruch eines Richters, der durch die ‚issues' in seinem Fall zur Stellungnahme gezwungen wurde."

38 Cross/Harris, Precedent, S. 42.

schieden (*distinguished*) werden kann. Der Sachverhalt des aktuellen Falles ist hier mit demjenigen, welcher der früheren Entscheidung zugrunde lag, nicht vergleichbar, sodass die dort entwickelten Prinzipien nicht übertragbar sind.[39]

Neben rein deklaratorischen Präjudizien (*declaratory precedents*), die lediglich bestehende rechtliche Regeln anwenden und sich häufig in eine Folge von Präjudizien einfügen, gibt es originäre Präjudizien (*original precedents*), die eine neue Regel aufstellen, mithin Recht schaffen. Die Übernahme dieser Regel in späteren Entscheidungen als Akzeptanz dieses geschaffenen Rechts stellt eine Fortbildung des Rechts im eigentlichen Sinne dar. Heute ist die richterliche Rechtsschöpfung, die lange Zeit als mit der *stare decisis*-Doktrin nicht vereinbar galt, weithin anerkannt. So heißt es etwa in der *House of Lords*-Entscheidung *Kleinwort Benson Ltd. v. Lincoln City Council:*

> „[W]e all know that in reality, in the common law as in equity, the law is subject of development by the judges – normally, of course, by appellate judges. We describe as leading cases the decisions which mark the principal stages in this development, and we have no difficulty in identifying the judges who are primarily responsible."[40]

Doch wird mittlerweile nicht nur die richterliche Rechtsfortbildung anerkannt, vielmehr wurde auch die *stare decisis*-Doktrin als solche in den letzten Jahrzehnten in der englischen Gerichtsbarkeit ein wenig abgeschwächt.[41] Sie nähert

39 Bailey/Ching/Taylor, English Legal System, S. 515.

40 Kleinwort Benson Ltd. v. Lincoln City Council [1992] 2 AC 349 (377), per Lord Goff of Chievely. S. ferner die House of Lords-Entscheidung Home Office v. Dorset Yacht Co. [1970] AC 1004 (1058), per Lord Diplock: „This function, which judges hesitate to acknowledge as law-making, plays at most a minor role in the decision of the great majority of cases, and little conscious has been given to analysing its methodology."

41 Whittaker, in: Precedent and the law, S. 27, 45: In „England and Wales the very rigid adherence to stare decisis has slightly declined during the past half century. Recently there seems to be more room for divergence." Vgl. dazu Practice Statement (Judicial Precedents), 1966, 1 WLR 266, per Lord Gardiner L.C.: „Their Lordships regard the use of precedent as an indispensable foundation upon which to decide what is the law and its application to individual cases. It provides at least some degree of certainty upon which individuals can rely in the conduct of their affairs, as well as a basis for orderly development of legal rules. Their Lordships nevertheless recognise that too rigid adherence to precedent may lead to injustice in a particular case and also unduly restrict the proper development of the law. They propose, therefore, to modify their present practice and, while treating former decisions of this House as normally binding, to depart from a previous decision when it appears right to do so. In this connection they will bear in mind the danger of disturbing retrospectively the basis on which contracts, settlements of property and fiscal arrangements have been entered into and also the especial need for certainty as to the criminal law. This announcement is not intended to affect the use of precedent elsewhere than in this House."

sich dadurch der von vornherein schwächeren Ausprägung in der US-amerikanischen Gerichtsbarkeit.[42] Hatte sich die Gesetzgebung der einzelnen US-amerikanischen Staaten schon früh vom englischen *Common Law* emanzipiert,[43] ist die Distanzierung gegenüber dem englischen System bei den Gerichten in zweierlei Hinsicht feststellbar: Einerseits haben sich die oberen Gerichte anders als in England nie an eigene Vorentscheidungen gebunden gefühlt, andererseits erwies sich die Maxime der Berücksichtigung sämtlicher einschlägiger Präjudizien aufgrund der immensen Größe des Fallmaterials bald als unrealisierbar.[44]

2. Das deutsche Rechtssystem

Das deutsche Recht kennt grundsätzlich kein Fallrecht im angloamerikanischen Sinne. Die *stare decisis*-Doktrin findet hier keine Anwendung, sodass auch die aus ihr resultierende Bindung an frühere Entscheidungen entfällt. Verstanden als die Bindung der Untergerichte an die tragenden Gründe obergerichtlicher Entscheidungen,[45] stellt sich indes durchaus die Frage, ob und inwieweit auch dieses auf Kodifikation beruhende Rechtssystem eine Präjudizienbindung kennt.

Die deutsche Rechtsordnung sieht vereinzelt eine Bindungswirkung für gerichtliche Entscheidungen vor, etwa in Bezug auf Entscheidungen des Bundesverfassungsgerichts (§ 31 Abs. 1 BVerfGG) und Verweisungsbeschlüsse nach § 17a Abs. 2 S. 3 GVG. Ferner sind die jeweiligen Instanzgerichte an die rechtliche Beurteilung des zurückverweisenden Gerichtes gebunden[46] ebenso wie die anrufenden Senate an Entscheidungen des Gemeinsamen Senats bzw. der Großen Senate.[47] In diesen wenigen Fällen ist die Bindung an Präjudizien gesetzlich festgeschrieben. Von diesen Ausnahmeregelungen einmal abgesehen, ist die Rechtsprechung jedoch „konstitutionell uneinheitlich“ konzipiert.[48]

---

42 Blumenwitz, Einführung, S. 62; Kähler, Rechtsprechungsänderung, S. 215 f. Zur Bedeutung von Präjudizien im US-amerikanischen System s. ferner Summers, in: Interpreting Precedents, S. 355 ff.

43 Zweigert/Kötz, Einführung in die Rechtsvergleichung, S. 235.

44 Zweigert/Kötz, Einführung in die Rechtsvergleichung, S. 255.

45 Diedrich, Präjudizien im Zivilrecht, 89.

46 Vgl. etwa § 563 Abs. 2 ZPO, § 144 Abs. 6 VwGO, § 170 Abs. 5 SGG, § 126 Abs. 5 FGO, § 358 Abs. 1 StPO.

47 Vgl. etwa § 11 Abs. 7 VwGO, § 41 Abs. 7 SGG, § 45 Abs. 7 ArbGG, § 11 Abs. 7 FGO.

48 S. nur BVerfGE 78, 123, 126; 87, 273, 278.

Dennoch sind höchstrichterliche Entscheidungen in der Praxis anerkanntermaßen von großer Bedeutung.[49] Erkennt man in diesem „unleugbare[n] Einflu [ss] der Präjudizien“ mehr als nur „ein rechtssoziologisch interessantes Faktum“,[50] dann ist zu fragen, ob der begrenzten, gesetzlich angeordneten Bindungswirkung eine weite – ggf. auch nur faktische – Bindung an ober- und höchstgerichtliche Entscheidungen gegenübersteht.

Dabei erscheint es zunächst naheliegend, den Einfluss von Präjudizien mit der Rolle des Richterrechts im deutschen Rechtssystem in Verbindung zu bringen. Ob Richterrecht als Rechtsquelle oder bloße Rechtserkenntnisquelle zu betrachten ist,[51] vermag die Frage nach der Präjudizienbindung allerdings nicht zu beantworten: Zwar besteht ein enger Zusammenhang zwischen beiden Fragen, doch führen sie insofern in unterschiedliche Bereiche, als nicht jedes Präjudiz in seiner Entscheidung Richterrecht – im Sinne eines über das bestehende Gesetz hinaus geschaffenen Rechts – beinhaltet.[52]

Lässt sich aus der Charakterisierung des Richterrechts keine Antwort ableiten, so ist zunächst zu prüfen, auf welcher Grundlage eine formelle oder materielle Bindung an Präjudizien fußen könnte. Mit *Kähler* wäre eine formelle Bindung dann zu bejahen, „wenn besondere Anforderungen für die Zuständigkeit, das Verfahren oder die Form einer Rechtsprechungsänderung existier[t]en“.[53] Dies ist unter der *stare decisis*-Doktrin der Fall, doch im Gegensatz zum angloamerikanischen Recht besteht hier keine formelle Befolgungspflicht von Präjudizien. Allenfalls ließe sich eine solche Präjudizienbindung erwägen, wenn eine Ände-

---

49 Vgl. Langenbucher, Richterrecht, S. 2; allgemeiner Zander, The law-making process, S. 215: „It is difficult to conceive a legal system in which precedent plays no part at all.“ Speziell zum deutschen Rechtssystem schreibt Schlüchter, Mittlerfunktion der Präjudizien, S. 47: „Abweichend von der [...] *dogmatischen* Enge in der Präjudizienwirkung haben Vorentscheidungen in der *Praxis* erhebliches Gewicht.“ (Hervorhebungen im Original). Alexy und Dreier heben in diesem Kontext hervor, dass nur wenige Entscheidungen höchstrichterlicher Gerichte gefunden werden könnten, in denen kein Rechtsprechungszitat enthalten sei. Über 95 % der in den untersuchten Entscheidungsbänden enthaltenen Entscheidungen weisen dabei solche Zitationsquote auf, s. Alexy/Dreier, in: Interpreting Precedents, S. 17, 23.

50 So aber Schäffer, Rechtsquellen, S. 69.

51 Im Schrifttum wird dem Richterrecht der Rechtsquellencharakter überwiegend abgesprochen, s. Arndt, NJW 1963, 1273, 1280; Larenz, Methodenlehre, S. 318 ff.; Müller, Richterrecht, S. 110; Starck, VVDStRL 1975, 43 ff.; Wank, JuS 1980, 545 ff.

52 So auch Diedrich, Präjudizien im Zivilrecht, S. 227; Kähler, Rechtsprechungsänderung, S. 289.

53 Kähler, Rechtsprechungsänderung, S. 290.

rung der Rechtsprechung nur im Ausnahmefall möglich wäre.[54] Doch ist eine solche durchaus möglich, ohne dass ein besonderes Begründungserfordernis für Rechtsprechungsänderungen bestünde, aus dem sich eine Präjudizienbindung ableiten ließe.[55] Schließlich ist davon auszugehen, dass eine verbesserte Rechtserkenntnis im Regelfall eine Änderung motiviert.

Auch mit *Krieles* These der präsumtiven Verbindlichkeit von Präjudizien lässt sich keine formelle Präjudizienbindung begründen. Nach dieser sind Präjudizien weder normativ verbindlich noch unbeachtlich, die Begründungspflicht wird jedoch auf das Gericht verlagert, das von ihnen abweichen will.[56] Daraus leitet *Kriele* ab, dass ein Gericht Präjudizien zu folgen hat, wenn es keine überwiegenden Gründe für eine Abweichung hat. Präjudizienvermutung in diesem Sinne bedeutet die widerlegliche Vermutung zugunsten der Richtigkeit eines Präjudizes.[57] Gerade in der grundsätzlichen Widerlegbarkeit dieser Vermutung zeigt sich aber, dass die von *Kriele* begründete These eine Präjudizien*bindung* nicht beinhalten kann.[58]

Besteht also keine formelle Befolgungspflicht von Präjudizien, so ist eine etwaige materielle Bindung an Präjudizien zu erwägen. *Fikentscher* begründet eine solche mit der Fallnormtheorie. Danach bestehe eine rechtliche Bindungswirkung, wenn sich Entscheidungen nicht mehr innerhalb der Wortlaut-Grenzen bewegten. In diesen Fällen würden nicht die abstrakten Normen, sondern die sog. „Fallnormen" das objektive Recht bilden.[59] Für den Richter bestehe dann die Pflicht, sich mit Präjudizien auseinanderzusetzen und den zu entscheidenden Fall

---

54 S. hierzu die Äußerung des BGH in BGHZ 85, 66: „Ein Abgehen von der Kontinuität der Rechtsprechung kann nur ausnahmsweise hingenommen werden, wenn deutlich überwiegende oder sogar schlechthin zwingende Gründe dafür sprechen."

55 Dazu bereits Langenbucher, Richterrecht, S. 126; ebenso Kähler, Rechtsprechungsänderung, S. 311.

56 Kriele, ZRP 2008, 51, 52; Kriele, Rechtsphilosophie, 31 ff. Kähler, Rechtsprechungsänderung, S. 330: „Aus der These der präsumtiven Verbindlichkeit folgt keine formellrechtliche Bindung an bisherige Entscheidungen, sofern man darunter nicht nur eine Pflicht zur Auseinandersetzung mit der bisherigen Rechtsprechung und Darlegung der vertretenen Ansicht versteht." und S. 323: „Es dürften zudem kaum Fälle argumentativer Pattlage auftreten in denen sie Relevanz hat."

57 Kriele, Theorie der Rechtsgewinnung, S. 248.

58 In einer späteren Schrift vermittelt Kriele den Eindruck, Präjudizienvermutung bedeute für ihn nicht mehr als die Pflicht, sich mit vergangenen Entscheidungen auseinanderzusetzen, s. Kriele, in: FS Universität Köln, S. 707, 716: „Aber sie [die Präjudizien] begründen gewissermaßen eine Präjudizienvermutung, d. h.: Eine Abweichung vom Präjudiz setzt eine sorgfältige Auseinandersetzung mit dessen Gründen voraus."

59 Unter „Fallnormen" versteht er Verallgemeinerungssätze in Gestalt einer Norm, durch die eine durch einen Sachverhalt aufgeworfene Rechtsfrage entschieden wird, s. Fikentscher, ZfRV 1985, 163 ff.

in die Kette des bisherigen Fallrechts zu stellen.[60] Hieran zeigt sich auch, dass mit der Fallnormtheorie die Gegensätze von kontinentaleuropäischem, kodifizierten Recht und angloamerikanischem Fallrecht überwunden werden sollen. Methodologisch begründet die Fallnormtheorie jedoch keine allgemeine Präjudizienbindung, da sie eine solche nur bei Rechtsfortbildungen vorsieht.[61]

Eine noch weitreichendere materielle Bindung ist im deutschen Rechtssystem ebenso wenig nachzuweisen. Insofern ist *Kähler* zuzustimmen, dass sich die dahingehend vorgebrachten Gründe nicht als tragfähig erweisen.[62] Gegen eine grundsätzliche Bindung an Präjudizien, die nur bei Vorliegen besonderer Gründe aufgehoben würde,[63] spricht zunächst, dass diese „Besondere-Gründe-Formel" jeder Grundlage entbehrt und die Abgrenzung zu einfachen Gründen unklar bleibt.[64]

Das Bundesverfassungsgericht hat in seinem Beschluss vom 4. August 2004 klargestellt, dass „[a]us dem Recht auf Rechtsanwendungsgleichheit [...] kein Anspruch auf Fortführung einer als nicht mehr richtig erkannten Rechtsprechung abgeleitet werden" kann.[65] Folglich lässt sich auch aus dem allgemeinen Gleichheitssatz des Art. 3 Abs. 1 GG keine Präjudizienbindung ableiten. Da die Norm nicht besagt, dass spätere Fälle grundsätzlich nicht anders als frühere Fälle entschieden werden dürften, also keine Gleichheit in zeitlicher Hinsicht garantiert wird,[66] lässt sich auch aus dem allgemeinen Gleichheitssatz des Art. 3 Abs. 1 GG keine Präjudizienbindung ableiten.[67]

---

60 Fikentscher, ZfRV 1985, 163 ff.

61 Fikentscher, Methoden, S. 243; Fikentscher, ZfRV 1985, 163, 175.

62 So lautet auch das Fazit Kählers: „Für eine materielle Bindung wird zwar eine Vielzahl von Gründen angeführt. Jedoch vermag keiner von ihnen zu überzeugen. Weder der Vertrauensschutz noch der allgemeine Gleichheitssatz, weder § 31 BVerfGG noch Art. 267 AEUV legitimieren eine über den Fall hinausgehende materielle Bindung." S. Kähler, Rechtsprechungsänderung, S. 394 (eingehend zu dieser Thematik ab S. 331 ff.).

63 So etwa BGHZ 85, 64, 66; BGH NJW 2006, 700, 701; NJW-RR 2001, 447, 449; 2006, 107, 108.

64 S. bereits Kähler, Rechtsprechungsänderung, S. 332.

65 BVerfG, NVwZ 2005, 81; ständige Rechtsprechung seit BVerfGE 1, 332, 345; 4, 1, 6 f.

66 Dreier, GG (Bearb. Heun), Art. 3 Rn. 38 ff.

67 In diesem Sinne auch Kähler, Rechtsprechungsänderung, S. 344. Letztlich ist dies auf den Gedanken der Präponderanz der Freiheitssicherung vor der Gewährleistung der Gleichheit zurückzuführen, vgl. Maunz/Dürig, GG (Bearb. Dürig/Scholz), Art. 3 GG, Rn. 411. A. A. Gusy, NJW 1988, 2505, 2511: „[Die Gerichte] sind an ihre frühere Auslegung im Rahmen des Art. 3 Abs. 1 GG gebunden. Dies bedeutet nicht, daß Abweichungen von früheren Entscheidungen stets unzulässig seien; sie sind aber besonders begründungsbedürftig; und zwar entweder aus tatsächlichen Ungleichheiten, die zur Unanwendbarkeit der alten Auslegungssätze im neuen Fall führen, oder aber durch neue rechtliche Erkenntnisse, etwa bislang unberücksichtigte Auslegungsgesichtspunkte oder Folgenerwägungen."

Zieht man ferner den Vertrauensschutz als Grundlage für eine materielle Präjudizienbindung in Betracht, so wirft dies die Frage auf, ob überhaupt schutzwürdiges Vertrauen verletzt wird, wenn nicht entsprechend einer früheren Entscheidung entschieden wird.[68] Aus den Prozessordnungen und insbesondere den §§ 253 Abs. 2 S. 2, 256 Abs. 1 ZPO; 199 f., 246 StPO; 42 f. VwGO folgt jedoch, dass eine bestimmte Auslegung nicht als schützenswert erachtet wird. Denn Streitgegenstand ist, wie *Kähler* richtig betont, „nicht ein bestimmtes Rechtsverständnis oder eine bestimmte Begründung [...], sondern eine Leistung, die Feststellung eines Rechtsverhältnisses oder die Strafbarkeit einer Tat".[69] Mithin kann der Vertrauensschutz weder einer Rechtssprechungsänderung grundsätzlich entgegenstehen, noch eine materiellrechtliche Präjudizienbindung begründen.

Eine solche lässt sich ferner auch nicht aus § 31 Abs. 1 BVerfGG herleiten.[70] Ist eine materiellrechtliche Bindung schließlich aus verfassungsrechtlichen Gründen abzulehnen, kann diese nicht durch die einfachgesetzliche Regelung des § 31 Abs. 1 BVerfGG begründet werden.[71]

Sprechen keine Gründe *für* eine Präjudizienbindung im deutschen Recht, so sind indes einige vorzutragen, die *gegen* sie sprechen: Das geltende Recht bietet nämlich nicht nur keine Stütze für die Befürworter einer materiellrechtlichen Bindung, sondern schließt letztere vielmehr gänzlich aus. Mittelbar ergibt sich dies aus Art. 20 Abs. 3 GG und Art. 97 Abs. 1 GG. An Recht und Gesetz gebunden zu sein, bedeutet für den Richter, dass er einer früheren Entscheidung nicht folgen darf, wenn sie gegen geltendes Recht verstößt.[72] Seine Unabhängigkeit (Art. 97 Abs. 1 GG) verbietet es ferner, ihn an frühere Entscheidungen zu binden, er muss das Richteramt vielmehr gem. § 38 Abs. 1 DiRG nach *seinem* „besten Wissen und Gewissen" ausüben.[73] Ihm muss daher die Möglichkeit gegeben sein, abweichend von für falsch befundenen Entscheidungen zu entscheiden.

Ist eine absolute formelle sowie materiellrechtliche Bindung abzulehnen, so ist eine eingeschränkte Bindung im Sinne einer relativen Präjudizienbindung deshalb noch nicht zwingend zu verneinen. Freilich ist eine solche nur schwer bestimmbar. Von einer eingeschränkten Bindung an Präjudizien auszugehen,

68 Dazu eingehend Kähler, Rechtsprechungsänderung, S. 346 ff. m. w. N.

69 Kähler, Rechtsprechungsänderung, S. 348.

70 So erklärt auch das Bundesverfassungsgericht, dass eine Rechtsansicht „nur hinsichtlich der Feststellung, daß eine bestimmte Norm gültig oder nichtig, mit höherrangigem Recht vereinbar oder nicht vereinbar ist, Rechtskraft und Bindungswirkung nach § 31 Abs. 1 BVerfGG" entfaltet, s. BVerfGE 92, 91, 107.

71 S. auch Kähler, Rechtsprechungsänderung, S. 360 ff.

72 Vgl. nur BVerfGE 87, 273, 278; Dreier, GG (Bearb. Schulze-Fielitz), Art. 97 Rn. 39; Kähler, Rechtsprechungsänderung, S. 405.

73 So auch Kähler, Rechtsprechungsänderung, S. 394 und 398.

bereitet schon deshalb Schwierigkeiten, weil unklar bleibt, wie diese Bindung zu charakterisieren wäre.[74] *Bydlinski* qualifiziert Fallrecht als subsidiäre Rechtsquelle und erkennt eine eingeschränkte Befolgungspflicht an. Präjudizien sind danach bindend, wenn sich im Rahmen des geltenden Rechts mehrere Lösungen als gleichermaßen vertretbar erweisen.[75] Es handelt sich dabei um eine eingeschränkte Befolgungspflicht, weil er Präjudizien für widerlegbar hält. Dies bedeutet zugleich, dass sie nach seiner Rechtsbegriffslehre widerlegt werden müssen, wenn von ihnen abgewichen werden soll.[76] Im Unterschied zu *Krieles* Theorie der präsumtiven Verbindlichkeit folgt sie dem materiellen Ansatz des BGH, die Gründe für die abweichende Entscheidung müssten diejenigen für die bisherige Entscheidungspraxis überwiegen. Die Problematik an *Bydlinskis* Ansatz liegt im Nachweis, dass „eine andere Lösung der methodisch voll ausgeschöpften Rechtsordnung, also Gesetzes- und Gewohnheitsrecht besser" entspreche.[77] Überdies mag man es mit *Bydlinski* zwar für geboten halten, in dem von ihm bedachten Fall eines *non liquet* einem Präjudiz zu folgen,[78] eine Präjudizienbindung lässt sich daraus aber nicht ableiten.

Bei einer anderen Herangehensweise nimmt auch *Hergenröder* eine eingeschränkte Präjudizienbindung an. Aus der Tatsache, ein Urteil habe häufig über den entschiedenen Fall hinaus Konsequenzen, schließt er, dass Entscheidungen „oberster Gerichtshöfe des Bundes regelmäßig eine über die faktische Bindungswirkung hinausgehende Verbindlichkeit" begründen, „wie sie [...] im Vorlage- und Rechtsmittelrecht zum Ausdruck" komme.[79] Problematisch daran ist, dass Vorlage- und Rechtsmittelrecht gerade von Normen geprägt sind, die für bestimmte Konstellationen eine *gesetzliche* Präjudizienbindung vorsehen. Geht es aber um die Erforschung einer Präjudizienbindung über jene gesetzlichen Normen hinaus, dann ist die gezogene Schlussfolgerung nicht zwingend. Darüber hinaus wird die tatsächliche Ausprägung der Verbindlichkeit mit diesem Ansatz nicht

---

74 Kähler, Rechtsprechungsänderung, S. 405.

75 Bydlinski, Juristische Methode und Rechtsbegriff, S. 510.

76 Bydlinski, Juristische Methode und Rechtsbegriff, S. 510.

77 S. bereits Diedrich, Präjudizien im Zivilrecht, S. 215.

78 Bydlinski, JZ 1985, 149, 152: „Denn hier [im *non liquet*] bietet *nur* die Beachtung der Präjudizien den Ausweg aus der sonst rechtlich kriterienlosen Wahl zwischen mehreren Lösungsmöglichkeiten und zeigt sich somit die konstitutive Wirkung des ‚Richterrechts'. Hier ist – das ist meine zentrale These – die Beachtung des Präjudizienrechts als solchem in der Tat geboten und ihm daher Verbindlichkeit zuzuerkennen. Das gilt nicht etwa nur ‚faktisch', womit eine Wissenschaft von Normen nichts anfangen könnte, sondern normativ. Es entsteht auch in unserem ‚kontinentalen' Rechtssystem *echtes* ergänzendes ‚Richterrecht'."

79 Hergenröder, Zivilprozessuale Grundlagen, S. 141 f.

näher beschrieben. Das konkrete Ausmaß der faktischen Bindungswirkung bleibt im Unklaren.

Eine formelle wie auch eine materielle Bindung an Präjudizien ablehnend, hat *Larenz* die Theorie von der faktischen Präjudizienbindung begründet. Nach dieser sind nicht die Präjudizien als solche bindend, sondern die hierin ausgelegte bzw. konkretisierte Norm.[80] Präjudizien und das aus ihnen hervorgehende „Richterrecht" könnten demnach die gleiche faktische Geltung erlangen wie ein Gesetz, sofern ihnen die Gerichte folgten und sich der Rechtsverkehr an ihnen orientiere.[81] Aus einer ähnlichen Lösung auf eine – wenngleich nur faktische – Präjudizien*bindung* zu schließen, ist dabei selbst bei Vorliegen einer ständigen Rechtsprechung nicht unproblematisch. Aus der früheren Entscheidung resultiert schließlich keine Bindung im Sinne einer Befolgungspflicht, was *Kähler* in prägnanter Weise zum Ausdruck bringt:

> „Denn solange ein Gericht nicht sagt, *weil* bisher so entschieden wurde, habe es eine bestimmte Ansicht anzunehmen, lässt sich nicht ausschließen, dass es sich der Zitate lediglich bedient, um auf die Argumente der zitierten Entscheidungen zu verweisen. Daher erlaubt die unbestreitbare faktische Bedeutung von Präjudizien nicht einmal den Schluss, dass die Gerichtspraxis von einer Präjudizienbindung ausgeht."[82]

Nichtsdestotrotz befolgen Gerichte durchaus frühere Entscheidungen. Insbesondere die Rechtsprechung der höchsten Gerichte hat eine hierarchisch vermittelte Autorität. Andere Gerichte unterliegen daher – außer in den gesetzlich genannten Fällen – zwar keiner rechtlichen Bindung, in vielen Fällen aber zumindest einem Befolgungsdruck. In anderen Fällen wird man auch eine freiwillige Selbstbindung erkennen können, die in der Anerkennung eines Präjudizes als Orientierungspunkt besteht. Dieses Phänomen ist nicht zuletzt für die Rechtsfortbildung von großer Bedeutung. Denn bildet ein Gericht das Recht fort, ist diese Rechtsfortbildung darauf angewiesen, von anderen Gerichten aufgenommen zu werden, will sie als wirkliche Fortbildung des Rechts (im weiteren Sinne) verstanden werden. Ohne die Übernahme durch spätere Gerichte würde sich diese Rechtsfortbildung (im engeren Sinne) lediglich auf den konkreten Einzelfall belaufen. Für diesen hätte sie Geltung, doch wäre damit noch keine Entwicklung des Rechts verbunden. Eine Fortentwicklung des Rechts kann sich nicht auf den Einzelfall beschränken. Freilich gibt es vereinzelt Fälle, in denen eine von einem Gericht vorgenommene Rechtsfortbildung sogleich als Fortentwicklung des Rechts betrachtet werden

80 Larenz, Methodenlehre, S. 320.
81 Larenz, Methodenlehre, S. 319 f.
82 Kähler, Rechtsprechungsänderung, S. 180 f. (Hervorhebung im Original).

muss.[83] Typischerweise wird sich jedoch eine Vielzahl von Gerichten mit der vorliegenden Entscheidung auseinandersetzen und Argumentationen sowie Lösungen, soweit sie für überzeugend gehalten werden, auf weitere Einzelfälle übertragen. Die Fortbildung des Rechts wird sich dann zurückverfolgen lassen auf die ‚erste Entscheidung', die aufgrund der ihr folgenden Entscheidungen an Autorität gewinnt.

Der Umgang deutscher Gerichte mit Präjudizien lässt sich nach dem Vorangehenden nicht als Methode begreifen.[84] Gerichte folgen früheren Entscheidungen wegen der hierarchisch vermittelten Autorität oder weil sie die dortigen Erwägungen für nachvollziehbar, vernünftig und richtig halten,[85] nicht jedoch, weil die Bezugnahme auf frühere Entscheidung ein Instrument juristischer Methode wäre. Dass Präjudizien zur Orientierung herangezogen werden, bleibt aber zumindest ein beobachtbares Phänomen im deutschen Rechtssystem.[86]

3. Das französische Rechtssystem

Nach den Betrachtungen zur angloamerikanischen sowie deutschen Rechtsordnung soll nun mit dem französischen Rechtssystem ein weiteres Paradigma des Umgangs mit früheren Entscheidungen skizziert werden. Allein für Entscheidungen des *Conseil constitutionnel* sieht die französische Verfassung nach Art. 62

---

83 Als derartige Fortbildung des Rechts kann beispielsweise das Urteil des 2. Zivilsenats vom 29.01.2001 (BGHZ 146, 341) zum GbR-Recht angesehen werden.

84 Abweichend wohl Bydlinski, JZ 1985, 149, 150: „Die Technik der Präjudizienverwertung ist bei uns freilich recht unterentwickelt, wohl weil die Präjudizienanwendung nach der überkommenen Methodenlehre in einem sozusagen halblegitimen und daher halbdunklen Bereich gehalten wurde, so daß eine offizielle Beschäftigung damit eher ausschied."

85 Zu den letztgenannten Aspekten s. Kähler, Rechtsprechungsänderung, S. 416 („kommt es letztlich auf die Vernünftigkeit der gewonnenen Lösung an und nicht auf ihre faktische Etablierung").

86 Entsprechend bezeichnet Kähler, Rechtsprechungsänderung, S. 418, Präjudizien als „unverzichtbare Orientierungsgrößen", wenn es darum geht, „gleichheitstaugliche" Entscheidungen zu fällen. Ferner auch Langenbucher, Richterrecht, S. 65, gleichwohl sie auch die „immense [...] methodische Bedeutung" von Präjudizien betont, die dem deutschen Rechtssystem jedoch fremd ist. Schließlich betont auch Heldrich, ZRP 2000, 497, 500: „Jedes einzelne Urteil des *BGH* hat deshalb zumindest die Chance, bei der Entscheidung zukünftiger Fälle erneut als Orientierungsmaßstab zu dienen. Die normative Kraft höchstrichterlicher Rechtsprechung wird auch an dieser freiwillig auferlegten Selbstbindung erkennbar. Hinzu kommt die hochentwickelte Leitsatztechnik, die den bedeutsameren Entscheidungen abstrakt formulierte Kernaussagen voranstellt, offenbar um ihre zukünftige Berücksichtigung durch die Untergerichte in vergleichbaren Fällen zu erleichtern."

bindende Wirkung vor. Darüber hinaus ist dort weder eine vertikale noch eine horizontale Präjudizienbindung festgeschrieben. Auch die Entscheidungen der höchsten Gerichte sind grundsätzlich nur für die Verfahrensparteien bindend.[87] Für das hier betrachtete Zivilrecht[88] ist eine einfachgesetzliche Präjudizienbindung lediglich im Falle des Art. L431–4 al. 2 Code de l'organisation judiciaire[89] gegeben: Wenn die *Assemblée Plénière* der *Cour de cassation* die Streitsache bei einer zweiten Kassation an die untere Instanz zurückweist, ist das dann zur Entscheidung berufene Gericht an die rechtliche Würdigung der *Cour de cassation* gebunden. Es handelt sich folglich um eine eingeschränkte Präjudizienbindung, weil allein jenes Gericht an diese Entscheidung der *Cour de cassation* gebunden ist.[90] Doch abgesehen von dieser Fallkonstellation ist eine gesetzliche Bindung an Präzedenzfälle nicht gegeben. Um dies zu untermauern, wird immer wieder Art. 5 Code civil[91] ins Feld geführt: Da der Richter dieser Norm zufolge immer nur Richter des ihm zur Entscheidung vorliegenden Falles sei, könne er keine Aussagen für

---

87 Vgl. Art. 1351 Code civil, der die – relative – „autorité de la chose jugée“ regelt. Wie im deutschen Recht kennt die materielle Rechtskraft ihre Grenze darin, dass grundsätzlich nur die Parteien an Urteile gebunden sind.

88 Die Beschränkung der Darstellung auf die zivilgerichtliche Rechtsprechung begründet sich nicht allein mit dem grundlegend internationalen Fokus der vorliegenden Arbeit. Vielmehr bietet sie die Möglichkeit, die Diskurse über die Zivilgerichtsbarkeit und insbesondere die Rolle der *Cour de cassation* nachzuzeichnen, die angesichts der unstrittigen Besonderheit des *Conseil d'Etat* und der gesamten Verwaltungsgerichtsbarkeit in Bezug auf diese nicht geführt werden. Vgl. dazu Foyer, in: Création du droit, S. 3, 5: „En droit public, plus qu'en droit privé, la jurisprudence a été créatrice et elle continue de l'être, bien qu'au cours des âges certaines de ses solutions aient été reçues dans la loi écrite.“; Perrot, Institutions judiciaires, S. 203: „En étudiant le Conseil d'État, on constatera que cette prestigieuse Assemblée n'est pas seulement un organe juridictionnel: elle est aussi un organe de conseil qui participe très activement à l'élaboration des textes, en donnant son avis sur les projets législatifs ou réglementaires dans tous les domaines.“

89 Dieser lautet: „Lorsque le renvoi est ordonné par l'assemblée plénière, la juridiction de renvoi doit se conformer à la décision de cette assemblée sur les points de droit jugés par celle-ci.“

90 Vgl. hierzu Guinchard/Montagnier/Varinard/Debard, Institutions juridictionelles, S. 743 f.: „Sur renvoi de l'assemblée plénière, la juridiction saisie est tenue de s'incliner. La cassation remet une nouvelle fois les parties dans l'état où elles étaient avant le premier pourvoi. Mais la juridiction de renvoi est obligée, sur la question de droit débattue, de juger dans le sens indiqué par l'arrêt de l'assemblée plénière. Ainsi, le dernier mot revient à la Cour de cassation qui peut imposer le respect de l'interprétation qu'elle a adoptée dans une formation qui exprime l'opinion de représentant de toutes ses chambres.“

91 Dieser lautet: „Il est défendu aux juges de prononcer par voie de disposition générale et réglementaire sur les causes qui leur sont soumises.“

andere Einzelfälle treffen.[92] Überwiegend wird jedoch zwischen regelnden Urteilen (*arrêt de règlement*) und grundlegenden Urteilen (*arrêt de principe*) unterschieden und Art. 5 Code civil lediglich dahingehend interpretiert, dass der Richter keine regelnden Urteile erlassen darf.[93]

Doch wird mit der Aufgabe, den konkreten Fall zu lösen, tatsächlich auch die Grenze richterlicher Tätigkeit benannt? Anders als das Grundgesetz bindet die französische Verfassung die Gerichte nicht explizit an Recht und Gesetz. Obgleich *Montesquieu* in seinem Bestreben, die Staatsgewalten zu trennen und einzuschränken, Gerichten jedweden *pouvoir créateur* absprach,[94] war richterliche Rechtsfortbildung auch dem französischen Rechtssystem nie fremd.[95] Über die Jahrhunderte hinweg hat sie sogar zugenommen und wird heute weit überwiegend als selbstverständlich akzeptiert.[96]

Historisch unterscheidet *Malaurie* am Beispiel der zivilistischen Rechtsprechung drei Phasen seit Einführung des *Code civil* von 1804:[97] Zunächst stehe, bis etwa 1875, die Annahme und Auslegung der neuen Regelungen durch die Rechtsprechung im Vordergrund. Eine wirklich rechtsschöpfende Tätigkeit der Gerichte sei dagegen erst in einer zweiten Phase zu verzeichnen. In diesem „goldenen Zeitalter" der Jurisprudenz wurde mitunter die Rechtsprechung zum Bereicherungsrecht (*enrichissement sans cause*) sowie zu Aspekten des Haftungsrechts (insbesondere die *responsabilité civile du fait des choses inanimées*) als Reaktion auf die Unzulänglichkeiten des *Code civil* entwickelt, das mit der Industrialisierung nur bedingt Schritt halten könne. Seit dem Ende des 20. Jahrhunderts schließlich sei eine noch affirmativere Haltung des obersten Gerichtshofs gegenüber seinen eigenen Rechtsschöpfungen zu erkennen. Hatte sich die *Cour de cassation* stets bemüht, rechtliche Erwägungen in ihren Entscheidungen

---

92 S. etwa Cornu, RTD civ. 1992, 342, 343; Perrot, Institutions judiciaires, S. 28f.

93 Atias, JCP I 1984, 3145, n° 1; Ghestin/Goubeaux/Fabre-Magnan, Traité de droit civil, S. 444ff.

94 Montesquieu, De l'Esprit des lois (I): „[D]ans le gouvernement républicain, les juges suivent la lettre de la loi" (Livre VI, Chapitre III) sowie „[L]es juges de la nation ne sont [...] que la bouche qui prononce les paroles de la loi, des être inanimés qui n'en peuvent modérer ni la force ni la rigueur." (Livre XI, Chapitre VI). Bemerkenswerterweise wird der Begriff „pouvoir" selbst im achten Titel der französischen Verfassung, der mit „De l'autorité judiciaire" bezeichnet ist, vermieden.

95 Vgl. Malaurie, in: Precedent and the Law, S. 139, 140 und 142ff.

96 A. A. heute wohl nur Hébraud, in: Mélanges Couzinet, S. 329, 333, demzufolge der Richter „la parole vivante de la loi" sei.

97 Vgl. Malaurie, in: Precedent and the Law, S. 139, 143ff. In diesem Sinne auch Cornu, Droit civil, S. 231ff.; Cornu, RTD civ. 1992, 342.

zumindest formal einer Norm unterzuordnen,[98] zeichne sich nunmehr jedoch ab, dass sie sich zunehmend auf Prinzipien berufe, die sie selbst kreiert habe.[99]

Selbst als die *Cour de cassation* noch nicht auf das Zitat einer gesetzlichen Norm verzichtete, war in einer Vielzahl von Fällen offenkundig, dass sich ihre Spruchpraxis nicht mehr auf die Auslegung einer Norm beschränkte.[100] Immerhin hat sie sich explizit solche Aufgaben und Befugnisse zugesprochen, die über die bloße Auslegung hinausgehen.[101] Insofern entlarven verschiedene Autoren die durch bloßen Formalismus evozierte Unterordnung unter das Gesetz zu Recht als Fiktion.[102] Die *Cour de cassation* ist schon lange *pouvoir créateur.*[103] Von *Robespierres* Aussage „La jurisprudence [...] n'est qu'autre chose que la loi"[104] ist die Rechtswirklichkeit sehr weit entfernt. Auch ist die tatsächliche Befolgung insbesondere der höchstrichterlichen Rechtsprechung ungeachtet der fehlenden gesetzlichen Präjudizien*bindung* nicht von der Hand zu weisen.

---

98 In den Entscheidungen erfolgt der Verweis auf die anwendbare Norm (*le visa*) mit dem Partizip „vu", auf das die zugrundegelegte Norm folgt.

99 S. auch Deumier, in: Création du droit, S. 49, 63: „[L]a formulation d'un arrêt de principe tend à devenir un mode d'expression courant au lieu de couronner l'émergence d'une règle prudentielle dont le substrat a été façonné à mesure des cas." (sowie S. 66 zu Beispielen); Ghestin/Goubeaux/Fabre-Magnan, Traité de droit civil, S. 452ff.; Malaurie, in: Precedent and the Law, S. 139, 144; Molfessis, Les revirements de jurisprudence, S. 12 („Il n'est pas douteux qu'elle [la Cour de cassation] possède un tel pouvoir créateur et en use en diverses circonstances. Les décisions par lesquelles elle pose un nouveau principe ou encore retient une interprétation innovante, distincte de celle qui prévalait jusque-là, ont indéniablement vocation à avoir un effet normatif.").

100 S. beispielsweise aus der weitreichenden Rechtsprechung, die jeweils auf die Generalklauseln der Art. 1382f. Code civil Bezug nimmt: Cass. civ. 16.06.1896, D.1897, I, 433, Anm. Saleilles; Cass. Ass. pl., 29.03.1991, JCP 1991 II 21673, Conclusions Dontenville, Anm. Ghestin. Vgl. ferner die aufgeführten Beispiele bei Gobert, RTD civ. 1992, 344, 345f.

101 So etwa, wenn sich die *Cour de cassation* zugesteht, eine „jurisprudence nouvelle" zu entwickeln, s. Ass. Plén., 24.01.2003, Bull., A.P. n°2 et n°3.

102 Vgl. nur Malaurie, in: Precedent and the Law, S. 139, 144 („bien fictif en réalité"); Molfessis, Les revirements de jurisprudence, S. 12: „La question consiste donc à savoir s'il convient de maintenir une telle fiction ou s'il n'est pas temps de donner corps à cette réalité pourtant peu contestable selon laquelle la Cour de cassation crée des règles."

103 Vgl. nur Ghestin/Goubeaux/Fabre-Magnan, Traité de droit civil, S. 432 und 442ff.; Molfessis, Les revirements de jurisprudence, S. 12. Freilich gehen auch die Instanzgerichte, namentlich die Appelationsgerichtshöfe *(cours d'appel)*, zuweilen über bestehendes Recht hinaus und bilden es fort.

104 Ausspruch am 18.11.1790 während der Sitzung der *Assemblée Constituante*, zitiert bei Troper, La séparation des pouvoirs, S. 60.

Ob die Rechtsprechung als Rechtsquelle (*source de droit*) oder als Autorität (*autorité*) anzuerkennen ist, ist im Schrifttum umstritten.[105] Die überwiegende Auffassung erachtet die Rechtsprechung als eigenständige Rechtsquelle.[106] Doch selbst wenn man den Rechtsquellencharakter der Rechtsprechung bejaht, ist noch keine genaue Aussage darüber getroffen, inwieweit die französischen Gerichte auch an frühere Entscheidungen gebunden wären. Denn die Anerkennung als Rechtsquelle bedeutet nicht automatisch, dass die Gerichtspraxis von einer Präjudizienbindung ausgeht. Schließlich geben die Gerichte nicht an, eine bestimmte Position einzunehmen, *weil* ein anderes Gericht zuvor in dieser Weise entschieden hat.[107] In der Tat werden selbst wortwörtlich übernommene Passagen aus früheren Entscheidungen in den sehr kurz gehaltenen Entscheidungen[108] nicht explizit bestimmten Entscheidungen zugeordnet. Die Bezugnahmen sind intransparent. Dies ist vor dem Hintergrund des Art. 5 Code civil und jener Auffassung zu sehen, dass der Richter nicht auf solche früheren Entscheidungen zurückgreifen dürfe, die eben nicht den vorliegenden Einzelfall betreffen.[109] Entsprechend betonte die *Cour de cassation*, dass die Bezugnahme auf eine frühere Entscheidung keine Entscheidungsbegründung darstelle.[110] Dennoch bleiben die Bezugnahmen nicht

---

105 S. die Darstellung bei Malaurie/Morvan, Introduction, S. 286 ff.

106 Vgl. nur Fabre-Magnan, Introduction générale au droit, S. 127; Ghestin/Goubeaux/Fabre-Magnan, Traité de droit civil, S. 195 ff. und 432 ff.; Larroumet, Gaz. Pal. 348 (2006), 5: „[L]a jurisprudence française est incontestablement une source du droit et non des moindres.“; Mainguy, Introduction, S. 156; Malaurie/Morvan, Introduction, S. 286 (die Gegenansicht sei überdies „très minoritaire“); P. Roubier, Le conflit de lois dans les temps, Sirey, 1929, t. 1 , S. 26 – zitiert bei Molfessis, Les revirements de jurisprudence, S. 8. Anderer Ansicht Carbonnier, RTD civ. 1992, 341; Carbonnier, Droit civil, S. 263 ff.

107 S. die obigen Ausführungen zum deutschen Richterrecht unter Kapitel 1, I., 2. (mit Verweis auf Kähler, Rechtsprechungsänderung, S. 180 f.).

108 Bei der *Cour de cassation* wird noch per „jugements à phrase unique“ entschieden, der „nouveau style“ wird lediglich von den Instanzgerichten verwandt. Sehr plastisch beschreiben Zweigert/Kötz, Einführung in die Rechtsvergleichung, S. 121, den Stil der Entscheidungen: „Sie zeichnen sich regelmäßig durch geschliffene Eleganz, formale Klarheit, stilistische Ausgefeiltheit aus, erstarren aber manchmal auch in einem verknöcherten Ritual von Leerformeln, die dem konkreten (oft nur zu erahnenden) Lebenssachverhalt in seiner jeweiligen Besonderheit nicht recht angemessen erscheinen. Daß Richter von Fleisch und Blut hinter diesen Urteilen stehen, die sich gar den Luxus eines Zweifels gestattet haben könnten, darf nach außen hin nicht erkennbar werden: die ‚majesté de la loi‘ erfordert, daß das Urteil in schlackenloser Reinheit als Akt einer anonymen Substumtionsbehörde in Erscheinung trete.“

109 Simonel, Gaz. Pal. 344 (1999), 2.

110 Vgl. Soc., 27.02.1991, Bull. civ. V n° 102: „La référence à une décision rendue dans un litige différent de celui soumis à une juridiction ne saurait, en toute hypothèse, servir de fondement à la décision de cette dernière.“ Ebenso Civ. 2e, 04.02.2010, RTD civ. 2010, 375, obs. Perrot.; Cass. com. 13.09.2011, N° 10 – 24126.

verborgen. Die nationale Datenbank *Legifrance* bietet etwa im Anschluss an den jeweiligen Entscheidungstext regelmäßig Analysen an, die mitunter auch Hinweise auf „précédents jurisprudentiels" enthalten.[111] Offiziös werden gerichtliche Entscheidungen damit als Präjudizien benannt und die Herkunft der Zitate früherer Entscheidungen angegeben. Dürfen Gerichte ihre Entscheidungen nicht auf Präjudizien fußen lassen, obwohl solche tatsächlich zur Entscheidungsgrundlage zählen, kommt es zu der paradoxen Situation, dass Gerichte Entscheidungen zitieren, ohne diese als solche kenntlich zu machen oder die jeweilige Quelle anzugeben, und die verwendeten Präjudizien erst in Analysen der nationalen Datenbank oder des Schrifttums benannt werden.

Wird somit dem Anschein nach zwar nicht auf Präjudizien Bezug genommen, so kann dennoch eine starke Tendenz nicht geleugnet werden, Präzedenzfällen – insbesondere höchstrichterlicher Gerichte – zu folgen. Diese ist mitunter darauf zurückzuführen, dass sich Gerichte einem gewissen Befolgungsdruck ausgesetzt sehen.[112] Dies liegt weniger an einer klassisch-hierarchischen Struktur als an der besonderen Stellung der *Cour de cassation*:[113] „[L]a Cour de cassation ne tranche pas les litiges mais contrôle la légalité des décisions".[114] Sie kann Entscheidungen der unteren Gerichte kassieren und mit ausdrücklichen Hinweisen zur rechtlichen Lösung des Falles zurückverweisen. Indem sie im Rahmen ihrer Kontrollfunktion gem. Art. 604 Code de procédure civile[115] ein Abweichen sanktioniert, gibt sie vor, wie das Gesetz ‚richtig' auszulegen ist. Nach der zweiten Kassation ist die Inter-

111 Die offiziöse Erläuterung zum Abschnitt „précédents jurisprudentiels" lautet: „Il s'agit d'une ou plusieurs décision(s) présentant avec la décision visualisée un intérêt comparatif, soit que cette dernière se situe dans le prolongement d'une jurisprudence antérieure à rapprocher, soit qu'elle aille dans le même sens, soit exceptionnellement qu'elle constitue un revirement de jurisprudence." S. <http://www.legifrance.gouv.fr> unter Bases-de-donnees/Contenus/Jurisprudence-judiciaire (zuletzt abgerufen am: 01.07.2013).

112 David/de Vries, The French Legal System, S. 113 ff.: „Despite the absence of a formal doctrine of stare decisis, there is a strong tendency on the part of the French courts [...] to follow precedents, especially those of higher courts [...]. Even a single precedent established by the Cour de Cassation will usually be followed, though it cannot be cited as the [only] basis for the decision."; Larroumet, Gaz. Pal. 348 (2006), 5: „Parce que la Cour de cassation et le Conseil d'État ont le pouvoir d'imposer leurs solutions aux juridictions inférieures, le système du précédent obligatoire n'est pas si loin."

113 Die *Cour de cassation*, die selbst keine Entscheidung zur Sache trifft, ist keine dritte Instanz. Sie kann einen „pourvoi" lediglich zurückweisen („rejeter") oder die angefochtene Entscheidung kassieren („casser"). Vgl. Perrot, Institutions judiciaires, S. 182 f. („la Cour de cassation n'est pas un troisième degré de juridiction").

114 Deumier, in: Création du droit, S. 49, 52.

115 Dieser lautet: „Le pourvoi en cassation tend à faire censurer par la Cour de cassation la non-conformité du jugement qu'il attaque aux règles de droit."

pretation der *Cour de cassation* verbindlich[116] – ohne dass diese wirklich begründet werden müsste. Die gesetzliche Verbindlichkeit erstreckt sich zwar nur auf diesen Fall, doch ist die tatsächliche Tragweite noch wesentlich bedeutsamer, wird ihre Interpretation doch in gewisser Weise Gesetz. Diese Wirkung wird dadurch verstärkt, dass die Interpretation durch die Kürze der Entscheidung kaum angegriffen werden kann. *Zénati*, der in diesem Zusammenhang von der *imperatoria brevitas* spricht, bezeichnet die *Cour de cassation* ebenfalls überspitzt als „bras séculier de la loi".[117] Die *Cour de cassation* lediglich an der Spitze einer hierarchischen Struktur zu sehen,[118] würde sie folglich nicht vollumfänglich charakterisieren, tritt sie schließlich auch als Quasi-Gesetzgeberin außerhalb des gerichtlichen Systems auf.[119]

Unter einer solchen Quasi-Gesetzgeberin ist der Befolgungsdruck für die unteren Gerichte enorm. Am stärksten ist dieser freilich dann, wenn eine Grundsatzentscheidung (*arrêt de principe*) gleichsam wie ein Orgelpunkt die Rechtsprechung durchzieht,[120] sich also auf deren Grundlage eine Rechtsprechungslinie, eine *jurisprudence constante* abzeichnet.[121] Zu vielen Rechtsfragen

---

116 S. Art. L431–4 al. 2 Code de l'organisation judiciaire: „Lorsque le renvoi est ordonné par l'assemblée plénière, la juridiction de renvoi doit se conformer à la décision de cette assemblée sur les points de droit jugés par celle-ci." S. hierzu die Ausführungen bei Guinchard/Montagnier/Varinard/Debard, Institutions juridictionelles, S. 743 f.; Gobert, RTD civ. 1992, 344, 346.

117 Zénati, La nature de la Cour de cassation, Bull. info., n° 575, verfügbar unter: <http://www.courdecassation.fr/publications_cour_26/bulletin_information_cour_cassation_27/bulletins_information_2003_1615/n_575_1652/#> (zuletzt abgerufen am: 01.07.2013).

118 „Elle occupe le sommet de la hiérarchie judiciaire.", vgl. Ghestin/Goubeaux/Fabre-Magnan, Traité de droit civil, S. 405. Das soll hier in keiner Weise bezweifelt werden.

119 So mag man es auch kaum für einen Zufall halten, dass die *Cour de cassation* die *opinions* des *avocat général* sowie des *conseiller rapporteur* unter der Bezeichnung „travaux préparatoires", die bei Gesetzen und (Gesetz werdenden) Konventionen üblich sind, veröffentlicht. Ausführlicher hierzu Deumier, in: Création du droit, S. 49, 65; Komárek, LSE WP 4 (2011), 1, 26. In diesem Kontext ist auch der *rapport annuel* der *Cour de cassation* als Spiegel ihrer normativen Geschäftigkeit zu nennen. Vgl. hierzu nur Zénati, La nature de la Cour de cassation, Bull. info., n° 575, verfügbar unter: <http://www.courdecassation.fr/publications_cour_26/bulletin_information_cour_cassation_27/bulletins_information_2003_1615/n_575_1652/#> (zuletzt abgerufen am: 01.07.2013): „Initialement conçu comme un instrument de la subordination de l'organe de cassation au pouvoir législatif, il est devenu un instrument de diffusion des nouveautés jurisprudentielles et de la politique normative de la cour suprême."

120 Cornu, RTD civ. 1992, 342; die Bedeutung der *arrêts de principe* für die *jurisprudence constante* betont u. a. Zénati, La jurisprudence, S. 164 („Cela est tellement vrai que l'on a inventé la distinction des décisions de principe et des décisions d'espèce pour éviter qu'une seule décision ne soit assimilée à une jurisprudence constante alors qu'elle ne le mérite pas.").

121 Cornu, Droit civil, S. 228: „La jurisprudence s'établit donc par la répétition de décisions distinctes qui finissent par former une suite, une série, une tendance, parce qu'elles sont toutes

hat sich eine solche *jurisprudence constante* entwickelt.[122] Ohne gesetzlich an sie gebunden zu sein, folgen die Gerichte der aus ihr resultierenden Autorität.[123]

Insofern ist zuzustimmen, wenn es heißt: „[L]e juge n'est jamais lié par les ‚précédents'."[124] Die normative Bedeutung der höchstrichterlichen Rechtsprechung im französischen Rechtssystem lässt sich dennoch nicht bestreiten, denn „[t]out le monde s'accorde à reconnaître l'autorité des précédents judiciaires".[125]

4. Zusammenfassende Bewertung

Historisch und konzeptionell unterscheiden sich die Systeme des *Common Law* und des *Civil Law* fundamental. Doch der exemplarisch gehaltene Vergleich zweier

---

orientées dans le même sens [...]. La jurisprudence a l'autorité qui s'attache aux choses constamment jugées de la même manière (‚auctoritate rerum similiter judicatarum')." Dass sich die Parteien einer *jurisprudence constante* unterordnen, weil eine Rechtsprechungsänderung genauso wahrscheinlich sei wie eine Gesetzesänderung, betonen Ghestin/Goubeaux/Fabre-Magnan, Traité de droit civil, S. 466.

122 Nicht selten wird in Entscheidungen auf das Vorliegen einer *jurisprudence constante* verwiesen, wie etwa in der Rechtssache Ass. plén., 07.01.2011, n° 09–14.667 und n° 09–14.316: „L'exigence du respect de la loyauté dans l'administration des preuves en matière civile résulte d'une jurisprudence constante et convergente des trois chambres civiles, de la chambre commerciale et de la chambre sociale de la Cour de cassation (voir notamment, 2e Civ., 7 octobre 2004, pourvoi n° 03–12.653, Bull. 2004, II, n° 447 ; Com., 25 février 2003, pourvoi n° 01–02.913 ; Soc., 20 novembre 1991, pourvoi n° 88–43.120, Bull. 1991, V, n° 519)."

123 Parisi/Fon, Lawmaking, S. 114: „[U]nder *jurisprudence constante* doctrines a judge is not bound by a single decision in a single previous instance. Authoritative force stems from a consolidated trend of decisions on a certain point."; Zénati, La jurisprudence, S. 163: „Un précédent aura de meilleures chances de convaincre s'il fait partie de celles [jurisprudences] qui sont constantes."

124 Perrot, Institutions judiciaires, S. 28 f.: „Le fait pour un juge d'avoir déjà statué dans un sens déterminé à l'occasion de litiges antérieurs ne l'empêche absolument pas d'adopter, sur la même question, une solution différente à l'occasion d'un autre litige similaire. C'est pourquoi d'ailleurs ce que l'on appelle couramment ‚l'autorité de la jurisprudence' repose techniquement sur un paradoxe, pour la raison très simple que le juge n'est jamais tenu de suivre les précédents. Plus encore: le juge qui aurait l'imprudence de dire qu'il statue dans un sens déterminé parce qu'il a déjà statué dans le même sens auparavant méconnaîtrait le principe posé par l'article 5 du Code civil et sa décision serait irrémédiablement annulée."

125 Ghestin/Goubeaux/Fabre-Magnan, Traité de droit civil, S. 442. In diesem Sinne auch Deumier, in: Création du droit, S. 49, 54: „[L]a position jurisprudentielle n'est pas obligatoire, en ce sens qu'elle ne lie pas – en droit – les juges amenés à se prononcer à l'avenir. Encore faut-il immédiatement relativiser – en fait – cette liberté, et le faire sans remords, à défaut de quoi la cohérence de la jurisprudence et l'uniformité d'interprétation du droit peuvent être jetées aux oubliettes."

kontinentaleuropäischer Systeme mit dem angloamerikanischen Rechtssystem offenbart eine gewisse Annäherung dieser Rechtskreise: Während die Rechtsprechung in Deutschland und Frankreich innerhalb des Rechtssystems einen immer bedeutsameren Platz einnimmt, zeichnet sich im angloamerikanischen Rechtsraum eine Abschwächung in der Anwendung der *stare decisis*-Doktrin ab.[126]

Weiter geht die Annäherung allerdings nicht.[127] Weder das deutsche noch das französische Rechtssystem kennt einen Konsens über die Bedeutung von Präjudizien, wie er sich über Jahrhunderte im englischen Recht gefestigt hat.[128] Es bereitet Kontinentaleuropäern gemeinhin Schwierigkeiten, die nicht zu leugnende Bedeutung von Entscheidungen, die Präzedenzwirkung entfalten, zu akzeptieren und dogmatisch aufzuarbeiten. Sehr plakativ zeichnen *Zweigert* und *Kötz* das kontinentaleuropäische Bild:

> „Jeder weiß zwar, daß gerade in den schwierigen Fällen gesetzliche Vorschriften entweder fehlen oder keinen greifbaren operationalen Gehalt haben; jeder weiß auch, daß die Lösung nur aufgrund einer Auseinandersetzung mit den in der bisherigen richterlichen Praxis entwickelten Regeln, Prinzipien und Grundsätzen gefunden werden kann. Gleichwohl werden die alten Traditionen immer noch unverdrossen zur Schau gestellt."[129]

Richter sind hier prinzipiell nicht wie angloamerikanische Richter verpflichtet, nach Präzedenzfällen zu suchen und sich mit diesen auseinanderzusetzen. Kommen Präjudizien also verschiedene Bedeutungen zu, darf die Annäherung der dargestellten Systeme nicht überbewertet werden. Die Bandbreite im Umgang mit Präzedenzfällen ist schließlich groß: Die *stare decisis*-Doktrin setzt eine gerichtlich geschaffene Regel voraus, wohingegen sich der Rückgriff auf Präjudizien in den kodifikationsbasierten Systemen grundsätzlich auf eine bestimmte Auslegung oder Fortentwicklung einer bereits bestehenden gesetzlichen Norm bezieht.[130] Soweit der Unterschied zwischen den Systemen demnach in der *Methode* be-

126 MacCormick/Summers, in: Interpreting Precedents, S. 1, 12.

127 In diesem Sinne wohl auch Cornu, Droit civil, S. 233 („Dans le principe, l'opposition des systèmes demeure cependant. Rapprochement n'est pas fusion. Ce serait une confusion."); MacCormick/Summers, in: Interpreting Precedents, S. 1, 2; Malaurie sieht aus strukturellen Gründen nur eine oberflächliche Annäherung, vgl. Malaurie, in: Precedent and the Law, S. 139, 146f. A. A. Rabel, RabelsZ 16, 1951, 340, 345 („Der praktische Unterschied [zwischen Common law und civil law] [...] muß mit der Lupe gesucht werden."); teilweise zustimmend Zweigert/Kötz, Einführung in die Rechtsvergleichung, S. 257.

128 Vgl. dazu Hondius, in: Precedent and the Law, S. 1, 6: „[I]n the common law precedent is a central element, whereas in the civil law i[t] is mostly there, but rather inexplicably."

129 Zweigert/Kötz, Einführung in die Rechtsvergleichung, S. 258.

130 Kessedjian, in: Future, S. 43, 48.

gründet liegt, ist er im Grunde unüberwindbar.[131] Bei Betrachtung der tatsächlichen Herangehensweisen zur Entscheidungsfindung zeigt sich allerdings durchaus eine gewisse Annäherung.[132]

Mit Blick auf Präjudizienbindung und Präzedenzwirkung lässt sich resümierend festhalten: Kann die Frage nach einer formellen oder materiellrechtlichen *Bindung* an frühere Entscheidungen im Ergebnis noch eindeutig bejaht (angloamerikanisches Rechtssystem) oder verneint werden (deutsches und französisches Rechtssystem), folgt die Präzedenz*wirkung* von Entscheidungen nicht dieser Kontravalenz. Es gibt nicht *eine* Präzedenzwirkung, sondern unterschiedliche Grade an Präzedenzwirkung. Mit Blick auf seine Wirkung wird die Bedeutung eines Präjudizes dabei maßgeblich von nachfolgenden Entscheidungen geprägt. Hieran zeigt sich, dass allein aus der nicht anwendbaren *stare decisis*-Doktrin keineswegs auf eine ausbleibende Präzedenzwirkung geschlossen werden darf. Dies gilt auch für die internationale Schiedsgerichtsbarkeit, in der bekanntlich Elemente der unterschiedlichen Rechtskreise zusammenkommen, aber die *stare decisis*-Doktrin des *Common Law* nicht übernommen wurde.

II. Präzedenzwirkung: Begriff und Abgrenzungen

Mit der faktischen Präzedenzwirkung soll die Bedeutung früherer Schiedssprüche für die sie zitierenden Entscheidungen erfasst werden. Schiedsgerichte sind im Bereich der internationalen Handels- und Investitionsschiedsgerichtsbarkeit an frühere Schiedssprüche nicht gebunden, diese binden lediglich die Parteien.[133] Auch sehen weder die Handelsschiedsgerichtsbarkeiten der ICC, des *International Centre for Dispute Resolution* der *American Arbitration Association* (AAA/ICDR) sowie der *Deutschen Institution für Schiedsgerichtsbarkeit* (DIS) noch die Investitionsschiedsgerichtsbarkeit unter dem Dach des ICSID hierarchische Strukturen vor, die einen Befolgungsdruck vermitteln könnten. Schiedsgerichte sind nicht zentral organisiert, sie sind vielmehr – auch in diesen institutionellen Schieds-

131 S. bereits Zweigert/Kötz, Einführung in die Rechtsvergleichung, S. 257.

132 Vgl. Zweigert/Kötz, Einführung in die Rechtsvergleichung, S. 265: „Die absolute Präponderanz des Gesetzesrechts gehört auf dem Kontinent der Vergangenheit an; umgekehrt neigt man im Common Law mehr und mehr dazu, im Interesse der Vereinheitlichung, der Rationalisierung und der Vereinfachung des Rechts die Dienste des Gesetzgebers in Anspruch zu nehmen. [...] Es besteht Grund zu der Annahme, daß von entgegengesetzten Ausgangspunkten her Common Law und Civil Law auch in ihren juristischen Methoden und Techniken allmählich näher zusammenwachsen werden."

133 Art. 34 Abs. 6 ICC Rules, Art. 27 Abs. 1 IAR, § 38 DIS-SchO, Art. 53 Abs. 1 WBÜ.

gerichtsbarkeiten – lediglich temporär bestehende Spruchkörper, die sich in keine Hierarchie einfügen. Für die faktische Präzedenzwirkung ist weder erforderlich, dass die Schiedsgerichte in eine hierarchische Struktur eingebettet sind, noch, dass es sich um ständige Spruchkörper handelt. Das Fehlen dieser Elemente, welche die staatliche Gerichtsbarkeit prägen, kann in gewisser Weise durch die Veröffentlichung der Entscheidungen kompensiert werden. Denn die Veröffentlichung der Entscheidungsbegründung ermöglicht die Bezugnahme durch ein späteres Schiedsgericht und wirkt somit dem dezentralen und temporären Charakter internationaler Schiedsgerichte entgegen.

Abzugrenzen ist der Begriff der Präzedenzwirkung zunächst von der *res judicata.*[134] Betrachtet man die präjudizielle Wirkung von Entscheidungen unter der *stare decisis*-Doktrin, so zeigt sich die Verwandtschaft zur Lehre von der Rechtskraft in den gemeinsamen Zielsetzungen: Rechtssicherheit sowie die Endgültigkeit von Entscheidungen.[135] Bereits unter der *stare decisis*-Doktrin zeigt sich aber, dass eine rechtskräftige Entscheidung nur „ihre [...] Eigenschaft als mögliche Rechtsquelle für spätere Entscheidungen, nicht aber ihre einmal erlangte Rechtskraft"[136] verliert, wenn die in ihr enthaltene Rechtsregel außer Kraft gesetzt wird, sie also „overruled" wird. Auch unterscheidet sich das Konzept der Präzedenzwirkung von demjenigen der *res judicata* und steht neben diesem. Beide sind von vornherein auf Unterschiedliches gerichtet: Geht es bei der Präzedenzwirkung um verallgemeinerungsfähige Aussagen, die von späteren Entscheidungen aufgegriffen werden, schließt das Konzept der *res judicata* mit dem Verbot *ne bis in idem* im Kern eine weitere Entscheidung in derselben Sache aus.[137] Während also bei letzterem der Fokus auf der Entscheidung des Einzelfalls und die Vermeidung widersprüchlicher Entscheidungen liegt, erfordert die Präzedenzwirkung gerade den Blick auf den Einfluss, den ein Schiedsspruch auf spätere Entscheidungen hat. Während also erst die spätere Entscheidung der früheren Präzedenzwirkung verleiht, geht die Rechtskraft unmittelbar von der (früheren) Entscheidung aus. Der wichtigste Unterschied zwischen den Konzepten der *res judicata* und der Präzedenzwirkung liegt dabei darin, dass sich die Wirkungen der Rechtskraft grundsätzlich auf die Parteien beschränken, wohingegen es für die Präzedenzwirkung keine Rolle spielt, um welche Parteien es sich bei späteren Verfahren handelt. Schließlich kommt es auf die Identität der Parteien und des Streitge-

---

134 Allgemein zur Rechtskraftwirkung eines Schiedsspruchs s. Bosch, Rechtskraft und Rechtshängigkeit, S. 37 ff.

135 Kessedjian, in: Future, S. 43, 51.

136 Blumenwitz, Einführung, S. 51.

137 Elkouri/Elkouri, How arbitration works, S. 608.

genstands, die Voraussetzungen der Rechtskraft, bei der Präzedenzwirkung nicht an.

Die Präzedenzwirkung ist darüber hinaus von der Analogie abzugrenzen. Die analoge Anwendung eines Rechtssatzes unterscheidet sich bereits dahingehend sehr deutlich von der Präjudizien*bindung*, dass die Analogie ein Instrument juristischer Methodik darstellt, wohingegen aus jener eine unmittelbare Befolgungspflicht resultiert. Somit stehen sich hier ein frei zu wählendes Hilfsinstrument (die Analogie) und eine systemische Einschränkung (die Präjudizienbindung) gegenüber.[138] Beide gehen zwar regelmäßig[139] von vergleichbaren Sachverhalten aus und unterliegen der Zielsetzung, Gleiches gleich zu behandeln sowie kohärente Lösungen zu etablieren.[140] Weiter gehen die Konvergenzen jedoch nicht.

Mit der Präzedenzwirkung wird das Phänomen erfasst, dass eine Entscheidung durch die Bezugnahme einer späteren Entscheidung Bedeutung für diese erlangt. Im Gegensatz zur Analogie, die unmittelbar die Brücke zwischen zwei Sachverhalten schlägt, wird nicht erst durch die Präzedenzwirkung eine Verbindung hergestellt: Die Bezugnahme stellt bereits das Bindeglied zwischen zwei Entscheidungen dar. Die Präzedenzwirkung beschreibt hingegen den aus der Art der Bezugnahme folgenden Effekt. Eine Bezugnahme kann einen methodisch-argumentativen Umgang mit einer früheren Entscheidung offenbaren, bei dem diese mitunter in Analogie herangeführt werden kann. In einer Bezugnahme kann also eine Analogie enthalten sein, folglich betreffen Analogie und Präzedenzwirkung unterschiedliche Ebenen. Die zitierte Entscheidung dient zwar der Präzedenzwirkung und der Analogie jeweils als Ausgangspunkt, dadurch wird diese jedoch nicht zum Paradigma einer Analogie.[141] „A particular species of analogy“[142] ließe sich allenfalls darin sehen, dass eine Entscheidung gerade aufgrund der vergleichbaren Sachverhalte herangeführt und mit ihr im Sinne einer vergleichbaren Lösung argumentiert wird. Es ist dann diese Form der Bezugnahme, die sich der Methode der Analogie bedient.[143]

---

138 Schauer, PPS 3 (2008), 454, 457, der die Analogie plakativ als „assistant“ und die Präjudizienbindung als „constraint“ bezeichnet.

139 Dass dies bei der Präzedenzwirkung nicht zwingend der Fall ist, wird unter Kapitel 2, II., näher ausgeführt.

140 Jacob, GLJ 12 (2011), 1005, 1022.

141 A. A. Jacob, GLJ 12 (2011), 1005, 1022 („Precedents on the other hand are paradigm examples of analogous reasoning.“).

142 Jacob, GLJ 12 (2011), 1005, 1017.

143 Shahabuddeen, World Court, S. 120 („The use of precedents involves a method of reasoning by analogy“). In diesem Sinne auch Schill, Multilateralization of international investment law, S. 324.

In diesem Kontext darf auch der Begriff der „precedential analogies" nicht als Gleichsetzen von Präzedenzwirkung und Analogie verstanden werden. *Brewer* beschreibt damit vielmehr das Vorgehen des *Common Law*-Richters, der sich mit Präjudizien auseinanderzusetzen hat und dann entweder analog zu bestimmten Präjudizien entscheidet oder den ihm vorliegenden Fall von den Präjudizien unterscheidet, was *Brewer* als „reasoning by disanalogy"[144] bezeichnet.[145] Auch Richtern anderer Rechtskreise sowie Schiedsrichtern ist eine solche Herangehensweise nicht fremd. Die zitierte Entscheidung wird bei dieser aber weder selbst Methodeninstrument noch stellt sie eine Unterkategorie der Analogie dar. Ebenso wenig wie Präjudizien und Analogien gleichbedeutend sind, kann auch die Präzedenzwirkung nicht mit der Analogie gleichgesetzt werden. Zur Ermittlung der Präzedenzwirkung würde es auch nicht genügen, dem Schiedsspruch eine gezogene Analogie zu entnehmen. Um den Grad an Präzedenzwirkung zu bestimmen, wäre etwa zu untersuchen, ob die „precedential analogy" der Untermauerung der eigenen Argumentation dient oder ob gar ein Befolgen eines Präjudizes vorliegt, was eine viel stärkere Präzedenzwirkung implizierte.[146]

III. Zur Bedeutung der Präzedenzwirkung für Rechtsfortbildung, Rechtserzeugung und Kohärenz

Die Bedeutung der Präzedenzwirkung einer Entscheidung erschöpft sich nicht im Einfluss auf die sie zitierende Entscheidung. Bei Rechtserzeugungen oder Rechtsfortbildungen kommt der Präzedenzwirkung vielmehr die Funktion eines Katalysators zur Verallgemeinerung jener schiedsrichterlichen schöpferischen Tätigkeit zu. Je stärker die Präzedenzwirkung ausfällt, umso wahrscheinlicher ist es, dass sich die Rechtsschöpfung nicht auf einen bestimmten Einzelfall beschränkt, sondern als tragendes Element einer Fortentwicklung des Rechts gelten kann. In der engen Verzahnung von Rechtsfortbildung und konsistenter Spruchpraxis zeigt sich zugleich die Relevanz der Präzedenzwirkung auch für die Kohärenz der Rechtsprechung.

Indes lässt die dezentrale und temporäre Struktur internationaler Schiedsgerichte zunächst keine konsistente Spruchpraxis erwarten. In der Tat ist die Problematik inkonsistenter Entscheidungen bereits vielfach erörtert worden.[147]

---

144 Brewer, Harv. L. Rev. 109 (1996), 923, 936.

145 Brewer, Harv. L. Rev. 109 (1996), 923, 934 ff.

146 Hierzu eingehend unter Kapitel 2, III.

147 Eingehend hierzu Debourg, Contrariétés; ferner Diel-Gligor, Inconsistency in International Investment Jurisprudence (in Vorbereitung); Gill, TDM (2005), 12 ff.; Kaufmann-Kohler, TDM 2

Vor mehr als dreißig Jahren schon kritisierte *Stern* mit Bezug auf die nach der Nationalisierung der lybischen Ölindustrie ergangenen Schiedssprüche, dass die Entscheidungen miteinander nicht in Einklang standen: „Trois arbitrages, un même problème, trois solutions".[148] Weitere berühmte Beispiele aus jüngerer Zeit sind die Entscheidungen *CMS v. Argentina*[149] und *LG&E v. Argentina*[150] sowie die als „[t]he ultimate fiasco in investment arbitration"[151] bezeichneten Divergenzen der nur zehn Tage auseinander liegenden Entscheidungen in den Verfahren *Lauder v. Czech Republic*[152] und *CME v. Czech Republic.*[153] Diesen „Entscheidungspaaren" ist gemein, dass jeweils ein identischer Sachverhalt rechtlich unterschiedlich gewertet wurde. In den gegen die Tschechische Republik geführten Verfahren wurde darüber hinaus auf der Grundlage unterschiedlicher BITs entschieden.

Die Gründe für inkonsistente Entscheidungen sind vornehmlich struktureller Natur. Sie sind zum einen darin zu sehen, dass weder ICSID- noch ICC-Schiedsgerichte über ständige Spruchkörper verfügen. Zum anderen sind die Möglichkeiten der Verfahrensparteien eingeschränkt, einen Schiedsspruch inhaltlich überprüfen und ggf. aufheben zu lassen.[154] Dass sich diese strukturell bedingten Gefahren auch realisieren können, hat sich sowohl in der ICSID- wie in der ICC-Spruchpraxis gezeigt.[155] Dennoch sind inkonsistente Entscheidungen nicht ohne Weiteres als Paradigmen einer Fragmentierung des globalen Rechts anzusehen. Zum einen können Divergenzen zwischen Schiedsgerichten eine größere Debatte anregen, aus der langfristig die besseren Argumente und Lösungen hervorge-

(2005), 1ff.; King, in: Uniform International Arbitration Law, S. 293ff.; Loquin, in: Divergences de jurisprudence, S. 127ff.; Reinisch, LPICT 3 (2004), 37ff.; Schill, Multilateralization of international investment law, S. 339ff.; Spoorenberg/Vinuales, LPICT 8 (2009), 91ff.; Wälde, TDM 2 (2005), 71ff. Zu Zuständigkeits- und Auslegungskonflikten bei internationalen Gerichten s. Finke, Parallelität internationaler Streitbeilegungsmechanismen, S. 157ff.

148 Stern, Rev. Arb. 1980, 3.

149 *CMS Gas Transmission Company v. The Republic of Argentina*, ICSID ARB/01/8, Award.

150 *LG&E Energy Corp., LG&E Capital Corp., and LG&E International, Inc. v. The Republic of Argentina*, ICSID ARB/02/1, Decision on Liability.

151 Reinisch, in: FS Hafner, S. 107, 116.

152 *Lauder v. The Czech Republic*, UNCITRAL, Final Award.

153 *CME Czech Republic B.V. (The Netherlands) v. The Czech Republic*, UNCITRAL, Partial Award.

154 S. Art. 51f. WBÜ und Art. 35 ICC Rules.

155 Eingehend dazu Debourg, Contrariétés, mit einem deutlichen Schwerpunkt auf der internationalen Handelsschiedsgerichtsbarkeit (und einem Abschnitt zur ICSID-Schiedsgerichtsbarkeit, S. 280ff.).

hen.[156] Dies gilt insbesondere für das noch recht junge internationale Investitionsrecht, das in seiner Anfangsphase eine Reihe von Kontroversen zu überwinden hat.[157] Zum anderen sind inkonsistente Entscheidungen auch bei staatlichen Rechtsordnungen vorzufinden, die ungeachtet dessen als stabil zu erachten sind. Sie stellen dort keineswegs eine Bedrohung der Kohärenz des gesamten Systems dar.

Inkonsistente Entscheidungen ließen sich angesichts der vornehmlich strukturellen Ursachen nur durch eine *stare decisis*-Doktrin verhindern, die jedoch für keinen Zweig der internationalen Schiedsgerichtsbarkeit Geltung hat. Allein durch eine – möglicherweise sogar starke – faktische Präzedenzwirkung wird die Problematik inkonsistenter Entscheidungen nicht zur Gänze überwunden werden können. Vor diesem Hintergrund soll hier ein differenzierteres Bild gezeichnet werden. Dabei gilt es, die Bedeutung der Präzedenzwirkung von Schiedssprüchen in bestimmten Bereichen aufzuzeigen und einen Kontrapunkt zu den Stimmen zu setzen, welche den Fokus auf bestehende Inkonsistenzen richten.[158] Entsprechend wird im Rahmen der empirischen Analyse untersucht, inwieweit in einzelnen Bereichen Kohärenz besteht und somit inwieweit die Kritik berechtigt ist, jedenfalls relativiert werden muss oder als unzutreffend zu betrachten ist.

156 Paulsson, TDM 3 (2006), 1, 13: „[G]ood awards will chase the bad, and set standards which will contribute to a higher level of consistent quality." In diesem Sinne auch Schill, J. Int. Disp. S. 2 (2011), 353, 371.

157 Laird, in: International Investment Law, S. 201.

158 S. bspw. Franck, Fordham L. Rev. (2005), 1521 ff.

Kapitel 2: Die faktische Präzedenzwirkung internationaler Schiedssprüche

Wie der Vergleich der verschiedenen Rechtssysteme zeigt, ist eine grundsätzliche Präjudizienbindung zwar nicht überall gegeben. Doch in all diesen Systemen kann Entscheidungen Präzedenzwirkung – unterschiedlichen Ausmaßes – zukommen. Zum Zwecke der Untersuchung der Präzedenzwirkung in der internationalen Schiedsgerichtsbarkeit ist es daher notwendig, den spezifischen Charakteristika der Präzedenzwirkung internationaler Schiedssprüche auf den Grund zu gehen.[159]

Weder in der Investitionsschiedsgerichtsbarkeit noch in der Handelsschiedsgerichtsbarkeit besteht eine rechtliche Bindung an frühere Entscheidungen. Die *stare decisis*-Doktrin gilt hier nicht. Weder rechtlich noch faktisch ist eine Präjudizien*bindung* gegeben. Die Schiedsrichter sind in ihren Bezugnahmen auf frühere Entscheidungen frei. Für sie ist auch der Befolgungsdruck, der bei staatlichen Gerichten etwa aus der hierarchischen Organisation resultieren kann, nicht gegeben.

Früheren Entscheidungen wird dennoch eine große Bedeutung beigemessen, wie die beträchtliche Anzahl an Zitationen früherer Entscheidungen zeigt. So stellt sich die Frage, wie diese einzuordnen ist. Das Phänomen der Bezugnahmen auf frühere schiedsrichterliche Entscheidungen wird dabei im Schrifttum mit Begriffen wie „precedential value",[160] „persuasive effect",[161] „jurisprudence constante"[162] sowie „de facto precedent"[163] bzw. „faktische Präzedenzwirkung"[164] zu erfassen versucht.

Auf jede veröffentlichte Entscheidung kann Bezug genommen werden. Aktuelle Entscheidungen sind die Präzedenzfälle von morgen.[165] Wenn jede Entscheidung zum Präzedenzfall werden kann, ist mit Präjudiz oder *precedent* noch keine weiterführende Qualifikation vorgenommen. Was die einzelne Entscheidung

---

159 Vgl. Mourre, in: Precedent, S. 39, 43: „The real issue is therefore not whether awards have a precedential effect, but how such effect operates in practice."

160 Cheng, Fordham Int. L. J. 30 (2007), 1014, 1026; Kaufmann-Kohler, Arb. Int. 23 (2007), 357, 373; Kessedjian, in: Future, S. 43 ff.

161 Gill, ICSID Rev. 25 (2010), 87, 91.

162 Bjorklund, in: International Economic Law, S. 265; Gill, ICSID Rev. 25 (2010), 87, 94; Reed, ICSID Rev. 25 (2010), 95, 99; Sureda, in: International Investment Law for the 21st century, S. 830, 839.

163 Reed, ICSID Rev. 25 (2010), 95, 95 f.; Schill, Multilateralization of international investment law, S. 321; Schreuer/Weiniger, in: Oxford Handbook, S. 1188, 1196.

164 Schroeder, Lex mercatoria arbitralis, S. 96.

165 Jacob, GLJ 12 (2011), 1005, 1022.

aber qualifizieren kann, ist ihre tatsächliche Wirkung bzw. der ihr zugestandene Einfluss auf die spätere Entscheidung. Ziel dieser Arbeit ist es deshalb, die Präzedenzwirkung schiedsgerichtlicher Entscheidungen zu ergründen, die in Ermangelung rechtlicher Vorgaben faktischer Natur ist und deshalb auch – wie oben dargelegt – als faktische Präzedenzwirkung bezeichnet werden kann. Dazu werden die einzelnen Voraussetzungen der Präzedenzwirkung untersucht.[166]

In der Literatur wird der ICSID-Rechtsprechung weit überwiegend faktische Präzedenzwirkung zugesprochen.[167] Bei dem Versuch, die dortige Präzedenzwirkung von der Rolle der Rechtsprechung im *Common Law* abzugrenzen, werden Bezeichnungen wie „soft precedents"[168], „de facto practice of precedent"[169] oder „system of de facto precedents"[170] zur näheren Beschreibung verwandt. Andere sehen eine Nähe zur Bedeutung von Präjudizien in Frankreich und erkennen in der ICSID-Rechtsprechung eine „jurisprudence constante" oder zumindest eine sich dahingehend abzeichnende Entwicklung.[171]

Über die Beschreibung der Zitationspraxis hinaus gibt es allerdings nur wenige theoretische Auseinandersetzungen mit dem Phänomen der Präzedenzwirkung in der internationalen Schiedsgerichtsbarkeit. Lediglich *Commission*, *Kessedjan* und *Reed* haben sich in ihren Aufsätzen mit möglichen Kriterien befasst. Drei Voraussetzungen benennt *Commission* für die Entstehung von Präzedenzwirkung: die Veröffentlichung von Entscheidungen, ein „esprit de corps among ICSID and other investment treaty arbitrators" sowie „a body of law predisposed to development by case law".[172] Demgegenüber gibt *Kessedjan* vier, damit nur teilweise identische Kritieren vor:

> „[I]f any precedential value is to be given to awards, four prerequisites must be fulfilled. The first is to have a closed set of rules with a limited number of potential disputes. Then, there must be some kind of hierarchy among the bodies that are in charge of resolving disputes.

166 S. den nachfolgenden Abschnitt: Kapitel 2, I.

167 Vgl. Bjorklund, in: International Economic Law, S. 265 ff.; Cheng, Fordham Int. L. J. 30 (2007), 1014 ff.; Commission, J. Int. Arb. 24 (2007), 129 ff.; Gill, ICSID Rev. 25 (2010), 87 ff.; Kaufmann-Kohler, Arb. Int. 23 (2007), 357 ff.; Reinisch, A. A. Yb. 2008, 495 ff.; Schill, Multilateralization of international investment law, S. 278 ff.; Schreuer/Weiniger, in: Oxford Handbook, S. 1188 ff.; Sureda, in: International Investment Law for the 21st century, S. 830 ff.; Weeramantry, ICSID Rev. 25 (2010), 111 ff.; Weidemaier, W. M. L. Rev. 51 (2010), 1896 ff. Dagegen Douglas, ICSID Rev. 25 (2010), 104 ff.; Kessedjian, in: Future, S. 43 ff.

168 Commission, J. Int. Arb. 24 (2007), 129, 142.

169 Schreuer/Weiniger, in: Oxford Handbook, S. 1188, 1196.

170 Schill, Multilateralization of international investment law, S. 321.

171 Bjorklund, in: International Economic Law, S. 265; Gill, ICSID Rev. 25 (2010), 87, 94; Reed, ICSID Rev. 25 (2010), 95, 99.

172 Commission, J. Int. Arb. 24 (2007), 129, 136 ff.

If the hierarchy cannot be achieved, then there must be at least a special institution charged with dispute resolution. Finally, the decisions must be published."[173]

Von diesen sei lediglich die letzte, nämlich die Veröffentlichung von Schiedssprüchen, gegeben, weshalb die Autorin ICSID-Schiedssprüchen keine Präzedenzwirkung zuerkennt.[174] Den Investitionsschutzstandard der gerechten und billigen Behandlung sowie die Schirmklauseln beispielhaft heranführend, geht sie davon aus, dass bei derart weiten Klauseln keine Präzedenzwirkung entstehen könne.[175] Bemerkenswerterweise sieht *Reed* im Gegensatz dazu gerade in den weiten Formulierungen der Schutzstandards der gerechten und billigen Behandlung und der Meistbegünstigung sowie der Schirmklauseln das Potential zur Präzedenzwirkung.[176] Dem liegt der Gedanke zugrunde, dass die Tätigkeit des Spruchkörpers vom Interpretationsspielraum der anwendbaren Norm abhängt. Je weiter der Interpretationsspielraum, desto mehr wird von der Rechtsprechung gefordert. Oder anders ausgedrückt: Auf die Auslegung und Rechtsfortbildung einer früheren Entscheidung Bezug zu nehmen, ist besonders dann naheliegend, wenn die anzuwendende Norm einen großen interpretatorischen Spielraum lässt.

Über diesen bei *Reed* offenbar zugrundeliegenden Gedanken hinaus haben sich nur wenige Autoren mit den unterschiedlichen Gründen für Bezugnahmen auf frühere Entscheidungen befasst. Obgleich alle Ausführungen im Schrifttum zu einer etwaigen Präzedenzwirkung auf die Beobachtung einer überaus großen Anzahl an Entscheidungszitaten zurückzuführen sind, waren die möglichen Gründe für diese Zitationen bislang nur äußerst selten Gegenstand wissenschaftlicher Auseinandersetzung. Neben einer abstrakten Typologie der Bezugnahmen[177] sollen deshalb im Rahmen dieser Arbeit Entscheidungszitate auf ihren Zitationsgrund hin untersucht werden.[178]

Ob die Rechtsprechung der internationale Handelsschiedsgerichtsbarkeit faktische Präzedenzwirkung entfaltet, ist im Schrifttum ebenfalls umstritten. Vereinzelt wird dies bejaht,[179] wobei sie im Rahmen der ICC im Vergleich zum

---

173 Kessedjian, in: Future, S. 43, 62.
174 Kessedjian, in: Future, S. 43, 63ff.
175 Kessedjian, in: Future, S. 43, 63.
176 Reed, ICSID Rev. 25 (2010), 95, 96.
177 S. Kapitel 2, III.
178 S. 2. Teil, Kapitel 1, I. und II., sowie Kapitel 2, I.
179 Vgl. Berger, J. Int. Arb. 9 (1992), 5ff.; Schroeder, Lex mercatoria arbitralis, S. 96: „[E]s ist anerkannt, dass die Spruchpraxis internationaler Schiedsgerichte Vereinheitlichungstendenzen aufweist, die auf einer faktischen Präzedenzwirkung von Schiedssprüchen beruhen"; Weidemaier, W. M. L. Rev. 51 (2010), 1896, 1909.

ICSID als schwächer qualifiziert wird.[180] Andere Autoren erachten die Präzedenzwirkung von ICC-Schiedssprüchen demgegenüber für nicht vorhanden oder für äußerst gering: „[T]here is no meaningful precedential value of awards in commercial arbitration".[181] Davon zeugt auch die Nichtbehandlung der Thematik in einer Reihe bekannter Lehr- und Handbücher zur internationalen Handelsschiedsgerichtsbarkeit.[182]

Mit Blick auf die bislang fehlende, darüber hinausgehende dogmatische Auseinandersetzung mit dem Thema Präzedenzwirkung in der internationalen Handelsschiedsgerichtsbarkeit soll diese Arbeit daher theoretisch und empirisch die zentralen Grundlagen etablieren. Dabei geht es zunächst um eine Auseinandersetzung mit den Voraussetzungen, die eine faktische Präzedenzwirkung überhaupt ermöglichen, also zu deren Entstehung zwingend gegeben sein müssen (dazu I.). Im Anschluss werden diejenigen Faktoren erörtert, die auf die konkrete Ausprägung der Präzedenzwirkung Einfluss haben, ohne jedoch zwingende Bestandteile derselben zu sein (dazu II.).

I. Unabdingbare Voraussetzungen

Drei Elemente sind für die faktische Präzedenzwirkung von Schiedssprüchen notwendig: Erstens, das Vorliegen einer Entscheidungsbegründung (dazu 1.). Zweitens, die Veröffentlichung des Schiedsspruchs bzw. zumindest wesentlicher Teile seiner tragenden Gründe (dazu 2.). Und drittens, eine Bezugnahme auf die veröffentlichte Entscheidung (dazu 3.).

180 Weidemaier, W. M. L. Rev. 51 (2010), 1896, 1909.

181 Kaufmann-Kohler, Arb. Int. 23 (2007), 357, 373; ferner Larroumet, der Schiedssprüche lediglich als Beispiele für andere Schiedsgerichte erachtet, vgl. Larroumet, Gaz. Pal. 348 (2006), 5. Lachmann kann hingegen nicht diesen Autoren zugeordnet werden, da er nicht zwischen Bindungswirkung und Präzedenzwirkung unterscheidet („Schiedssprüche anderer Schiedsgerichte mögen nützliche Anregungen bieten, haben jedoch keinerlei rechtliche oder faktische Bindungswirkung"), s. Lachmann, Handbuch, Rn. 173.

182 S. etwa Bühler/Webster, ICC Arbitration (trotz des Titels „Commentary, Precedents, Materials"); Poudret/Besson, Droit comparé; Redfern/Hunter, Law and practice (allerdings wird die Thematik in einem weiteren, sich nicht auf die Handelsschiedsgerichtsbarkeit beschränkenden Werk von u. a. denselben Autoren durchaus aufgegriffen: Blackaby/Partasides/Redfern/Hunter, Redfern and Hunter on International Arbitration, 1.113); Schlosser, Internationale private Schiedsgerichtsbarkeit.

1. Entscheidungsbegründung

Da sich die Präzedenzwirkung vornehmlich auf den Entscheidungs*inhalt* bezieht, setzt sie eine Entscheidungsbegründung voraus. Entscheidungen von ICSID-Schiedsgerichten ergehen gem. Art. 48 Abs. 2 WBÜ in schriftlicher Form, und nach Abs. 3 mit den tragenden Entscheidungsgründen. Eine sehr ähnliche Regelung findet sich in den ICC Rules of Arbitration. Gem. Art. 25 Abs. 2 ICC Rules sollen Schiedsentscheidungen begründet ergehen.[183] Auch § 34 Abs. 3 DIS-Schiedsgerichtsordnung (DIS-SchO) sieht – entsprechend der Regelung des § 1054 Abs. 2 ZPO – vor, dass der Schiedsspruch prinzipiell zu begründen ist.[184]

Bei der AAA hingegen gibt es keine vergleichbare Regelung. Dies hat zur Folge, dass Schiedsgerichte ihre Entscheidungen regelmäßig nicht mit einer Begründung versehen. Dies ist mitunter dem Leitbild eines zügig zu einer endgültigen Entscheidung führenden Schiedsverfahrens geschuldet, weshalb der unterlegenen Partei kein Nährboden zur Anfechtung der Entscheidung geboten werden soll. Da es bei unbegründeten Entscheidungen keine Präzedenzwirkung geben kann, bleiben Schiedssprüche von AAA-Schiedsgerichten in der vorliegenden Studie somit unberücksichtigt.

2. Veröffentlichung

Damit Schiedssprüchen überhaupt Präzedenzwirkung zukommen kann, müssen sie veröffentlicht werden. Denn es gilt: „Le précédent qui n'est pas connu n'existe pas".[185] Die Veröffentlichung ist also unabdingbare Voraussetzung für das Entstehen faktischer Präzedenzwirkung. Dabei motiviert die Forderung nach der Veröffentlichung von Entscheidungen weniger ein Bemühen um Transparenz. Vielmehr handelt es sich um eine Anerkennung der Tatsache, dass eine Entscheidung erst durch ihre Veröffentlichung die Möglichkeit gewinnt, generalisierbare Argumentationen und Ergebnisse anzubieten.[186] Während also der dezentrale und temporäre Charakter der internationalen Schiedsgerichtsbarkeit eine

---

183 Art. 48 Abs. 3 WBÜ lautet: „The award shall deal with every question submitted to the Tribunal, and shall state the reasons upon which it is based." und Art. 25 Abs. 2 ICC Rules: „The Award shall state the reasons upon which it is based."

184 § 34 Abs. 3 DIS-SchO lautet: „Der Schiedsspruch ist zu begründen, soweit die Parteien nichts anderes vereinbart haben, oder es sich um einen Schiedsspruch mit vereinbartem Wortlaut im Sinne des § 32 Abs. 2 handelt."

185 Bel, in: Bedeutung von Präjudizien, S. 25, 37.

186 Oppetit, Théorie de l'arbitrage, S. 31 ; Tercier, Rev. Arb. 2011, 653, 666.

bloße Streitentscheidung erwarten lässt, erlaubt die Veröffentlichung des Schiedsspruchs eine über den Einzelfall hinausgehende Wirkung.[187]

Keineswegs ist nun aber die Veröffentlichung ebenso wie die Bekanntmachung von laufenden Verfahren in allen Zweigen der internationalen Schiedsgerichtsbarkeit selbstverständlich. Auch in der staatlichen Gerichtsbarkeit wird nicht jede Entscheidung veröffentlicht. Aber die Anzahl der Veröffentlichungen erreicht dort immerhin ein Ausmaß, das für die Gesamtheit der staatlichen Rechtsprechung repräsentativ erscheinen kann.[188] Davon kann etwa in der internationalen Handelsschiedsgerichtsbarkeit trotz zunehmender Veröffentlichungen nicht ohne Weiteres ausgegangen werden.[189] Denn dort wird die Vertraulichkeit des Verfahrens immer wieder als wichtiger Vorzug gegenüber der staatlichen und der internationalen Gerichtsbarkeit benannt.[190]

Da insbesondere Verfahren der internationalen Handelsschiedsgerichtsbarkeit routinemäßig als „private process" oder „private business" erachtet werden,[191] den Parteien eine entsprechende Erwartungshaltung zugesprochen wird[192] oder gar ein Grundsatz der Vertraulichkeit von Schiedsverfahren angenommen wird,[193] ist es erforderlich, den sich abzeichnenden „Mythos"[194] näher zu erfor-

---

187 In diesem Sinne auch Jouannet, in: Juridictionnalisation, S. 343, 372.

188 Ebenso Mourre, in: Precedent, S. 39, 53.

189 Auch in der internationalen Handelsschiedsgerichtsbarkeit werden Entscheidungen zunehmend freiwillig veröffentlicht, wie u. a. Rogers, Kans. L. Rev. 54 (2006), 1301, 1319, und Gruner, Colum. J. Trans. L. 41 (2003), 923, 959, hervorheben.

190 Vgl. nur Blackaby/Partasides/Redfern/Hunter, Redfern and Hunter on International Arbitration, Rn. 1.96, 2.145; Schütze/Tscherning/Wais, Handbuch, Rn. 17. Ob Vertraulichkeit tatsächlich noch als entscheidender Vorzug der Schiedsgerichtsbarkeit gelten kann, mag bezweifelt werden, vgl. Kouris, J. Int. Arb. 22 (2005), 127, 138; Rogers, Kans. L. Rev. 54 (2006), 1301, 1336.

191 U.a. Bagner, J. Int. Arb. 18 (2001), 243; Elkouri/Elkouri, How arbitration works, S. 603; Redfern/Hunter, Practice, Rn. 2.145; Reuben, Kans. L. Rev. 54 (2006), 1255, 1277; Schmitz, Kans. L. Rev. 54 (2006), 1211, 1215.

192 Brown, Am. U. Int. L. Rev. 16 (2001), 969, 975; Fouchard/Goldman/Gaillard, Traité de l'arbitrage commercial international, Rn. 1412; Loquin, Rev. Arb. (2006), 323, 352; Noussia, Confidentiality in International Commercial Arbitration, S. 133; Reuben, Kans. L. Rev. 54 (2006), 1255, 1299; Trakman, Arb. Int. 18 (2002), 1.

193 Vgl. etwa Cavalieros, Cah. arb. 3 (2006), 56 ff.; Clay, L'arbitre, S. 595; Gaillard, D. Chron. (1987), 153 ff.; Loquin, Rev. Arb. (2006), 323 ff.; Mustill/Boyd, Commercial Arbitration, S. 303: „It is [...] implicit in the nature of private arbitrations that the proceedings are confidential."

194 Bagner, J. Int. Arb. 18 (2001), 243, 248; Reuben, Kans. L. Rev. 54 (2006), 1255. Die Existenz einer solchen Verpflichtung ziehen auch Fortier, Arb. Int. 15 (1999), 131 („In fact, the principle – at least, in the absolute form in which it is generally understood by most parties – is more truism than truth.") und Müller, ASA Bull. 23 (2005), 216 („Il existe toutefois un décalage important entre cette attente et une réalité bien moins feutrée.") in Zweifel. Ebenso Schreuer/Malintoppi/Reinisch, ICSID Convention, Art. 48 Rn. 108.

schen. Denn trotz wiederholter Betonung dieses Vorzugs bleiben die Grundlage und Reichweite der Vertraulichkeit höchst unklar.[195] Doch sind gerade sie entscheidend, wenn es gilt, das Spannungsverhältnis zwischen den beiden widerstreitenden Interessen an der Veröffentlichung der Schiedssprüche und der Vertraulichkeit aufzulösen. Nach einer kurzen Erörterung der Gründe für und wider die Veröffentlichung von Schiedssprüchen soll daher im Folgenden ebenfalls näher beleuchtet werden, ob und inwieweit die Vertraulichkeit der Veröffentlichung rechtlich entgegensteht.

a) Veröffentlichungsinteresse

In der staatlichen Gerichtsbarkeit wird neben dem Interesse der Parteien an der Entscheidung des konkreten Einzelfalles ebenso ein Interesse der Rechtsgemeinschaft an der Entscheidung anerkannt. Letzteres wird dagegen in Bezug auf die internationale Schiedsgerichtsbarkeit häufig außer Acht gelassen. Doch sowohl in der Investor-Staat-Schiedsgerichtsbarkeit als auch in der Handelsschiedsgerichtsbarkeit besteht ein über den Einzelfall hinausgehendes Interesse an der Entscheidung. Der Rechtsgemeinschaft geht es um die Möglichkeit der Rechtsfortbildung sowie darum, die Konsistenz der Rechtsprechung zu gewährleisten, weil eben sie Vorhersehbarkeit und Rechtssicherheit hervorzubringen vermag.

Besonders groß – und anerkannt – ist das Interesse an veröffentlichten Entscheidungen in der Sportschiedsgerichtsbarkeit, wo ähnliche Fragen immer wieder Gegenstand von Schiedsverfahren sind und auf die Gleichbehandlung gleichgelagerter Fälle großer Wert gelegt wird.[196] Es verwundert daher nicht, dass sich gerade in diesem Bereich eine umfassende Veröffentlichungspraxis entwickelt hat.[197] Doch auch andere Schiedsgerichtsbarkeiten haben ein hohes Interesse an Präjudizien, was sich nicht zuletzt daran zeigt, dass Schiedsgerichte dort immer wieder selbst unveröffentlichte, doch ihnen bekannte Schiedssprüche für ihre Entscheidungen heranziehen.[198] Die Kenntnis der schiedsgerichtlichen

---

195 Diese Unsicherheit zeigte sich etwa auch in England vor Erlass des Arbitration Act von 1996. Der Vorschlag, zur Überwindung bestehender Unsicherheiten, eine explizite Regelung über die Vertraulichkeit der Schiedsverfahren in das Gesetz aufzunehmen, fand jedoch keine ausreichende Zustimmung.

196 Vgl. Latty, Lex sportiva, S. 264; Oschütz, Sportschiedsgerichtsbarkeit, S. 375; Rigozzi, L'arbitrage international en matière de sport, S. 640.

197 Zur Entwicklung der lex sportiva vgl. Latty, Lex sportiva; Loquin, in: CAS, S. 85 ff. S. ferner die Entscheidungsdatenbank des *Court of Arbitration for Sport* („Jurisprudence"), verfügbar unter: <http://www.tas-cas.org> (zuletzt abgerufen am 01.07.2013).

198 Berger, J. Int. Arb. 9 (1992), 5, 21.

Rechtsprechung setzt mithin voraus, dass Entscheidungen veröffentlicht oder zumindest einem bestimmten Personenkreis zugänglich gemacht werden.

Ohne eine „naturgegebene" Vertraulichkeit von Schiedsverfahren bereits in Frage zu stellen, sollen im Folgenden vor dem Hintergrund des Urteils des Bundesverwaltungsgerichts vom 26. Februar 1997 die Gründe, die für die Veröffentlichung von Entscheidungen staatlicher Gerichte herangeführt werden, hinsichtlich ihrer Übertragbarkeit auf die internationale Schiedsgerichtsbarkeit überprüft werden.[199] Dem Bundesverwaltungsgericht zufolge seien sowohl Auslegung und Rechtsfortbildung zu ermöglichen und sichtbar zu machen wie eine zumindest in Grundzügen voraussehbare Rechtsprechung anzustreben. Ferner solle die Kontrolle der Judikative – die nicht zuletzt auch durch öffentlich geführte Verfahren gewährleistet werde – durch die Veröffentlichung verstärkt, sowie Entscheidungen der Kritik und dem wissenschaftlichen Diskurs zugänglich gemacht werden.

Weit überwiegend lassen sich die Gründe, die für eine Veröffentlichung von Urteilen und Beschlüssen sprechen, auf die internationale Schiedsgerichtsbarkeit übertragen. An erster Stelle gilt dies für Auslegung und Rechtsfortbildung. Werden Schiedssprüche veröffentlicht, können Parteien und Schiedsrichter sehen, wie Schiedsgerichte bestimmte Normen ausgelegt haben oder wie im Einzelfall über eine Norm hinaus Recht fortentwickelt wurde.[200] Entscheiden Schiedsgerichte in ähnlichen Fragen in vergleichbarer Weise, fördert dies die Kohärenz der Rechtsprechung.[201] Dies gilt für die internationale Handelsschiedsgerichtsbarkeit und für die internationale Investitionsschiedsgerichtsbarkeit gleichermaßen. Gerade in der Anwendung von sehr abstrakt formulierten Normen, von Generalklauseln, allgemeinen Rechtsgrundsätzen sowie Investitionsschutzstandards, sind die Auslegungen und Rechtsfortbildungen früherer Schiedsgerichte von hoher Bedeutung.[202] Zudem spiegeln Streitfälle die Wirklichkeit bestimmter Branchen häufig detailreich wider. Werden Schiedsentscheidungen, die diese Fälle betreffen, nicht veröffentlicht, bleibt die branchenübliche Praxis auch denjenigen verborgen, die im jeweiligen Bereich dazu berufen sind, Normen zu erlassen.[203] In diesem Zusammenhang sei ferner die Entwicklung von Recht hervorgehoben, das sich wie etwa die *lex mercatoria* an Bräuchen orientiert. Prägnant sind dazu die

---

199 BVerwGE 104, 105.

200 Knahr/Reinisch, LPICT 6 (2007), 97, 115; Schreuer, ICSID Convention, S. 838f.

201 Buys, Am. Rev. Int. Arb. 14 (2003), 121, 136; Brown, Am. U. Int. L. Rev. 16 (2001), 969, 1017; Müller, ASA Bull. 23 (2005), 216, 234.

202 Zum Investitionsrecht vgl. Knahr/Reinisch, LPICT 6 (2007), 97, 111.

203 Vgl. Noussia, Confidentiality in International Commercial Arbitration, S. 170f.

Ausführungen im Standardwerk der Handelsschiedsgerichtsbarkeit von *Fouchard, Gaillard* und *Goldman:*

> „On reading the ICC awards and their commentaries, one significant phenomenon becomes clear: the more recent awards are based on earlier decisions, and the decisions reached are generally consistent. The publication of awards thus enhances their homogeneity. In both arbitration law and international commercial law, arbitral awards have now become a private source carrying considerable weight and have undoubtedly helped to create the arbitral component of lex mercatoria."[204]

Insbesondere für die Entwicklung von Recht und Rechtsprinzipien, mit denen sich staatliche Gerichte selten oder überhaupt nicht befassen, ist die Veröffentlichung von Entscheidungen unabdingbar. Hieran zeigt sich zugleich, dass auch handelsrechtliche Streitgegenstände durchaus für die Allgemeinheit von Interesse sein können.[205]

Indes ist Konsistenz nicht nur für die Rechtsgemeinschaft von Bedeutung. Auch für die Streitparteien ist es ersichtlich von Vorteil, den Ausgang des Verfahrens dank verlässlicher, kohärenter Rechtsprechung besser abschätzen zu können.[206] Angesichts regelmäßig hoher Streitwerte wiegt die Bedeutung einer Vorhersehbarkeit der Rechtsprechung in der internationalen Schiedsgerichtsbarkeit besonders schwer.[207] Und gerade Parteien, die zukünftig erneut Beteiligte eines Schiedsverfahrens sein können, mögen diesen Vorteil besonders hoch bewerten. Ihnen kann das Einsehen von Entscheidungen ferner bei der Wahl des Schiedsrichters behilflich sein.[208]

---

204 Fouchard/Gaillard/Goldman, International Commercial Arbitration, Rn. 384. In diesem Sinne u. a. auch Noussia, Confidentiality in International Commercial Arbitration, S. 171; Raymond, Am. Rev. Int. Arb. 16 (2005), 479, 502ff.

205 Knahr/Reinisch, LPICT 6 (2007), 97, 111; Tweeddale, Arb. Int. 21 (2005), 59, 61.

206 Buys, Am. Rev. Int. Arb. 14 (2003), 121, 136; Noussia, Confidentiality in International Commercial Arbitration, S. 170; Schreuer/Malintoppi/Reinisch, ICSID Convention, Art. 48 Rn. 128.

207 So wiesen im Jahr 2010 über 75 % der ICC-Verfahren einen Streitwert von über 1 Mio. US-Dollar auf, vgl. ICC Court of Arbitration Bulletin, Vol. 22, No. 1. Aus der ICSID-Rechtsprechung sei exemplarisch auf die Rechtssache *BG Group v. Argentina* verwiesen, wo Argentinien als Beklagter Zahlungen in Höhe von 185 Mio. US-Dollar auferlegt wurden, vgl. *BG Group Plc. v. The Republic of Argentina*, UNCITRAL, Final Award, Rn. 467. Im Schiedsspruch zur Rechtssache *CMS v. Argentina* wurde Argentinien zu Schadensersatz in Höhe von rund 133 Mio. US-Dollar verpflichtet, vgl. *CMS Gas Transmission Company v. The Republic of Argentina*, ICSID ARB/01/8, Award.

208 Buys, Am. Rev. Int. Arb. 14 (2003), 121, 136; Knahr/Reinisch, LPICT 6 (2007), 97, 115; Lew, in: Liber Amicorum Sanders, S. 223, 228; Schreuer/Malintoppi/Reinisch, ICSID Convention, Art. 48 Rn. 127.

Demgegenüber ist eine Kontrolle der Rechtsprechung in der internationalen Schiedsgerichtsbarkeit weniger bedeutsam. Einerseits können die Parteien hier „ihre“ Schiedsrichter auswählen, andererseits ist es von geringerer Bedeutung, das Vertrauen der Öffentlichkeit in die Verfahrenspraxis zu sichern.[209] Dennoch sollte nicht verkannt werden, dass eine voraussehbare Rechtsprechung natürlich das Vertrauen in das System stärkt.[210]

Überdies ist gerade in der Investor-Staat-Schiedsgerichtsbarkeit noch an einen anderen Aspekt zu denken: Geht es dort um Enteignungen oder staatliche Maßnahmen in Bereichen wie Gesundheit und Umwelt, ist ein öffentliches (Kon-troll-) Interesse durchaus anzuerkennen.[211] Die Betroffenheit der Allgemeinheit kann sich allerdings auch in Fällen der internationalen Handelsschiedsgerichtsbarkeit ergeben, wenn in Schiedsverfahren Informationen über bestimmte Produkte zu Tage treten. So haben auch Verbraucher ein Interesse daran, zu wissen, ob Produkte beispielsweise durch Kinderarbeit oder unter Missachtung umweltrechtlicher Regelungen produziert werden.[212]

Darüber hinaus ist einer Verfahrenskontrolle durch die Öffentlichkeit aber keine primäre Bedeutung beizumessen. Einer Inhaltskontrolle werden Schiedssprüche zwar – mangels weiterer Verfahrensinstanz – nur bedingt unterzogen. Es bleibt den Parteien eines Schiedsverfahrens aber unbenommen, den Schiedsspruch bei Vorliegen entsprechender Voraussetzungen aufheben zu lassen.[213]

Dagegen ist es außerordentlich erstrebenswert, in Bezug auf Schiedssprüche internationaler Schiedsgerichte einen wissenschaftlichen Diskurs zu etablieren.[214] Entscheidungen von staatlichen Gerichten unterschiedlicher Jurisdiktionen offenbaren den Einfluss der Wissenschaft auf gerichtliche Entscheidungen. Doch auch im internationalen Kontext lässt sich verzeichnen, dass wissenschaftliche Äußerungen in Entscheidungen internationaler Gerichte einbezogen werden. Über die von Art. 38 Abs. 1 (d) IGH-Statut zugedachte Bedeutung als „Hilfsmittel“

209 Vgl. Noussia, Confidentiality in International Commercial Arbitration, S. 180.

210 Buys, Am. Rev. Int. Arb. 14 (2003), 121; 136; Knahr/Reinisch, LPICT 6 (2007), 97, 111; Schreuer/Malintoppi/Reinisch, ICSID Convention, Art. 48 Rn. 126.

211 Vgl. Knahr/Reinisch, LPICT 6 (2007), 97, 113 und 115; Mistelis, Arb. Int. 21 (2005), 211. Weitere wichtige Aspekte nennt Buys, Am. Rev. Int. Arb. 14 (2003), 121, 134.

212 Vgl. die Ausführungen bei Buys, Am. Rev. Int. Arb. 14 (2003), 121, 135.

213 Für das deutsche Recht regeln dies die §§ 1059 ff. ZPO. Dazu Schütze, SchiedsVZ 2009, 241 ff.

214 So auch Buys, Am. Rev. Int. Arb. 14 (2003), 121, 137; Holder, Vertraulichkeit im Schiedsverfahren nach deutschem Recht, S. 140; Knahr/Reinisch, LPICT 6 (2007), 97, 115. Ebenso Tercier, Rev. Arb. 2011, 653, 667, der in einer solchen wissenschaftlichen Auseinandersetzung auch eine Kontrollfunktion sieht. Dabei steht außer Frage, dass diese Art der Kontrolle ganz anderer Natur und Ausprägung ist als bspw. die einer zweiten Instanz.

hinaus, leistet die Wissenschaft einen wichtigen Beitrag, wenn es um die Fortentwicklung von Völkerrecht und anderem internationalen Recht geht.[215] Eine Zunahme dieses Dialogs wäre mit Blick auf eine zu einem gewissen Maß realisierbare Systembildung in der internationalen Schiedsgerichtsbarkeit durchaus wünschenswert. Und nebenbei ließen sich Schiedsrichter durch Veröffentlichungen und einen entsprechenden Diskurs auch aus- und fortbilden.[216]

Kommen mithin die Gründe, die in der staatlichen Gerichtsbarkeit für eine Veröffentlichung von richterlichen Entscheidungen sprechen, auch in der internationalen Schiedsgerichtsbarkeit weitgehend zum Tragen, so muss von einem realen und anerkennungswürdigen Interesse an der Veröffentlichung von Schiedssprüchen gesprochen werden.

b) Bedürfnis nach Vertraulichkeit

Die Vertraulichkeit von Schiedsverfahren wird zwar häufig als Vorzug der Schiedsgerichtsbarkeit betont, der Inhalt des Begriffs ist jedoch noch nicht klar umrissen. Es mangelt an einer Definition der Vertraulichkeit.[217] Zunächst lassen sich die Nichtöffentlichkeit des Schiedsverfahrens auf der einen und Geheimhaltungs- oder Verschwiegenheitspflichten der Verfahrensbeteiligten und der Schiedsinstitutionen auf der anderen Seite unterscheiden.[218] Betrifft die Nichtöffentlichkeit das Außenverhältnis der Verfahrensbeteiligten zu Dritten, wird mit den Geheimhaltungspflichten auf das Innenverhältnis der Verfahrensbeteiligten untereinander Bezug genommen.[219] Diese unterschiedlichen Rechtsverhältnisse zeigen, dass aus der Nichtöffentlichkeit keineswegs automatisch Geheimhaltungspflichten folgen.[220] Letztere haben für die Frage der ‚offiziellen' Veröffentlichung eines Schiedsspruchs keine Bedeutung. Die Nichtöffentlichkeit kann hingegen zweierlei bezeichnen: Zum einen, dass unbeteiligte Dritte während des

---

215 Für das Völkerrecht s. Ipsen, Völkerrecht, § 21 Rn. 6.

216 Vgl. Brown, Am. U. Int. L. Rev. 16 (2001), 969, 1019; Dessemontet, Am. Rev. Int. Arb. 7 (1996), 299, 303; Müller, ASA Bull. 23 (2005), 216, 235.

217 Noussia, Confidentiality in International Commercial Arbitration, S. 177.

218 Diese Differenzierung treffen auch Brown, Am. U. Int. L. Rev. 16 (2001), 969, 970; Oldenstam/Pachelbel, SchiedsVZ 2006, 31, 32; Prütting, in: Liber Amicorum Böckstiegel, S. 629; Raeschke-Kessler/Berger, Recht und Praxis, Rn. 27; Reuben, Kans. L. Rev. 54 (2006), 1255, 1260 (für die Schiedsgerichtsbarkeit unter dem US-amerikanischen Federal Arbitration Act (FAA)); Schmitz, Kans. L. Rev. 54 (2006), 1211, 1214. A. A. Schlosser, Internationale private Schiedsgerichtsbarkeit, Rn. 665, und Schütze, Schiedsgerichtsbarkeit, Rn. 24, die Vertraulichkeit und Nichtöffentlichkeit nicht voneinander abgrenzen.

219 So auch Holder, Vertraulichkeit im Schiedsverfahren nach deutschem Recht, S. 17.

220 Müller, ASA Bull. 23 (2005), 216, 224.

Verfahrens grundsätzlich nicht anwesend sind, zum anderen, dass Entscheidungen, die im Rahmen eines Schiedsverfahrens ergehen, nicht automatisch veröffentlicht werden.[221]

In der internationalen Handelsschiedsgerichtsbarkeit haben die Parteien regelmäßig ein Interesse am Ausschluss der Öffentlichkeit. Damit soll verhindert werden, dass ein aktuell laufendes Verfahren allgemein bekannt wird, da dies möglicherweise negative Konsequenzen nach sich ziehen könnte. So soll beispielsweise die Reputation eines Unternehmens bei Kunden, Lieferanten, Kreditgebern und anderen Akteuren durch ein laufendes Verfahren keinen Schaden nehmen.[222] Aber auch allgemein der Wettbewerb mit anderen Unternehmen sowie die Aufrechterhaltung einer Atmosphäre, die weitere geschäftliche Beziehungen nicht gefährdet, sind Grundlage für das Interesse an der Nichtöffentlichkeit der Schiedsverfahren.[223] Darüber hinaus kann auch Zeugen daran gelegen sein, unter Ausschluss der Öffentlichkeit auszusagen.[224]

Ähnliches ließe sich auch mit Blick auf die Nichtveröffentlichung von Schiedssprüchen vertreten. Die Nichtöffentlichkeit dürfte während eines laufenden Verfahrens jedoch zumeist von höherer Bedeutung sein als nach einem abgeschlossenen Verfahren.[225] Denn zum einen beinhaltet die Veröffentlichung des

221 Vgl. Schmitz, Kans. L. Rev. 54 (2006), 1211, 1215 f. Andere sehen demgegenüber allein *in camera*-Verfahren als Inhalt der Nichtöffentlichkeit, s. Geiben, Privatsphäre und Vertraulichkeit im Schiedsverfahren, S. 17; Oldenstam/Pachelbel, SchiedsVZ 2006, 31, 32; Schütze/Tscherning/Wais, Handbuch, Rn. 17.

222 Geiben, Privatsphäre und Vertraulichkeit im Schiedsverfahren, S. 18.

223 Zu den verschiedenen Begründungen eines Interesses an der Nichtöffentlichkeit s. Buys, Am. Rev. Int. Arb. 14 (2003), 121, 123; Knahr/Reinisch, LPICT 6 (2007), 97, 109; Schmitz, Kans. L. Rev. 54 (2006), 1211, 1222 ff.; Schreuer/Malintoppi/Reinisch, ICSID Convention, Art. 48 Rn. 107. Dazu ausführlicher Geiben, Privatsphäre und Vertraulichkeit im Schiedsverfahren, S. 17 ff. (der von Geiben verwandte Begriff der Privatsphäre meint dasselbe wie hier die Nichtöffentlichkeit.) Als weiteren Grund für die gewünschte Privatsphäre benennt er das Bestehen kartellrechtlicher Bedenken einer Partei bzgl. einer getroffenen Vereinbarung. In einem solchen Falle bestünde gegenüber dem Staat ebenfalls ein Interesse an der Nichtöffentlichkeit des Verfahrens. Dies vertritt auch Sonnauer, Kontrolle der Schiedsgerichte, S. 11.

224 Im Verfahren *ADC v. Hungary* verweigert das Schiedsgericht vor diesem Hintergrund einem Zeugen die Einsicht in eine protokollierte Aussage eines anderen Zeugen, s. *ADC Affiliate Limited and ADC & ADMC Management Limited v. Republic of Hungary*, ICSID ARB/03/16, Award, Rn. 68: „[W]itnesses who come forward to assist the Tribunal in their difficult task should do so with the knowledge that what they say is confidential and cannot be released without an order of the Tribunal. Such a rule is necessary to preserve the integrity of the arbitral process."

225 Vgl. Born/Shenkman, in: Future, S. 5, 24; Mistelis, Am. Rev. Int. Arb. 15 (2004), 525, 542; Neill, Arb. Int. 12 (1996), 287, 288: „But it is one thing to make known the result of an arbitration – where the public interest or private right requires or justifies it. It is quite another to deny

Schiedsspruchs prinzipiell nicht die Offenlegung der Verfahrensdokumente, so dass schützenswerte Informationen nicht automatisch preisgegeben werden. Zum anderen ist eine Beeinflussung des Verfahrens durch die Publikation des verfahrensbeendigenden Schiedsspruchs ausgeschlossen. Darüber hinaus können gerade die Parteien ein Interesse daran haben, die Vertraulichkeit des Verfahrens nicht auf den Schiedsspruch auszuweiten. So hat eine Partei, die sich etwa ungerechtfertigten Ansprüchen ausgesetzt sieht und zum Schutze vor einer unberechtigten schlechten Reputation ein nichtöffentlich geführtes Verfahren wünscht, regelmäßig ein großes Interesse daran, den Schiedsspruch der öffentlichen Wahrnehmung zuzuleiten. Diesen Aspekt erkennt auch das Schiedsgericht im ICSID-Verfahren *Biwater Gauff v. Tanzania:* „While the proceedings remain pending [...] there is an obvious tension between the interests in transparency and in procedural integrity."[226] Nach einem Schiedsspruch allerdings, müsse die Situation anders bewertet werden: „[I]n the normal course, concerns as to procedural integrity no longer apply."[227]

Gewiss ist dies auch vor dem Hintergrund zu sehen, dass das Interesse an Vertraulichkeit in der internationalen Investitionsschiedsgerichtsbarkeit grundsätzlich weniger ausgeprägt ist als in der Handelsschiedsgerichtsbarkeit.[228] Verfahren werden hier nicht zuletzt aufgrund der Einbindung von Staaten öffentlicher geführt als dort, was sich auch in der Veröffentlichungspraxis des ICSID widerspiegelt. Allerdings sind Staaten durchaus an Verfahren der ICC beteiligt.[229] Außerdem könnten auch Staaten ein Interesse daran haben, dass ein ihnen vorgeworfenes Fehlverhalten nicht öffentlich bekannt wird.[230] Hier ist aber gerade beim ICSID zu berücksichtigen, dass die Einleitung eines Verfahrens ohnehin auto-

---

confidentiality to the proceedings and documents." A. A. und diesbzgl. nicht differenzierend Clay, L'arbitre, S. 597 („Le secret n'est efficace que s'il est permanent.").

226 *Biwater Gauff (Tanzania) Ltd. v. United Republic of Tanzania*, ICSID ARB/05/22, Procedural Order No. 3, Rn. 140.

227 *Biwater Gauff (Tanzania) Ltd. v. United Republic of Tanzania*, ICSID ARB/05/22, Procedural Order No. 3, Rn. 142.

228 Vgl. nur *Biwater Gauff (Tanzania) Ltd. v. United Republic of Tanzania*, ICSID ARB/05/22, Procedural Order No. 3, Rn. 114: „Considerations of confidentiality and privacy have not played the same role in the field of investment arbitration, as they have in international commercial arbitration. Without doubt, there is now a marked tendency towards transparency in treaty arbitration."

229 So waren 2010 in ca. 10 % der ICC-Verfahren mindestens ein Staat oder eine staatliche juristische Person Verfahrensbeteiligte, s. ICC, ICC Bulletin, Vol. 22 (1), Statistical Report.

230 Gaillard, D. Chron. (1987), 153; Lew, in: Liber Amicorum Sanders, S. 223; Schreuer/Malintoppi/Reinisch, ICSID Convention, Art. 48 Rn. 107. Gegen ein anerkennungswürdiges Vertraulichkeitsinteresse bei Staaten Misra/Jordans, J. Int. Arb. 23 (2006), 39 ff.

matisch bekannt gemacht wird.[231] Insofern ist anzuzweifeln, dass die weitere Nichtöffentlichkeit wirklich im Interesse eines Staates stünde.[232] Jedenfalls für ICSID-Verfahren ist ein etwaiges Interesse an Vertraulichkeit mit Blick auf die Nichtver-öffentlichung von Entscheidungen abgeschlossener Verfahren vernachlässigenswert gering.[233]

Die möglichen Gründe, Schiedsverfahren vertraulich zu behandeln, lassen die Frage unbeantwortet, wie groß das Bedürfnis nach Vertraulichkeit auf Seiten der Parteien eines Schiedsverfahrens tatsächlich ist. Bezeichnenderweise wird in *Drahozals* Erörterung der möglichen Gründe für die Wahl und Vorzüge eines Schiedsverfahrens die Vertraulichkeit mit keinem Wort erwähnt.[234] Eine umfassende soziologisch-empirische Forschung hierzu fehlt bislang. Angesichts ihres Umfangs muss sie künftigen Arbeiten überlassen bleiben. Eine erste Untersuchung zur internationalen Handelsschiedsgerichtsbarkeit von *Naimark* und *Kerr* zeigt allerdings bereits, dass Vertraulichkeit für die Parteien dort keinen hohen Stellenwert einnimmt.[235]

Obschon sich aus diesen ersten Ergebnissen ablesen lässt, dass Vertraulichkeit für die Parteien regelmäßig von untergeordnetem Interesse ist, spielt es oftmals freilich noch eine hinreichend große Rolle, um mit dem Interesse an der Veröffentlichung von Schiedsentscheidungen in Konflikt treten zu können.

c) Rechtlicher Rahmen

Es stellt sich nunmehr die Frage, ob das zwischen Vertraulichkeits- und Veröffentlichungsinteresse existierende Spannungsverhältnis von bestehenden rechtlichen Regelungen erfasst wird. Zu prüfen ist somit, ob Normen des nationalen Rechts, des internationalen Rechts oder Schiedsordnungen entsprechende Re-

---

231 Regulation 22 ICSID.

232 Dass sich mit einem offenen Umgang ein größeres Vertrauen in Staatshandlungen gewinnen lasse, betonen etwa Schreuer/Malintoppi/Reinisch, ICSID Convention, Art. 48 Rn. 123: „[T]he arguments in favour of keeping awards and other decisions secret [...] are less than persuasive. A host State is unlikely to preserve confidence in its investment climate by trying to conceal the details of a dispute with an investor. The fact that the dispute exists and that arbitration has been instituted is a matter of public record. Secrecy surrounding the outcome of the process is likely to arouse suspicion rather than instill confidence."

233 Der hohen Anzahl der vom ICSID publizierten Entscheidungen lässt sich schließlich entnehmen, dass die Parteien nur selten der Veröffentlichung widersprechen.

234 Drahozal, Am. Rev. Int. Arb. 22 (2011), 163ff.

235 Naimark/Keer, Disp. Res. J. 57 (2002/2003), 78, 84: „[I]n overall rankings, privacy was next to last on the scale." Weniger als 10 % der Befragten halten nach dieser Studie Vertraulichkeit für eines der wichtigsten Attribute der Schiedsgerichtsbarkeit.

gelungen vorsehen. Darüber hinaus ist zu ergründen, ob es einen ungeschriebenen Rechtsatz in der internationalen Schiedsgerichtsbarkeit gibt, nach dem Schiedsverfahren vertraulich sind und deshalb eine Veröffentlichung von Schiedssprüchen nicht der Regelfall sein kann. Damit soll eine Antwort auf die Frage gefunden werden, ob der bestehende rechtliche Rahmen eine breite Veröffentlichung von Schiedssprüchen zuließe oder nicht.

aa) Nationale Rechtsgrundlagen

Zunächst können nationale Vorschriften einen rechtlichen Rahmen vorgeben. Einblicke in diverse nationale Rechte sollen hierüber exemplarisch Aufschluss geben. Dabei wird sich zeigen, dass in Bezug auf Geheimhaltungspflichten große Unterschiede zwischen den Jurisdiktionen bestehen, wohingegen diese den Nichtöffentlichkeitsaspekt in vergleichbarer Weise behandeln.

Das deutsche Schiedsrecht überlässt den Parteien in den §§ 1025ff. ZPO weitgehend die Ausgestaltung des Verfahrens. Für Schiedsverfahren besteht keine Öffentlichkeit nach § 169 GVG, da dieser auf solche keine Anwendung findet.[236] Die Nichtöffentlichkeit des Schiedsverfahrens ist in der ZPO nicht explizit normiert. Unbeteiligte Dritte sind also im deutschen Recht nicht von der Teilnahme am Schiedsverfahren ausgeschlossen, erst recht besteht kein „Zwang zur Nichtöffentlichkeit".[237] Ferner wird keine Regelung zur Veröffentlichung bzw. Nichtveröffentlichung des Schiedsspruchs getroffen. § 1054 Abs. 4 ZPO schreibt lediglich vor, dass jeder der Parteien ein von den Schiedsrichtern unterzeichneter Schiedsspruch zu übermitteln ist. Es gibt auch keine materiellrechtlichen Regelungen, welche die Veröffentlichung von Schiedssprüchen ge- oder verbieten würden. Zwar kennt das deutsche Recht einen materiellrechtlichen Schutz für Betriebsgeheimnisse,[238] worauf sich ein Interesse an der Nichtveröffentlichung eines Schiedsspruchs beziehen könnte. Allerdings ist zu bezweifeln, dass eine Entscheidung deshalb zur Gänze nicht veröffentlicht werden dürfte.[239]

---

236 Baumbach/Lauterbach/Albers/Hartmann, ZPO, § 1042 Rn. 12.

237 Baumbach/Lauterbach/Albers/Hartmann, ZPO, § 1042 Rn. 12; Geiben, Privatsphäre und Vertraulichkeit im Schiedsverfahren, S. 21; Prütting, in: Liber Amicorum Böckstiegel, S. 629, 623; Musielak, ZPO-Kommentar (Bearb. Voit), § 1042 Rn. 31.

238 S. etwa §§ 203f. StGB, § 17 UWG. Vgl. aus dem Schrifttum nur Föbus, Insuffizienz des strafrechtlichen Schutzes; Sawang, Geheimhaltung und rechtliches Gehör.

239 Ein materiellrechtlicher Schutz könnte ohne prozessuale Flankierung ohnehin nicht umfassend sein. Seine Wirkung wäre lediglich präventiver Natur oder auf Wiedergutmachung gerichtet, vgl. dazu Sawang, Geheimhaltung und rechtliches Gehör, S. 339.

Per Dekret vom 13. Januar 2011 wurde das Schiedsrecht in Frankreich neu gefasst.[240] Nach Art. 1484 Abs. 3 Code de la procédure civile wird der Schiedsspruch den Parteien zugestellt. Eine Veröffentlichung ist nicht vorgesehen, ebenso wenig ist eine solche aber untersagt. Mithin ist die Regelungslage im Hinblick auf die Veröffentlichung von Schiedssprüchen mit der deutschen vergleichbar.[241] Gem. Art. 1484 Abs. 4 Code de la procédure civile wird die Öffentlichkeit lediglich vom Verfahren ausgeschlossen.

Mit Blick auf die Nichtöffentlichkeit fällt der Vergleich mit *Common Law*-Staaten ähnlich aus. Innerhalb dieses Rechtskreises besteht allerdings keine Einheitlichkeit in Bezug auf etwaige Geheimhaltungspflichten.[242] Solche hat Neuseeland als einziger Staat für nationale und internationale schiedsgerichtliche Verfahren geregelt. Zunächst statuiert Art. 14 A des New Zealand Arbitration Act die Nichtöffentlichkeit des Verfahrens: „An arbitral tribunal must conduct the arbitral proceedings in private." Die Schiedssprüche werden Art. 31 Abs. 4 zufolge den Parteien zugestellt – doch auch hier bleibt eine (Nicht-)Veröffentlichung des Schiedsspruchs unerwähnt.[243] Nichtöffentlichkeit und Geheimhaltungspflichten werden allerdings in Art. 14 Abs. 1 miteinander verknüpft. Danach dürfen die Parteien Informationen mit Bezug auf den Schiedsspruch nicht veröffentlichen:

> „[A]n arbitration agreement, unless otherwise agreed by the parties, is deemed to provide that the parties shall not publish, disclose or communicate any information relating to arbitral proceedings under the agreement or to an award made in those proceedings."

Diese Norm entstand in Reaktion auf die *Esso/BHP v. Plowman*-Entscheidung des *High Court of Australia*. Nachdem dieses die Vertraulichkeit nicht als dem Schiedsverfahren inhärentes Prinzip erachtet, wurde in Neuseeland die für erforderlich gehaltene Regelung geschaffen.

---

240 Das Décret n°2011–48 du 13 janvier 2011 portant réforme de l'arbitrage ist verfügbar unter: <http://www.legifrance.gouv.fr>, eine englische Übersetzung unter: <http://www.iaiparis.com/pdf/FRENCH_LAW_ON_ARBITRATION.pdf> (zuletzt abgerufen am: 01.07.2013).

241 Große Unterschiede zwischen beiden Rechtsordnungen bestehen indes in der Rechtsprechung, insbesondere in Bezug auf die Geheimhaltungspflichten der Parteien. In Frankreich wurde lange Zeit eine – absolute – Pflicht zur Geheimhaltung vertreten. Vor dem Hintergrund der Entscheidung CA Paris, 22.01.2004, National Company for Fishing and Marketing „Nafimco" v. Foster Wheeler Trading Company, Rev. Arb. 2004, 647 ff., zeichnet sich ein Rechtsprechungswandel ab. Das Gericht lehnt hier eine Schadensersatzforderung für die Verletzung einer Geheimhaltungspflicht mit der Begründung ab, Existenz und Gründe für ein Vertraulichkeitsprinzip seien nicht nachgewiesen worden.

242 Dazu Mourre, in: Precedent, S. 39, 62 f.

243 Art. 31 Abs. 4 NZ Arbitration Act lautet: „After the award is made, a copy signed by the arbitrators in accordance with paragraph (1) shall be delivered to each party."

In den USA ist die Vertraulichkeit von Schiedsverfahren mit Blick auf ihre Nichtöffentlichkeit anerkannt. Auch hier werden Schiedssprüche nicht veröffentlicht,[244] obgleich der Federal Arbitration Act dazu keine Vorgaben macht. Die Geheimhaltung ist hingegen nicht gewährleistet. Insofern können Informationen und Schiedssprüche durchaus an die Öffentlichkeit gelangen. Hierzu führt *Schmitz* treffend aus:

> „In arbitration, such confidentiality would preclude disclosure of any evidence, communications, or other information about or gleaned through an arbitration proceeding. Parties, arbitrators, witnesses, and any others involved in the process would have to keep everything learned in arbitration secret. The press and the public would therefore lose access to not only hearings and awards, but also underlying information about arbitrated cases. Furthermore, arbitration submissions, testimony, and communications would be inadmissible in court proceedings. This is not reality. Such confidentiality generally does not exist in arbitration, and underlying information may become public. The FAA does not address arbitral confidentiality and United States law does not otherwise ensure secrecy of information about or disclosed in arbitration."[245]

Aus derartigen Erwägungen werden im Englischen Recht, anders als in den USA oder auch in Australien, mit der Nichtöffentlichkeit zugleich Geheimhaltungspflichten anerkannt. In der Entscheidung *Hassneh Insurance Co. of Israel v. Mew* beispielsweise werden letztere sogar als notwendige Konsequenz der Nichtöffentlichkeit erachtet.[246] Der Arbitration Act von 1996 enthält jedoch keine Vertraulichkeitsvorschriften.

Bereits diese exemplarisch dargestellten Regelungen zeigen, dass es kein universelles Vertraulichkeitsprinzip gibt.[247] Die Nichtöffentlichkeit ist lediglich in Neuseeland ausdrücklich geregelt, ebenso wird nur dort die Veröffentlichung des Schiedsspruchs oder diesbezüglicher Informationen prinzipiell untersagt. Ungeachtet dessen können die Parteien Anderes vereinbaren, so dass dann der Veröffentlichung des Schiedsspruchs nichts im Wege stünde. Im Übrigen stehen die anderen dargestellten nationalen Rechtsnormen einer Publikation nicht entgegen.

---

244 Vgl. die Ausführungen bei Buys, Am. Rev. Int. Arb. 14 (2003), 121, 129ff; Schmitz, Kans. L. Rev. 54 (2006), 1211.

245 Schmitz, Kans. L. Rev. 54 (2006), 1211, 1218.

246 *High Court*, Hassneh Insurance Co. of Israel v. Mew, [1993] 2 Lloyd's Rep. 243, 247 (Q. B., Comm. Ct.). Einen guten Überblick zum englischen Recht geben u. a. Geiben, Privatsphäre und Vertraulichkeit im Schiedsverfahren, S. 93 ff.; Kouris, J. Int. Arb. 22 (2005), 127, 129 ff.; Noussia, Confidentiality in International Commercial Arbitration.

247 S. die Ausführungen bei Dessemontet, Am. Rev. Int. Arb. 7 (1996), 299, 318: „There is no use in debating whether there exists a worldwide principle of confidentiality in arbitration proceedings. National traditions differ. The legal or institutional rules are scant."

bb) Internationale Rechtsgrundlagen

Auch im internationalen Recht gibt es keine Vorschrift, welche die Vertraulichkeit von Schiedsverfahren allgemein regelt. Weder für die internationale Investitionsschiedsgerichtsbarkeit noch für die internationale Handelsschiedsgerichtsbarkeit bestehen Normen, welche die Veröffentlichung oder Nichtveröffentlichung von Schiedssprüchen vorschreiben. Multinationale Übereinkommen wie das UN-Übereinkommen über die Anerkennung und Vollstreckung ausländischer Schiedssprüche von 1958,[248] das Europäische Übereinkommen über die internationale Handelsschiedsgerichtsbarkeit von 1961[249] oder die Inter-American Convention on International Commercial Arbitration von 1975 (sog. Panama Convention) enthalten keine dahingehenden Vorschriften. Da die meisten Staaten in ihren nationalen Rechtssystemen keine Vorschriften zur Veröffentlichung vorsehen, kann mit einem Kompromiss der Staatengemeinschaft in Streitfragen, die bereits innerstaatlich starke Kontroversen hervorrufen, realistischerweise nicht gerechnet werden.[250] Die benannten Konventionen haben außerdem die Vollstreckbarkeit von Schiedssprüchen zum Gegenstand. Verfahrensbezogene Fragen im weiteren Sinne, zu denen auch die Veröffentlichung von Schiedssprüchen zählt, werden dort hingegen nicht behandelt.

cc) Schiedsordnungen

Seit einiger Zeit zeichnen sich bei verschiedenen Schiedsinstitutionen intensive Bestrebungen ab, Schiedsverfahren transparenter zu gestalten. Diverse Schiedsordnungen zeugen bereits von diesem Transparenzbestreben,[251] das ein Stück weit mit dem Interesse an der Veröffentlichung von Schiedssprüchen korreliert.[252]

---

248 BGBl. 1961 II, 122.

249 BGBl. 1964 II, 426.

250 Darauf weist auch Brown, Am. U. Int. L. Rev. 16 (2001), 969, 990 f., hin.

251 *Biwater Gauff (Tanzania) Ltd. v. United Republic of Tanzania*, ICSID ARB/05/22, Procedural Order No. 3, Rn. 122: „The Tribunal also acknowledged that the 2006 amendments to the ICSID Arbitration Rules reflect the trend in international investment arbitration towards transparency."; Born/Shenkman, in: Future, S. 5, 25 f.; Rogers, Kans. L. Rev. 54 (2006), 1301, 1312 ff.; Schreuer/Malintoppi/Reinisch, ICSID Convention, Art. 48 Rn. 110.

252 Darüber hinausgehende Aspekte sollen hier nicht Gegenstand der Erörterung werden. Allgemein zur Transparenz als Prinzip des internationalen Wirtschaftsrechts vgl. Zoellner, Transparenzprinzip; speziell zur internationalen Investitionsschiedsgerichtsbarkeit s. UNCTAD, Transparency – UNCTAD Series on Issues in International Investment Agreements II (2012), verfügbar unter: <http://unctad.org/en/PublicationsLibrary/unctaddiaeia2011d6_en.pdf> (zuletzt abgerufen am: 01.07.2013); Knahr/Reinisch, LPICT 6 (2007), 97, 110: „In investment law

Dominierten in den Anfängen der internationalen Schiedsgerichtsbarkeit noch die ungeschriebenen Verfahrensnormen,[253] geben Schiedsordnungen heute weit mehr als nur eine Richtschnur für den Gang des Verfahrens. Dass die einzelnen Regelungswerke ihre Eigenheiten haben, zeigt sich auch im Bereich Veröffentlichung und Vertraulichkeit, für den die diversen Schiedsinstitutionen keine einheitliche Regelung getroffen haben.

Im WBÜ etwa findet sich keine Regelung zur Nichtöffentlichkeit des Verfahrens. Die Verhandlungen finden jedoch entsprechend den Prozessregeln für das Schiedsverfahren gem. 32 Abs. 2 ICSID Arbitration Rules unter Ausschluss der Öffentlichkeit statt.[254]

Zur Veröffentlichung von Schiedssprüchen enthielten die ersten Entwürfe zum WBÜ keine Vorschrift.[255] Erst später wurde diskutiert, ob das ICSID zu solchen Veröffentlichungen berechtigt sein solle. Dass den Parteien dieses Recht zustand, wurde hingegen zu keinem Zeitpunkt in Frage gestellt.[256] Der Vorschlag, ICSID-Schiedssprüche veröffentlichen zu lassen, außer wenn die Parteien explizit Einwände dagegen erheben, wurde dagegen nicht angenommen. Vielmehr nahm man schließlich allein die Regelung auf, wie sie in Art. 48 Abs. 5 WBÜ enthalten ist, wonach Entscheidungen nicht ohne die Zustimmung der Parteien zu veröffentlichen sind.[257]

Nichtsdestotrotz besteht eine rege Veröffentlichungspraxis. Wie kaum eine andere Schiedsinstitution befürwortet das ICSID die Veröffentlichung schiedsgerichtlicher Entscheidungen. Zwar wird keine Veröffentlichungspflicht statuiert,[258] doch ein Großteil der Entscheidungen von ICSID-Schiedsgerichten wird vollständig auf der Webseite des ICSID, in der Zeitschrift *ICSID Review – Foreign Investment Law Journal* sowie in den *International Legal Materials* veröffent-

---

transparency is usually understood as an obligation of host States to publish all legal rules affecting investors.“

253 Carter, Disp. Res. J. 51 (1996), 95, 98.

254 Vor dem Inkrafttreten der Arbitration Rules von 2006 waren verfahrensunbeteiligte Dritte nur unter Zustimmung der Parteien berechtigt, den Verhandlungen beizuwohnen, s. Schreuer/Malintoppi/Reinisch, ICSID Convention, Art. 44 Rn. 104.

255 ICSID, History of the ICSID Convention (II), S. 214.

256 Schreuer/Malintoppi/Reinisch, ICSID Convention, Art. 48 Rn. 109, 114. Nichtsdestotrotz ist es den Parteien natürlich unbenommen, vertraglich zu vereinbaren, dass Entscheidungen aus ihrem Verfahren nicht bekannt gegeben werden dürfen.

257 ICSID, History of the ICSID Convention (II), S. 817 f., 948 f., 987.

258 Andere Entscheidungen, wie „Recommendations of provisional measures“ (Art. 47 WBÜ), „Preliminary decisions on jurisdiction“ (Art. 41 WBÜ) und „Procedural orders“ werden mit Blick auf die Veröffentlichungspraxis von ICSID wie Schiedssprüche behandelt.

licht.[259] Die Zustimmung der Parteien vorausgesetzt, sieht sich das ICSID-Generalsekretariat gar zu diesen Veröffentlichungen verpflichtet. Für den Fall, dass keine Zustimmung vorliegt,[260] können entsprechend den Prozessregeln des ICSID von 2006 zumindest Ausschnitte aus den Entscheidungen veröffentlich werden.[261] Im Vergleich zu anderen Schiedsinstitutionen ist der Anteil an veröffentlichten Entscheidungen daher beim ICSID mit Abstand am höchsten.

Hier offenbaren sich die größten Unterschiede zwischen den verschiedenen Schiedsgerichtsbarkeiten. Die ICC Rules of Arbitration enthalten Regeln zur Vertraulichkeit des Schiedsverfahrens. Gem. Art. 26 Abs. 3 ICC Rules sind die Verhandlungen des Schiedsverfahrens nicht öffentlich. Darüber hinaus zeigt auch Art. 34 Abs. 2 ICC Rules, demzufolge nur den Parteien auf Antrag beglaubigte Abschriften des Schiedsspruchs erteilt werden, dass der Vertraulichkeit in ICC-Schiedsverfahren ein besonderer Platz zukommt. So ist die Veröffentlichung von Entscheidungen in den ICC Rules of Arbitration auch nicht vorgeschrieben. Häufig vereinbaren die Parteien bereits in der Schiedsabrede oder den *Terms of Reference*, dass der zu ergehende Schiedsspruch nicht zu veröffentlichen sei. Haben die Parteien derlei Regelung nicht vorgesehen, kann sich die ICC bei ihnen erkundigen, ob sie mit einer Veröffentlichung einverstanden sind.[262] In der Praxis werden sie jedoch nicht konsequent befragt.

Entscheidungen werden aber auch dann allenfalls in Auszügen publiziert, weil sich der ICC-Schiedsgerichtshof anders als das ICSID auch bei Zustimmung der Parteien der Vertraulichkeit verpflichtet sieht.[263] Solche Auszüge finden sich

259 S. die Entscheidungsdatenbank des ICSID unter: <http://www.icsid.worldbank.org/ICSID/Index.jsp> (zuletzt abgerufen am: 01.07.2013).

260 Auf der Webseite des ICSID heißt es: „The Secretary-General is also required to publish, with the consent of both disputing parties, reports of conciliation commissions or awards rendered by arbitral tribunals in ICSID proceedings. As provided by the ICSID Arbitration Rules, excerpts of the legal reasoning of the Tribunal shall be published by ICSID if such consent is not given. Publishing such information is aimed at furthering the development of international law in relation to investments.", s. <http://icsid.worldbank.org/ICSID/FrontServlet?requestType=CasesRH&actionVal=ShowHome&pageName=Cases_Home> (zuletzt abgerufen am: 01.07.2013).

261 Dem Trend zur Transparenz entsprechend wurde Rule 48 Abs. 4 ICSID AR, die in alter Fassung lautete: „[...] The Centre may, however, include in its publications excerpts of the legal rules applied by the Tribunal", folgendermaßen geändert: „[...] The Centre shall, however, promptly include in its publications excerpts of the legal reasoning of the Tribunal." Verfügbar sind die ICSID Arbitration Rules unter <http://icsid.worldbank.org/ICSID/StaticFiles/basicdoc/CRR_English-final.pdf> (zuletzt abgerufen am: 01.07.2013).

262 So beschreiben Duve/Keller, SchiedsVZ 2005, 169, 177, die ICC-Praxis.

263 Vgl. frühere Angaben des ICC-Schiedsgerichtshofs unter: <http://www.iccwbo.org/court/arbitration/id4096/index.html> (zuletzt abgerufen am: 31.05.2012, aktuell nicht verfügbar), wo es im *ICC International Court of Arbitration Bulletin*, in der im Internet verfügbaren *ICC Dispute Resolution Library* (DRL),[264] der *Collection of ICC Arbitral Awards* (von der es mittlerweile fünf Bände gibt), im *Yearbook Commercial Arbitration*, im *Journal du droit international*, in der *Gazette du Palais*, in den *Cahiers de l'Arbitrage*, in der *Revista de Derecho Internacional y del Mercosur/Dereito Internacional e do Mercosul* sowie in der *SchiedsVZ* und im *International Journal of Arab Arbitration*. Diese Fülle an Quellen bedeutet keineswegs, dass der überwiegende Teil der gefällten Entscheidungen auch publiziert würde. Tatsächlich wird nur ein Bruchteil der Verfahren auszugsweise und anonymisiert veröffentlicht.[265]

Die AAA hat mit ihren Regularien für internationale Schiedsverfahren, den International Arbitration Rules (IAR) von 1997, ähnliche Vorschriften wie die ICC. Gem. Art. 20 Abs. 4 IAR sind die Verhandlungen nicht öffentlich und vertrauliche Informationen dürfen nach Art. 34 IAR weder von AAA-Schiedsgerichten noch von der AAA offengelegt werden.[266] Art. 27 Abs. 4 IAR zufolge werden darüber hinaus Entscheidungen von Schiedsgerichten, die unter dem Dach des International Centre for Dispute Resolution, der internationalen Abteilung der AAA, entscheiden und ihre Entscheidungen im Unterschied zu den anderen AAA-Schiedsgerichten mit Begründungen versehen, nicht konsequent publiziert.[267]

---

unter anderem hieß: „Extracts from a number of ICC arbitral awards may be found in the publications mentioned below. These extracts have been redacted, notably in order to ensure that the parties remain anonymous and in compliance with the duty of confidentiality under which the ICC Court of Arbitration operates."

264 Verfügbar ist die (kostenpflichtige) ICC Dispute Resolution Library unter: <http://www.iccdrl.com> (zuletzt abgerufen am: 01.07.2013).

265 In Ermangelung offizieller Angaben seien die Verhältnisse approximativ dargestellt: In den gängigen Zeitschriften werden kaum mehr als 20 ICC-Schiedssprüche pro Jahr veröffentlicht, wohingegen in den letzten zehn Jahren jährlich über 300 Entscheidungen unter dem Dach der ICC ergingen.

266 Art. 20 Abs. 4 IAR lautet: „Hearings are private unless the parties agree otherwise or the law provides to the contrary. [...]". Art. 34 IAR lautet: „Confidential information disclosed during the proceedings by the parties or by witnesses shall not be divulged by an arbitrator or by the administrator. Unless otherwise agreed by the parties, or required by applicable law, the members of the tribunal and the administrator shall keep confidential all matters relating to the arbitration or the award." Bemerkenswerterweise treffen die aus dieser Norm resultierenden Geheimhaltungspflichten nicht die Parteien.

267 Art. 27 Abs. 4 IAR lautet: „An award may be made public only with the consent of all parties or as required by law." Erst seit der am 01.07.2003 in Kraft getretenen Neuregelung darf die AAA/ICDR anonymisierte Schiedssprüche veröffentlichen oder zur Verfügung stellen. Eine Auswahl an Schiedssprüchen der AAA/ICDR ist über die (kostenpflichtige) Datenbank *Westlaw* abrufbar.

Die Schiedsgerichtsordnung der DIS schließlich regelt die Veröffentlichung der Schiedssprüche sowie Verschwiegenheitspflichten in den § 42f. DIS-SchO. Ob die Verfahren öffentlich geführt werden oder nicht, wird dagegen nicht festgelegt. Gem. § 42 DIS-SchO ist eine Veröffentlichung des Schiedsspruchs nur mit schriftlicher Zustimmung der Parteien und der DIS zulässig. Außerdem darf die Veröffentlichung die Namen der Parteien, der Prozessbevollmächtigten und der Schiedsrichter sowie sonstige individualisierende Angaben nicht enthalten. Entsprechend umfasst die online zugängliche Datenbank der DIS lediglich die Rechtsprechung deutscher Gerichte zum deutschen Schiedsverfahrensrecht. Entscheidungen von DIS-Schiedsgerichten hingegen sind nicht online zugänglich. Auch die von der DIS mitherausgegebene Zeitschrift für Schiedsverfahren (SchiedsVZ) enthält in ihrer Rubrik ‚Entscheidungen' lediglich Entscheidungen staatlicher Gerichte.

dd) Vertraulichkeit: ein dem Schiedsverfahren inhärentes Prinzip?

Mit der Praxis, die Öffentlichkeit bei Schiedsverfahren auszuschließen, geht zuweilen die Annahme einher, Schiedsverfahren seien *eo ipso* vertraulich. So wird die Vertraulichkeit für ein der Schiedsgerichtsbarkeit inhärentes Prinzip gehalten, was jedoch, soweit es rechtliche Regelungen der Nichtöffentlichkeit und der Geheimhaltungspflichten entbehrlich machen soll, nicht unproblematisch ist.

Die wenigen in den Schiedsordnungen vorgesehenen Regelungen vermögen es nicht, alle Facetten der Vertraulichkeit abzudecken. Insbesondere die Ausgestaltung von etwaigen Geheimhaltungspflichten offenbart sich als lückenhaft, was von Gerichten und Schrifttum hin und wieder zum Anlass genommen wird, die Vertraulichkeit gemeinhin als Schiedsverfahren inhärent zu erachten.[268] Aller-

---

268 S. die Feststellung Delvolvés: „Les meilleurs esprits se sont accordés pour considérer l'arbitrage comme naturellement revêtu d'un caractère confidentiel, comme si la chose allait de soi, du moins en son principe [...]", Delvolvé, Rev. Arb. (1996), 373. Diese Ansicht verteten Cavalieros, Cah. arb. 3 (2006), 56 ff.; Clay, L'arbitre, S. 595; Gaillard, D. Chron. (1987), 153 ff.; Loquin, Rev. Arb. (2006), 323 ff.; Mustill/Boyd, Commercial Arbitration, S. 303: „It is [...] implicit in the nature of private arbitrations that the proceedings are confidential." Lazareff vertritt ebenso die Ansicht, die Vertraulichkeit sei dem Schiedsverfahren inhärent („Je suis profondément convaincu que la confidentialité est inhérente à l'arbitrage commercial international, la seule exception étant un intérêt public dominant et absolu."), um an späterer Stelle jedoch darauf zu verweisen, dass die Vertraulichkeit des Schiedsverfahrens seine Grundlage nicht in diesem finde („Il ne suffit cependant pas de proclamer que les fondements de la confidentialité sont de l'essence même de l'institution et qu'il en résulte une obligation implicite de confidentialité."), s. Lazareff, in: La confidentialité dans l'arbitrage, S. 87 und 89. Zur Rechtsprechung s. die folgenden Ausführungen.

dings besteht unter den Vertretern dieser Ansicht kein Konsens darüber, ob damit neben der Geheimhaltung auch die Nichtöffentlichkeit, d. h. sowohl der Ausschluss der Öffentlichkeit im Verfahren als auch die Nichtveröffentlichung des Schiedsspruchs, gemeint sein soll. Dass es für die Schiedsgerichtsbarkeit indes einen ungeschriebenen Grundsatz geben soll, wonach die Veröffentlichung von Schiedssprüchen untersagt wäre, kann keineswegs überzeugen.[269]

Eine Reihe von Gerichten und Schiedsgerichten hat zur Frage der Vertraulichkeit in Bezug auf Geheimhaltungspflichten Stellung bezogen. Diese Entscheidungen sollen hier nur insoweit dargestellt werden, als Aussagen getroffen werden, die auch die (Nicht-)Veröffentlichung von Schiedssprüchen betreffen. In der Rechtssache *Esso/BHP v. Plowman* erklärt der *High Court of Australia*, eine Pflicht zur Vertraulichkeit sei dem Wesen des Schiedsverfahrens nicht inhärent.[270] Insbesondere sei die Geheimhaltung erhaltener Dokumente und Informationen keine dem Schiedsverfahren innewohnende Verpflichtung. Eine solche könne nur aus einer entsprechenden Schiedsvereinbarung resultieren. Mit seiner Auffassung spricht er sich gegen die bis dahin unter englischen Gerichten vorherrschende Meinung aus.[271] Obgleich in der Sache *Ali Shipping Corp. v. Shipyard Trogir* entsprechend der früheren englischen Rechtsprechung entschieden wurde,[272] weisen spätere Entscheidungen anderer Gerichte die gleiche Tendenz wie Australiens *High Court* auf. So lehnt der schwedische *Supreme Court* in seiner Entscheidung *Bulbank v. AIT* vom 27. Oktober 2000[273] eine implizite Geheimhaltungspflicht ebenso ab wie das OLG Frankfurt, das in seinem Beschluss vom 22. Oktober 2004

---

269 Ähnlich äußert sich Mourre, in: Precedent, S. 39, 58.

270 Esso Australia Resources Ltd. and others v. The Honorable Sidney James Plowman (The Minister for Energy and Minerals), 07.04.1995, (1995) 183 CLR 10.

271 Vgl. *High Court*, Hassneh Insurance Co. of Israel v. Mew, [1993] 2 Lloyd's Rep. 243 (Q. B., Comm. Ct.); Dolling-Baker v. Merrett & Another, [1990] 1 WLR 1205, 1213 („It must be perfectly apparent that, for example, the fact that a document is used in an arbitration does not confer on it any confidentiality or privilege which can be availed of in subsequent proceedings. If it is a relevant document, its relevance remains. But that the obligation exists in some form appears to me to be abundantly apparent. It is not a question of immunity or public interest. It is a question of an implied obligation arising out of the nature of arbitration itself."); [1991] 2 All ER 890. Aus der Literatur: Neill, Arb. Int. 12 (1996), 287, 314.

272 *Court of Appeal*, Ali Shipping Corp. v. Shipyard Trogir, [1998] 1 Lloyd's Rep. 643 ff. Im Gegensatz zur früheren Rechtsprechung werden hier allerdings ausdrücklich Ausnahmen zur Vertraulichkeit anerkannt, wie auch in *Court of Appeal*, Emmott v. Michael Wilson and Partners, [2008] EWCA (Civ) 184; s. ferner English High Court, Department of Economics Policy Development of the City of Moscow v. Bankers Trust Co and International Industrial Bank, [2003] 1 WLR 1885.

273 Bulgarian Foreign Trade Bank v. A. I. Trade Finance Inc., Judgment, Case No. T 1881–99 (2000).

zum Ausdruck bringt, etwaige Geheimhaltungspflichten der Parteien müssten ausdrücklich in der Schiedsvereinbarung erklärt werden.[274]

Ferner kann die Entscheidung des ICSID-Schiedsgerichts in der Sache *Biwater Gauff v. Tanzania* dieser Tendenz zugeordnet werden. Denn das Schiedsgericht prüft hier lediglich, ob die Parteien eine Vereinbarung mit Blick auf die Publikation des Schiedsspruchs getroffen hatten.[275] Ausdrücklich verneint es das Bestehen einer inhärenten Vertraulichkeitspflicht:

> „*No General Per Se Rule:* In the absence of any agreement between the parties on this issue, there is no provision imposing a general duty of confidentiality in ICSID arbitration, whether in the ICSID Convention, any of the applicable Rules or otherwise. Equally, however, there is no provision imposing a general rule of transparency or non-confidentiality in any of these sources."[276]

Mit seiner Entscheidung *Loewen v. United States* wendet sich ein anderes Schiedsgericht ähnlich dezidiert gegen eine vom Kläger vorgebrachte allgemeine Vertraulichkeitspflicht.[277] Unter Hervorhebung der Besonderheiten der Investor-Staat-Schiedsgerichtsbarkeit äußert sich auch das Schiedsgericht im Verfahren *World Duty Free v. Kenya* in entsprechender Weise:

> „Especially in an arbitration to which a Government is a Party, it cannot be assumed that the Convention and the Rules incorporate a general obligation of confidentiality which would require the Parties to refrain from discussing the case in public."[278]

274 OLG Frankfurt, Beschluss vom 22.10.2004, 2 Sch 01/04 (2): „Soweit der Beklagte ferner meint, dass die Tatsache, dass der Schiedsspruch inhaltlich in einem Zivilverfahren zwischen dem Kläger und der Ehefrau des Beklagten bekannt geworden sei, deshalb die Vertraulichkeit des Schiedsspruchs nicht gewahrt worden sei und darin ein Befangenheitsantrag liege, folgt dem der Senat gleichfalls nicht. Der Kläger als Schiedspartei und der Beklagte waren durchaus berechtigt, das Ergebnis des Schiedsspruchs in einem Zivilverfahren mit einzuführen. Hätten die Parteien dies nicht gewollt, dann hätten sie es in der Schiedsvereinbarung ausdrücklich erwähnen müssen. Da sie dies nicht getan haben, bestehen keine Bedenken, dass der Schiedsspruch in dem Zivilverfahren miteingeführt worden ist."

275 *Biwater Gauff (Tanzania) Ltd. v. United Republic of Tanzania*, ICSID ARB/05/22, Procedural Order No. 3, Rn. 117.

276 *Biwater Gauff (Tanzania) Ltd. v. United Republic of Tanzania*, ICSID ARB/05/22, Procedural Order No. 3, Rn. 121 (Hervorhebung im Original).

277 *Loewen Group, Inc., and Raymond L. Loewen v. United States of America*, ICSID ARB(AF)/98/3, Decision on Hearing of Respondent's Objection to Competence and Jurisdiction, Rn. 26.

278 *World Duty Free Co Ltd. v. The Republic of Kenya*, ICSID ARB/00/7, Decision on a Request by the Respondent for a Recommendation of Provisional Measures, S. 2, zitiert von: *World Duty Free Co Ltd. v. The Republic of Kenya*, ICSID ARB/00/7, Award, Rn. 16.

Ungeachtet dieser Rechtsprechung gibt es Stimmen, die weiterhin eine inhärente Vertraulichkeit annehmen.[279] In diesem Sinne haben englische und französische Gerichte ihren nationalen Rechten ein dem Schiedsverfahren inhärentes Prinzip entnommen.[280] Soweit „inhärent" verstanden wird als „in dem Recht der Schiedsgerichtsbarkeit angelegt", ist jedoch zweifelhaft, inwiefern eine solche tatsächlich angenommen werden kann.

Dass einige Normen zur Vertraulichkeit in Schiedsordnungen oder nationalen Rechten existieren, schließt dies nicht von vornherein aus. Im Gegenteil verlangt ein inhärenter Grundsatz schließlich eine normative Grundlage. Denn Inhärenz kann nicht bedeuten, dass ein solcher Grundsatz bar jeder Grundlage als Teil eines Rechtssystems aufgefasst wird. In Bezug auf die Nichtveröffentlichung von Schiedssprüchen sucht man jedoch vergeblich nach einem normativen Anker. Selbst bei globaler Betrachtung der unterschiedlichen Systeme und Systemebenen lässt sich eine umfassende Vertraulichkeit nicht als eine ihnen innewohnende Wertvorstellung konstruieren.

Da ferner Vertraulichkeit in bestimmten Konstellationen gerade nicht vorgesehen ist, muss man im Gegenteil davon ausgehen, dass Vertraulichkeit als grundlegende Wertvorstellung nicht Teil des Rechtssystems ist. So fehlt es explizit an Vertraulichkeit, wenn das Verfahren wie bei der Aufhebung des Schiedsspruchs oder dessen Vollstreckung vor staatlichen Gerichten weitergeführt wird. Wie es in anderen nationalen Rechten ebenfalls vorgesehen ist, setzt § 1064 Abs. 1 S. 1 ZPO zur Vollstreckung voraus, dass der Schiedsspruch oder eine beglaubigte Abschrift des Schiedsspruchs vorgelegt wird. Schon diese Art der Veröffentlichung ist unvermeidbar,[281] und schließt jedes absolute Prinzip der Vertraulichkeit in der Schiedsgerichtsbarkeit aus.[282]

---

279 S. Cavalieros, Cah. arb. 3 (2006), 56 ff.; Clay, L'arbitre, S. 595 („[D]ans l'arbitrage, le principe de confidentialité est [...] placé au cœur de l'institution; c'est une de ses composantes naturelles, et une des raisons pour lesquelles les litigants le choisissent."); Loquin, Rev. Arb. (2006), 323 ff.; Mustill/Boyd, Commercial Arbitration, S. 303.

280 Vgl. die Darstellung bei Born/Shenkman, in: Future, S. 5, 11 f.

281 Dies bedeutet freilich nicht automatisch, dass jeder beliebige Dritte Kenntnis von den Entscheidungsinhalten erlangt. Zur Rechtslage in Frankreich schreibt Delvolvé, Rev. Arb. (1996), 373, 384: „Aucun principe, aucune clause de confidentialité de l'arbitrage ne saurait faire obstacle à cette sorte de publication, laquelle aura en outre pour effet de révéler au public les secrets de fond dont la sentence pourrait porter la trace. Les parties le savent bien, qui mesurent préalablement le risque, à ce point de vue, d'un défaut d'exécution spontanée." Zur internationalen Handelsschiedsgerichtsbarkeit s. Brown, Am. U. Int. L. Rev. 16 (2001), 969, 1013, 1019; Fouchard/Gaillard/Goldman, International Commercial Arbitration, S. 188: „[C]onfidentiality will never be absolute". Für die Investitionsschiedsgerichtsbarkeit sei an dieser Stelle exemplarisch auf die Entscheidung *Liberian Eastern Timber Corporation (LETCO) v. Government of the*

Auch die legitimen Erwartungen der Parteien können hier nicht als Grundlage dienen. Sie sind nicht im Recht angelegt und vermögen daher ebenso wenig, eine systeminhärente Grundlage zu bieten. Insofern geht auch die Annahme fehl, aus der Wahl der Schiedsgerichtsbarkeit resultiere die Erwartung der Parteien, ein vertrauliches Verfahren zu führen. Schließlich kann der angedeutete Zusammenhang von Verfahrenswahl und legitimen Erwartungen der Parteien weder eine inhärente Vertraulichkeit begründen noch eine solche belegen.[283] Zwar lassen sich aus einer konkreten Wahl zuweilen bestimmte Erwartungen ableiten. Doch lässt sich mit diesem Ansatz nicht erklären, worauf der Grundsatz der Vertraulichkeit in der Schiedsgerichtsbarkeit letztlich fußen sollte. Darüber hinaus ist es problematisch, allein aus der Wahl des Schiedsverfahrens zu schließen, dass die Parteien die Öffentlichkeit des staatlichen Verfahrens umgehen wollten und deshalb Vertraulichkeit erwarten.[284] Denn es besteht Konsens darüber, dass viele andere Gründe dafür sprechen, ein Schiedsverfahren anzustrengen. Ferner ließe sich selbst aus der Erwartung, ein Verfahren unter Ausschluss der Öffentlichkeit zu führen, nicht auf die Nichtveröffentlichung des Schiedsspruchs schließen.

Vertraulichkeit lässt sich darüber hinaus auch deshalb nicht als allgemeiner, ungeschriebener Grundsatz der Schiedsgerichtsbarkeit begreifen, weil viele nationale Rechtsordnungen sowie das internationale Recht und die Schiedsordnungen unterschiedlicher Schiedsinstitutionen keine oder nur rudimentäre Vertraulichkeitsregelungen enthalten. Aus dem Fehlen klarer Bestimmungen kann daher nicht abgeleitet werden, dass Vertraulichkeit dem Schiedsverfahren innewohne.[285]

Letztlich sind auch die Stimmen, die trotz all dieser aufgezeigten Bedenken einen Grundsatz der Vertraulichkeit von Schiedsverfahren annehmen, uneins über

Republic of Liberia, ICSID ARB/83/2, Award, hingewiesen, welche im Rahmen eines Vollstreckungsverfahrens vom *US District Court* veröffentlicht wurde, vgl. ILM 26 (1987), 647.

282 Gegen ein solches absolutes Prinzip sprechen sich auch aus: Born/Shenkman, in: Future, S. 5, 22; Hwang/Chung, J. Int. Arb. 26 (2009), 609, 612.

283 Anders sieht dies wohl Delvolvé. Für ihn sind die legitimen Erwartungen der Parteien eng mit der Wahl verbunden, ein Schiedsverfahren durchzuführen. Er sieht in der Entscheidung, ein Schiedsverfahren zu führen, eine Unterwerfung unter den Grundsatz der Vertraulichkeit. Aufgrund dieser Wahl könne wiederum der Schiedsrichter erwarten, dass sich die Parteien an den Grundsatz der Vertraulichkeit halten, s. Delvolvé, Rev. Arb. (1996), 373, 390f. Ebenso Born/Shenkman, in: Future, S. 5, 20f.

284 Delvolvé, Rev. Arb. (1996), 373, 381. Erhebungen, wie die von Naimark und Kerr zeigen, dass die Erwartungen der Parteien nicht zwangsläufig in diese Richtung gehen (s.o. Kapitel 2, I., 2., b)).

285 Ähnlich wohl auch Noussia, Confidentiality in International Commercial Arbitration, S. 134 und 179.

den Inhalt und die Reichweite dieses Prinzips.[286] So bleiben zentrale Fragen offen: Inwieweit wäre die Öffentlichkeit vom Verfahren ausgeschlossen? Wen träfe eine Geheimhaltungspflicht und in welchem Umfang bestünde diese? Und inwiefern würde ein solcher Grundsatz die Veröffentlichung von Schiedsentscheidungen tatsächlich verbieten? Nach der hier vertretenen Ansicht steht einer Veröffentlichung von Schiedssprüchen somit kein dem Schiedsverfahren inhärentes Prinzip der Vertraulichkeit entgegen.

ee) Schiedsklausel

Ungeachtet dessen bleibt es natürlich den Parteien überlassen, sich über die Vertraulichkeit des Verfahrens zu einigen und dies in einer Parteiabrede festzuhalten. Soweit es um die Nichtöffentlichkeit des Schiedsverfahrens geht und dabei speziell um die Veröffentlichung von Schiedssprüchen, ist die internationale Handelsschiedsgerichtsbarkeit von der internationalen Investitionsschiedsgerichtsbarkeit zu unterscheiden.

Die Privat- und Parteiautonomie erlaubt es den Parteien der privaten Schiedsgerichtsbarkeit, ihre Rechtsverhältnisse als *homines oeconomici* nach eigenem Willen zu gestalten.[287] Aufgrund ihrer Abschluss- und Gestaltungsfreiheit können die Parteien nicht nur die Durchführung eines Schiedsverfahrens, sondern darüber hinaus auch dessen Ablauf und Gestaltung vertraglich vereinbaren. Entscheiden die Parteien, das Bestehen einer Streitigkeit vor der Öffentlichkeit verborgen zu halten und einander bestimmte Geheimhaltungspflichten aufzuerlegen, ist das vertraulich geführte Verfahren Ausdruck konkretisierter Privatau-

286 Brown, Am. U. Int. L. Rev. 16 (2001), 969, 1025. In Folge der Entscheidung des *High Court of Australia Esso/BHP v. Plowman* schreibt die Redaktion der Zeitschrift Arbitration International: „The nature, extent and limits of such duties [gemeint sind Geheimhaltungspflichten] are now unwholesomely uncertain following the decision in *Esso/PHB v. Plowman.*" S. Editorial, Arb. Int. 11 (1995), 231, 233.

287 Grundmanns zur Privatautonomie im Vertragsrecht formulierter Gedanke lässt sich durchaus auf den speziellen Bereich der Handelsschiedsgerichtsbarkeit übertragen: „Wenige Themen sind so zentral für [die Handelsschiedsgerichtsbarkeit] wie die Frage nach Privat- und Parteiautonomie [...], wohl keines so prägend für Bild und Geist des Rechtsgebiets", Grundmann, JZ 2000, 1133, 1134. Aus der schiedsrechtlichen Literatur vgl. nur Berger, J. Int. Arb. 9 (1992), 5, 11 („In the context of international economic arbitration, the arbitrators must always take into account party autonomy as the guiding principle of their decision-making."); Carbonneau, Vand. J. Trans. L. 36 (2003), 1189 ff.

tonomie.[288] Es muss lediglich eine entsprechende Vereinbarung getroffen werden. Sowohl die Nichtöffentlichkeit wie auch etwaige Geheimhaltungspflichten sind darin ausdrücklich zu regeln, wobei Verweise auf Schiedsordnungen mit entsprechenden Regelungen durchaus möglich sind.[289] Erst eine solche explizite Regelung vermag Pflichten für die Parteien – und nur für diese – zu begründen.[290] Auch hier zeigt sich somit, dass die Auffassung, Vertraulichkeit sei stillschweigend Teil der Schiedsvereinbarung, abzulehnen ist.[291] Sowohl bei der DIS wie auch bei der ICC können die Parteien ihre Zustimmung zur Veröffentlichung des Schiedsspruchs verweigern und einander vertraglich dergestalt binden, dass keine Partei den Schiedsspruch bekannt geben darf.

In der Investor-Staat-Schiedsgerichtsbarkeit können die Parteien ebenfalls eine solche Abrede treffen.[292] Allerdings erfährt die Privatautonomie beim ICSID gewisse Einschränkungen. Im Zuge seines Bestrebens, für mehr Transparenz zu sorgen, hat es mit Rule 48 ICSID AR eine Regelung vorgesehen, nach welcher Entscheidungsgründe auch ohne Parteizustimmung veröffentlicht werden können.[293] Dadurch lässt sich zumindest nicht ausschließen, dass Inhalte eines Schiedsspruchs trotz gegenteiliger Parteiabrede institutionell[294] veröffentlicht werden.

Parteien müssen demzufolge grundsätzlich damit rechnen, dass schiedsrichterliche Entscheidungen einem größeren Empfängerkreis bekannt werden. Wer insbesondere mit Blick auf Unterlagen, Zeugenaussagen und Verfahrensprotokolle einen bestimmten Vertraulichkeitsgrad gewährleistet wissen möchte,

---

288 Freilich können Unternehmen unter Umständen dennoch gezwungen sein, bestimmte Angaben zu machen, vgl. die Ausführungen bei Hwang/Chung, J. Int. Arb. 26 (2009), 609, 626; Fages, Rev. Arb. (2003), 5, 13.

289 Vgl. Bagner, J. Int. Arb. 18 (2001), 243, 248; Delvolvé, Rev. Arb. (1996), 373, 380.

290 Born/Shenkman, in: Future, S. 5, 9. Ferner wohl auch Delvolvé, Rev. Arb. (1996), 373, 380: „A l'égard du constituant, la stipulation d'une clause de confidentialité *fait naître* en la personne du débiteur une obligation de ne pas faire" (Hervorhebung d. Verf.), der im Widerspruch zu dieser Formulierung später eine dem Schiedsverfahren inhärente Vertraulichkeit vertritt (S. 391).

291 Ebenso Ritz, Geheimhaltung im Schiedsverfahren, S. 229, dessen Begriff der Privatsphäre dem hier gewählten Begriff der Nichtöffentlichkeit entspricht.

292 Vgl. nur *Biwater Gauff (Tanzania) Ltd. v. United Republic of Tanzania*, ICSID ARB/05/22, Procedural Order No. 3, Rn. 115: „*Agreement of the Parties:* Parties are free, of course, to conclude any agreements they choose concerning confidentiality." (Hervorhebung im Original).

293 Vgl. die in Fn. 261 beschriebene Änderung von Rule 48 Abs. 4 ICSID AR.

294 Eine Verbreitung durch Private, insbesondere die Parteien, lässt sich ohnehin kaum verhindern. Oftmals werden Schiedssprüche bereits kurz nachdem sie ergangen sind online gestellt. Die Problematik des „leaking of awards" erörterte Böckstiegel in seinem Vortrag „Case Management: An Update on Experiences and Suggestions" beim ICC Young Arbitrators Forum am 29.06.2012 in Berlin.

muss dies, um sicher zu gehen, in einer vertraglichen Vereinbarung zwischen allen einschlägigen Verfahrensbeteiligten festhalten.[295] Freilich bietet auch dies keinen absoluten Schutz.

ff) Zusammenfassende Bewertung

De lege lata existiert keine generelle Pflicht zur Vertraulichkeit in der internationalen Schiedsgerichtsbarkeit.[296] Die Veröffentlichung von Schiedssprüchen ist dabei nur teilweise in nationalen Rechtsordnungen sowie in den Schiedsordnungen einiger Schiedsinstitutionen normiert. Bei den Institutionen zeigt sich darüber hinaus eine Diskrepanz zwischen den Vorgaben ihres rechtlichen Rahmens und der tatsächlichen Veröffentlichungspraxis. Trotz ähnlicher Regelungen ist diese Praxis bei der ICC eine völlig andere als bei der DIS. Und während das ICSID einen Großteil der Entscheidungen unter Zustimmung der Parteien vollständig veröffentlicht, wird von der ICC lediglich ein Teil der Entscheidungen – in Auszügen und anonymisiert – unter Zustimmung der Parteien veröffentlicht. Bei der AAA zeichnet sich diesbezüglich eine neue Entwicklung ab. Dürfen auch dort bereits Entscheidungen unter Zustimmung der Parteien oder wenn rechtliche Regelungen die Veröffentlichung verlangen veröffentlicht werden, so wurden bisher Entscheidungen der AAA/ICDR nur selten publiziert. In Zukunft soll aber eine Auswahl von Entscheidungen veröffentlicht werden.[297] Eine ähnliche Entwicklung wäre auch für die DIS wünschenswert. Die DIS-SchO sieht schließlich die Möglichkeit einer Veröffentlichung der anonymisierten Entscheidung bei Zustimmung der Parteien vor (§ 42 DIS-SchO), doch gibt es bislang noch keine nennenswerte Praxis, die dies verwirklicht. Es mag dem behandelten Mythos der Vertraulichkeit von Schiedsverfahren geschuldet sein, wenn Entscheidungen – ungeachtet der Zustimmung der Parteien – nicht veröffentlicht werden. Die bestehenden rechtlichen Vorgaben lassen jedenfalls durchaus eine größere Veröffentlichungspraxis zu.

---

295 Vgl. unter anderem Brown, Am. U. Int. L. Rev. 16 (2001), 969, 1020; Dessemontet, Am. Rev. Int. Arb. 7 (1996), 299, 304; Fortier, Arb. Int. 15 (1999), 131, 139; Lazareff, in: La confidentialité dans l'arbitrage, S. 87, 94; Schmitz, Kans. L. Rev. 54 (2006), 1211, 1253; Trakman, Arb. Int. 18 (2002), 1, 13.

296 Paulsson/Rawding, Arb. Int. 11 (1995), 303.

297 Eine entsprechende Mitteilung der AAA/ICDR war verfügbar unter: <http://www.adr.org/sp.asp?id=39622> (zuletzt abgerufen am: 20.08.2011, aktuell nicht verfügbar).

d) Realisierung einer breiteren Veröffentlichungspraxis

Mit Blick auf Präzedenzwirkung und Rechtsfortbildung nimmt die Veröffentlichungspraxis des ICSID eine Vorreiterrolle in der internationalen Schiedsgerichtsbarkeit ein. Auf welche Weise ließe sich auch in der internationalen Handelsschiedsgerichtsbarkeit eine größere Veröffentlichungspraxis gewährleisten? Da dem beschriebenen Vertraulichkeitsinteresse dabei hinreichend Rechnung getragen werden müsste, stellt sich die Frage, wie sich das daraus resultierende Spannungsverhältnis *idealiter* auflösen ließe.

aa) Kein Rangverhältnis zwischen den konfligierenden Interessen

Bestünde zwischen der Vertraulichkeit als privatem Interesse und der Veröffentlichung als öffentlichem Interesse ein abgestuftes Verhältnis, wären diese Interessen dem Vorrang entsprechend in Einklang zu bringen. Zur Frage, ob sich überhaupt ein derartiges Rangverhältnis bestimmen lässt, werden unterschiedliche Positionen eingenommen.

Von einigen Autoren wird vertreten, dass auch in der Schiedsgerichtsbarkeit das öffentliche Interesse stets Vorrang genieße.[298] Denn hier müsse die Gesellschaft ebenfalls einen Nutzen am Recht und an der Rechtsfortbildung haben,[299] ein öffentlicher Diskurs sei überdies nicht nur als Kontrollmittel gegenüber multinationalen Unternehmen von Bedeutung.[300] Über die Anerkennung von Präzedenzfällen als öffentliches Gut und damit auch eines Nutzens über den konkreten Rechtsstreit hinaus warnen *Perschbacher* und *Bassett* sogar vor dem andernfalls möglichen Verlust von Recht. Dieser sei deshalb zu befürchten, weil Recht, das in der Schiedsgerichtsbarkeit nicht öffentlich zur Anwendung komme, als potentielles Recht verloren gehe.[301] Einige führen ferner die Tatsache ins Feld, dass Schiedssprüche, soweit es um deren Aufhebung oder Vollstreckung geht,

---

298 Mourre, in: Precedent, S. 39, 65; Perschbacher/Bassett, B. U. L. Rev. 84 (2004), 1, 8 ff.

299 Mourre, in: Precedent, S. 39, 65; Perschbacher/Bassett, B. U. L. Rev. 84 (2004), 1, 14 ff.

300 In eine ähnliche Richtung geht die Überlegung Pfaffs, es könne ein „Wunsch nach Offenlegung auch politisch relevanter wirtschaftlicher Beziehungen gesehen werden“, s. Pfaff, in: FS von der Heydte, S. 1127, 1130.

301 Perschbacher/Bassett, B. U. L. Rev. 84 (2004), 1, 8: „As a private proceeding conducted out of public view, and with no precedential value, arbitration resolves disputes without contributing to the body of law and without providing information to the public. The increase in arbitration clauses and arbitration proceedings means that more and more potential law is being lost.“

ohnehin publik gemacht werden müssten.[302] Gleiches gelte außerdem, soweit fiskale Angaben gemacht werden müssten.[303]

Im Schrifttum wird demgegenüber auch die Ansicht vertreten, dass das private Interesse in der internationalen Handelsschiedsgerichtsbarkeit vorrangig sei. Rechtsfortbildung gehöre nicht zum Wesen der Schiedsgerichtsbarkeit, in der es nicht um *law-making*, sondern vielmehr um die Lösung eines konkreten Falles gehe. „The private nature of arbitration" sei, so *Nariman*, gar „inconsistent with any law-making function."[304]

Moderatere Stimmen lassen das Interesse an Vertraulichkeit dasjenige an Rechtsfortbildung mit dem Gedanken überwiegen, dass Nichtöffentlichkeit und Geheimhaltung schließlich auch dort Geschäftsbeziehungen förderten, wo andernfalls möglicherweise keine zu realisieren wären.[305] Diese Ansicht ist insbesondere in den USA weit verbreitet, wo trotz *stare decisis*-Doktrin die Beilegung des konkreten Rechtsstreits als Primärfunktion sowohl der zivilen Gerichtsbarkeit wie auch der Schiedsgerichtsbarkeit erachtet wird.[306] Dies lässt sich darauf zurückführen, dass dem Rechtsfrieden die höchste Bedeutung bei den verschiedenen Streitschlichtungsmechanismen beigemessen wird.

Überzeugender scheint es, die beschriebenen privaten und öffentlichen Interessen in der internationalen Handelsschiedsgerichtsbarkeit als grundsätzlich auf gleicher Stufe stehend zu betrachten. Die Lösung des Streitfalles ist zweifellos die primäre und zentrale Aufgabe des Schiedsrichters. Nichts spricht aber dagegen, wenn neben einer Entscheidung als Produkt seiner Tätigkeit weitere Produkte entstehen, wie eben ein Präzedenzfall oder fortgebildetes Recht.[307] Insofern ist *Nariman* vehement zu widersprechen: Wer zur Entscheidung eines Falles mandatiert ist, hat Recht auszulegen und angesichts der mit dem Auftrag verbundenen Pflicht, eine Entscheidung zu fällen, unter Umständen Recht fortzubilden. Dies ist bei der schiedsgerichtlichen Tätigkeit kaum anders als bei staatlichen Gerichten.

---

302 Brown, Am. U. Int. L. Rev. 16 (2001), 969, 990; Mourre, in: Precedent, S. 39, 65; Müller, ASA Bull. 23 (2005), 216, 225.

303 Fages, Rev. Arb. (2003), 5, 13.

304 Nariman, in: Liber Amicorum Böckstiegel, S. 555, 556. In diesem Sinne auch Neumayer, in: Materielles Recht und Verfahrensrecht, S. 93; Nappert, TDM 3 (2006), 1, 2 („Users of international commercial arbitration choose it for its focus on fact-specific decision-making, not for its potential law-making function."); Newdigate, Arb. Int. 23 (2007), 431 („Arbitration [...] does not exist for the purpose of making law, but as a means of resolving disputes between parties.").

305 Neumayer, in: Materielles Recht und Verfahrensrecht, S. 93; Pfaff, in: FS von der Heydte, S. 1127, 1132.

306 Vgl. nur Brunet, Tul. L. Rev. 62 (1987), 1, 7; Lederman, Notre Dame L. Rev. 75 (1999), 221, 263.

307 So bereits Posner, Economic Analysis, S. 745, in Bezug auf Gerichtsentscheidungen: „[W]e must consider the character of precedents as a by-product of the litigation process."

Dass ein Interesse darüber hinaus Vorrang genießen sollte, ergibt sich aus den beschriebenen Positionen nicht hinreichend. Daher verbietet sich eine abstrakte Wertabwägung, die zwangsläufig auf Kosten eines Interesses vorgenommen werden müsste. Das beschriebene Spannungsverhältnis lässt sich mithin nicht ohne Weiteres zugunsten eines Interesses auflösen.

bb) „Praktische Konkordanz"

Es ist der dem Prinzip praktischer Konkordanz zugrunde liegende Gedanke, der hier in Ermangelung eines Vorrangverhältnisses zur Anwendung gebracht werden soll. Es gilt, sowohl dem Bedürfnis nach Vertraulichkeit wie demjenigen nach Veröffentlichung zu entsprechen, indem beiden bestimmte Grenzen gesetzt werden. Erst dann vermögen „beide zu optimaler Wirksamkeit [zu] gelangen".[308] Die Grenzziehung darf also nur so weit gehen, wie dies zur Herstellung der Konkordanz beider Interessen notwendig ist.

Grundsätzlich wäre diese Konkordanz verwirklicht, wenn der Vertraulichkeit insofern Rechnung getragen wird, als bestimmte Informationen nicht an die breite Öffentlichkeit gelangen. Durch Veröffentlichung der Teile der Entscheidungen, die keine vertraulichen Informationen beinhalten, könnte so auch dem öffentlichen Interesse entsprochen werden.[309] Es bliebe dann eine Frage des Einzelfalls, welche Informationen als vertraulich erachtet werden könnten oder müssten.

cc) Konkrete Lösungsansätze für die Praxis

Im Folgenden werden die möglichen Maßnahmen zur Berücksichtigung der widerstreitenden Interessen dargestellt.[310] Die Erörterung der einzelnen Handlungsoptionen wird zeigen, welcher Lösungsansatz mit Blick auf die Verwirklichung des Leitgedankens der praktischen Konkordanz für die Praxis vorzugswürdig ist.

Zunächst lässt sich Vertraulichkeit durch eine ausschließliche Veröffentlichung von Leitsätzen am besten gewährleisten.[311] Indes zeigen Leitsätze allenfalls Entscheidungsergebnisse an. Die eigentliche argumentative Herleitung bleibt

308 Hesse, Grundzüge des Verfassungsrechts, S. 28.

309 Entsprechendes tragen vor: Duve/Keller, SchiedsVZ 2005, 169, 177; Holder, Vertraulichkeit im Schiedsverfahren nach deutschem Recht, S. 142; Noussia, Confidentiality in International Commercial Arbitration, S. 139 und 169.

310 Eine erste Aufzählung der verschiedenen Lösungsmöglichkeiten findet sich bei: Duve/Keller, SchiedsVZ 2005, 169, 175 ff.

311 Duve/Keller, SchiedsVZ 2005, 169, 177.

dabei aber verfahrensunbeteiligten Dritten verschlossen. Mit einer solchen restriktiven Veröffentlichungspraxis würde dem Veröffentlichungsinteresse nicht ausreichend entsprochen. Denn zumindest wesentliche Teile der Entscheidungsbegründung sind notwendig, damit eine Entscheidung überhaupt für Dritte nachvollziehbar ist. Die Veröffentlichung der tragenden Gründe ist außerdem notwendig, um auch Rechtsfortbildungen zu ermöglichen. Da es stets die Begründung ist, die überzeugen muss, kann Recht kaum aus bloßen Leitsätzen heraus fortgebildet werden. So würde auch fortgebildetes Recht nur in seltenen Fällen aus Leitsätzen rezipiert werden können.

Eine weitere mögliche Handhabung bestünde darin, lediglich Schiedsrichtern Einsicht in Schiedsentscheidungen zu gewähren.[312] Die Vertraulichkeit wäre infolgedessen allein insofern eingeschränkt, als andere Schiedsrichter Kenntnis der Schiedssprüche erlangen würden.[313] Unschwer ließe sich ein solches Einsichtsrecht in der institutionellen Schiedsgerichtsbarkeit realisieren. Bei *ad hoc*-Schiedsgerichten hingegen ist bereits fraglich, von welchen Schiedsinstitutionen oder anderen *ad hoc*-Schiedsgerichten Einsicht verlangt werden könnte. Überdies ist an einem solchen beschränkten Einsichtsrecht problematisch, dass sich dann lediglich Schiedsrichter auf Präjudizien berufen könnten, nicht jedoch die Parteien und Parteivertreter. Darin könnte ein Mangel an Transparenz gesehen werden, der sich möglicherweise nicht mit dem Grundsatz des rechtlichen Gehörs vereinbaren ließe.[314] Dem ist jedoch zunächst entgegenzuhalten, dass der Anspruchsinhaber des rechtlichen Gehörs die Partei des Verfahrens und nicht der Parteivertreter ist,[315] so dass mit Blick auf den Parteivertreter keine Verletzung des Grundsatzes des rechtlichen Gehörs gerügt werden könnte (vgl. § 1042 Abs. 1 S. 2 ZPO). Auch in Bezug auf die Parteien kann dies verneint werden. Der Anspruch auf rechtliches Gehör nach § 1042 Abs. 1 S. 2 ZPO soll gewährleisten, dass die Verfahrensparteien nicht durch schiedsrichterliche Maßnahmen in ihren Rechten betroffen werden, ohne vorher Gelegenheit zur Äußerung gehabt zu haben.[316] Ein Einsichtsrecht für die Parteien ließe sich daraus nicht ableiten. Schiedsrichter könnten vielmehr im Einzelfall gehalten sein, ihnen bekannte und für relevant erachtete (ggf. anonymisierte) Entscheidungen den Parteien zur Verfügung zu

---

312 Duve/Keller, SchiedsVZ 2005, 169, 175. Einen solchen Ansatz befürwortet Schmitz, Kans. L. Rev. 54 (2006), 1211, 1245.

313 Duve/Keller, SchiedsVZ 2005, 169, 175.

314 Dies vertreten Duve/Keller, SchiedsVZ 2005, 169, 175.

315 von Mangoldt/Klein/Starck, GG (Bearb. Nolte), Art. 103 Rn. 2.

316 Die Garantie des Art. 103 Abs. 1 GG gilt ausschließlich vor Gericht, d. h. bei allen staatlichen Gerichten im Sinne des Art. 92 GG, und nicht bei Schiedsgerichten, vgl. von Mangoldt/Klein/Starck, GG (Bearb. Nolte), Art. 103 Rn. 17; von Münch/Kunig, GG (Bearb. Kunig), Art. 103 Rn. 4.

stellen. Allerdings entschied etwa die *Cour d'appel de Paris*, dass es keine Verletzung des rechtlichen Gehörs darstelle, wenn ein Schiedsgericht den Parteien Entscheidungen nicht zur Verfügung stellte, von denen diese keine Kenntnis besitzen.[317]

Angesichts dieser Bedenken lassen sich auch Einsichtsrechte für Parteien und Rechtsanwälte erwägen. Schiedsinstitutionen könnten diesen etwa analog § 299 Abs. 2 ZPO – bei rechtlichem Interesse – Einsicht gewähren.[318] Dabei ist allerdings schon fraglich, wann ein solches rechtliches Interesse zu bejahen wäre. Ferner ist vollkommen unklar, ob ein Bezug zu dem anderen Verfahren erforderlich wäre und wie dieser Bezug ggf. ausgestaltet sein müsste. Schließlich stellte sich die Frage, wie Parteien und Rechtsanwälte überhaupt von anderen Schiedsverfahren erführen: Denn was müsste allgemein bekannt gegeben werden, damit Parteien und Rechtsanwälte in die Lage versetzt würden, ein rechtliches Interesse an einem bestimmten Verfahren darzulegen? Parteien und Rechtsanwälten Einsichtsrechte zu gewähren, würde demnach das Spannungsverhältnis zwischen den genannten Interessen nicht auflösen, sondern aufgrund der genannten Umsetzungsschwierigkeiten für die Praxis nur eine Verschiebung der Problematik bewirken.

Um einer bloßen Problemverlagerung vorzubeugen, wird daher die Einführung einer Rechtsmittelinstanz vorgeschlagen. Wie in Großbritannien praktiziert, könnte in erster Instanz ein vertrauliches Schiedsverfahren geführt werden, auf das eine zweite, staatliche Instanz folgen würde, die das öffentliche Interesse überwiegen ließe.[319] Lediglich die Entscheidungen aus der zweiten Instanz würden dann veröffentlicht werden. Mit einer derartigen, rein zeitlich-hierarchischen Handhabung ist der eigentlichen Problematik aber ebenso wenig gedient, weil ein solches System für die internationale Schiedsgerichtsbarkeit keine praktische Konkordanz zwischen den gegenläufigen Interessen herzustellen vermag. Vertraulichkeit wäre danach schließlich lediglich in erster Instanz gegeben und würde gänzlich fehlen, sobald das Verfahren die staatlichen Strukturen annähme.[320] Vorzugswürdig erscheint es dann, eine schiedsinstitutionelle Rechtsmittelinstanz ins Leben zu rufen. Ein System, wie es auch die WTO mit ihrem *Appellate Body* geschaffen hat, verleiht den Entscheidungen eine starke präjudizielle Wir-

---

317 CA Paris, Société Ofer Brothers v. The Tokyo Marine and Fire Insurance Co. Ltd. et al., 14.02.1989, Rev. Arb. 1989, 695, 697.

318 Duve/Keller, SchiedsVZ 2005, 169, 175. Im Zuge dessen ließe sich auch für ein Einsichtsrecht für Wissenschaft und Forschung plädieren, so dass zumindest der wissenschaftliche Diskurs möglich wäre.

319 S. Section 67 ff. Arbitration Act 1996. Dazu Tweeddale/Tweeddale, Arbitration of Commercial Disputes S. 761 ff.

320 Duve/Keller, SchiedsVZ 2005, 169, 176.

kung.[321] Die Diskussion um die Einführung einer Rechtsmittelinstanz beim ICSID hat jedoch gezeigt, dass mit dieser in den nächsten Jahren oder auch Jahrzehnten realistischerweise nicht zu rechnen ist.[322] Dabei wird vor allem der drohende Verlust spezifischer Vorteile der Schiedsgerichtsbarkeit wie Schnelligkeit und Effizienz ins Feld geführt.[323] Bei der ICC wurde aus diesen Gründen eine solche Diskussion nie ernsthaft geführt.[324]

Die Schiedsinstitutionen könnten grundsätzlich alle Schiedssprüche veröffentlichen. Eine solche Veröffentlichungspraxis würde dem Vertraulichkeitsinteresse jedoch offenkundig nicht hinreichend Rechnung tragen. Eine Veröffentlichung im alleinigen Einverständnis der Parteien entspräche dem *status quo* einiger Schiedsinstitutionen.[325] Während das ICSID, der *Permanent Court of Arbitration* (PCA), die *World Intellectual Property Organization* (WIPO) sowie der *Court of Arbitration for Sport* (CAS) eine Veröffentlichung an das Einverständnis der Parteien binden, ist beispielsweise bei der DIS gem. § 42 DIS-SchO auch die Anonymisierung der Entscheidung vorgesehen. Verlangt man jedoch das Einverständnis der Parteien, so ist fraglich, ob dann wiederum dem öffentlichen Interesse hinreichend entsprochen werden kann.[326] Schließlich entspricht dies einer einseitigen Bevorzugung des privaten Interesses,[327] weshalb sie zur Herstellung der praktischen Konkordanz nicht geeignet scheint. Dieses Problem ließe sich umgehen, wenn man kein Einverständnis forderte, sondern umgekehrt die – anonymisierte – Veröffentlichung zum Regelfall machte und den Parteien ledig-

---

321 Vgl. Bossche, in: WTO at Ten, S. 289: „The Appellate Body's case-law is highly authoritative and has made a significant contribution to the development of international trade law." Chua, Leiden J. Int. L. 11 (1998), 45, 47 ff., den „quasi-precedential effect of panel reports" betonend; ferner Tams, BTW 57 (2006), 1 ff.

322 Vgl. nur Franck, Fordham L. Rev. (2005), 1521, 1624; Gantz, Vand. J. Trans. L. 39 (2006), 39; Gill, TDM (2005), 12 ff.; Tams, BTW 57 (2006), 1 ff.; Wälde, TDM 2 (2005), 71 ff. Über das ICISD-System hinaus wird dieser Vorschlag von vielen Seiten scharf kritisiert und mitunter als „Science Fiction" bezeichnet, vgl. Leurent, J. Int. Arb. 4 (1996), 269, 275.

323 Tams, BTW 57 (2006), 1, 19 f.

324 Knull/Rubins, Am. Rev. Int. Arb. 11 (2000), 531, 535 ff., schlagen die Einführung einer Revisionsinstanz in der internationalen Schiedsgerichtsbarkeit, und damit nicht nur im Rahmen des ICSID, vor. Dass Parteien handelsrechtlicher Schiedsverfahren kein nennenswertes Interesse an einer weiteren Instanz haben, zeigt jedoch u. a. die Studie von Mistelis, Am. Rev. Int. Arb. 15 (2004), 525, 573.

325 S. o. Kapitel 2, I., 2. c).

326 Mit Mourre, in: Precedent, S. 39, 59 f., ließe sich dieser Aspekt ein wenig relativeren, wenn die Zustimmung der Parteien nicht schriftlich erfolgen müsste: „Implied consent after proper notice to the parties may therefore be sufficient to the effect of permitting the publication of the award."

327 Duve/Keller, SchiedsVZ 2005, 169, 177.

lich ein Widerspruchsrecht oder zumindest die Möglichkeit einräumte, eine – begründete – Ausnahme zu beantragen. Eine Widerspruchsregelung enthält beispielsweise Art. 30 der Schieds- und Schlichtungsordnung des internationalen Schiedsgerichts der Wirtschaftskammer Österreich.[328] Sie birgt den Vorteil, eine breitere Veröffentlichungspraxis zu ermöglichen. Aus Sicht des öffentlichen Interesses ist daran aber gerade nachteilig, dass die Entscheidung über die Veröffentlichung letztlich in der Hand der Parteien liegt.[329]

Um das öffentliche Interesse gleichermaßen zu berücksichtigen, müsste bei einer Veröffentlichung in anonymisierter Form auf die Zustimmung der Parteien oder das Widerspruchsrecht verzichtet werden. Die Veröffentlichung könnte dabei auch erst nach einem gewissen Zeitablauf erfolgen,[330] um dem Vertraulichkeitsinteresse ausreichend Genüge zu tun.[331] Dabei wäre so weit zu anonymisieren, wie es das Interesse an der Vertraulichkeit erfordert.[332] Demnach darf sich die Anonymisierung nicht darauf beschränken, lediglich die Namen der streitenden Parteien zu tilgen. Denn in manchen Branchen oder besonders großen Verfahren reicht dies unter Umständen nicht aus, um die Erkennbarkeit der Parteien ausschließen zu können.[333] Im Einzelfall müssten daher dann auch bestimmte Teile des Sachverhalts von der Publikation ausgenommen werden. Der Vertraulichkeit kann bei einer derartigen Veröffentlichung zu größter Wirksamkeit verholfen werden, wenn die Parteien selbst die Passagen der Entscheidung streichen könnten, die nicht publiziert werden sollen.[334] Sie können in der Regel am besten einschätzen, welche Informationen bereits an die Öffentlichkeit gedrungen sind oder dringen werden und welcher Anonymisierungsaufwand daher erforderlich

---

328 Art. 30 VIAC-SO lautet: „Das Präsidium ist berechtigt, einen Schiedsspruch in juristischen Fachzeitschriften oder in eigenen Publikationen in anonymisierter Form zu veröffentlichen, wenn nicht zumindest eine Partei der Veröffentlichung innerhalb einer Frist von 30 Tagen ab Zustellung der Mitteilung der beabsichtigten Veröffentlichung an sie widerspricht."

329 Zu alledem s. Duve/Keller, SchiedsVZ 2005, 169, 177.

330 Bei der ICC ist eine Wartezeit von ca. 3 Jahren üblich.

331 In Bezug auf ICSID-Verfahren Knahr/Reinisch, LPICT 6 (2007), 97, 115; den Fokus auf ICC-Verfahren lenkend Mourre, in: Precedent, S. 39, 60.

332 Duve/Keller, SchiedsVZ 2005, 169, 177; Fouchard/Gaillard/Goldman, International Commercial Arbitration, Rn. 384; Schmitz, Kans. L. Rev. 54 (2006), 1211, 1244 f. In der Europäischen Union ist eine solche Handhabung bereits bekannt: Die Europäische Kommission veröffentlicht Entscheidungen (vor allem im Bereich von Fusionen) auch ohne Namen der Parteien und andere relevante, geheime Informationen, s. Mourre, in: Precedent, S. 39, 57.

333 Duve/Keller, SchiedsVZ 2005, 169, 177 f. Einschränkungen gibt es ohnehin bspw. für börsennotierte Unternehmen. Zu etwaigen Offenlegungspflichten eingehend Fages, Rev. Arb. (2003), 5, 13 ff.

334 Anderer Meinung sind Duve/Keller, SchiedsVZ 2005, 169, 177, die die Schiedsinstitutionen mit der Anonymisierung betrauen wollen.

ist. Außerdem beinhaltete andernfalls die Frage, ob hinreichend anonymisiert wurde, Konfliktpotential zwischen den Parteien und der Schiedsinstitution. Dieses ließe sich jedoch gerade vermeiden, indem man den Parteien die Hoheit über die Anonymisierung verliehe. Bei Verfahren unter dem Dach von Schiedsinstitutionen, die bislang eine Zustimmungsklausel zur Publikation vorsehen, könnte dies auch als Kompensation dafür gelten, dass es für die Veröffentlichung künftig nicht mehr auf eine solche Einwilligung ankäme. Insgesamt hätte diese Publikationspraxis keinen abschreckenden Charakter, der ein völliges Abwandern zur *ad hoc*-Schiedsgerichtsbarkeit erwarten ließe.[335]

Damit gelingt dieser Vorgehensweise der Spagat zwischen Vertraulichkeit und Veröffentlichungsinteresse.[336] Nur sie vermag es, die praktische Konkordanz zwischen privatem und öffentlichem Interesse herzustellen. Es zeigt sich somit, dass auch in der internationalen Handelsschiedsgerichtsbarkeit beides möglich ist: die Berücksichtigung eines etwaigen Interesses an der Vertraulichkeit ebenso wie eine umfangreichere Publikationspraxis. Letztere trüge zur Festigung des Rechts bei, das von Schiedsgerichten entwickelt wird.

Indem die Veröffentlichung von Schiedssprüchen bzw. zumindest wesentlicher Teile ihrer Begründung die Kenntnis und damit die Bezugnahme durch spätere Schiedsgerichte ermöglicht, stellt sie ein konstitutives Element der faktischen Präzedenzwirkung schiedsrichterlicher Entscheidungen dar.

3. Bezugnahme

Die zunehmende Verfügbarkeit von Entscheidungen hat zu einem Wandel in der Argumentationsweise der Schiedsgerichte beigetragen: Nur selten finden sich noch Entscheidungen, in denen nicht mit früheren Entscheidungen argumentiert wird.[337] Es ist gemeinhin anerkannt, dass Schiedsgerichte an frühere Entschei-

---

335 Die Abkehr von der institutionellen Schiedsgerichtsbarkeit aufgrund zunehmender Transparenz erwägt Rogers, Kans. L. Rev. 54 (2006), 1301, 1337. Für die internationale Investitionsschiedsgerichtsbarkeit äußert Orrego Vicuña, ICSID News 18 (2001), 1, 12 ähnliche Bedenken. Diese können allerdings aufgrund der Etablierung des ICSID als wichtigster Schiedsinstitution für Investitionsstreitigkeiten und auch der Veröffentlichung von ICSID-Schiedssprüchen relativiert werden.

336 Vgl. Duve/Keller, SchiedsVZ 2005, 169, 177; Schmitz, Kans. L. Rev. 54 (2006), 1211, 1244.

337 Dies gilt entsprechend dem zuvor Erörterten in noch höherem Maße für die ICSID-Schiedsgerichtsbarkeit. S. auch die Ausführungen zur ‚Präjudizienargumentation' bei Jacob, GLJ 12 (2011), 1005, 1007 („[A] precedent is also a form of argument or justification employed in the context of decision-making") und Renner, Zwingendes transnationales Recht, S. 279.

dungen nicht im Sinne der *stare decisis*-Doktrin gebunden sind.[338] Dass nun aus der Bezugnahme auf eine frühere Entscheidung faktische Präzedenzwirkung resultiert, kann ebenso wenig geleugnet werden. Die Zitation einer früheren Entscheidung ist dabei als notwendige Voraussetzung der faktischen Präzedenzwirkung anzusehen, weil ohne Bezugnahme kein Schiedsspruch Präzedenzwirkung entfalten kann. Erst die Bezugnahme stellt die Verbindung zwischen zwei Entscheidungen her, die eine Einzelfallentscheidung einem größeren Wirkungskreis zuführt. Es wird dann „nicht mehr nur ad hoc und nicht mehr nur ad hominem argumentiert“[339]. Indem sich die Entscheidung „selbst im Kontext anderer Entscheidungen verorte[t]“,[340] geht sie über den Einzelfall hinaus. Die damit einhergehende Selbstreferentialität,[341] ermöglicht ein „Bewahren und Wiederverwenden von Unterscheidungen“[342] und schließlich auch die „schleichende Kodifizierung“[343] von Recht.[344] Hierin liegt die besondere Bedeutung der Bezugnahme sowohl für die faktische Präzedenzwirkung von Schiedssprüchen als auch für die Fortbildung und Schaffung von Recht.

Von dem Gedanken ausgehend, dass sich ein Schiedsgericht nur dann auf eine frühere Entscheidung bezieht, wenn deren zugrundeliegender Sachverhalt dem aktuellen Fall vergleichbar ist, liegt es nahe, in dieser qualifizierten Bezugnahme einen konstitutiven Bestandteil der Präzedenzwirkung zu sehen. Immerhin hängt das Maß an Relevanz der früheren Entscheidung von dieser Konnexität[345] zwischen der zitierenden und der zitierten Entscheidung ab.

Nach der hier vertretenen Auffassung ist eine qualifizierte Bezugnahme aber nicht zwingende Voraussetzung der faktischen Präzedenzwirkung. Anders als in einem strengen Präjudiziensystem, wo ein Gericht nur dann an die Lösung des Präzedenzfalls gebunden ist, wenn der aktuelle Sachverhalt mit dem früheren vergleichbar ist, sind vergleichbare Fallkonstellationen für die Präzedenzwirkung nicht unbedingt erforderlich. Freilich wird in der Regel eine frühere Entscheidung

338 Vgl. nur Berger, J. Int. Arb. 9 (1992), 5ff; Kaufmann-Kohler, Arb. Int. 23 (2007), 357ff.

339 Luhmann, Recht der Gesellschaft, S. 262.

340 Luhmann, Recht der Gesellschaft, S. 236.

341 Luhmann, Recht der Gesellschaft, S. 53. Hierzu auch Gélinas, in: Sustainable Development, S. 577, 583; Renner, Zwingendes transnationales Recht, S. 201ff.; sowie allgemein Teubner, Recht als autopoietisches System.

342 Luhmann, Recht der Gesellschaft, S. 385.

343 Berger, Formalisierte oder „schleichende“ Kodifizierung.

344 Zu alledem auch Renner, Zwingendes transnationales Recht, S. 196ff.

345 Der Begriff der Konnexität wird hier in einem weiteren Sinne gebraucht als in der Rechtsprechung und Literatur zu § 273 BGB („aus demselben rechtlichen Verhältnis“) und § 33 ZPO („in Zusammenhang“ wird nach allg. Auffassung einschränkend als rechtlicher Zusammenhang ausgelegt).

für umso relevanter gehalten werden, je mehr der zugrundeliegende Sachverhalt dem aktuellen gleicht. Doch kann ein Schiedsgericht auch dann auf eine frühere Entscheidung rekurrieren, wenn die Sachverhalte verschieden sind. So kann es beispielsweise einen Schiedsspruch zitieren und die Eigenheiten des Falles herausarbeiten, die in der von ihm zu entscheidenden Streitsache nicht gegeben sind. Oder es kann auf schiedsrichterlich entwickelte allgemeine Grundsätze und damit auch auf Fälle verweisen, die kaum Bezug zum aktuellen Sachverhalt aufweisen. Kommt den früheren Entscheidungen mit diesen Zitationen Präzedenzwirkung zu, so ist dies nicht durch gleichgelagerte Sachverhalte bedingt. Dabei soll freilich nicht bestritten werden, dass die Ähnlichkeit im Einzelfall die Intensität der Präzedenzwirkung beeinflussen kann.[346] An dieser Stelle ist lediglich festzuhalten, dass in der Qualifikation keine zwingende Voraussetzung der Präzedenzwirkung zu sehen ist. Die bloße Bezugnahme auf die frühere Entscheidung stellt das dritte konstitutive Element der faktischen Präzedenzwirkung dar.

II. Qualifizierende Faktoren

Während die vorgenannten Voraussetzungen für die Präzedenzwirkung konstitutiv sind und damit über das „Ob" der Entstehung von Präzedenzwirkung entscheiden, sind die im Folgenden dargestellten Faktoren Gegenstand der Ebene des „Wie". Dabei können sie einen Bezug zum Sachverhalt, zu den angewendeten Normen sowie zur Entscheidungsbegründung aufweisen. Auch das Umfeld der früheren Entscheidung kann eine Rolle spielen, so etwa bei der Frage, inwiefern sie von nachfolgenden Schiedsgerichten angenommen oder abgelehnt wurde bzw. inwiefern sich eine konsistente Rechtsprechung etabliert hat. Hier geht es also um Umstände, die Einfluss auf das konkrete Ausmaß an Präzedenzwirkung haben.

1. Grad an Konnexität und Relevanz der früheren Entscheidung

Im vorangehenden Abschnitt wurde bereits darauf hingewiesen, dass sich das Vorliegen vergleichbarer Sachverhalte im gewonnen Grad an Präzedenzwirkung niederschlagen kann. In der Tat erhöht sich die Relevanz der früheren für die aktuelle Entscheidung, je ähnlicher sich die Tatsachengrundlagen sind und je

346 Ungeachtet dessen existieren in der schiedsrichterlichen Rechtsprechung Beispiele inkonsistenter Entscheidungen auf der Grundlage desselben Sachverhalts, s. etwa *Lauder v. The Czech Republic*, UNCITRAL, Final Award und *CME Czech Republic B.V. (The Netherlands) v. The Czech Republic*, UNCITRAL, Partial Award.

mehr ein Schiedsgericht den früheren Schiedsspruch deswegen für einschlägig befindet. Neben dem Zusammenspiel mit den anderen zu erörternden Faktoren manifestiert sich die Bedeutung, die ein Schiedsgericht einer früheren Entscheidung beimisst, in der dieser verliehenen Präzedenzwirkung. Daran zeigt sich, dass die Konnexität zwischen der zitierenden und der zitierten Entscheidung Einfluss auf den konkreten Grad an Präzedenzwirkung hat.

2. Besondere Beschaffenheit der angewendeten Normen

Darüber hinaus kann auch die Beschaffenheit des angewendeten Rechts die Präzedenzwirkung prägen. *Commission* und *Kessedjan* sehen in einem solchen normbezogenen Element gar einen konstitutiven Bestandteil der faktischen Präzedenzwirkung. Wie bereits erwähnt, liegt diese für *Commission* in „a body of law predisposed to development by case law“,[347] während *Kessedjan* „a closed set of rules“[348] verlangt.

Commissions Forderung eines durch die Rechtsprechung entwickelbaren Rechts zielt auf ein neues Rechtsgebiet oder offene bzw. konkretisierungsbedürftige Rechtsnormen ab. Ein Zusammenhang zwischen solchen Normen sowie der Präzedenzwirkung von Entscheidungen ist dabei tatsächlich nicht von der Hand zu weisen: Je weniger Vorgaben durch die einschlägigen Normen gemacht werden, umso eher ist zu erwarten, dass sich Schiedsgerichte für die Lösungen interessieren, die andere Schiedsgerichte zuvor entwickelt haben. Allerdings darf hieraus nicht geschlossen werden, dass es sich dabei um ein konstitutives Element der Präzedenzwirkung handelt. Das beschriebene Szenario stellt nur eine der möglichen Erklärungen dar, weshalb ein Schiedsgericht auf frühere Entscheidungen rekurriert. Allein die Vielzahl anderer Zitationsgründe, die nicht auf eine besondere Beschaffenheit des angewendeten Rechts zurückzuführen sind, zeigt, dass die faktische Präzedenzwirkung nicht von dieser abhängt. Stellt sie demnach keine Voraussetzung für die Präzedenzwirkung dar, so ist sie dennoch als einflussreicher Faktor zu benennen.

Entsprechendes wird hier mit Blick auf ein „closed set of rules“ vertreten, mit welchem *Kessedjan* ebenfalls ein normbezogenes Element zur Voraussetzung faktischer Präzedenzwirkung erhebt. Bei der Geschlossenheit eines Regelwerks geht es ihr letztlich um die Wiederholbarkeit der gleichen rechtlichen Konstellation, dass also ein Schiedsgericht Recht anwendet und auslegt, das auch von

347 Commission, J. Int. Arb. 24 (2007), 129, 141.
348 Kessedjian, in: Future, S. 43, 62.

späteren Schiedsgerichten angewendet und ausgelegt wird. Sie bejaht folglich dieses Kriterium bei der Sport- und Internet-*Domain-Name*-Schiedsgerichtsbarkeit – verneint es jedoch für die ICSID-Schiedsgerichtsbarkeit.[349]

Ihrem Ansatz liegt der Gedanke zugrunde, dass eine frühere Entscheidung erst mit der Wiederholung der dort erörterten Rechtsfrage substantiell an Relevanz für das zur Entscheidung berufene Schiedsgericht gewinnt. Indes ist es Schiedsgerichten unbenommen, auf Entscheidungen Bezug zu nehmen, die mit der konkret zu lösenden Rechtsfrage nicht in Zusammenhang stehen. So werden häufig aus anderen Normenkontexten Argumente für eine bestimmte Rechtsanwendung gewonnen. Dass zitierte Schiedssprüche nicht zwingend dieselbe Norm oder dasselbe Regelwerk anwenden, zeigt, dass ein „closed set of rules" für die Entstehung einer faktischen Präzedenzwirkung nicht konstitutiv ist. Aber dass die Präzedenzwirkung ein umso höheres Maß erreichen kann, je mehr die Rechtsfragen sowie die anzuwendenden Normen übereinstimmen, steht außer Zweifel. Dabei können sowohl in der ICSID- wie in der ICC-Schiedsgerichtsbarkeit Entscheidungen die Auslegung und Anwendung gleicher Normen betreffen. Bei BIT-basierten Verfahren ist dies aufgrund oftmals ähnlicher Formulierungen der Investitionsschutzstandards daher ebenso der Fall wie in der Handelsschiedsgerichtsbarkeit. Entgegen der Ansicht *Kessedjians* stellen die generalklauselartigen Normtexte dabei gerade keine Hindernisse,[350] sondern vielmehr Katalysatoren der Bezugnahme und damit der faktischen Präzedenzwirkung dar.[351]

3. *Persuasive authority*

Obgleich Schiedssprüche nur für die Parteien des jeweiligen Verfahrens bindende Wirkung haben,[352] können sie durchaus „highly persuasive forms of authority"[353] darstellen. Als Beschreibung einer bestimmten Wirkung aufgefasst, impliziert die *persuasive authority* den Prozess des Überzeugens. Sie ist nun als bedeutsamster Faktor der faktischen Präzedenzwirkung internationaler Schiedssprüche zu ergründen.[354]

---

349 Kessedjian, in: Future, S. 43, 62.

350 Kessedjian, in: Future, S. 43, 63.

351 In diesem Sinne bereits Commission, J. Int. Arb. 24 (2007), 129, 141.

352 S. Art. 34 Abs. 6 ICC Rules, Art. 27 Abs. 1 IAR, § 38 DIS-SchO, Art. 53 Abs. 1 ICSID.

353 Strong, Am. Rev. Int. Arb. 20 (2009), 119, 143.

354 Schroeder, Lex mercatoria arbitralis, S. 97, sieht sie sogar als die wichtigste *Voraussetzung* der faktischen Präzedenzwirkung an. Ihre enorme Relevanz ist unbestreitbar, doch stellt sie

Der Begriff der *persuasive precedents* aus dem *Common Law* spielt dabei allerdings nur entfernt eine Rolle.[355] In Abgrenzung zu den *authoritative precedents* meint dieser Entscheidungen, die (erst) aufgrund ihrer Überzeugungskraft als Präjudizien für den zu entscheidenden Fall anerkannt werden. Mit der *persuasive authority* hingegen wird ein bestimmender Faktor der Präzedenzwirkung beschrieben. Ein schiedsrichterliches Pendant zum *persuasive precedent* ließe sich hier also lediglich bei Verwirklichung der höchsten Stufe der *persuasive authority* annehmen. Doch nicht nur beim Befolgen, auch in der Anwendung einer früheren Entscheidung zeigt sich deren *persuasive authority.*

Zudem mag es dem Begriff der *persuasive authority* besser gelingen, eine Brücke zwischen *Common Law* und vornehmlich kodifiziertem Recht zu bauen, die beide insbesondere die internationale Handelsschiedsgerichtsbarkeit prägen.[356] Denn in beiden Rechtskreisen ist anerkannt, dass eine überzeugende Argumentation eines Gerichts übernommen werden kann, wenn sie auf den zu entscheidenden Sachverhalt übertragbar ist.[357] Demzufolge ist insbesondere die Autorität des Überzeugens in den Vordergrund zu stellen, denn zur Entscheidung berufene Schiedsrichter folgen einer früheren Entscheidung bzw. wenden sie zuvörderst an, weil sie jene für überzeugend halten.[358]

Auch soll dem Begriff der Autorität gegenüber dem des Befolgungsdrucks, der vor allem in der Literatur zur staatlichen Gerichtsbarkeit verwendet wird, der Vorzug gegeben werden.[359] Dieser Befolgungsdruck wird generell mit den beste-

---

nach hier vertretener Ansicht keine zwingende Voraussetzung zur Entstehung von Präzedenzwirkung dar, weil sie auf der Ebene der Intensität anzusiedeln ist.

355 Der „plastische Begriff" der *persuasive authority* soll deshalb auch gerade nicht mit einer etwaigen „faktische[n] Geltung" von Schiedssprüchen gleichgesetzt werden. So aber Duve/Keller, SchiedsVZ 2005, 169, 171.

356 Strong, Am. Rev. Int. Arb. 20 (2009), 119, 156.

357 Dazu bereits ausführlich unter Kapitel 1, I. Ferner Glenn, MLJ 32 (1987), 261, 263 („Use of persuasive authority is not necessarily incompatible with the concept of binding law.").

358 Vgl. Klöckner, Grenzüberschreitende Bindung, S. 161. Zu den verschiedenen Komponenten der *persuasive authority* bei gerichtlichen Entscheidungen s. Jacob, GLJ 12 (2011), 1005, 1016: „[T]he degree or weight of its authority depends on a plethora of factors, such as the hierarchical rank of the court, whether the prior decision was made by a full bench or not, the reputation of that court, the precedent's age, the soundness of the reasoning employed, the presence or absence of dissent, its reception by the larger epistemic community, changes in social and legal reality, and more." Ferner Peczenik, in: Interpreting Precedents, S. 475, 477. Dass die Autorität einer Entscheidung noch auf anderen Faktoren beruhen kann, soll freilich nicht bestritten werden. Soweit ihnen in der internationalen Schiedsgerichtsbarkeit Gewicht zukommt, werden sie in diesem Abschnitt erörtert.

359 Schroeder nimmt jedoch einen – wenngleich minimalen – informellen Befolgungsdruck in der internationalen Schiedsgerichtsbarkeit an, vgl. Schroeder, Lex mercatoria arbitralis, S. 97.

henden Gerichtshierarchien in Verbindung gebracht. Solche sind den untersuchten Schiedsgerichtsbarkeiten aber fremd.[360] Im Zentrum des Interesses steht hier deshalb die *persuasive authority*, die im Gegensatz zu einem etwaigen Befolgungsdruck gerade aus der von einem Spruchkörper gegebenen Entscheidungsbegründung resultiert.[361] Der Begriff der Autorität vermag insofern klarer auszudrücken, dass es die Wirkung ist, die von der Entscheidung ausgeht und von späteren Schiedsgerichten in ihrer graduellen Ausprägung beeinflusst wird, die die Präzedenz*wirkung* ausmacht.

Dabei kann nicht nur die Argumentation der Entscheidungsbegründung überzeugen, auch die Persönlichkeit des Schiedsrichters kann *auctoritas*, eben Ansehen und Einfluss, haben.[362] Während die *persuasive authority* im Allgemeinen auf der Begründung, und nur im Ausnahmefall auf dem Spruchkörper fußt,[363] wird sich auch letzteres regelmäßig in einer für überzeugend gehaltenen Entscheidungsbegründung manifestieren.[364]

Dass Entscheidungen staatlicher Gerichte gleichermaßen vor Schiedsgerichten behandelt werden und so ebenfalls *persuasive authority* besitzen können, steht außer Frage. Auch bei Bezugnahmen auf staatliche Entscheidungen wollen Par-

360 Schreuer/Weiniger, in: Oxford Handbook, S. 1188, 1196: „[T]here is no doctrine of hierarchy whereby certain courts are obliged to defer to judgments rendered by higher courts. Instead, individual tribunal decisions have persuasive force and compel the respectful attention of tribunals confronted with similar cases."

361 In diesem Kontext ist hervorzuheben, dass abweichende Voten (*dissenting opinions*) von Mitgliedern eines Schiedsgerichts die *persuasive authority* eines Schiedsspruchs schmälern können.

362 S. *Eureko B.V. v. Poland*, Ad hoc, Partial Award, Rn. 257: „This tribunal finds the foregoing analysis of the Tribunal in SGS v. Philippines, a Tribunal which had among its distinguished members Professor Crawford, cogent and convincing. While having the greatest respect for the distinguished members of the Tribunal in SGS v. Pakistan, it is constrained to say that it finds its analysis of the umbrella clause les convincing." Vgl. auch Klöckner, Grenzüberschreitende Bindung, S. 166; Schroeder, Lex mercatoria arbitralis, S. 87.

363 Ob daraus zwingend folgt, dass eine bestehende Veranlagung zur *persuasive authority* von nachfolgenden Schiedsgerichten ausgehoben wird, sei dahingestellt. Dagegen Larroumet, der einzig in höchstrichterlichen Entscheidungen ein solches Potential erkennt, bei anderen richterlichen und schiedsrichterlichen Entscheidungen jedoch davon ausgeht, dass erst eine Vielzahl gleichgelagerter Entscheidungsbegründungen Autorität entfalten könne, s. Larroumet, Gaz. Pal. 348 (2006), 5.

364 Im Rahmen dieser Untersuchung müssen die Gründe der Bezugnahmen aus den einzelnen Entscheidungsbegründungen herausgelesen werden. Damit geht einher, dass solche Gründe für eine Bezugnahme, die nicht auf der jeweiligen Argumentation basieren, in der Regel nicht berücksichtigt werden können. Dazu gehören etwa psychologische Aspekte (ungeachtet der Frage, ob die Bezugnahme auf eine Entscheidung, dessen Spruchkörper *persuasive authority* hat, psychologisch motiviert ist). Zu diesen Lando, in: FS Zweigert, S. 157, 159.

teien und Parteivertreter den Schiedsgerichten Lösungen aufzeigen, die andere anerkannte Spruchkörper vor ihnen gefunden haben.[365] Dabei kommt Entscheidungen aus Jurisdiktionen, deren Recht im Schiedsverfahren anzuwenden ist, eine besondere Autorität zu.[366] Wird also die Autorität anderer Entscheidungsorgane in das Verfahren eingebracht, kann dies auch ein Beispiel dafür sein, dass der generellen Autorität eines Spruchkörpers eine größere Überzeugungskraft zukommt als der eigentlichen Argumentation. Zumeist wird jedoch die Anwendung eines bestimmten nationalen Rechts die besondere Autorität vermitteln.

Ungleich wichtiger als die Überzeugung der Parteien ist freilich die Überzeugung des Schiedsgerichts. Denn die Parteien werden regelmäßig nur die *für sie* günstigen Entscheidungen und Entscheidungsergebnisse sammeln und vortragen. Auch werden ihre Bezugnahmen auf frühere Entscheidungen häufig nicht publik gemacht. Demgegenüber kann ein Schiedsgericht seine Überzeugung in seiner Entscheidung darlegen und damit wiederum anderen Schiedsgerichten ermöglichen, sich auf diese – ggf. erweiterte – Argumentation zu stützen.

Ganz gleich, ob es nun um die Autorität des Spruchkörpers oder der Argumentation geht, das Ausmaß der *persuasive authority* wird nicht allein durch die frühere Entscheidung bestimmt. *Jacquet* zieht deshalb den Begriff der „acceptabilité" dem der Autorität vor.[367] Mit diesem werde deutlich, dass die Rezeption einer Entscheidung für die Bezugnahme auf diese entscheidend sei.[368] Von einem strengen Präjudiziensystem ausgehend erkennt man in der Tat eine Verschiebung: Liegt bei einem solchen der Schwerpunkt auf dem Präjudiz, so liegt dieser hier auf der Entscheidung, welche die frühere Entscheidung anerkennt und aufnimmt. Spätere Entscheidungen prägen den Grad an Präzedenzwirkung der zitierten Entscheidung u. a. durch ihre Rezeption, die sich zuvörderst in der Art ihrer Bezugnahme offenbart. Insofern überzeugt der Ansatz *Jaquets*, die Rezeption stärker hervorheben zu wollen. Sie sollte jedoch nicht allein im Vordergrund stehen, denn mit der „acceptabilité" droht die Überzeugungskraft einer Entscheidungsbegründung mit der Berücksichtigung in einer späteren Entscheidung vermengt zu werden. Tatsächlich geht die Überzeugung aber einer mit der Bezugnahme deutlich gemachten Anerkennung voraus. Deshalb ist die *persuasive authority* nach hier vertretener Auffassung als eigenständiger Faktor zu ergründen – freilich ohne die engen Zusammenhänge zwischen den einzelnen Faktoren außer Acht zu lassen.

---

365 Park, J. Int. Disp. S. 1 (2010), 25, 49; Strong, Am. Rev. Int. Arb. 20 (2009), 119, 146 f.

366 Dazu Strong, Am. Rev. Int. Arb. 20 (2009), 119, 146 f.

367 Jacquet, Rev. Arb. 2010, 445, 456 f.

368 Jacquet, Rev. Arb. 2010, 445, 457.

Man könnte nun dennoch mit *Cheng* und *Trisotto* geneigt sein, Schiedsgerichten die Fähigkeit zuzusprechen, früheren Entscheidungen konstitutiv Autorität zu verleihen.[369] Doch wird das Zusammenspiel der Schiedsgerichte und ihrer Entscheidungen im Hinblick auf die *persuasive authority* dadurch nur teilweise charakterisiert. Präziser wird sie unter Betonung ihres reflexiven Charakters beschrieben: Reflexiv ist die *persuasive authority* einerseits, weil sich die Anzahl der Bezugnahmen erhöht, je höher die Autorität der Entscheidung eingestuft wird, und andererseits, weil die Autorität der Entscheidung umso höher einzustufen ist, je mehr Bezugnahmen erfolgen.[370] Pointiert beschreibt *Klöckner* das Phänomen der durch die zunehmende Anzahl an Zitationen steigenden Autorität im Hinblick auf staatliche Gerichtsentscheidungen:

> „Geht man davon aus, dass sich der Präzedenzfall in der Folge – gleichsam mit der Autorität der ihm folgenden Anwendungsakte angereichert – zu einer ‚einheitlichen Auslegungspraxis‘ entwickelt, besitzt eine solche größeres Gewicht als alle einzelnen Fälle für sich genommen.“[371]

Diese auf staatliche Gerichtsentscheidungen im Kontext der Frage einer grenzüberschreitenden Bindung an Präjudizien getroffene Aussage lässt sich auf die Spruchpraxis internationaler Schiedsgerichte übertragen. Denn auch hier gewinnt die Rechtsprechung an Autorität, je gefestigter sie ist. Eine konsistente Rechtsprechung gar im Sinne einer *jurisprudence constante* hat auch hier eine ungleich größere Autorität als eine einzelne, stets der erhöhten Gefahr einer Rechtsprechungsänderung ausgesetzte Entscheidung.

Darüber hinaus zeigt sich der reflexive Charakter hinsichtlich der Autorität des Spruchkörpers noch auf einer weiteren Ebene: Die Autorität des Spruchkörpers der früheren Entscheidung wird schließlich nicht nur durch den Umgang nachfolgender Schiedsrichter mit seiner Entscheidung beeinflusst. Vielmehr stärken die Schiedsrichter der aktuellen Entscheidung ihre eigene Autorität durch

---

369 Cheng/Trisotto, Suff. Trans. L. Rev. 32 (2009), 409, 424: „In the longer term, parties and tribunals in future investment disputes will have to decide whether they are persuaded by the award's reasoning and whether to apply the award's conclusions of law to their disputes. If many tribunals eventually follow the award, they could collectively imbue it with constitutive authority. [...] The threshold for sufficiency of reasoning when deciding whether to accept a prior award as persuasive authority should be high.“

370 Vgl. Lubans Ausführungen zum „reflexive character“ von Autorität, Luban, Geo. L. J. 83 (1995), 2619, 2625.

371 Klöckner, Grenzüberschreitende Bindung, S. 165f.

den Umgang mit der früheren Entscheidung.[372] Dies gilt umso mehr bei Zitationen sehr bekannter Schiedssprüche.

Im Zusammenspiel mit den anderen Einfluss-Faktoren der Präzedenzwirkung, kommt der *persuasive authority* eine besondere Bedeutung zu.[373] Allein das Vorliegen einer Begründung kann nicht genügen, überzeugt eine solche schließlich nicht ohne Weiteres andere Schiedsgerichte.[374] Gerade auf den Moment des Überzeugens kommt es aber mangels Hierarchien sowie formell verliehener Autorität an. Sie resultiert somit eben daraus, dass eine Entscheidung überzeugen kann und angewendet oder sogar befolgt wird. Mit *Gélinas* lässt sich daher festhalten:

> „[A] decision becomes a leading case not because of some power formally granted to the arbitrators or status conferred on their awards, but by virtue of the authority, now laid bare, wielded by their reasoning. Decisions made in such context, in other words, make law not *ratione imperii*, but *imperio rationis.*“[375]

4. Anzahl früherer Bezugnahmen

Die Häufigkeit früherer Bezugnahmen ist für die faktische Präzedenzwirkung ebenfalls von Bedeutung. Greifen etwa viele Schiedsgerichte auf eine Entscheidung zurück, um eine dort statuierte Regel anzuwenden, erreicht sie ein besonders hohes Maß an faktischer Präzedenzwirkung. Eine große Anzahl an Zitationen reicht jedoch allein nicht aus, um eine derartige Präzedenzwirkung bejahen zu können. Erst im Zusammenspiel mit bestimmten Arten von Bezugnahmen kann sich die Häufigkeit der Zitationen erkennbar auf den Grad der Präzedenzwirkung auswirken. Wie bereits angedeutet, ist die Präzedenzwirkung bei einer Reihe an Bezugnahmen und insbesondere bei einer konstanten Rechtsprechungslinie

---

372 Bjorklund, in: International Economic Law, S. 265, 277: „Arbitrators understandably guard their right to depart from previous decisions if they are demonstrably wrong, but a tribunal enhances its credibility by recognising a case and, if it disagrees with the reasoning, explaining its disagreement, or distinguishing the case from the matter at hand. This process is essential, especially for international adjudicators, whose authority derives from convincing their constituencies that their decisions are correct, rather than on the enforcement power of the state.“

373 Schroeder bezeichnet sie als wichtigsten Faktor für die Präzedenzwirkung von Schiedssprüchen, s. Schroeder, Lex mercatoria arbitralis, S. 87. Strong weist gleichermaßen darauf hin, dass die Bedeutung dieses Kriteriums nicht unterschätzt werden solle, vgl. Strong, Am. Rev. Int. Arb. 20 (2009), 119, 143.

374 Cheng/Trisotto, Suff. Trans. L. Rev. 32 (2009), 409, 414.

375 Gélinas, in: Sustainable Development, S. 577, 583.

grundsätzlich stärker ausgeprägt als bei Vorliegen nur einer früheren Entscheidung.

5. Weitere Faktoren

Als weiterer Faktor kann die Kohärenz der Rechtsprechung benannt werden. Während eine starke Präzedenzwirkung einerseits die Kohärenz der Spruchpraxis begünstigt, kann andererseits ein Schiedsgericht dazu verleitet sein, einer Reihe von Entscheidungen gerade aus Gründen der Kohärenzwahrung zu folgen. Das Schiedsgericht entscheidet dann in dem Bewusstsein, mit seiner Entscheidung einen Beitrag zu einer Rechtsprechung zu leisten, welche nicht nur bei den Parteien Beachtung findet.[376] Da sich dies für gewöhnlich mit Aspekten der *persuasive authority* deckt,[377] wird die Kohärenz hier nur als ergänzender Faktor angeführt.

Es stellt sich darüber hinaus die Frage, ob auch ein spruchkörperbezogenes Element Auswirkung auf die faktische Präzedenzwirkung hat. *Commission* fordert ein „esprit de corps"[378] sogar als Voraussetzung der Präzedenzwirkung. Da es jedoch weniger um ein Gemeinschaftsgefühl innerhalb der *arbitration community* als um das Bewusstsein und den Willen von Schiedsrichtern geht, einer kohärenten und vorhersehbaren Rechtsprechung zumindest nicht im Wege zu stehen, wird ein etwaiger *esprit de corps* kaum als bestimmender Faktor für die Präzedenzwirkung anzusehen sein. Eher ließe sich aus der geringen Anzahl an Schiedsrichtern auf dem internationalen Parkett und dem daraus folgenden vielfachen Einsatz von Schiedsrichtern ein Einfluss auf die Präzedenzwirkung ableiten.[379] Denn die mehrfache Benennung als Schiedsrichter begünstigt nicht die Bezugnahme, sondern vielmehr die Zitation der eigenen früheren Entscheidung.[380] Dadurch wird nicht nur die Präzedenzwirkung erhöht, derartige wort-

---

376 Stein, Lex Mercatoria, S. 170.

377 S.o. Kapitel 2, II., 3.

378 Commission, J. Int. Arb. 24 (2007), 129, 136.

379 S. die Übersichten der am häufigsten bestellten Schiedsrichter bei Commission, J. Int. Arb. 24 (2007), 129, 139 f.

380 S. nur die von der Schiedsrichterin Kaufmann-Kohler wiederholt verwendete Formulierung in den Entscheidungen *Duke Energy Electroquil Partners and Electroquil S.A. v. Republic of Ecuador*, ICSID ARB/04/19, Award, Rn. 117; *Bayindir Insaat Turizm Ticaret Ve Sanayi A.S. v. Islamic Republic of Pakistan*, ICSID ARB/03/29, Award, Rn. 145; *Saipem S.p.A. v. People's Republic of Bangladesh*, ICSID ARB/05/7, Decision on Jurisdiction and Recommendation on Provisional Measures, Rn. 67; mit einem sehr ähnlichen Wortlaut in *Noble Energy Inc. and MachalaPower Cía. Ltd. v. Republic of Ecuador and Consejo Nacional de Electricidad*, ICSID ARB/05/12, Decision on Jurisdiction, Rn. 50, sowie in leichter Abwandlung in *Government of the Province of East*

wörtliche Übereinstimmungen bedeuten freilich auch in höchstem Maße konsistente Entscheidungen.

III. Analyse der faktischen Präzedenzwirkung: Methodik

1. Art der Bezugnahme (Grad der Präzedenzwirkung)

Liegen die Voraussetzungen der Präzedenzwirkung vor, ist der Grad an Präzedenzwirkung zu bestimmen, um zu qualitativen Aussagen zu gelangen. Die methodische Vorgehensweise bei der Ermittlung des konkreten Ausmaßes der Präzedenzwirkung wird dabei von der Erkenntnis geleitet, dass die Art der Bezugnahme die bestimmenden Faktoren umfasst. So gibt die Art der Bezugnahme Aufschluss über die konkrete Ausprägung der faktischen Präzedenzwirkung einer zitierten Entscheidung im Kontext der zitierenden Entscheidung. Die beschriebenen Faktoren beeinflussen den konkreten Grad an Präzedenzwirkung, und zwar in der Art und Weise, wie sie sich auf die Art der Bezugnahme auswirken. Folglich kann die Intensität der Präzedenzwirkung an der jeweiligen Art der Bezugnahme gemessen werden. Es gilt daher, die verschiedenen Zitationstypen zu unterscheiden, wie es der nächste Abschnitt unternimmt.

2. Typologie der Bezugnahme

Die überaus große Anzahl an Entscheidungszitaten hat bis dato nur wenige Autoren dazu gebracht, sich mit den möglichen Gründen für derartige Zitationen auseinandersetzen. Zunächst hat sich *Commission* dieser Frage angenommen und vier Umgangsformen mit Präzedenzfällen in der ICSID-Rechtsprechung differenziert.[381] Die erste bestehe darin, dass sich das Schiedsgericht explizit auf „cases“ oder „precedents“ stütze, bei der zweiten füge das Schiedsgericht seiner Prüfung einen Abschnitt an, in welchem die Übereinstimmung mit früheren Schiedssprüchen aufgezeigt wird. Darüber hinaus gebe es drittens Schiedsge-

---

Kalimantan v. PT Kaltim Prima Coal and others, ICSID ARB/07/3, Award on Jurisdiction, Rn. 160. Kritisch hinterfragt Dessemontet den Wert solcher Selbstzitate: „[U]n arbitre, qui rédige ou souscrit une sentence peut-il sans sourire se citer soi-même, par exemple à l'appui d'une règle de droit, ou pour montrer que la solution d'une sentence se rapproche – oh miracle! – de la solution d'une autre sentence à laquelle il avait également collaboré?“ S. Dessemontet, in: Figures juridiques, S. 61.

381 Commission, J. Int. Arb. 24 (2007), 129, 145 ff.

richte, die ihre Bezugnahme auf frühere Entscheidungen in der Argumentation oder viertens solche, die dies in einem eigenen, der Bedeutung früherer Schiedssprüche gewidmeten Abschnitt thematisieren. In seiner ausschließlich quantitativen Untersuchung berücksichtigt *Commission* die herausgearbeiteten unterschiedlichen Umgangsformen jedoch nicht weiter, so dass die qualitativen Unterschiede bei ihm nicht zum Vorschein kommen.

Auch *Sureda* hat vier Arten der Bezugnahmen auf frühere Entscheidungen ausgemacht.[382] Neben der Berücksichtigung von Schiedssprüchen, der Distanzierung von einer früheren Entscheidung sowie dem Versuch, methodologisch die Heranziehung von Präjudizien zu begründen, benennt er auch den Fall, dass sich ein Schiedsgericht an eine frühere Entscheidung gebunden fühle.[383]

Während die Kategorisierung von *Commission* den Fokus darauf richtet, wie sich Schiedsgerichte zu ihrer Zitationspraxis verhalten,[384] steht für *Sureda* der Verwendungszeck des Zitats im Zentrum. Letzteres ist die überzeugendere Vorgehensweise, wenn ermittelt werden soll, aus welchem Grund ein Schiedsgericht eine Entscheidung eines anderen Schiedsgerichts heranzieht. Da außerdem nicht jede Bezugnahme gleichermaßen Präzedenzwirkung erzeugt, ist bei jedem Verweis auf eine frühere Entscheidung zu prüfen, weshalb die Bezugnahme erfolgt. Dies ermöglicht es, diversen Arten von Bezugnahmen unterschiedliche Grade an Präzedenzwirkung zuzuordnen.

Berücksichtigt man diese beiden Aspekte, so lassen sich drei Kategorien von Bezugnahmen typologisieren.

a) Befolgen

Die erste umfasst Fälle, in denen Schiedsgerichte einer früheren Entscheidung folgen. In Anlehnung an das *Common Law* kann die Kategorie des Befolgens mit Blick auf die zitierte Entscheidung als Ausdruck relativer Autorität[385] begriffen werden. Bei der zitierten Entscheidung handelt es sich zwar nicht um ein *authoritative precedent*. Trotz des Fehlens einer *stare decisis*-Doktrin sowie verbindlicher Präjudizien im Sinne der *binding precedents* des *Common Law* muss

---

382 Sureda, in: International Investment Law for the 21st century, S. 830, 835 ff.

383 Sureda, in: International Investment Law for the 21st century, S. 830, 836 ff.

384 Schill stellt verschiedene Funktionen von Präjudizien in den Vordergrund, wobei er nicht zwischen schiedsgerichtlichen Herangehensweisen (bspw. analogizing with earlier decisions) und Zitationszwecken (bspw. abbreviation of reasoning) differenziert, s. Schill, Multilateralization of international investment law, S. 324 ff.

385 Vgl. den für Gerichtsentscheidungen geprägten Begriff von Klöckner, Grenzüberschreitende Bindung, S. 162.

aber eine gewisse Autorität anerkannt werden, die als relative Autorität bezeichnet werden kann.

Dabei lassen sich drei Fälle relativer Autorität von Präjudizien oder „soft precedents“[386] unterscheiden: (a) Zunächst geht es um Fälle, in denen eine Entscheidung ausdrücklich als Autorität befolgt wird. So verweist das Schiedsgericht der Streitsache ICC 8385/1995 explizit auf die Autorität einer früheren Entscheidung:

> „Il convient de rappeler le précédent remarquable et faisant autorité que représente la décision prise par un groupe d'arbitres distingués (les Professeurs Sanders, Goldman et Vasseur) dans l'affaire Dow Chemical vs. Isover Saint Gobain, Affaire CCI n° 4131 (1982).“[387]

Das Befolgen einer Autorität bedeutet hier, dass ein Schiedsgericht in gleicher Weise entscheidet, weil es sich erklärtermaßen dahingehend verpflichtet fühlt. Aus der Rechtsprechung zum Investitionsbegriff lässt sich beispielhaft die Entscheidung im Verfahren *Saipem v. Bangladesh* heranführen, aus der zugleich hervorgeht, dass sich das Schiedsgericht darüber im Klaren ist, *rechtlich* nicht an die frühere Entscheidung *gebunden* zu sein:

> „The Tribunal considers that it is not bound by previous decisions. At the same time, it is of the opinion that it must pay due consideration to earlier decisions of international tribunals. It believes that, subject to compelling contrary grounds, it has a duty to adopt solutions established in a series of consistent cases.“[388]

(b) Eine andere Konstellation zeigt sich in Fällen, in denen mit dem Entscheidungszitat die Argumentation jener Entscheidung übernommen wird. Das Schiedsgericht führt lediglich aus, dass der vorliegende Sachverhalt demjenigen entspreche, über den ein anderes Schiedsgericht zu entscheiden hatte und dass es den – oftmals wörtlich wiedergegebenen – Ausführungen dieses Schiedsgerichts zustimmt. Eine etwaige eigene Argumentation des Schiedsgerichts kommt so nicht zum Vorschein, vielmehr muss davon ausgegangen werden, dass sich das betreffende Schiedsgericht diese mit dem Hinweis auf die Argumentation des anderen Schiedsgerichts erspart hat. Aus der Rechtsprechung zum Investitionsbegriff lässt sich dem Schiedsspruch zu *Ioannis Kardassopoulos v. Georgia* entnehmen:

---

386 Gill, TDM (2005), 12, 14.

387 ICC 8385/1995, Clunet 1997, 1061, 1068.

388 *Saipem S.p.A. v. People's Republic of Bangladesh*, ICSID ARB/05/7, Decision on Jurisdiction and Recommendation on Provisional Measures, Rn. 67.

„The tribunal in the ICSID case of *Siemens A.G. v. Argentina* was faced with a similar situation. That tribunal reasoned as follows: [...]. The Tribunal agrees. The Tribunal is of the view that, in the present case, the indirect ownership of shares by Claimant constitutes an ‚investment' under the BIT and the ECT."[389]

(c) Schließlich sind noch die Fälle relativer Autorität zu nennen, in denen eine Entscheidung unter Zustimmung zitiert wird, um ein gewisses Maß an Konsistenz in den Entscheidungen gleicher Fragen zu erreichen oder nicht zu gefährden.[390] Das Ziel der Konsistenz erlangt in der Rechtsprechung einen solchen Stellenwert, dass die Bezugnahme auf die frühere Entscheidung einem Befolgen gleichkommt. Dabei wird teilweise ein Abweichen lediglich bei Vorliegen besonderer Umstände erwogen bzw. in Ermangelung solcher Gründe die frühere Lösung befolgt, wie etwa im ICC-Verfahren 8420/1996:

„This is what was decided in the ICC arbitration case. nr. 6140 of 31 March 1989. [...] This arbitrator does not see any grounds for departing from the solution adopted in the ICC case nr. 6140."[391]

Ein Bestreben nach einer konsistenten Rechtsprechung zeigt der bereits erwähnte Schiedsspruch in der Sache *Saipem v. Bangladesh.*[392] In der Aufhebungsentscheidung *MTD v. Chile* ist überdies die Tendenz erkennbar, dass das Schiedsgericht ohne die zitierten Entscheidungen anders entschieden hätte:

„This result might be thought anomalous. However, in the interest of consistency of ICSID jurisprudence and in the circumstances of the present case, the Committee proposes to follow the existing practice. It does so noting that this practice is not without flexibility and admits of exception."[393]

---

389 *Ioannis Kardassopoulos v. Georgia*, ICSID ARB/05/18, Decision on Jurisdiction, Rn. 123 f.

390 Von einem „[h]igher concern for consistency" spricht Sureda, in: International Investment Law for the 21st century, S. 830, 836. Vgl. auch *Azurix Corp. v. The Republic of Argentina*, ICSID ARB/01/12, Decision on the Application for Annulment, Rn. 375: „Whilst the Committee is mindful of the high importance of maintaining consistency in the ICSID jurisprudence, the Committee does not consider that an approach that it sees as wrong in principle should continue to be followed, merely for the sake of consistency with precedent."

391 ICC 8420/1996, Y.B. Comm. Arb. XXV (2000), 328, Rn. 30 f.

392 *Saipem S.p.A. v. People's Republic of Bangladesh*, ICSID ARB/05/7, Decision on Jurisdiction and Recommendation on Provisional Measures, Rn. 67.

393 *MTD Equity Sdn. Bhd. and MTD Chile S.A. v. Republic of Chile*, ICSID ARB/01/7, Decision on Annulment, Rn. 111.

b) Anwenden

Bei der zweiten Kategorie wird eine frühere Entscheidung nicht dezidiert befolgt. Stattdessen bringt das Schiedsgericht diese vielmehr zur Anwendung, indem es sich mit der zitierten Entscheidung inhaltlich auseinandersetzt und für die neue Entscheidung fruchtbar macht. Auch diese Kategorie kennt verschiedene Unterkategorien:

(a) So kann das Schiedsgericht bestrebt sein, der eigenen Argumentation mehr Gewicht zu verleihen. Durch das Zitat soll sich die Autorität früherer Entscheidungen auf die eigenen Ausführungen auswirken. Die implizite Anerkennung der Autorität der früheren Entscheidung wird in diesem Falle genutzt, um der eigenen Entscheidung Autorität zu verleihen. So fügt das Schiedsgericht in der Streitsache *Azurix v. Argentina* nach durchgeführter Argumentation hinzu: „Subsequent ICSID case law has affirmed these propositions."[394]

Auf ähnliche Weise formuliert das Schiedsgericht des Verfahrens ICC 10623/2001:

> „This finding is not unprecedented in international arbitration. An example of a case where an international arbitral tribunal declined to defer to the courts of the seat in a comparable situation can be found in ICC arbitration No. 7934/CK. [...] We consider that the tribunal's ruling was sound and we have reached a similar conclusion in the present case."[395]

Darüber hinaus kann ein Schiedsgericht frühere Entscheidungen einfach zustimmend anführen, wie etwa in *CMS v. Argentina*. Das Schiedsgericht erklärt hier: „This Tribunal shares the views expressed in those precedents."[396]

(b) Eine frühere Entscheidung anwenden bedeutet auch, sie vergleichend heranzuziehen – selbst wenn die Tatsachengrundlage dann für nicht vergleichbar gehalten wird. Denn die dortige Argumentation und die gefundenen Ergebnisse werden nicht *per se* abgelehnt, das Schiedsgericht geht eher ähnlich dem *Distinguishing* des *Common Law* vor. In *Joy Mining v. Egypt* grenzt das Schiedsgericht den zu entscheidenden Fall von der „vielzitierten" *Fedax*-Entscheidung ab:

> „Even the much cited *Fedax* case is to be distinguished from the present one although it admitted that financial contributions made in the form of promissory notes did qualify

---

394 *Azurix Corp. v. The Republic of Argentina*, ICSID ARB/01/12, Decision on the Application for Annulment, Rn. 212.

395 ICC 10623/2001, ASA Bulletin 2003, 82, Rn. 175.

396 *CMS Gas Transmission v. The Republic of Argentina*, ICSID ARB/01/8, Decision of the Tribunal on Objections to Jurisdiction, Rn. 76.

> as an investment. [...] The situation in this case is clearly not of the same nature. [...] which is a situation exactly opposite to that in *Fedax.*"[397]

In einem vergleichbaren Vorgehen unterscheidet das ICC-Schiedsgericht in ICC 10818/2001 den ihm vorliegenden von dem zitierten Fall:

> „The facts of the present case are apparently different. The two Respondents have not acted in such a way that they could have been regarded by [Claimant] as interchangeable. Either played a distinct role. [...] Therefore, as opposed to the ‚Dow Chemical' case, the parties did not intend to sign a contract with a group as a whole or with several subsidiaries of a group."[398]

(c) Ferner kann eine frühere Entscheidung einem Schiedsgericht lediglich als Ausgangspunkt für eigene Überlegungen dienen. Mithin ist die Art der Bezugnahme eine neutrale – sie verrät weder Zustimmung noch Ablehnung der zitierten Entscheidung.

Exemplarisch sei hier der Schiedsspruch in *Malaysian Historical Salvors v. Malaysia* genannt, in welchem der Schiedsrichter zuerst lehrbuchartig die Rechtsprechung der ICSID-Schiedsgerichte zum Investitionsbegriff darstellt,[399] bevor er die Entscheidungen seinen Kategorien entsprechend zuordnet (*Jurisdictional Approach* und *Typical Characteristics Approach*).

(d) In anderen Fällen hingegen wird eine Entscheidung zitiert, von deren Inhalt bzw. Argumentation sich das Schiedsgericht ausdrücklich distanzieren möchte. Das Schiedsgericht lehnt hier also explizit eine Entscheidungsbegründung ab. Damit geht einher, dass sich das Schiedsgericht ebenso mit der früheren Entscheidung auseinandersetzt, was dieser trotz Ablehnung ein gewisses Maß an Präzedenzwirkung zukommen lässt.

Eine starke Formulierung der Ablehnung gegenüber Ausführungen des Schiedsgerichts in *SGS v. Pakistan* findet sich in der Entscheidung des Verfahrens *SGS v. Philippines:* „Not only are the reasons given by the Tribunal in SGS v. Pakistan unconvincing [...]."[400]

Von nicht geringerer Schärfe ist die Äußerung des Schiedsgerichts in ICC 7910/1996: „As far as the partial award of 20 January, 1983 in the ICC case 3790 is

397 *Joy Mining Machinery Limited v. Arab Republic of Egypt*, ICSID ARB/03/11, Award on Jurisdiction, Rn. 60f.
398 ICC 10818/2001, ICC Bull. Vol. 16/2 (2005), 94.
399 *Malaysian Historical Salvors, SDN, BHD v. Malaysia*, ICSID ARB/05/10, Award on Jurisdiction, Rn. 48ff.
400 *SGS Société Générale de Surveillance S.A. v. Republic of the Philippines*, ICSID ARB/02/6, Decision of the Tribunal on Objections to Jurisdiction, Rn. 125.

concerned, the Arbitral Tribunal cannot share the line of reasoning underlying it."[401]

Ein Anwenden kennt also verschiedene Abstufungen, von denen das Untermauern der eigenen Argumentation mit der früheren Entscheidung das höchste Maß an Präzedenzwirkung aufweist. Auf ein *Distinguishing* sowie die Bezugnahme auf eine Entscheidung als Ausgangspunkt eigener Erwägungen folgt dann mit der schwächsten Präzedenzwirkung das Ablehnen einer Argumentation oder Lösung eines früheren Schiedsgerichts.

c) Erwähnen

In die letzte Kategorie fallen schließlich vornehmlich Entscheidungszitate, die von den Parteien vorgebracht wurden und vom Schiedsgericht lediglich als Parteivorbringen im Schiedsspruch erwähnt werden. Eine weitere Auseinandersetzung mit diesen Entscheidungen ist bei diesen Bezugnahmen nicht erkennbar.

d) Ignorieren?

Für Fälle, in denen das Schiedsgericht eine breit diskutierte, thematisch einschlägige Entscheidung nicht berücksichtigt, könnte eine eigene Kategorie vorgesehen werden. Sie sollen jedoch in der empirischen Untersuchung außer Betracht bleiben: Zum einen wäre eine bewusste Nichtberücksichtigung nicht ohne Weiteres anzunehmen, zum anderen lässt sich das Nicht-Zitat in der Zitationsanalyse schlichtweg nicht erfassen.

3. Mögliche Verzerrungen einer empirischen Vorgehensweise

Das Phänomen der faktischen Präzedenzwirkung soll anhand dieser Typologisierung plastisch werden. Wie bei jeder empirischen Untersuchung dieser Art besteht freilich auch hier die Schwierigkeit, dass sich etwaige „Fehler" des Untersuchungsgegenstands auf die Auswertung übertragen. Schiedsgerichte können etwa in bestimmten Formulierungen zu verschleiern versuchen, dass sie einer früheren Entscheidung ablehnend gegenüberstehen, weil sie beispielsweise befürchten, dadurch einem Aufhebungsgrund den Boden zu bereiten.[402] Bei einer

401 ICC 7910/1996, ICC Bull. Vol. 9/2 (1998), 46 ff.

402 Frühere Entscheidungen gehören jedoch nicht zum anwendbaren Recht im Sinne des Art. 52 Abs. 1 WBÜ, sodass Schiedsgerichte allein mit Entscheidungszitaten grundsätzlich kein Risiko eingehen.

solchen Vorgehensweise muss in Kauf genommen werden, die vom Schiedsgericht angegebene – aber „falsche" – Art der Bezugnahme in die Datenerhebung und -auswertung einfließen zu lassen. Eine dahingehende Befragung der Schiedsrichter hätte demgegenüber keinen Mehrwert. Denn die nachfolgende Spruchpraxis wird sich ebenfalls an den veröffentlichten Entscheidungen orientieren und nicht an den nicht fixierten Gedanken einzelner Schiedsrichter.

Die ausgearbeitete Typologisierung hat gegenüber einer Kategorisierung nach positiven, neutralen und negativen Zitationen den Vorzug, dass sie im Hinblick auf die unterschiedlichen Grade an Präzedenzwirkung differenzierter ist. Allein unter den als neutral zu qualifizierenden Zitationen (*Distinguishing*, Ausgangspunkt und bloßes Parteivorbringen) zeigen sich deutliche Unterschiede in der konkreten Ausprägung der erzeugbaren Präzedenzwirkung. Während ein *Distinguishing* eine wirkliche Auseinandersetzung mit der früheren Entscheidung bedeutet, welche dieser ein gewisses Maß an Präzedenzwirkung verleiht, liegt diese klar über derjenigen einer Zitation, die bloß als Parteivorbringen erwähnt wird. Dies ist insbesondere dann der Fall, wenn das Schiedsgericht seine Zustimmung zu der Vorgehensweise der früheren Entscheidung erklärt und deutlich macht, dass es lediglich aufgrund eines wesentlichen Unterschieds zwischen beiden Fallkonstellationen eine andere Lösung wählt.

Aufgrund der ausgemachten besonderen Autorität ist es ferner vorzugswürdig, ein Befolgen als Sonderfall gegenüber den anderen positiven Zitationen zu betrachten und dessen Vorliegen in den empirischen Untersuchungen daher gesondert zu prüfen.

IV. Zusammenfassende Bewertung

Die Begründung und Veröffentlichung einer Entscheidung sowie die Bezugnahme auf diese durch eine spätere Entscheidung wurden als unabdingbare Voraussetzungen der faktischen Präzedenzwirkung herausgearbeitet.

Allein das Vorliegen der zwingenden Voraussetzungen zu untersuchen, ließe zwar quantitative Aussagen zu. Qualitative könnten jedoch kaum getroffen werden. Denn gibt es nicht *eine* Präzedenzwirkung, sondern verschiedene Grade an Präzedenzwirkung, so darf die Untersuchung nicht bei der Feststellung von Zitationen veröffentlichter Entscheidung(sbegründung)en stehen bleiben.

Die beschriebenen Faktoren beeinflussen den konkreten Grad an Präzedenzwirkung und finden Niederschlag in der Art der Bezugnahme, so dass die Ermittlung dieser eine Aussage über das Ausmaß der im konkreten Fall gegebenen faktischen Präzedenzwirkung erlaubt.

Die verschiedenen Faktoren stehen untereinander weder in einem hierarchischen Stufenverhältnis, noch ist bei ihnen grundsätzlich von einer gleichen Wirkung auszugehen. Zum einen können sie (Inter-)Dependenzen sowie Überschneidungen aufweisen, zum anderen ist ihre jeweilige Auswirkung auf das Ausmaß an Präzedenzwirkung von vornherein unterschiedlich. Das Zusammenspiel dieser Faktoren ließe sich am ehesten als multidimensionales Netz visualisieren, bei dem die Intensität der Präzedenzwirkung anhand der mit dem Aufleben einzelner Faktoren einhergehenden Verdichtung dargestellt würde. Aus diesem Netz unterschiedlicher Faktoren und der als Basis fungierenden unabdingbaren Voraussetzungen speist sich die faktische Präzedenzwirkung internationaler Schiedssprüche.

Kapitel 3: Rechtserzeugung durch internationale Schiedsgerichte

Zwei Fragen gilt es zu beantworten, wenn es um die Möglichkeit einer Rechtserzeugung durch internationale Schiedsgerichte geht: (1) Können und dürfen internationale Schiedsgerichte mehr erbringen als nur die Dienstleistung, einen Streit zu entscheiden? Und (2) inwieweit haben sie Anteil an der Erzeugung von Recht, das nicht autonomes Recht darstellt?

I. Kompetenzgrundlagen und Befugnisrahmen der privaten Streitschlichtung und Rechtserzeugung

Schiedsgerichte werden von den Parteien eingesetzt, um einen Streit zu schlichten. Da sie von den Parteien nicht oder zumindest nicht explizit damit beauftragt werden, Recht fortzubilden oder gänzlich neu zu schöpfen, läge es nahe, in der vertraglichen Mandatierung zugleich eine Beschränkung auf die Streitschlichtung *inter partes* zu sehen. Der Gedanke ist mit der häufig evozierten Legitimitätsproblematik[403] verwandt: Von den Parteien beauftragt, leite sich die Legitimität der schiedsrichterlichen Tätigkeit von diesen ab, wobei von jener Legitimität lediglich die Entscheidung des jeweiligen Streitfalles gedeckt sei.[404] Kann hier keine vertiefte Auseinandersetzung mit der Legitimitätsfrage erfolgen, so ist für diesen Kontext doch zumindest festzuhalten, dass die Entscheidung eines Einzelfalls durchaus die Fortbildung von Recht erforderlich machen kann, weshalb sich die Legitimität der Streitschlichtung in einem solchen Fall auch auf die Rechtsfortbildung erstreckt. Freilich steht es nicht in der Macht eines Schiedsgerichts, nachfolgende Schiedsgerichte zu binden. Damit eine Fortbildung des Rechts als Entwicklung des Rechts im weiteren Sinne angesehen werden kann, bedarf es der entsprechenden Rezeption der Entscheidung durch andere Schiedsgerichte, was nicht zuletzt aufgrund der faktischen Natur dieser Selbstbindung die Legitimitätsproblematik entschärft.

403 Bogdandy/Venzke, ZaöRV 2010, 1ff.; Franck, Fordham L. Rev. (2005), 1521ff.; Jarrosson, in: La procédure arbitrale, S. 263ff.; Stein, ZaöRV 2004, 563ff.; Tercier, Rev. Arb. 2011, 653ff.

404 Tercier, Rev. Arb. 2011, 653, 664, unterscheidet die interne bzw. relative Legitimität von der externen bzw. absoluten Legitimität und spricht Schiedsgerichten nur die erstere, parteibezogene, zu. Mit Blick auf die externe Legitimität stellt er die provokative Frage: „De quel droit trois petits nains auraient compétence pour intervenir dans les domaines les plus délicats du droit international?“

Die Pflicht, eine Entscheidung zu fällen, wird durch das Verbot flankiert, ein *non liquet* zu erklären.[405] Damit geht einher, dass ein Schiedsgericht wie ein staatliches Gericht ggf. Recht fortentwickeln muss und dass diese Aufgabe Teil seines Kompetenzbereichs ist.

Wenn Schiedsgerichte auf diese Weise an der Rechtserzeugung teilhaben, sind sie in erster Linie Streitschlichter. Ihre Streitschlichtung ist jedoch nicht auf die Wirkung *inter partes* beschränkt. Mit der Veröffentlichung von Entscheidungen werden sowohl Rechtsfortbildungen als auch die Auslegungen von Normen einem breiteren Adressatenkreis zugeführt. So werden Schiedssprüche nicht nur von den Parteien zur Kenntnis genommen. Parteien und Schiedsrichter späterer Verfahren können auf veröffentlichte Entscheidungen zurückgreifen und sich an den dort festgehaltenen Auslegungen und Rechtsfortbildungen orientieren. Vor allem in Bereichen, in denen die Schiedsgerichtsbarkeit die Praxis dominiert, können frühere Entscheidungen in die Argumentation miteinbezogen, Präzedenzwirkung erzeugt und fruchtbar gemacht werden.[406] Durch Bezugnahmen anderer Schiedsgerichte auf frühere Entscheidungen wird die Präzedenzwirkung erzeugt, die – insbesondere in der Investitionsschiedsgerichtsbarkeit – zu einer geradezu alltäglichen Entwicklung des Rechts führt.[407] Dies bedeutet zugleich, dass es Teil der schiedsrichterlichen Kompetenzen ist, mit dem Schiedsspruch quasi *en passant* ein Präjudiz zu schaffen. Um ihrer wahren Rolle gerecht zu werden, müssen Schiedsgerichte aufgrund der faktischen Präzedenzwirkung ihrer Entscheidungen auch als Akteure in einem globaleren Kontext wahrgenommen werden.

Im Einzelnen sind nun die genauen Grundlagen und Grenzen ihrer Befugnis zur Streitentscheidung und Rechtserzeugung zu untersuchen.[408] Anschließend

405 So verbietet etwa Art. 42 Abs. 2 WBÜ explizit ein *non liquet* („The Tribunal may not bring in a finding of *non liquet* on the ground of silence or obscurity of the law."). Zu der aus der vertraglichen Mandatierung des Schiedsrichters folgenden Pflicht einer Streitentscheidung s. Clay, L'arbitre, S. 593 f.

406 Carbonneau, Mich. J. Int. L. 25 (2004), 1183, 1205: „Even though an adjudicatory process is private in character, if it applies broadly in an area of activity, it eventually yields substantive results that have a systemic character. [...] The airing and molding of principles are necessary to the consistency and even-handedness (and, therefore, legitimacy) of the process. Where arbitration serves as the principle process of dispute resolution, arbitrators make law both inside and outside national legal systems."

407 Carbonneau, Mich. J. Int. L. 25 (2004), 1183, 1204: „[A]rbitrators make law in the matters in which they sit." Ferner Jacob, GLJ 12 (2011), 1005, 1014; Schill, GLJ 12 (2011), 1083, 1086. Kritisch Nariman, in: Liber Amicorum Böckstiegel, S. 555, 556.

408 Es stellt sich also weniger die Frage, ob sie überhaupt Recht schöpfen, als vielmehr, welche Kompetenzgrundlagen und -begrenzungen dafür einschlägig sind. In diesem Sinne auch Jacob, GLJ 12 (2011), 1005, 1031.

gilt es die möglichen Bereiche darzustellen, in welchen Schiedsgerichte ihren Beitrag zur Entwicklung des Rechts leisten können. Dabei wird sich zeigen, dass Schiedsgerichte je nach Normenkomplex eine unterschiedlich große Rolle spielen.

Ein zur Streitschlichtung angerufenes Schiedsgericht entscheidet nicht in einem „legal vacuum".[409] Die Ermächtigung, den Streitfall zu entscheiden, ist zugleich die maßgebliche Kompetenzgrundlage für das Schiedsgericht.[410] Es sind – auch in der Investitionsschiedsgerichtsbarkeit – primär die Parteien, die dem Schiedsgericht die Befugnis verleihen, die Streitentscheidung zu fällen.[411] Aus dem anwendbaren Recht können sich dabei zusätzliche Befugnisse ebenso wie Einschränkungen für das Schiedsgericht ergeben.[412] Kompetenzbegrenzungen finden sich sowohl im Gesetz als auch in der Ermächtigung selbst. Wird ein Schiedsverfahren unter dem Dach einer Schiedsinstitution oder *ad hoc* nach einer Schiedsordnung geführt, gelten ferner die schiedsgerichtlichen Kompetenznormen entsprechend der jeweiligen Schiedsordnung.[413] Einem ersten Überblick hierüber folgt eine Darstellung der für die internationale Handelsschiedsgerichtsbarkeit sowie daran anschließend für die Investitionsschiedsgerichtsbarkeit einschlägigen Normen.

1. Internationale Handelsschiedsgerichtsbarkeit

Schiedsgerichte haben ihre eigene Zuständigkeit *ex officio* zu prüfen. Wird diese bejaht, sind sie zur Entscheidung in der Sache befugt und verpflichtet. In der Handelsschiedsgerichtsbarkeit kann sich die Zuständigkeit aus der Schiedsvereinbarung oder dem zwischen Parteien und Schiedsrichter(n) abgeschlossenen Schiedsrichtervertrag sowie ergänzend aus der einschlägigen Schiedsordnung ergeben.[414]

---

409 Smit, Tul. L. Rev. 63 (1989), 629, 631 („Arbitration does not proceed in a legal vacuum. Ultimately it must rely for its existence in the legal order upon some law rendering it valid and effective.").

410 Sandrock, in: Rechtsfortbildung, S. 21, 36.

411 Blackaby/Partasides/Redfern/Hunter, Redfern and Hunter on International Arbitration, Rn. 5.06f. und 5.85.; Schütze/Tscherning/Wais, Handbuch, Rn. 317. Zu den Besonderheiten der ICSID-Schiedsverfahren s. die unter 2. nachfolgenden Ausführungen.

412 Blackaby/Partasides/Redfern/Hunter, Redfern and Hunter on International Arbitration, Rn. 5.06; Schlosser, Internationale private Schiedsgerichtsbarkeit, Rn. 491.

413 Blackaby/Partasides/Redfern/Hunter, Redfern and Hunter on International Arbitration, Rn. 5.09.

414 Blackaby/Partasides/Redfern/Hunter, Redfern and Hunter on International Arbitration, Rn. 5.13.

Bereits in der Schiedsvereinbarung können Parteien bestimmte Schiedsrichter zur Entscheidung eines späteren Streitfalls berufen. Sie können darin auch die Kompetenzen des künftigen Schiedsgerichts festlegen. Darüber hinaus können Parteien und Schiedsrichter einen eigenen Schiedsrichtervertrag abschließen. Als schuldrechtlicher Vertrag[415] findet auf diesen nach deutschem IPR das von den Parteien gewählte Recht Anwendung.[416] Den Parteien steht es dabei frei, für den Schiedsrichtervertrag und das Schiedsverfahren unterschiedliche Rechtsordnungen vorzusehen.[417] Während bei *ad hoc*-Schiedsverfahren ein Schiedsrichtervertrag abgeschlossen werden muss,[418] regelt bei institutionellen Schiedsgerichten grundsätzlich die Schiedsordnung das Verhältnis zwischen Schiedsrichter(n) und Parteien. In dieser Konstellation treten die Parteien nicht unmittelbar in ein Verhältnis zum Schiedsrichter, sondern zur Schiedsinstitution.[419] Ihr ist es möglich, die Regelungsbefugnis der Parteien im Allgemeinen zu begrenzen sowie ein Abweichen von ihrer Schiedsordnung zu untersagen.[420]

Bei der institutionellen Schiedsgerichtsbarkeit fußt die Entscheidungsbefugnis des Schiedsgerichts u. a. auf den Normen der Benennung und Bestellung als Schiedsrichter. Die Bestellung ist für das Schiedsgericht in prozessualer Hinsicht kompetenzbegründend.[421] Bei der ICC erfolgen Bestellung und Bestätigung von

415 Zum Streitstand über die Rechtsnatur s. Real, Schiedsrichtervertrag, S. 25ff.; Strieder, Schiedsrichtervertrag, S. 8f.; ferner zusammenfassend Wolf, Handelsschiedsgerichtsbarkeit, S. 75ff. Konsens besteht darüber, dass es sich jedenfalls um einen schuldrechtlichen Vertrag handelt.

416 Vgl. Schütze/Tscherning/Wais, Handbuch, Rn. 575, wonach dies auch auf die meisten anderen Kollisionsrechte zutrifft.

417 Schütze/Tscherning/Wais, Handbuch, Rn. 575.

418 Schütze/Tscherning/Wais, Handbuch, Rn. 574. In der Praxis wird dafür jedoch selten ein eigener Vertrag aufgesetzt, s. Redfern/Hunter, Law and practice, Rn. 1–77.

419 Schlosser, Internationale private Schiedsgerichtsbarkeit, Rn. 498.

420 Schütze/Tscherning/Wais, Handbuch, Rn. 582. Bei der wichtigsten Schiedsinstitution, der ICC, sind allerdings Abweichungen möglich, s. Art. 19 ICC Rules: „The proceedings before the arbitral tribunal shall be governed by the Rules and, where the Rules are silent, by any rules which the parties or, failing them, the arbitral tribunal may settle on, whether or not reference is thereby made to the rules of procedure of a national law to be applied to the arbitration." Dazu Bühler/Webster, ICC Arbitration, Rn. 15–4: „[P]rovided that the procedure of an ICC arbitration respects due process, the parties and the Tribunal may craft the procedure to suit the needs of the case". Dennoch kann die ICC nicht gezwungen werden, einen Fall anzunehmen, wo die ICC Rules geändert oder teilweise abbedungen wurden, s. Derains/Schwartz, ICC Rules, S. 7f. Für AAA/ICDR-Verfahren sieht Art. 1 Abs. 1 IAR vor, dass die IAR vorbehaltlich etwaiger Änderungen gelten, die die Parteien schriftlich vereinbart haben. Diesen Spielraum genießen Parteien auch bei DIS-Verfahren. Nach § 1 Abs. 2 DIS-SchO findet diese Schiedsgerichtsordnung Anwendung, soweit die Parteien nichts anderes vereinbart haben.

421 Rauscher/Wax/Wenzel, MüKo ZPO (Bearb. Münch), Vorb. §§ 1034ff., Rn. 3.

Schiedsrichtern gem. Art. 13 ICC Rules. Beim ICDR erfolgt die Benennung der Schiedsrichter nach Art. 6 IAR. Das ICDR tritt dann nicht als Organ der Bestellung auf – anders als bei DIS-Verfahren, in denen die Parteien die Schiedsrichter benennen, jedoch nicht bestellen.[422] Der Benannte kann dann durch die DIS bestellt werden, wenn „der DIS-Geschäftsstelle die Annahmeerklärung eines benannten Schiedsrichters vorliegt und sich daraus keine Umstände ergeben, die Zweifel an seiner Unparteilichkeit oder Unabhängigkeit oder der Erfüllung vereinbarter Voraussetzungen wecken könnten, oder keine Partei der Bestellung des betroffenen Schiedsrichters [...] widersprochen hat."[423]

Ist das Schiedsgericht zuständig, so obliegt ihm die Entscheidung des Rechtsstreits. Es kommt zu einem Erkenntnisverfahren, wohingegen das Vollstreckungsverfahren der staatlichen Gerichtsbarkeit vorbehalten bleibt.[424] Schiedsgerichte sind dann – wie staatliche Gerichte – zur unabhängigen Rechtsfindung berufen.[425] Dessen ungeachtet können die Parteien Methoden der Rechtsfindung vorgeben und schließlich festlegen, ob und in welchem Ausmaß das Schiedsgericht an ein materielles Recht gebunden sein soll. Können sie das Schiedsgericht ermächtigen, nach Billigkeit zu entscheiden, steht es ihnen ebenso frei, dem Schiedsgericht die Anwendung eines bestimmten Kollisionsrechts vorzuschreiben.[426] Die Parteien können sowohl das auf das Verfahren als auch das auf die Hauptsache anwendbare Recht bestimmen. Auch aus letzterem können sich kompetenzregelnde Normen ergeben, unabhängig davon, ob die Parteien ein bestimmtes Recht gewählt haben oder das Schiedsgericht ohne Rechtswahl durch die Parteien ein bestimmtes Recht anwendet.

Es ist allgemein anerkannt, dass die Parteien in der Rechtswahl frei sind. Sowohl in der *ad hoc*-Schiedsgerichtsbarkeit wie auch in der institutionellen Schiedsgerichtsbarkeit können die Parteien Sachrecht oder IPR frei wählen.[427] Für die institutionelle Schiedsgerichtsbarkeit ergibt sich dies aus der jeweiligen

---

422 § 2 Abs. 1 DIS-SchO lautet: „Die Parteien sind bei der Auswahl und Benennung der Schiedsrichter frei." § 17 Abs. 1 DIS-SchO lautet: „[...] kann der DIS-Generalsekretär den benannten Schiedsrichter bestellen."

423 § 17 Abs. 1 DIS-SchO.

424 Schütze/Tscherning/Wais, Handbuch, Rn. 317.

425 So u.a. bereits BGH NJW 1969, 750; 1986, 3078.

426 Schütze/Tscherning/Wais, Handbuch, Rn. 584.

427 Schlosser, Internationale private Schiedsgerichtsbarkeit, Rn. 727. Bei Nichtanwendung des von den Parteien gewählten Rechts handeln Schiedsgerichte hingegen außerhalb ihres Befugnisrahmens, s. Silberman/Ferrari, L. Econ. Res. (2010), 1, 29f., samt Wiedergabe (in Übersetzung) der Entscheidung des Finnischen *Supreme Court* vom 02.07.2008 (S2006/716): „Arbitrators exceed their authority, for example, [when] they do not comply with the parties' argeement on the law."

Schiedsordnung. So gehen beispielsweise Art. 21 Abs. 1 ICC Rules,[428] Art. 28 IRA für AAA/ICDR-Verfahren[429] sowie § 23 Abs. 1 DIS-SchO[430] davon aus, dass die Parteien das in der Hauptsache anzuwendende Recht bestimmen.

Anstatt ein bestimmtes Recht zu wählen, können die Parteien das Schiedsgericht auch zu einer Billigkeitsentscheidung ermächtigen. Derartige vom Recht losgelöste Entscheidungen sind in der internationalen Schiedsgerichtsbarkeit gleichermaßen bekannt wie in zahlreichen nationalen Rechtsordnungen. Explizit vorgesehen sind sie etwa in Art. 21 Abs. 3 ICC Rules, Art. 28 Abs. 3 IAR sowie § 23 Abs. 3 DIS-SchO. Fehlt die besondere Ermächtigung der Parteien zur Billigkeitsentscheidung, müssen Schiedsrichter wie staatliche Richter Rechtsentscheidungen fällen.[431] Entscheiden sie dennoch nach Billigkeit, handeln sie *ultra vires.*[432]

Wenn sie *ex aequo et bono* bzw. in *amiable composition*[433] entscheiden, sind Schiedsrichter weder in prozessualer noch in materieller Hinsicht an geltende Rechtssätze gebunden.[434] Den Schiedsgerichten steht es gleichwohl frei, geltendes Recht anzuwenden, da dieses grundsätzlich als billig erachtet werden muss. Mit

---

428 Art. 21 Abs. 1 ICC Rules lautet: „The parties shall be free to agree upon the rules of law to be applied by the arbitral tribunal to the merits of the dispute. In the absence of any such agreement, the arbitral tribunal shall apply the rules of law which it determines to be appropriate."

429 Art. 28 Abs. 1 S. 1 IRA lautet: „The tribunal shall apply the substantive law(s) or rules of law designated by the parties as applicable to the dispute."

430 § 23 Abs. 1 DIS-SchO lautet: „Das Schiedsgericht hat die Streitigkeit in Übereinstimmung mit den Rechtsvorschriften zu entscheiden, die von den Parteien als auf den Inhalt des Rechtsstreits anwendbar bezeichnet worden sind. Die Bezeichnung des Rechts oder der Rechtsordnung eines bestimmten Staates ist, sofern die Parteien nicht ausdrücklich etwas anderes vereinbart haben, als unmittelbare Verweisung auf die Sachvorschriften dieses Staates und nicht auf sein Kollisionsrecht zu verstehen."

431 Ritlewski, SchiedsVZ 2007, 130, 136.

432 Sandrock, Am. Rev. Int. Arb. 3 (1992), 30, 54.

433 Die beiden Termini beziehen sich auf das Gleiche, wie der Wortlaut der entsprechenden Normen der ICC Rules, der IAR sowie insbesondere der DIS-SchO zu erkennen gibt. S. § 23 Abs. 3 DIS-SchO: „Das Schiedsgericht darf nur dann nach Billigkeit (ex aequo et bono, amiable composition) entscheiden, wenn die Parteien es ausdrücklich dazu ermächtigt haben. Die Ermächtigung kann bis zur Entscheidung des Schiedsgerichts erteilt werden."; Art. 21 Abs. 3 ICC-Rules: „The arbitral tribunal shall assume the powers of an *amiable compositeur* or decide *ex aequo et bono* only if the parties have agreed to give it such powers."; Art. 28 Abs. 3 IAR: „The tribunal shall not decide as amiable *compositeur* or *ex aequo et bono* unless the parties have expressly authorized it to do so." Dass die Begriffe gleichbedeutend sind kann als h. M. gelten, s. Bertrand, RDAI (2005), 753, 764; Dasser, Internationale Schiedsgerichte, S. 147 (die Begriffe würden „seit Jahrzehnten nebeneinander verwendet"); Schlosser, Internationale private Schiedsgerichtsbarkeit, Rn. 748. A. A. Rubino-Sammartano, J. Int. Arb. 9 (1992), 5.

434 Schütze/Tscherning/Wais, Handbuch, Rn. 587.

Blick auf Präzedenzwirkung und Rechtsfortbildung sind Billigkeitsentscheidungen nur dann von Interesse, wenn Schiedsgerichte dabei dennoch Recht anwenden und ggf. fortbilden. Wählen die Parteien die *lex mercatoria* als anzuwendendes Recht, sehen einige Autoren und Schiedsgerichte darin die Bestellung eines *amiable compositeur.*[435] Dies ist aber in Fällen, in denen laut Schiedsordnung solche Regeln von den Parteien wählbar sind, die nicht einer staatlichen Rechtsordnung entstammen, nicht überzeugend. Denn wird wie in Art. 21 Abs. 1 ICC Rules auf „rules of law" (und nicht wie in früheren Versionen auf „the law") verwiesen, so ist darunter durchaus die Wählbarkeit der *lex mercatoria* sowie anderer a-nationaler Rechtsregeln wie den UNIDROIT Grundregeln für Internationale Handelsverträge (Principles of International Commercial Contracts, PICC) zu verstehen.[436]

Ermächtigen die Parteien das Schiedsgericht zu einer Billigkeitsentscheidung, ergeben sich für dieses freilich keine weiteren kompetenzregelnden Normen.[437] Die Entscheidung muss lediglich billig sein. Im Übrigen ist das Schiedsgericht – ungeachtet anderweitiger, vorgeschalteter Kompetenzregeln – in seiner Entscheidung frei.

Treffen die Parteien keine Rechtswahl und ermächtigen das Schiedsgericht auch nicht zur Entscheidung nach Billigkeit, obliegt es dem Schiedsgericht, das anwendbare Recht zu ermitteln. Zur Feststellung des anwendbaren Rechts können im Allgemeinen zwei Ansätze unterschieden werden, die einander diametral gegenüberstehen: Auf der einen Seiten ein gemeinhin als traditionell geltender Ansatz, der eine kollisionsrechtliche Vorgehensweise vorgibt, auf der anderen

---

435 Goldman, in: Contemporary Problems, S. 113. Einen Überblick über die vertretenen Positionen findet sich bei Dasser, Internationale Schiedsgerichte, S. 151 ff. Aus der Schiedsgerichtspraxis seien exemplarisch genannt: ICC 1850/1972, Clunet 1980, 967: „Considérant que les parties ne se réfèrent à aucun droit national et ne demandent pas au tribunal arbitral de déterminer quel est le droit, application sera faite des usages commerciaux en vigueur en Europe, compte tenu des conditions figurant au dos des commandes qui chargent les éventuels arbitres à statuer *ex aequo et bono.*"; Mechema Ltd. v. S.A. Mines, Minéraux et Métaux, *ad hoc*-Verfahren, Y.B. Comm. Arb. VII (1982), 77, 79: „[T]he arbitrators will abide by the ‚*lex mercatoria*' in the exercise of their power as *amiables compositeurs.*" (Im Original: „[L]es arbitres s'en tiendront à la *lex mercatoria* pour exercer leurs pouvoirs d'amiables compositeurs."); ICC 3540/1980, Y.B. Comm. Arb. 1982, 124, 128 f.: „[A]insi interprétée, la clause d'amiable composition peut être considérée comme désignant implicitement la *lex mercatoria.*"; ferner die Schiedssprüche ICC 3267/1979, Clunet 1980, 962 ff. und ICC 3267/1984, Y.B. Comm. Arb. XII (1987), 87 ff.

436 Dazu etwa Bühler/Webster, ICC Arbitration, Rn. 17–1.

437 Im Geltungsbereich des Europäischen Übereinkommens über die internationale Handelsschiedsgerichtsbarkeit muss zudem das maßgebende Verfahrensrecht nach Art. VII Abs. 2 EÜH eine Billigkeitsentscheidung gestatten. Gleiches gilt für *ad hoc*-Schiedsverfahren nach der UNCITRAL-Schiedsordnung gem. Art. 33 Abs. 2 UNCITRAL-SchO.

Seite ein liberalisierter Ansatz, der den direkten Zugriff auf das Sachrecht erlaubt.[438] Seit 1975 war der traditionelle Ansatz in Art. 13 Abs. 3 S. 2 ICC Rules (1975) vorgesehen, der noch heute in Art. 28 Abs. 2 UNCITRAL-Modellgesetz enthalten ist.[439] Ein anderer Weg wurde dann mit der Neuregelung in Art. 17 Abs. 1 S. 2 ICC Rules (1998) eingeschlagen, der mit der aktuellen Fassung des Art. 21 Abs. 1 S. 2 ICC Rules (2012) identisch ist. Danach gilt: „In the absence of any such agreement, the arbitral tribunal shall apply the rules of law which it determines to be appropriate." Darin wird, wie auch im sehr ähnlich ausgestalteten Art. 28 Abs. 1 S. 2 IAR,[440] die Eröffnung der unmittelbaren Anwendung des Sachrechts gesehen.[441]

Methodisch einwandfrei scheint die sog. *voie directe* allerdings nicht. Denn selbst die Lehre der *voie directe* kommt nicht umhin, implizit eine kollisionsrechtliche Anknüpfung vorzunehmen.[442] Dass deren Benennung für unerheblich erachtet wird, überzeugt dabei ebenso wenig wie eine wirkliche *voie directe* ins materielle Recht.[443] Denn maßgebend bleibt das Interesse der Parteien, was eine sachgerechte und damit ebenso nachvollziehbare wie begründbare Herleitung des anwendbaren materiellen Rechts über eine kollisionsrechtliche Anknüpfung erforderlich macht.[444] So stellt sich für das Schiedsgericht im Rahmen der Ermessensvorschriften der Art. 28 Abs. 1 S. 2 IAR und Art. 21 Abs. 1 S. 2 ICC Rules durchaus die Frage, welches Kollisionsrecht anzuwenden ist. Geht das Schiedsgericht dieser Frage nicht nach, übt es das Ermessen nicht aus, das aus dem „Sonderkollisionsrecht"[445] internationaler Schiedsgerichte erwächst. Genau dies macht aber das in den genannten Schiedsordnungen verankerte (vermutete) Parteiinteresse er-

---

438 S. die Darstellung bei Handorn, Sonderkollisionsrecht, S. 110.

439 Art. 28 Abs. 2 UNCITRAL-Modellgesetz lautet: „Failing any designation by the parties, the arbitral tribunal shall apply the law determined by the conflict of laws rules which it considers applicable."

440 Art. 28 Abs. 1 S. 2 IAR lautet: „Failing such a designation by the parties, the tribunal shall apply such law(s) or rules of law as it determines to be appropriate."

441 Die *voie directe* bejahen bei diesen Normen u. a. Bühler/Webster, ICC Arbitration, Rn. 17–6, 17–12 (zu ICC); Silberman/Ferrari, L. Econ. Res. (2010), 1, 4 f. (zu AAA/ICDR); Karton, UNB L. J. (2010), 1, 4 (zu ICC und AAA/ICDR).

442 S. Silberman/Ferrari, L. Econ. Res. (2010), 1, 22 f.; Sandrock, RIW 1992, 785, 789; Stein, Lex Mercatoria, S. 131 f.; Wortmann, Arb. Int. 14 (1998), 97, 104.

443 Den mit der *voie directe* bezweckten „Anschein einer Legitimation" kritisiert auch Schlosser, Internationale private Schiedsgerichtsbarkeit, Rn. 729.

444 Sandrock, RIW 1992, 785, 789.

445 Sandrock, RIW 1992, 785, 791. Eingehend zum Sonderkollisionsrecht Handorn, Sonderkollisionsrecht.

forderlich. Das autonome Kollisionsrecht ist schließlich Konsequenz der Autonomie der Parteien.[446]

Das Kollisionsrecht des Sitzstaates lässt sich in der internationalen Schiedsgerichtsbarkeit nicht ohne Weiteres anwenden, weil Schiedsgerichte im Gegensatz zu staatlichen Gerichten keine unmittelbare *lex fori* haben.[447] Der Schiedsrichter hat vielmehr, so Goldman, „un for qui comme celui des romans de Balzac est l'univers."[448] In Deutschland lokalisierte Schiedsgerichte sind zwar bei der Bestimmung des anwendbaren Sachrechts nach dem Territorialitätsprinzip gem. §§ 1025 Abs. 1, 1043 Abs. 1 ZPO an § 1051 ZPO gebunden,[449] doch handelt es sich hierbei lediglich um einen „vergeistigten Ortsbegriff".[450] Denn den Parteien steht es frei, einen vom Ort der Verhandlungen unabhängigen, fiktiven Schiedsort festzulegen.[451] Die frühere Lehre, nach der das Kollisionsrecht des Sitzstaates anzuwenden war, ist bereits deshalb abzulehnen.[452] Dass der Sitz des Schiedsgerichts nicht maßgebend sein soll, zeigt außerdem Art. VII Abs. 1 des Europäischen Übereinkommens über die internationale Handelsschiedsgerichtsbarkeit von 1961, welcher das Ermessen des Schiedsgerichts in den Vordergrund stellt.[453]

---

446 von Mehren, in: Études Goldman, S. 217, 222: „Unless and until, in one of the foregoing ways, a link is established between an arbitration and a national legal order, what the arbitrators do is authoritative for the arbitration simply because the parties have, through their agreement, set in motion a process in which at least one of them is still prepared to participate. From this perspective and to this extent, Professor Goldman properly speaks of an ‚autonomous system' of choice of law (...) in arbitration."; Renner, Zwingendes transnationales Recht, S. 68.

447 S. ICC 1512/1971, Clunet 1974, 907: „[L]'arbitre international ne dispose pas de *lex fori* à laquelle il pourrait emprunter des règles de conflit de lois". So schon Goldman, RdC 109 (1963), 347, 366 ff.; Handorn, Sonderkollisionsrecht, S. 19; Kaufmann-Kohler, Arb. Int. 21 (2005), 631, 633: „Arbitral tribunals have no *lex fori* and, hence, the very concept of foreign law is misplaced."; Lando, in: FS Zweigert, S. 157, 172; Schlosser, Internationale private Schiedsgerichtsbarkeit, Rn. 726; Stein, Lex Mercatoria, S. 122. A. A. Schütze, in: Liber Amicorum Böckstiegel, S. 715, 722.

448 Äußerung von Goldman nach dem Vortrag Mayers zu „Les Lois de police" am 23.11.1985 vor dem Comité français de droit international privé (zitiert bei Clay, L'arbitre, S. 212).

449 Handorn, Sonderkollisionsrecht, S. 25.

450 Begr. RegE, BT-Drucks. 13/5274, S. 47.

451 Sandrock, RIW 1992, 785. Ferner Renner, Zwingendes transnationales Recht, S. 67.

452 S. die Darstellung bei Sandrock, Am. Rev. Int. Arb. 3 (1992), 30, 33; Sandrock, RIW 1992, 785 ff.

453 Art. VII Abs. 1 EÜH lautet: „Den Parteien steht es frei, das Recht zu vereinbaren, welches das Schiedsgericht in der Hauptsache anzuwenden hat. Haben die Parteien das anzuwendende Recht nicht bestimmt, so hat das Schiedsgericht das Recht anzuwenden, auf das die Kollisionsnormen hinweisen, von denen auszugehen das Schiedsgericht jeweils für richtig erachtet. In beiden Fällen hat das Schiedsgericht die Bestimmungen des Vertrages und die Handelsbräuche zu berücksichtigen."

Die genannten Normen der ICC Rules und der IAR sowie viele andere Schiedsordnungen haben diese Ermessensregelung übernommen.[454] Die fehlende Bindung an das Recht des Sitzstaates[455] führt dabei freilich nicht zu einem unbegrenzten Ermessen.[456] Auch deshalb ist es verfehlt, die Frage nach dem anwendbaren Kollisionsrecht offen zu lassen.[457]

Um das adäquate Kollisionsrecht zu ermitteln, haben Schiedsgerichte die nachfolgenden methodischen Herangehensweisen gewählt: (1) Es wird dasjenige nationale Kollisionsrecht angewandt, zu dem die engste Verbindung besteht.[458] (2) Die Anknüpfung wird aus der Konvergenz der beteiligten Kollisionsrechte gewonnen.[459] (3) Es werden allgemeine Rechtsgrundsätze (*general principles of conflict of laws*) zur Anwendung gebracht. (4) In der Sache wird kein nationales Recht angewandt, so dass auch kein Kollisionsrecht zum Tragen kommt.[460] Freilich ist kein Kollisionsrecht erforderlich, wenn etwa Völkerrecht Anwendung findet.[461]

Die dargestellten Vorgehensweisen stellen sachgerechte Methoden dar, die einen klaren Bezug zu den Interessen und Erwartungen der Parteien erkennen lassen. Der Rückgriff auf allgemeine kollisionsrechtliche Grundsätze (3) birgt zwar die zusätzliche Schwierigkeit, diese erst durch Rechtsvergleichung ermitteln zu

454 Vgl. die Aufzählung bei Sandrock, RIW 1992, 785, 790 f.

455 Dass internationale Schiedsgerichte nicht an bestimmte Kollisionsregeln gebunden sind, ist auch in einigen nationalen Rechten, wie beispielsweise im französischen sowie im niederländischen Verfahrensrecht (Art. 1496 Code de la procédure civile bzw. Art. 1054 Abs. 2 Wetboek van Burgerlijke Rechtsvordering), verankert.

456 Sandrock, Am. Rev. Int. Arb. 3 (1992), 30, 38: „[T]he liberation of international arbitrators from the fetters of the conflict of laws rules in effect where they sit, cannot lead to an out-of-control exercise of their arbitral discretion." Zu den Beschränkungen im Einzelnen s. Sandrock, RIW 1992, 785, 794 f.

457 So aber Grigera Naón, RdC 289 (2001), 9, 36 f.: „[...] determination of the applicable law is not relevant for the decision of the dispute and the Arbitral Tribunal is justified in not getting involved in a time-consuming and perhaps costly (for the parties) exercise aimed at identifying the applicable law or laws".

458 Dazu Derains, Rev. Arb. 1972, 99, 104 ff.

459 So etwa die Schiedsgerichte in ICC 1422/1966 und 1990/1972, s. Anm. Derains, Clunet 1974, 884 und 897.

460 Vgl. die Darstellungen bei Schäfer/Verbist/Imhoos, ICC Arbitration, S. 84 f. und Silberman/Ferrari, L. Econ. Res. (2010), 1, 13 ff.

461 Schlosser, Internationale private Schiedsgerichtsbarkeit, Rn. 730.

müssen. Da solche jedoch durchaus vorhanden sind,[462] kann auch auf diesem Wege das anwendbare Sachrecht ermittelt werden.

Wendet das Schiedsgericht dann ein anhand des autonomen Kollisionsrechts ermitteltes nationales Recht an, können sich daraus wiederum kompetenzregelnde Normen ergeben. Denn das Schiedsgericht hat das nationale Recht – wie ein ausländisches Gericht – grundsätzlich so anzuwenden, wie es in dem betreffenden Staat tatsächlich gilt,[463] und muss daher die einschlägigen Rechtsquellen heranziehen sowie die in dem Staat geltenden Rechtsfindungsmethoden beachten. Letztere ermöglichen es dem Schiedsgericht schließlich auch, ggf. nationales Recht fortzuentwickeln,[464] was bei lückenhaftem Recht auch mit dem Interesse der Parteien in Einklang steht.[465]

Anders als Art. 21 Abs. 1 S. 2 ICC Rules oder Art. 28 Abs. 1 S. 2 IAR ist § 23 Abs. 2 DIS-SchO ausgestaltet, der inhaltlich § 1051 Abs. 2 ZPO entspricht.[466] Danach hat das Schiedsgericht bei mangelnder Rechtswahl durch die Parteien das Recht desjenigen Staates anzuwenden, „mit dem der Gegenstand des Verfahrens die engsten Verbindungen aufweist". Fraglich ist, wo Vorschriften wie diese, die das Prinzip der engsten Verbindung aufgreifen, zwischen den beiden aufgezeigten Positionen zu verorten sind. Konkret stellt sich bei § 23 Abs. 2 DIS-SchO wie bei § 1051 Abs. 2 ZPO die Frage, ob das inkorporierte Prinzip der engsten Verbindung Schiedsrichter von kollisionsrechtlichen Erwägungen entbindet und eine unmittelbare Bestimmung des Sachrechts erlaubt. Es entspricht dem Grundgedanken des Kollisionsrechts, mit der Suche nach der engsten Verbindung bereits auf dieser, der materiellrechtlichen vorgeschalteten Ebene Gerechtigkeitserwägungen einzubeziehen.[467] Folglich wird hier „[d]as Grundprinzip des IPR [...] zur Rechtsnorm erhoben".[468] § 23 Abs. 2 DIS-SchO sowie § 1051 Abs. 2 ZPO folgen daher dem

---

462 Bspw. die *lex loci delicti* für das Deliktsstatut, s. ICC 3043/1978, Clunet 1979, 1000 f., oder die Anknüpfung an den Erfüllungsort der für das Vertragsstatut charakteristischen Leistung, s. ICC 4650/1985, Y.B. Comm. Arb. XII (1987), 111 f. A. A. Schäfer/Verbist/Imhoos, ICC Arbitration, S. 85.

463 Zu staatlichen Gerichten s. BGH NJW 1992, 3106, 3107; NJW-RR 1997, 1154.

464 Vgl. Schlosser, Internationale private Schiedsgerichtsbarkeit, Rn. 747.

465 Zur Rechtsfortbildung durch Schiedsgerichte s. Schlosser, Internationale private Schiedsgerichtsbarkeit, Rn. 747, der diese Art der Entscheidungsfindung zwar bejaht, aber die Möglichkeit einer über den Einzelfall hinausgehenden Rechtsfortbildung mangels Veröffentlichung verneint. Angesichts der veränderten Publikationslage ist es nicht unwahrscheinlich, dass er über zwanzig Jahre nach Erscheinen seines Werks auch diese Frage nunmehr bejahen würde.

466 Vgl. Bredow, in: Schiedsverfahrensrecht, S. 111, 117: „Auch zur Frage des anwendbaren Rechts folgt die DIS-Schiedsgerichtsordnung dem deutschen Gesetzgeber."

467 Vgl. Kropholler, Internationales Privatrecht, S. 25; von Hoffmann/Thorn, IPR, S. 4; Kegel/Schurig, IPR, S. 308.

468 Handorn, Sonderkollisionsrecht, S. 124.

sog. traditionellen Ansatz, wodurch – anders als bei einer *voie directe* – das Kollisionsrecht gerade nicht umgangen werden soll.[469]

Für die *ad hoc*-Schiedsgerichtsbarkeit gelten in diesem Kontext keine Besonderheiten. Haben die Parteien eine Rechtswahl getroffen, so hat sich das Schiedsgericht daran zu halten. Haben die Parteien kein Kollisionsrecht oder auf die Hauptsache anwendbares Sachrecht bestimmt, entscheidet das internationale Schiedsgericht mit dem gleichen Ermessensspielraum, der ihm von den genannten Schiedsordnungen eingeräumt wird. Denn selbst wenn keine Schiedsordnung das *ad hoc*-Verfahren regelt, greift nach herrschender Ansicht das internationale Gewohnheitskollisionsrecht, wonach dem Schiedsgericht jenes Ermessen zusteht.[470]

2. Internationale Investitionsschiedsgerichtsbarkeit

Die *ad hoc*-Verfahren der internationalen Investitionsschiedsgerichtsbarkeit sind denen der internationalen Handelsschiedsgerichtsbarkeit ähnlich. Für solche kann das ICSID als Autorität zur Bestellung der Schiedsrichter auftreten.[471] Einige BITs eröffnen diese Vorgehensweise, die in der Praxis allerdings nur selten vorkommt.[472]

Bei der institutionellen Schiedsgerichtsbarkeit unter dem Dach des ICSID wird das Schiedsgericht jedoch im Gegensatz zur Handelsschiedsgerichtsbarkeit zumeist nicht aufgrund einer Vereinbarung zwischen den Parteien, also Investor und

469 Zu § 1051 ZPO: Sandrock, RIW 2000, 321, 323 f.; Handorn, Sonderkollisionsrecht, S. 124.

470 S. u. a. Fouchard/Gaillard/Goldman, International Commercial Arbitration, Rn. 1421; Kropholler, Internationales Privatrecht, S. 295; Lew, Applicable Law, S. 81 ff.; Sandrock, RIW 1992, 785, 795. Selbst wenn man darin kein Gewohnheitsrecht im Sinne des Art. 38 Abs. 1 (c) IGH-Statut erkennen wollte, erweist sich die von Schlosser geäußerte Kritik („auf der Grundlage einer sauberen Rechtsquellenlehre läßt sich auch nicht behaupten, Schiedsrichter hätten immer ‚Ermessensfreiheit'") nicht als tragfähig. Vgl. Schlosser, Internationale private Schiedsgerichtsbarkeit, Rn. 726. Denn haben die Parteien keine Rechtswahl getroffen und ist der Rückgriff auf das Kollisionsrecht einer lex fori ausgeschlossen, sind Schiedsgerichte verpflichtet, das einschlägige Kollisionsrecht zu ermitteln. Nur wenn diese Ermittlungen substanzielle Ermessensüberlegungen beinhalten, kann man sie als dem Parteiinteresse entsprechend bewerten.

471 Schreuer/Malintoppi/Reinisch, ICSID Convention, Art. 25 Rn. 228. In den ICSID-Haushaltsjahren 2002 bis 2011 waren es jährlich drei bis zwölf Fälle, vgl. ICSID, The ICSID Caseload – Statistics, 2012 (1), S. 9, verfügbar unter: <http://icsid.worldbank.org/ICSID/FrontServlet?requestType=ICSIDDocRH&actionVal=ShowDocument&CaseLoadStatistics=True&language=English31> (zuletzt abgerufen am: 01.07.2013).

472 Schreuer/Malintoppi/Reinisch, ICSID Convention, Art. 25 Rn. 227 und 229.

Anlagestaat, tätig.[473] Vielmehr haben Anlage- und Heimatstaat des Investors, die beide Vertragsstaaten des WBÜ sind, regelmäßig in einem BIT die Zuständigkeit des ICSID vereinbart.[474] Staaten übertragen dadurch genuin souveräne Rechtsprechungskompetenzen auf ICSID-Schiedsgerichte.[475] Auf dieser Kompetenzübertragung fußt die Ermächtigung der von den Parteien nach Art. 37 WBÜ bestimmbaren Schiedsrichter, den Streitfall zu entscheiden.

Art. 25 WBÜ regelt die Zuständigkeit des Schiedsgerichts. Darin werden die Voraussetzungen benannt, unter denen das Schiedsgericht überhaupt über die Sache entscheiden darf. Sind die Zuständigkeitsvoraussetzungen gegeben, ist Art. 42 WBÜ die für die Hauptsache zentrale Norm.[476] Regelungsgegenstand von Art. 42 WBÜ ist das in der Hauptsache anwendbare Recht, aus dem sich wiederum kompetenzregelnde Normen für das Schiedsgericht ergeben können.

Wie in der Handelsschiedsgerichtsbarkeit wird der Parteiautonomie durch die Freiheit der Rechtswahl gem. Art. 42 Abs. 1 S. 1 WBÜ Ausdruck verliehen.[477] Neben

---

473 Der in der Präambel des WBÜ genannte „mutual consent by the parties to submit such disputes to conciliation or to arbitration through such facilities constitutes a binding agreement" bezeichnet die Vereinbarung zwischen den WBÜ-Vertragsstaaten, zumeist eine Klausel des BIT, und keine Schiedsvereinbarung zwischen Gaststaat und Investor. Dies ergibt sich aus Art. 25 WBÜ, der auf „Contracting States" abstellt.

474 S. Einführung.

475 Carbonneau, Mich. J. Int. L. 25 (2004), 1183, 1196; Schill, GLJ 12 (2011), 1083, 1087.

476 Zum Verhältnis zwischen Art. 25 und Art. 42 WBÜ erklärt das Schiedsgericht im Fall *CMS Gas Transmission v. The Republic of Argentina*, ICSID ARB/01/8, Decision of the Tribunal on Objections to Jurisdiction, Rn. 88: „Article 42 is mainly designed for the resolution of disputes on the merits and, as such, it is in principle independent from the decisions on jurisdiction, governed solely by Article 25 of the Convention and those other provisions of the consent instrument which might be applicable, in the instant case the Treaty provisions. However, the argument of the Republic of Argentina has merit in so far as the parties can agree to a different choice of law applicable also to jurisdictional questions. The very option the investor has under the Treaty to submit a dispute to local jurisdiction also involves to an extent a choice of law provision, as local courts will apply mainly domestic law. In such a case, domestic law might apply together with the Treaty and the Convention or separately."

477 Broches, RdC 136 (1972), 337, 389: „[It] firmly confers on the parties unlimited autonomy as to the applicable law, and makes their choice binding on the Tribunal"; Banifatemi, in: Guide, S. 191, 192; Belling, Jurisdiktion rationae materiae, S. 96. Die Nichtberücksichtigung der von den Parteien getroffenen Rechtswahl kann eine Kompetenzüberschreitung nach Art. 52 Abs. 1 (b) WBÜ darstellen, vgl. *Klöckner Industrie-Anlagen GmbH and others v. United Republic of Cameroon and Société Camerounaise des Engrais*, ICSID ARB/81/2, (First) Decision on Annulment, Rn. 59 („Excess of powers may consist of the non-application by the arbitrator of the rules contained in the arbitration agreement *(compromis)* or in the application of other rules.") sowie Rn. 61 („It is clear that ‚error in judicando' could not in itself be accepted as a ground for annulment without indirectly reintroducing an appeal against the arbitral award, and the ad hoc

einer direkten Parteiabrede über das anwendbare Recht, kann dieses auch in einem BIT festgelegt werden.[478] Ein BIT stellt zwar keine originäre Parteivereinbarung für die streitenden Parteien dar. Gleichwohl gilt die dort getroffene Abrede als Parteivereinbarung: Indem der Investor das Verfahren vor dem ICSID-Schiedsgericht einleitet und sich auf das BIT beruft, gibt er implizit sein Einverständnis auch zu dieser Abrede.[479]

Wurde von den Parteien keine (wirksame) Rechtswahl getroffen, regelt Art. 42 Abs. 1 S. 2 WBÜ die Frage des anwendbaren Rechts: „In the absence of such agreement, the Tribunal shall apply the law of the Contracting State party to the dispute (including its rules on the conflict of laws) and such rules of international law as may be applicable." Enthielten die ersten Entwürfe noch eine den ICC Rules oder den IAR vergleichbare Regelung, wurde schließlich die heute geltende Formulierung gewählt, die auf ein bestimmtes Recht, nämlich das Recht des Anlagestaates, verweist.[480] Art. 42 WBÜ beinhaltet sonach eine eigenständige Kollisionsregel, die dem kollisionsrechtlichen Grundsatz folgt, dass Verträge von Staaten zum Schutz öffentlicher Interessen im Zweifel dem Recht dieses selben Staates unterliegen.[481] Der bemerkenswerte Verweis auf das Kollisionsrecht innerhalb dieser Kollisionsregel ist auf die Entstehungsgeschichte des WBÜ zurückzufüh-

---

Committee under Article 52 of the Convention does not, any more than the Permanent Court of Arbitration in the *Orinoco* case, have the ‚duty [....] to say if the case has been well or ill judged, but whether the award must be annulled.'")

478 Vgl. *Antoine Goetz and others v. Republic of Burundi*, ICSID ARB/95/3, Award, Rn. 68 f.; Gaillard/Banifatemi, ICSID Rev. 18 (2003), 375, 377; Parra, ICSID Rev. 12 (1997), 287, 332; Schreuer/Malintoppi/Reinisch, ICSID Convention, Art. 42 Rn. 81. Zumeist wird dann das Recht des Anlagestaates festgelegt. Für den Investor birgt das freilich die Gefahr, mit Rechtsänderungen konfrontiert zu werden, die der Investition schaden. Vgl. dazu Broches, RdC 136 (1972), 337, 389; Curtis, Harv. Int. L. J. 29 (1988), 317, 329; Schlosser, Internationale private Schiedsgerichtsbarkeit, Rn. 735; Schreuer/Malintoppi/Reinisch, ICSID Convention, Art. 42 Rn. 116 ff.

479 Vgl. nur Banifatemi, in: Guide, S. 191, 193; Schreuer/Malintoppi/Reinisch, ICSID Convention, Art. 42 Rn. 80. Aus der Rechtsprechung: *Antoine Goetz and others v. Republic of Burundi*, ICSID ARB/95/3, Award, Rn. 94: „Sans doute la détermination du droit applicable n'est-elle pas, à proprement parler, faite par les parties au présent arbitrage (Burundi et investisseurs requérants), mais par les parties à la Convention d'investissement (Burundi et Belgique). Comme cela a été le cas pour le consentement des parties, le Tribunal estime cependant que la République du Burundi s'est prononcée en faveur du droit applicable tel qu'il est déterminé dans la disposition précitée de la Convention belgo-burundaise d'investissement en devenant partie à cette Convention et que les investisseurs requérants ont effectué un choix similaire en déposant leur requête d'arbitrage sur la base de ladite Convention."

480 Vgl. Schreuer/Malintoppi/Reinisch, ICSID Convention, Art. 42 Rn. 161. ICSID, History of the ICSID Convention (I), S. 190 ff.

481 Zu diesem allgemeinen Grundsatz vgl. Kahn, Ind. L. J. (1968), 1, 21 ff.

ren.[482] Für das Schiedsgericht bedeutet dies, dass in erster Linie das IPR des Anlagestaates anzuwenden ist und erst, wenn dieses auf kein anderes materielles Recht verweist, auch das Sachrecht des Gaststaates angewendet werden kann.[483]

Aus dem Normgefüge des Art. 42 WBÜ ergibt sich eine immanente Befugnis des Schiedsgerichts zur Rechtsfortbildung. Die nach Art. 42 Abs. 1 WBÜ zu ergehende Rechtsentscheidung kann eine solche erforderlich werden lassen. Denn ist ein Schiedsgericht in einer zu entscheidenden Frage mit einer Rechtslücke konfrontiert, kann es gem. Art. 42 Abs. 2 WBÜ weder die Entscheidung verweigern noch – ohne Ermächtigung durch die Parteien – eine Billigkeitsentscheidung fällen.[484] Es muss dann ggf. das anwendbare Recht fortentwickeln.

Überdies sind auch in der internationalen Investitionsschiedsgerichtsbarkeit Billigkeitsentscheidungen vorgesehen (Art. 42 Abs. 3 WBÜ). Wie in der Handelsschiedsgerichtsbarkeit sind solche jedoch selten.[485] Von ICSID-Schiedsgerichten sind bislang lediglich zwei Schiedssprüche nach Art. 42 Abs. 3 WBÜ bekannt: *Benvenuti & Bonfant v. Congo*[486] sowie *Atlantic Triton v. Guinea*.[487]

Parteien müssen das Schiedsgericht gem. Art. 42 Abs. 3 WBÜ zur Entscheidung *ex aequo et bono* ermächtigen.[488] Dabei können sie diese Ermächtigung auf bestimmte Fragen beschränken, und dem Schiedsgericht bleibt es unbenommen, trotz einer bestehenden Ermächtigung Entscheidungen dem Gesetz nach zu fällen.[489] Jedenfalls muss es je nach Parteiauftrag entweder Recht anwenden oder zumindest nach Billigkeit entscheiden. Schranken sind dem schiedsrichterlichen Entscheidungsspielraum deshalb lediglich insoweit gegeben, als ihm Willkür ebenso untersagt ist wie die Verletzung zwingenden Rechts.[490] Darüber hinaus

482 Schreuer/Malintoppi/Reinisch, ICSID Convention, Art. 42 Rn. 161; Delaume, Clunet 1982, 775, 828.

483 So auch Schreuer/Malintoppi/Reinisch, ICSID Convention, Art. 42 Rn. 162: „[...] clearly directs the tribunal to take the host State's own rules on the conflict of laws into account. A tribunal, after having determined that there is no agreement on choice of law, would, therefore, first have to examine the host State's private international law. Only after establishing that these rules do not refer to another system of law may the tribunal proceed to apply the host State's substantive law." Ein anderes Verständnis dieser Vorschrift würde die Berücksichtigung aller darin enthaltenen Aspekte nicht ermöglichen.

484 Dass *ex aequo et bono*-Entscheidungen nicht der Lückenfüllung dienen, hebt Schreuer hervor, vgl. Schreuer/Malintoppi/Reinisch, ICSID Convention, Art. 42 Rn. 250.

485 Bertrand, RDAI (2005), 753.

486 *Benvenuti and Bonfant v. People's Republic of the Congo*, ICSID ARB/77/2, Award, Rn. 4.65.

487 *Atlantic Triton Company Limited v. People's Revolutionary Republic of Guinea*, ICSID ARB/84/1, Award.

488 Schreuer/Malintoppi/Reinisch, ICSID Convention, Art. 42 Rn. 254.

489 Schreuer/Malintoppi/Reinisch, ICSID Convention, Art. 42 Rn. 266.

490 Schreuer/Malintoppi/Reinisch, ICSID Convention, Art. 42 Rn. 272f.

vermag Art. 52 Abs. 1 (e) WBÜ, eine Grenze zu setzen. Denn versäumt das Schiedsgericht die Begründung einer *ex aequo et bono*-Entscheidung, kann der Schiedsspruch aufgehoben werden.

II. Bereiche schiedsgerichtlicher Rechtserzeugung

Die Teilhabe von Schiedsgerichte an der Normerzeugung ist in den Gedanken *Goldmans* eingebettet, Recht werde nicht nur durch staatliche Autoritäten, sondern auch durch private Akteure des internationalen Handelsverkehrs erzeugt.[491] Welche Rolle Schiedsgerichte dabei genau spielen, ist für die unterschiedlichen Rechtsbereiche jeweils getrennt zu untersuchen, weil Schiedsgerichte nicht überall gleichermaßen an der Rechtserzeugung beteiligt sind.

In einigen Bereichen lässt sich die schiedsrichterliche Tätigkeit als Rechtsfortbildungen im klassischen Sinne qualifizieren. In anderen hingegen ist das Vorgehen von Schiedsgerichten unter einen weiteren Begriff der Rechtserzeugung zu fassen: Hier sind sie teils gemeinsam mit anderen Privaten Akteure, teilweise prägen sie allein durch die begründete Entscheidung für eine bestimmte Norm aus einer Vielzahl anwendbarer Normen das Recht.[492] Nicht zuletzt aufgrund der dargestellten faktischen Präzedenzwirkung lässt sich dann eine private Rechtserzeugung konstatieren.[493]

1. Nationales materielles Recht

Zunächst kommt die Fortentwicklung von deutschem oder ausländischem materiellen Recht in Betracht. Sowohl nationale wie auch internationale Schiedsgerichte wenden nationales Recht an. Dabei kann nationales Recht nicht nur in der internationalen Handelsschiedsgerichtsbarkeit, sondern auch in der internationalen Investitionsschiedsgerichtsbarkeit zum Tragen kommen. Unter Um-

---

491 Goldman, RdC 109 (1963), 347, 474 ff.
492 Für den Bereich des internationalen Seehandels s. Maurer, Lex Maritima, S. 146.
493 In diese Richtung bereits Loquin, in: Jurisprudence arbitrale, S. 67, 93: „[La référence à la consécration préalable de la règle par des décisions arbitrales] apporte une preuve de la normativité de la règle anationale, tant il est vrai que l'utilisation de la règle par des décisions arbitrales précédentes rend compte d'un constat préalable du caractère obligatoire de la règle par ceux qui l'utilisent. Les arbitres, en constatant l'existence de la norme coutumière et en l'appliquant à des cas d'espèce, renforcent la certitude de sa teneur, et consolident la conviction qu'il s'agit bien d'une norme générale dont l'application est juridiquement exigible."

ständen regelt dieses bestimmte Fallkonstellationen nicht, so dass das Schiedsgericht, das zur Entscheidung gleichermaßen ermächtigt und verpflichtet ist, nationales Recht fortbilden muss.

Da staatliche Gerichte über kein Monopol zur Rechtsfortbildung verfügen,[494] können nationale sowie internationale Schiedsgerichte ebenfalls nationales Recht fortbilden. Nicht nur in Deutschland werden sie im umfassenden Sinne als „echte Alternative zur staatlichen Justiz“[495] akzeptiert oder gar als für viele Bereiche „appropriate dispute resolution“ bzw. als „justice appropriée“[496] erachtet. Daraus folgt, dass auch Rechtsfortbildungen von Schiedsgerichten von staatlichen Gerichten übernommen und fortgeführt werden können.[497] Bereits die berühmte Salmonellen-Entscheidung des Bundesgerichtshofs aus dem Jahre 1969[498] griff die Rechtsprechung Hamburger Schiedsgerichte auf.[499] Als „Musterbeispiel für die Bedeutung veröffentlichter Schiedssprüche für die Fortbildung des deutschen materiellen Rechts“[500] bezeichnet *Berger* den Zwischen- und Teilschiedsspruch ICC 10279/2001, der von deutschem AGB-Recht handelt.[501] Es geht hier um die

494 So bereits Sandrock, in: Rechtsfortbildung, S. 21, 38. Vgl. ferner die *Honeywell*-Entscheidung (BVerfG, Beschluss vom 06.07.2010 – 2 BvR 2661/06, NZA 2010, 995), in welcher das BVerfG dem EuGH nicht nur das Recht zugesprochen hat, Recht fortzubilden, sondern sogar eine Fehlertoleranz eingeräumt hat. Somit geht selbst das BVerfG nicht von einem Monopol zugunsten der nationalen Gerichte aus.

495 Hirsch, SchiedsVZ 2003, 49, 50; BGHZ 65, 59, 61: „Der Gesetzgeber hat mit der Zulassung des schiedsrichterlichen Verfahrens eine auf dem Willen der Beteiligten beruhende nichtstaatliche Gerichtsbarkeit in privatrechtlichen Angelegenheiten anerkannt. [...] Der Schiedsrichter ist wie der staatliche Richter zur Entscheidung eines Rechtsstreits berufen, er hat wie dieser endgültig und bindend auszusprechen, was rechtens ist. Das Schiedsgericht tritt dabei an die Stelle des staatlichen Gerichts, ist diesem nicht bloß vorgeschaltet.“

496 Clay, L'arbitre, S. 45. Die englische Abkürzung ADR *(Alternative Dispute Resolution)* wird gerne als *Appropriate Dispute Resolution* gelesen, vgl. Breitenstein, in: FS Sandrock, S. 111, 112.

497 Dies nachzuweisen ist freilichsehr schwierig. Nur vereinzelt finden sich Hinweise auf die Schiedsgerichtspraxis, wie etwa in BGHZ 49, 388, 396.

498 BGHZ 52, 51.

499 Angesichts derartiger, nicht als Rechtsfortbildung eines Schiedsgerichts gekennzeichneter Übernahmen erscheint das Fazit Sandrocks, der auf die Frage nach der Fortbildung deutschen materiellen Rechts mit „Fehlanzeige“ antwortet, zumindest aus heutiger Perspektive als zu kurz gegriffen. S. Sandrock, in: Rechtsfortbildung, S. 21, 46 f. Bemerkenswerterweise berief sich das LG Hamburg (21 0 98/66) noch explizit auf schiedsrichterliche Entscheidungen: „Mit den in den Mitteilungen der Handelskammer Hamburg veröffentlichten Schiedssprüchen (Heft 4, S. 250 ff.; Heft 10, S. 758 ff.) ist davon auszugehen, daß die Tatsache, daß ein Lebensmittel mit Keimen der Salmonellengruppe befallen ist, nicht in jedem Fall dazu führen kann, die Sache als mangelhaft im Sinne des § 459 BGB anzusehen.“

500 Berger, SchiedsVZ 2009, 289, 297.

501 ICC 10279/2001, SchiedsVZ 2005, 108 ff.

Frage, wann Vertragsbestimmungen als „ausgehandelt" im Sinne des § 305 Abs. 1 Satz 3 BGB gelten. Der von der SchiedsVZ-Redation formulierte Leitsatz zu der Entscheidung lautet:

> „Zwischen Unternehmern, die sich nicht in einem wirtschaftlichen Ungleichgewicht gegenüberstehen, kann eine Haftungsbegrenzungsklausel (‚cap clause') auch dann als ausgehandelt gelten, wenn sie während der Vertragsverhandlungen nicht geändert und von einer Vertragspartei als nicht verhandelbar hingestellt wurde, solange sie nur Gegenstand der Verhandlungen zwischen den Parteien war. Die Annahme, eine derartige Klausel sei unter diesen Voraussetzungen nicht ausgehandelt, ist mit der kaufmännischen Rechtswirklichkeit nicht zu vereinbaren."[502]

Diese Ansicht teilen nicht nur *Berger* und *Schlosser,*[503] doch ist bis dato weder ein Rechtsprechungswandel[504] noch eine entsprechende gesetzliche Neuregelung zu verzeichnen. Es ist aber alles andere als unwahrscheinlich, dass dieser ICC-Spiedsspruch in nicht allzu ferner Zukunft als entscheidender Impulsgeber einer Entwicklung im nationalen Recht gelten wird.

Jacquet, der grundsätzlich davon ausgeht, dass nationales Recht nicht durch Schiedsgerichte weiterentwickelt wird, sofern ausschließlich dieses zur Anwendung kommt, benennt mit der *Galakis*-Entscheidung der *Cour de cassation*[505] ein weiteres Beispiel der verdeckten Übernahme einer schiedsgerichtlichen Rechtsfortbildung durch staatliche Gerichte.[506] Weit stärker zeigt sich der Einfluss mit Blick auf die ICC-Entscheidung in der Sache *Dow Chemical:*[507] Der Appellations-

---

502 ICC, SchiedsVZ 2005, 108.

503 Berger, SchiedsVZ 2009, 289, 297; Berger/Kleine, NJW 2007, 3526ff. m. w. N. in Fn. 9; von Staudinger, BGB-Kommentar (Bearb. Schlosser), § 307 Rn. 36a.

504 Eine Änderung der Rechtsprechung wird auch nicht mit dem Urteil des LG Frankfurt a.M. vom 20.03.2003 (3/10 O 179/02), begründet, s. LG Frankfurt a.M., ZGS 2003, 396f.: „[...] gilt die Rechtsprechung des BGH [...] nicht für Fälle, in denen der Vertragspartner ein wirtschaftlich erfahrenes Großunternehmen ist, ferner von der fraglichen AGB-Klausel Kenntnis hat, auf eine Aushandlung erkennbar keinen Wert legt und das Verlangen im Hinblick auf drohende Zahlungsschwierigkeiten des Vertragspartners nicht unbillig erscheint."

505 Cass. civ. 1re, 02.05.1966, Galakis, D. 1966.575.

506 Der Fall Galakis sei ein Beispiel für einen „wahrscheinlichen Einfluss" der Schiedsgerichtsbarkeit auf die Rechtsprechung der *Cour de cassation*, so Jacquet, Rev. Arb. 2010, 445, 457: „[L]a règle que les arbitres avaient sans doute forgée n'a exercé en soi aucune autorité en France. Il est pourtant vraisemblable qu'elle a exercé une certaine influence sur la solution finalement retenue par la Cour de cassation."

507 ICC 4131/1982, Clunet 1983, 899ff.

gerichtshof von Pau hat die dort entwickelten Grundsätze zum geltenden Recht erhoben.[508]

Kommt nun Schiedsrichtern ebenso wie staatlichen Richtern die Befugnis zuteil, nationales Recht fortzubilden, stellt sich die Frage, wie im Falle zweier unterschiedlicher Rechtsschöpfungen hinsichtlich desselben Problems zu verfahren wäre: wessen Rechtsfortbildung würde gelten und weitergetragen werden?

Dabei sei zunächst die strukturelle Besonderheit eines einmalig konstituierten, außerhalb jeglicher Hierarchien agierenden Schiedsgerichts in Erinnerung gerufen, welche das Übernehmen einer bestimmten Rechtsfortbildung nicht erleichtert.[509] Eine staatliche Perspektive einnehmend, ließe sich darin ebenso ein „Sicherheitsventil" erkennen wie in den von *Sandrock* erwogenen Fällen einer zulässigen materiellen Überprüfung des Schiedsspruchs.[510]

Für den Fall divergierender Rechtsfortbildungen zweier staatlicher Gerichte sieht § 132 Abs. 4 GVG zur Sicherung einer einheitlichen Rechtsprechung vor, dass der Große Senat im Falle bestehender oder drohender Innendivergenzen angerufen werden kann.[511] Freilich ist § 132 Abs. 4 GVG nicht einschlägig, wenn die Rechtsprechungen eines staatlichen Gerichts und eines Schiedsgerichts einander widersprechen, d. h. ihre Rechtsfortbildungen unterschiedliche Wege gehen. Für diesen Fall gibt es keine dem Großen Senat entsprechende Instanz. Doch ist anzunehmen, dass nationale Gerichte der Rechtsfortbildung des nationalen Rechts durch das staatliche Gericht folgen würden, insbesondere wenn es sich um eine höchstrichterliche Entscheidung handelte, die nicht zuletzt aus hierarchischen Gründen einen Befolgungsdruck auslöst.[512] Dies hätte zur Folge, dass das Schiedsgericht mit seiner Entscheidung zwar ebenso eine Rechtsfortbildung vorgenommen hätte, diese aber nur Auswirkung auf den entschiedenen Fall hätte. Das Konkurrenzproblem unterschiedlicher Rechtsprechungen wäre dann mit Blick auf die Wahrung der Einheit der Rechtsprechung in dieser Konstellation kaum mehr als ein Scheinproblem.

508 CA Pau, 26.11.1986, Sponsor AB v. Lestrade, Rev. Arb. 1988, 153, 157 : „Il est admis en droit ,que la clause compromissoire expressément acceptée par certaines des sociétés d'un groupe doit lier les autres sociétés qui [...] apparaissent selon la commune volonté [...] comme ayant été de véritables parties à ces contrats [...]'."

509 Vgl. etwa zur Investitionsschiedsgerichtsbarkeit Schill, GLJ 12 (2011), 1083, 1093: „[C]ompared to a standing court that can easily develop a uniform jurisprudence, the institutional setup of investment treaty tribunals as one-off dispute settlement bodies, which are created for the resolution of an individual dispute and vanish thereafter, limits the law-making power of individual tribunals and their impact beyond a specific dispute."

510 Sandrock, in: Rechtsfortbildung, S. 21, 36.

511 S. u. a. BGH NStZ 1981, 181; BGHSt 40, 138, 145; Hannich, KK, § 132 GVG, Rn. 20.

512 S.o. Kapitel 1, I., 2.

Festzuhalten ist nach alledem, dass Schiedsgerichte nationales materielles Recht fortbilden können und dies gelegentlich auch tun.

2. Nationale Kollisionsrechte

Kollisionsrechte gehören zum jeweiligen nationalen Recht und können somit prinzipiell wie jenes von privaten Schiedsgerichten fortgebildet werden. Das Kollisionsrecht weist allerdings einige Besonderheiten auf.

Die aufgezeigte Schiedspraxis, Kollisionsrecht nicht konsequent zur Determinierung der *lex causae* anzuwenden, wirft die Frage auf, ob Kollisionsrechte überhaupt von Schiedsgerichten fortgebildet werden (können). Sie wäre zu verneinen, wenn es gar nicht erst zu kollisionsrechtlichen Erwägungen käme.

Doch bereits vor etwa 25 Jahren hat *Sandrock* darauf hingewiesen, dass die Spruchpraxis von Schiedsgerichten zu einer Weiterentwicklung kollisionsrechtlicher Doktrinen führt.[513] Er hat dies am Beispiel von Rechtswahlklauseln aufgezeigt, die mit Schiedsklauseln verbunden wurden.[514] Durch Schiedsgerichte wurde anerkannt, dass Parteien ihre Rechtswahl eines nationalen Rechts unter die Kontrolle des Völkerrechts stellen können.[515] Die bis dato geltende kollisionsrechtliche Doktrin, völkerrechtliche Prinzipien könnten nicht zugunsten oder zu Lasten von Privatpersonen gelten, wurde insofern, wie *Sandrock* hervorhebt, fortentwickelt. Darüber hinaus zeigt er eine Rechtsfortbildung durch Schiedsgerichte hinsichtlich der Rechtswahlklauseln auf, die das Völkerrecht zur Anwendung berufen.[516] Anders als nach der früheren Lehre muss nicht mehr ein bestimmtes nationales Recht angewandt werden. Bei den sog. *state contracts* kann vielmehr auch Völkerrecht auf private Unternehmen direkte Anwendung finden.[517] 1965 wurde diese schiedsrichterliche Fortbildung in Art. 42 WBÜ kodifiziert.[518]

---

513 Sandrock, in: Rechtsfortbildung, S. 21, 48 ff.

514 Vgl. die Klausel, die der Sache *Libyan American Oil Co. (LIAMCO) v. The Government of the Libyan Arab Republic*, Ad hoc, Award, zugrunde lag: „This concession shall be governed by and interpreted in accordance with the principles of law of Libya common to the principles of international law and, in the absence of such principles, then by and in accordance with the general principles of law, including such of those principles as may have been applied by international tribunals."

515 Vgl. die Ausführungen des Schiedsgerichts in *Libyan American Oil Co. (LIAMCO) v. The Government of the Libyan Arab Republic*, Ad hoc, Award, Y.B. Comm. Arb. VI (1981), 89, 92 f. In diesem Sinne auch ICC 3380/1980, Clunet 1981, 928 ff.

516 Sandrock, in: Rechtsfortbildung, S. 21, 50.

517 S. insbesondere *Texaco Overseas Petroleum Co. v. The Government of the Libyan Arab Republic*, Ad hoc, Award, ILM 17 (1978), 1, Rn. 22 ff., wo Schiedsrichter Dupuy den Vertrag für

Wenn *Sandrock* außerdem in der „Befreiung von der Ur-Kollisionsnorm" eine Entwicklung des Rechts erkennt,[519] muss hingegen widersprochen werden. Gemeint ist damit nämlich, dass Schiedsgerichte bei fehlender Rechtswahl durch die Parteien nicht mehr gezwungen seien, das Recht des Sitzstaates anzuwenden. Aber Schiedsgerichte sind an keine *lex fori* gebunden,[520] und das Akzeptieren dieser Tatsache darf nicht mit der Fortbildung von Recht gleichgesetzt werden, weil damit kein Recht fortgebildet, sondern lediglich eine nicht einschlägige Norm nicht angewandt wird. Infolgedessen kann auch mit Blick auf den sog. liberalisierten Ansatz nicht von einer Rechtsfortbildung gesprochen werden.[521]

Ungeachtet dieser Schiedsgerichten fälschlicherweise zugesprochenen „Rechtsfortbildung" besteht dagegen kein Zweifel daran, dass Schiedsgerichte grundsätzlich auch Kollisionsrechte fortentwickeln können.

3. Nationale und internationale Verfahrensrechte

Schiedsgerichte können auch prozessuales Recht fortbilden. Dass ein nationales Schiedsgericht dazu angehalten sein kann, das nationale Schiedsrecht fortzubilden, liegt auf der Hand. Bei internationalen Schiedsgerichten ist die Weiterentwicklung nationalen Prozessrechts naturgemäß weniger zu erwarten. Denkbar ist hier eher, dass Überlegungen und Lösungen eines Schiedsgerichts als Impuls für eine spätere, gerichtliche Fortbildung des nationalen Prozessrechts fungieren. Wie auch durch die rechtsvergleichende Betrachtung der Anwendung ausländi-

„internationalisiert" erachtet und darauf verweist, dass die Parteien ihren Vertrag (kraft ihrer Privatautonomie) dem Völkerrecht unterstellt hätten. Vgl. ferner Schanze, Investitionsverträge, S. 111 ff.; Velten, Anwendung des Völkerrechts auf State Contracts, S. 59 ff.

518 Zur Frage der ergänzenden oder verdrängenden Anwendung des Völkerrechts s. insbesondere *Klöckner Industrie-Anlagen GmbH and others v. United Republic of Cameroon and Société Camerounaise des Engrais*, ICSID ARB/81/2, (First) Decision on Annulment sowie *Wena Hotels Limited v. Arab Republic of Egypt*, ICSID ARB/98/4, Decision on Annulment, Rn. 38: „[...] *complementary* to the applicable law in case of *lacunae* and [...] *corrective* in case that the applicable domestic law would not conform on all points to the principles of international law" (Hervorhebungen im Original); ferner Renner, Zwingendes transnationales Recht, S. 130 f.

519 Sandrock, in: Rechtsfortbildung, S. 21, 60 ff.

520 S.o. Kapitel 3, I., 1.

521 Zu diesem s.o. Kapitel 3, I., 1.

scher Prozessrechte können Erfahrungen aus Schiedsverfahren somit Einfluss auf ein nationales Prozessrecht ausüben.[522]

Ein weit größeres Feld möglicher Rechtsfortbildungen durch internationale Schiedsgerichte ist in dem Verfahrensrecht der Schiedsinstitutionen zu sehen,[523] das nicht nur in der institutionellen Schiedsgerichtsbarkeit Verwendung findet. Auch in *ad hoc*-Schiedsverfahren wird regelmäßig auf eine bestehende Schiedsordnung zurückgegriffen, weil sie ein erprobtes und kompromissfähiges Grundgerüst für den Ablauf von Schiedsverfahren bietet. In der Intention, eine zustimmungsfähige Basis für Schiedsverfahren zu schaffen, begnügte man sich bei der ICC wie andernorts mit wenig detaillierten Schiedsordnungen.[524] Ihre zumeist vagen Formulierungen und konkretisierungsbedürftigen Vorschriften sind geradezu prädestiniert, von Schiedsgerichten weiterentwickelt zu werden, da nur zu wenigen der zahlreichen Problemstellungen, die während eines Verfahrens auftreten können, etablierte Antworten existieren.[525] Haben die Parteien den Verfahrensablauf nicht oder nicht in allen Einzelheiten geregelt, können Konflikte auftreten, die daraus resultieren, dass sie bzw. die Parteivertreter wie auch die Schiedsrichter aus verschiedenen Rechtstraditionen kommen und deshalb unterschiedliche Erwartungen hegen.[526] Aus diesem Grunde vereinbaren Parteien mit den Schiedsrichtern häufig Verfahrensregeln, die eine Vermengung von *Common Law* und kodifiziertem Recht darstellen.[527] Darüber hinaus tendieren insbesondere Schiedsgerichte der internationalen Handelsschiedsgerichtsbarkeit dazu, die so häufig proklamierte Verfahrensfreiheit durch das Herausbilden konkreter Regeln[528] oder durch die Anwendung von auf internationaler Ebene entwickelten Standards einzuschränken.[529]

---

522 Vgl. dazu nur Schlosser, in: Rechtsfortbildung, S. 5, 6; Schütze, ZVglRWiss 2011, 89, 90 („Die größten Erfolge hat die prozessuale Rechtsvergleichung auf dem Gebiet der Schiedsgerichtsbarkeit zu verzeichnen.").

523 Stein, Lex Mercatoria, S. 101.

524 Blackaby/Partasides/Redfern/Hunter, Redfern and Hunter on International Arbitration, Rn. 10.50.

525 Park, International Business Disputes, S. 43: „From the filing of a claim to the closure of hearings, myriads of procedural questions arise that have no clearly established right answers."

526 Böckstiegel, ICC Bull. 1999, 49, 52f.; Raeschke-Kessler, in: Liber Amicorum Briner, S. 647, 661.

527 Böckstiegel, in: Taking of Evidence, S. 1, 3.

528 Bspw. in Terms of References, aber unter Umständen auch in Verfügungen (Procedural Orders). S. dazu von ICC-Schiedsgerichten erlassene Verfügungen ICC 12206/2004, Procedural Order, 13.02.2004; ICC 13225/2004, Procedural Order, 08.10.2004; ICC 12296/2004, Procedural Order, 21.06.2004 sowie Hascher, in: Procédure d'arbitrage, S. 5ff.

529 Böckstiegel, ICC Bull. 1999, 49, 52f.; Kaufmann-Kohler, J. Int. Disp. S. 1 (2010), 283, 296; kritisch Hascher, in: Procédure d'arbitrage, S. 5, 6 und 16 („Comme le disait un grand arbitre, le

So wurden etwa die IBA Rules on the Taking of Evidence in International Arbitration der International Bar Association als Kompromiss zwischen kontinentaleuropäischem und *Common Law* Beweisrecht dankbar aufgenommen.[530] Schriftliche Zeugenaussagen (*Written witness statements*, Art. 4 (4)-(9) IBA Rules) sowie eine eingeschränkte *Discovery* (Art. 3 und 9 IBA Rules)[531] haben sich auf diese Weise in der schiedsverfahrensrechtlichen Praxis etabliert.[532] Da sie ohne in einen Vertrag inkorporiert zu werden nicht die Verbindlichkeit eines solchen haben, können die IBA Rules ebenso wie beispielsweise die UNCITRAL Notes on Organizing Arbitral Proceedings[533] als prozessuales *Soft Law* bezeichnet werden.[534] Schiedsgerichte stützen sich auf dieses *Soft Law*, wenn weder durch die Parteien noch durch die Schiedsordnung eine bestimmte Vorgehensweise in einer Frage vorgegeben wird. Im letzteren Fall wird die Schiedsordnung durch das *Soft Law* konkretisiert und ergänzt. Eine solche Praxis lässt sich kaum als Rechtsfortbildung im engeren Sinne qualifizieren, doch darf dies nicht darüber hinwegtäuschen, dass es Schiedsgerichte waren, die für jene Kodifikationen maßgebliche Beiträge lieferten. Schließlich boten die in Schiedsverfahren streitigen und wiederholt auftauchenden Fragen Anlass zu den von Praktikern, also auch Schiedsrichtern, besetzten Arbeitsgruppen. Die von diesen erstellten Kodifikationen sind teils innovativ, zum Teil stellen sie aber auch lediglich eine Kompilation in der Praxis bewährter Vorgehensweisen dar.[535]

Professeur Claude Reymond, il convient de préserver la souplesse et l'élégance des procédures arbitrales.").

530 Park, in: Pervasive Problems S. 141, 142: „[I]n almost all cases, these guidelines will have far-reaching effects, notwithstanding that they are non-binding on their face. During heated procedural debates they will be cited *faute de mieux*, for lack of anything better." Ferner Raeschke-Kessler, in: Beweiserhebung, S. 41ff; Schütze, ZVglRWiss 2011, 89, 94.

531 Hierzu Raeschke-Kessler, in: Liber Amicorum Briner, S. 647, 662 („effective defence against the US discovery procedure, to which companies may be exposed, when their opponents are from Anglo-American background.").

532 Auch werden regelmäßig *Cross-examinations* durchgeführt, doch beruhen diese nicht auf dem Einfluss der IBA Rules on the Taking of Evidence.

533 Die UNCITRAL Notes on Organizing Arbitral Proceedings von 1996 sind verfügbar unter: <http://www.uncitral.org/pdf/english/texts/arbitration/arb-notes/arb-notes-e.pdf> (zuletzt abgerufen am: 01.07.2013).

534 Auch eine Schiedsordnung wie diejenige der ICC ist zunächst als *Soft Law* zu qualifizieren. Sie wird allerdings in der Regel *Hard Law*, indem sie Bestandteil des Vertrages wird, in welchem sich die Parteien auf ein ICC-Verfahren festlegen. Dazu Kaufmann-Kohler, J. Int. Disp. S. 1 (2010), 283, 293.

535 Obgleich bei der Revidierung der IBA Rules 1999 explizit *best practices* berücksichtigt wurden (s. Kreindler, in: Taking of Evidence, S. 85), greift Kaufmann-Kohler, J. Int. Disp. S. 1 (2010), 283, 294, allein den Aspekt der Kompilation bestehender Regeln auf. Dass auch die

Indem sich Schiedsgerichte nun zunehmend auf Normen stützen können, wird das ursprünglich lediglich rudimentär regulierte Schiedsverfahren zunehmend „judicialised".[536] Ferner resultiert aus diesem Vorgehen der Schiedsgerichte ein weitgehend harmonisierter Bereich schiedsverfahrensrechtlicher Praxis.[537]

4. Internationales Einheitsrecht

Die Parteien können auch bestimmen, dass internationales Einheitsrecht, wie etwa das Wiener UN-Übereinkommen über Verträge über den internationalen Warenkauf vom 11. April 1980 (United Nations Convention on Contracts for the International Sale of Goods, CISG), ihr Vertragsverhältnis regelt. Internationales Einheitsrecht soll hier in Übereinstimmung mit *Kropholler* diejenigen Rechtssätze bezeichnen, „die in wenigstens zwei Staaten gleichlautend gelten und ihrem Sinn und Zweck nach auch so gelten sollen"[538]. Zum internationalen Einheitsrecht zählt damit insbesondere staatsvertraglich harmonisiertes Recht, für welches das CISG sowie die Internationale Vereinbarung über Beförderungsverträge auf Straßen (Convention relative au contrat de transport international de marchandises par route, CMR) wichtige Beispiele darstellen.

Die Verhandlungen zu diesen Übereinkommen und teilweise mühsam erzielten Kompromisse zwischen den zahlreichen Vertragsstaaten könnten dagegen sprechen, dass Schiedsgerichte die Regelungen dieser Verträge ohne Weiteres fortbilden können.[539] Doch abgesehen von der ohnehin abzulehnenden Rechts-

---

Schiedsordnungen „geronnene Schiedspraxis" seien, betont hingegen Stein, Lex Mercatoria, S. 102f.

536 Clay, L'arbitre, S. 169f.; Park, in: Pervasive Problems S. 141, 146. Clay, L'arbitre, S. 170ff., hebt dabei zurecht auch die inverse „arbitralisation de la justice étatique" hervor, die sich bspw. darin zeige, dass Gerichten Aufgaben anvertraut würden, die keine Rechtsprechung im eigentlichen Sinne darstellten oder dass Gerichte zunehmend alternative Streitbeilegungsmechanismen anböten.

537 Schütze, ZVglRWiss 2011, 89, 94. In Bezug auf „best practices" s. ferner Voser, SchiedsVZ 2005, 113ff.

538 Kropholler, Internationales Einheitsrecht, S. 1.

539 Zu dieser Überlegung Säcker/Rixecker, MüKo BGB (Bearb. Westermann), CISG Präambel, Rn. 5: „Allerdings widerspräche eine Kompetenz eines nationalen Gerichts zur freien Rechtsfortbildung nicht dem Kompromisscharakter zahlreicher Einzelbestimmungen des CISG und der Ausklammerung wichtiger, mit dem Kauf eng zusammenhängender Privatrechtsmaterien, und es wäre auch nicht mit dem Verzicht auf ein allein oder als höchste Instanz zuständiges Gericht zu vereinbaren. Auf der anderen Seite muss man freilich sehen, dass auch eine Rechtsordnung wie die durch das CISG geschaffene, die inzwischen über 25 Jahre besteht, neuen tatsächlichen, etwa technischen Entwicklungen wie zB der Verbreitung der elektronischen Kommunikation, ange-

fortbildung *contra legem* wären Schiedsgerichte wie auch nationale Gerichte nur dann zur Rechtsfortbildung berufen, wenn das internationale Einheitsrecht gerade keine Regelung vorsähe, die im Wege der Auslegung angewandt werden könnte, und wenn diese Regelungslücke planwidrig wäre. Letztere dürfte demnach nicht darauf beruhen, dass in dieser Frage keine Einigung erzielt werden konnte und man somit bewusst auf eine Regelung verzichtete. Auch darf nationales Ergänzungsrecht dann nicht einschlägig sein, wenn das unmittelbar anwendbare Einheitsrecht eine bestimmte Frage nicht regelt.[540] Von diesen Einschränkungen abgesehen, können und müssen Schiedsgerichte aber im Einzelfall ebenso wie staatliche Gerichte internationales Einheitsrecht fortbilden.[541]

5. Internationales Investitionsrecht

Als Objekt schiedsrichterlicher Rechtsfortbildung kommt auch das Völkerrecht, namentlich das Wirtschaftsvölkerrecht, in Betracht. Das sog. Welthandelsrecht, das im Wesentlichen von der WTO entwickelt wird, soll hier allerdings unberücksichtigt bleiben.[542] In der institutionellen Schiedsgerichtsbarkeit kommt vor

---

passt werden muss, was angesichts der Umständlichkeit von Änderungen des Abkommens praktisch nur durch vorsichtig rechtsfortbildende Auslegung geschehen kann."

540 Hierzu Kropholler, Internationales Einheitsrecht, S. 301ff. (v.a. S. 303: „Der entscheidende Unterschied zur Rechtsfortbildung im autonomen Zivilrecht besteht jedoch darin, daß der Richter in der Regel die ‚Ebene' des Einheitsrechts verlassen und auf das sonstige staatliche Zivilrecht zurückgreifen kann. Als Ergänzungsrecht steht die lex fori bereit, im materiellen Einheitsrecht für internationale Sachverhalte die durch Kollisionsrecht bezeichnete Rechtsordnung [...].").

541 Vgl. Kropholler, Internationales Einheitsrecht, S. 301f.: „Andererseits ist der Richter zu einer Fortbildung des Einheitsrechts dann verpflichtet, wenn eine Rechtsfrage, für die der Text keinen unmittelbar anwendbaren Rechtssatz enthält, erkennbar vom Einheitsrecht erfaßt sein soll und eine Ergänzung aus seiner eigenen Teleologie (z.B. mit Hilfe einer Analogie, Restriktion etc.) möglich ist." Krophollers Bedenken, die mangelnde Publizität würde den Beitrag der Handelsschiedsgerichte zur Bildung eines internationalen Einheitsrechts gering halten (S. 148), ist die heutige Veröffentlichungspraxis entgegenzuhalten. Überdies erklärt er selbst unmittelbar daran anschließend, dass „derartige Schiedsgerichte auf internationaler Ebene bisweilen ganze Branchen [beherrschen], so daß auf diese Weise ‚einheitliches' Richterrecht entsteh[e]" (S. 149, mit Verweis auf Minoli, Rev. Arb. 1966, 63f.).

542 Es gibt freilich Berührungspunkte zwischen dem Welthandelsrecht und dem internationalen Investitionsrecht. Der aus dem Allgemeinen Völkerrecht und internationalen Verträgen bekannte Meistbegünstigungsgrundsatz fand beispielsweise über das Welthandelsrecht seinen Weg ins internationale Wirtschaftsrecht. Dort betrifft er allerdings grenzbezogene Hemmnisse und findet auf ähnliche Produkte oder Dienstleistungen („like products or like services") Anwendung, wohingegen sich die Anwendung im Investitionsrecht auf solche Umstände des

allem das internationale Investitionsrecht als Teil des Wirtschaftsvölkerrechts zur Anwendung, weshalb dieses hier in den Fokus gerückt wird.[543]

Prädestiniert zur schiedsgerichtlichen Prägung ist das internationale Investitionsrecht zum einen, weil es sich als relativ neues Rechtsgebiet noch in der Entwicklung befindet und damit der Festigung und Rechtsfortbildung durch die Spruchpraxis besonders zugänglich ist. Zum anderen sind es nahezu ausschließlich Schiedsgerichte, die über Fälle aus diesem Bereich zu entscheiden haben und damit ebendiese Entwicklung bestimmen. Hinzu kommt, dass nur wenige Institutionen mit ihr befasst werden, was die intensive und wiederholte Beschäftigung mit bestimmten Fragestellungen ermöglicht und den temporären Charakter der einzelnen Schiedsgerichte etwas abschwächt: Am häufigsten wird das ICSID bei investitionsrechtlichen Streitigkeiten angerufen, daneben werden auf regelmäßiger Basis UNCITRAL- und SCC-Verfahren geführt.[544] Vor diesen Schiedsgerichten werden häufig investitionsrechtliche Schutzstandards aus BITs geltend gemacht, die in der Regel so vage formuliert sind, dass sie, ähnlich den Generalklauseln aus dem nationalen oder europäischen Recht, auf eine Konkre-

---

Investors oder der Investition („like circumstances") konzentriert, die von bestimmten Maßnahmen nach dem Passieren der Grenze beeinflusst werden. Letztere sind nicht nur anderer Natur, es zeigt sich vielmehr, dass der Anwendungsbereich der Meistbegünstigungsklausel angesichts der Vielzahl der möglichen Maßnahmen viel weiter ausfällt. S. UNCTAD, Most-Favoured-Nation Treatment – UNCTAD Series on Issues in International Investment Agreements II (2010), S. 30, verfügbar unter: <http://unctad.org/en/Docs/diaeia20101_en.pdf> (zuletzt abgerufen am: 01.07.2013); Kurtz, in: International Investment Law, S. 523, 554.

543 Weniger von Bedeutung ist hier die Frage, ob das internationale Investitionsrecht als Spezialgebiet des Völkerrechts (u. a. Griebel, Internationales Investitionsrecht, S. 7ff.; Schill, EJIL 22 (2011), 875f.) oder als eigenständiges Rechtsgebiet zu betrachten ist (u. a. Paulsson, ICSID Rev. 10 (1995), 232: „This new world of arbitration is one where the claimant need not have a contractual relationship with the defendant and where the tables could not be turned: the defendant could not have initiated the arbitration, nor is it certain of being able to bring a counterclaim. [...] What is already clear is that this is not a subgenre of an existing discipline. It is dramatically different from anything previously known in the international sphere."). Entscheidend ist vielmehr die Tatsache, dass sich das internationale Investitionsrecht vom Völkerrecht emanzipiert hat.

544 S. UNCTAD, IIA Monitor No. 1 (2009), S. 2, verfügbar unter: <http://unctad.org/en/Docs/webdiaeia20096_en.pdf> (zuletzt abgerufen am: 01.07.2013). Von den bis 2008 angestrengten 317 investitionsrechtlichen Verfahren wurden 201 beim ICSID (inklusive ICSID Additional Facility), 83 bei der UNCITRAL, 17 bei der SCC, fünf bei der ICC und fünf *ad hoc* geführt. Ein investitionsrechtlicher Fall wurde vor dem Cairo Regional Centre for International Commercial Arbitration geführt und ein weiteres Verfahren beim PCA. Bei den übrigen vier Verfahren sind Verfahrensart und -grundlage unbekannt.

tisierung durch die Spruchpraxis angelegt sind.[545] Konkretisierung meint hierbei, dass Schiedsgerichte Rechtsvorschriften auslegen,[546] die vom Normgeber bewusst offen formuliert wurden. Rechtsfortbildung im engeren Sinne hingegen bedeutet, dass Schiedsgerichte das Recht dort fortentwickeln, wo planwidrige Regelungslücken bestehen.[547] Sowohl die Konkretisierung als auch eine solche Rechtsfortbildung gehören zum Mandat des Schiedsrichters, der sich vor die Aufgabe gestellt sieht, einen Streitfall zu entscheiden.

6. Transnationales Recht

Ob Schiedsgerichte die sog. *lex mercatoria* fortbilden können, setzt zunächst voraus, dass es sich bei dieser überhaupt um Recht handelt.[548] Der diesbezügliche „Glaubenskrieg“[549] zwischen den Autoren, die die Möglichkeit eines transnationalen Rechts[550] grundsätzlich in Abrede stellen, und denjenigen, die die klassische Rechtsquellenlehre erweitern wollen, soll hier nicht noch einmal nachgezeichnet werden.[551] Vielmehr soll dem Ansatz *Renners* zur Überwindung der Extrempositionen des Rechtsetatismus auf der einen Seite und des Rechtspluralismus auf der anderen Seite gefolgt werden.[552] Der rechtssoziologische Blick auf die Rechtswirklichkeit ermöglicht die Lossagung von den dogmatischen Konfusionen um das „lex mercatoria-Abenteuer“[553] und die nüchterne Feststellung, dass Schiedsgerichte auch Recht anwenden, das weder nationales noch Völkerrecht

---

545 Vgl. Schill, GLJ 12 (2011), 1083, 1092: „However, arbitral tribunals also exercise significant law-making powers in international investment law. The reason for this is the vagueness of the principles of investment protection contained in international investment treaties.“

546 S. allgemein zur Konkretisierung Engisch, Einführung, S. 165, der in der Konkretisierung „eine Art Auslegung“ sieht.

547 Vgl. dazu nur Larenz/Canaris, Methodenlehre, S. 366 ff., 414; Röthel, Normkonkretisierung im Privatrecht, S. 127; Schmidt, Konkretisierung von Generalklauseln, S. 32.

548 Dies verneint etwa Sandrock, in: Rechtsfortbildung, S. 21, 52 f.

549 Teubner, RJ 1996, 255, 264.

550 Zum transnationalen Recht vgl. nur Calliess/Renner, GLJ 10 (2009), 1341 ff.; Carter, Penn. St. Int. L. Rev. 23 (2004), 797 ff.; Renner, Zwingendes transnationales Recht; Teubner, RJ 1996, 255 ff.; Zumbansen, RabelsZ 2003, 637 ff.

551 Aus dem umfangreichen Schrifttum zur *lex mercatoria* vgl. nur Berger, Formalisierte oder „schleichende“ Kodifizierung; Goldman, in: Contemporary Problems, S. 113 ff.; Schmitthoff, RabelsZ 1964, 47 ff.; Stein, Lex Mercatoria; Weise, Lex Mercatoria; Zumbansen, RabelsZ 2003, 637 ff.

552 S. Renner, Zwingendes transnationales Recht, S. 189 ff.

553 Sandrock, in: Rechtsfortbildung, S. 21, 80.

darstellt.[554] Transnationales Recht bezeichnet danach kein drittes Rechtsgebilde, sondern ein „bricolage“ staatlicher, überstaatlicher und nichtstaatlicher Normenordnungen, indem vornehmlich „hergebrachte Rechtsquellen kollisionsrechtlich ‚reorganisiert‘“ werden.[555]

Dieses transnationale Recht kann nicht nur durch Schiedsgerichte fortgebildet werden, es wird zu weiten Teilen nahezu ausschließlich von Schiedsgerichten entwickelt. In einer Vielzahl von Bereichen lassen sich spezifische Bräuche und Normenkomplexe ausmachen. So bezeichnen beispielsweise die *lex sportiva*,[556] die *lex constructionis*,[557] die *lex maritima*[558] sowie die *lex petrolea*[559] verschiedene Teilbereiche des transnationalen Rechts, in denen die private Rechtserzeugung in Ermangelung eines Weltgesetzgebers eine wesentliche Rolle spielt. Neben den Schiedsgerichten sind es dabei vor allem die Bestrebungen aus der Praxis, einheitliche Regelungen für sich wiederholende Problemkonstellationen zu schaffen, die „bottom-up“[560] transnationales Recht generieren.[561]

Kernstück der *lex mercatoria* als autonomem Recht des Welthandels sind die Handelsbräuche.[562] Es liegt auf der Hand, dass internationale Schiedsgerichte –

---

554 Dazu Calliess, ZfRSoz 2000, 293 ff. Soweit auf europäischer Ebene vertreten wird, dass entsprechend Art. 3 Abs. 1 Rom-I-VO (der mit der Fassung in Art. 3 Abs. 1 EVÜ identisch ist) lediglich eine staatliche Rechtsordnung gewählt werden dürfe und deshalb die *lex mercatoria* von den Parteien nicht wählbar sei, wird hier ebenfalls eine andere Ansicht vertreten. Denn über Art. 23 Rom-I-VO (und ehemals 20 EVÜ), der den Vorrang der Grundfreiheiten vor diesem Übereinkommen regelt, ist zumindest der Teil der *lex mercatoria* wählbar, der in durchformulierten Klauselwerken (z. B. UNIDROIT-Principles) besteht. Insofern kann die These von Grundmann, der eine Verletzung von EG-Grundfreiheiten annimmt, wenn solche Klauselwerke nationalen Normen wie etwa der nationalen Inhaltskontrolle unterworfen werden, aufgegriffen werden. S. dazu Grundmann, Europäisches Schuldvertragsrecht, S. 74, der in diesem Kontext eine Maßnahme gleicher Wirkung und – mangels Rechtfertigung durch zwingende Gründe des Allgemeininteresses – eine Verletzung von EG-Grundfreiheiten bejaht.

555 Renner, Zwingendes transnationales Recht, S. 210, Bezug nehmend auf Lévi-Strauss, La pensée sauvage, S. 30: „Le concept apparaît ainsi comme l'opérateur de l'*ouverture* de l'ensemble avec lequel on travaille, la signification comme l'opérateur de sa *réorganisation:* elle ne l'étend ni le renouvelle, et se borne à obtenir le groupe de ses transformations.“

556 Dazu eingehend Latty, Lex sportiva.

557 S. dazu die Ausführungen im 2. Teil unter Kapitel 1.

558 Dazu eingehend Maurer, Lex Maritima.

559 Einen ersten Überblick gibt Bishop, Y.B. Comm. Arb. 23 (1998), 1131 ff.

560 Zur Rechtserzeugung im „Bottom-Up Approach“ s. Levit, Yale J. Int. L. 30 (2005), 125 ff.; Levit, Emory L. J. 57 (2008), 1147 ff.

561 Maurer, Lex Maritima, S. 77.

562 Dasser, Internationale Schiedsgerichte, S. 94; Grundmann, in: FS Rolland, S. 145 f.; Weise, Lex Mercatoria, S. 5 (sowie insbes. Fn. 2). Die Anwendung von Handelsbräuchen sieht etwa Art. 21 Abs. 2 ICC Rules ausdrücklich vor.

nicht zuletzt aufgrund ihrer Besetzung – eher als staatliche Gerichte dazu geeignet und geradezu prädestiniert sind, internationale Handelsbräuche und allgemeine Rechtsgrundsätze nachzuweisen und anzuwenden.[563] Dabei können insbesondere die durchformulierten Klauselwerke, so beispielsweise die UNIDROIT-Principles oder die International Commercial Terms (Incoterms), in rechtsschöpferischer Tätigkeit konkretisiert werden.[564]

Mit den Incoterms wurden bereits 1936 von der ICC Lieferbedingungen des weltweiten Handels geschaffen, die heute als die wichtigsten ihrer Art gelten dürfen.[565] Sie enthalten vornehmlich Regelungen zu den Leistungspflichten der Parteien, dem Leistungsort sowie zur Gefahrtragung.[566] Ein weiteres Beispiel privater Normerzeugung stellen die 1933 unter dem Dach der ICC herausgegebenen Uniform Customs and Practice for documentary credits (UCP) bzw. die Einheitliche Richtlinien und Gebräuche für Dokumenten-Akkreditive (ERA) dar.[567] Sie tragen zur Erhöhung der Transaktionssicherheit bei und finden ebenfalls weltweit Verwendung.[568] Kennzeichen dieser Normenkomplexe ist, dass sie nicht wie AGBs von der einen Vertragspartei verwendet und von der anderen (oftmals strukturell schwächeren) akzeptiert werden müssen, sondern beiden Vertragsparteien zur Anwendung angeboten werden.[569] Die breite Verwendung solcher standardisierten Klauseln verleiht diesen eine starke Normativität. Es verwundert daher nicht, dass staatliche Gerichte sowohl die Incoterms als auch die ERA als kodifizierte

---

563 von Hoffmann, IPRax 1984, 106, 108; Weise, Lex Mercatoria, S. 143f.: „Rechtsfortbildung aus dem Blickwinkel allgemeiner internationaler Rechtsgrundsätze zu betreiben, mag ein nationales Gericht überfordern. Ein typisch besetztes internationales Schiedsgericht, bestehend aus Kennern der beteiligten Rechtsordnung unter neutralem Vorsitz, bringt ungleich günstigere Voraussetzungen mit sich."

564 Berger, J. Int. Arb. 9 (1992), 5, 22: „[R]eference to arbitral case-law may therefore lead to the progressive evolution of international economic law and, more specifically, of the lex mercatoria"; ebenso Dasser, Internationale Schiedsgerichte, S. 126; Lew, in: Liber Amicorum Sanders, S. 223, 231.

565 Bernstorff, RIW 2010, 672, 676. Die letzte Überarbeitung (7. Revision) der Incoterms erfolgte 2010 und gilt seit 01.01.2011. Zu den aktuellen Incoterms s. Bernstorff, RIW 2010, 672ff. sowie insbesondere Ramberg, ICC Guide. Für eine ausführliche wissenschaftliche Auseinandersetzung mit früheren Versionen der Incoterms s. Jolivet, Incoterms.

566 Wertenbruch, ZGS 2005, 136.

567 Deren letzte Überarbeitung (6. Revision) wurde 2006 von der aus 400 Praktikern zusammengesetzten ICC Commission on Banking Technique and Practice angenommen.

568 Häberle, in: Handbuch, S. 755, 757 und 759. Von ihrer Bedeutung zeugt auch die Tatsache, dass die ICC für Streitigkeiten im Rahmen der ERA 500 und 600 eigens ein Schiedsverfahren anbietet: die *Documentary Credit Dispute Resolution.*

569 Snyder, Ohio St. L. J. 64 (2003), 371, 405.

Handelsbräuche anerkannt haben.[570] Sehr treffend beschreibt *Calliess* dieses komplexe Phänomen:

> „Ubi societas, ibi ius: wo den transnational organisierten Kommunikationssystemen kein Weltstaat gegenüber steht, lebt der gesellschaftliche Rechtspluralismus wieder auf. Das auf globaler Ebene entstehende Bedürfnis nach Recht und Ordnung wird durch private Ordnungsleistungen und gesellschaftliche Selbstorganisation befriedigt. Insbesondere die Lex Mercatoria der internationalen Kaufmannschaft dient dabei als Beispiel für ein Privatregime, welches aufgrund der Nutzung des Rechtscodes eine autonome, nicht-staatliche Rechtsordnung mit globalem Geltungsanspruch hervorbringt, die auf einer nicht politisch mediatisierten, unmittelbaren strukturellen Kopplung von Wirtschaft und Recht beruht."[571]

III. Zusammenfassende Bewertung

Es entspricht dem Gedanken der Privatautonomie, dass es die Parteien sind, die Schiedsgerichten nicht nur die originäre Entscheidungsbefugnis zusprechen, sondern auch gestaltend auf das Kompetenzfeld des Schiedsgerichts einwirken können. Demzufolge ist es in erster Linie die Aufgabe der Parteien, Kompetenzbeschränkungen oder -erweiterungen vorzugeben.

Diese parteilichen Kompetenzzuschreibungen können Auswirkungen auch darauf haben, inwieweit Schiedsgerichte Recht fortbilden. Rechtspolitisch ist die Schiedsgerichten eingeräumte Befugnis, Recht nicht nur anzuwenden, sondern auch fortzubilden, durchaus wünschenswert. Gerade bei Rechtsgebieten, die nahezu ausschließlich in internationalen Schiedsverfahren relevant werden, ist die schiedsrichterliche Rechtsprechung von weitreichender Bedeutung. Auch können die häufig von Experten besetzten Schiedskörper den Besonderheiten einer Branche sowie den dort herrschenden Parteiinteressen besonders Rechnung tragen.[572]

---

570 Vgl. nur LG Frankfurt am Main, Urteil vom 06.10.1995 – 3/11 O 31/95, WM 1996, 153 f. (1. Leitsatz: „Es ist davon auszugehen, daß kraft Handelsbrauchs konkludent die Einbeziehung der Einheitlichen Richtlinien und Gebräuche für Dokumenten-Akkreditive (ERA) gewollt ist, wenn die das Akkreditiv-Verhältnis bildenden Parteien Kaufleute sind."); OLG München, Urteil vom 19.12.1957 (6 U 1548/57), NJW 1958, 426 (heißt es zunächst noch: „Die in Incoterms niedergelegten Regeln geben nicht einen allgemein gültigen Handelsbrauch wieder [...]", wendet das Gericht diese trotz fehlender entsprechender Parteivereinbarung an: „[...] wird mangels entgegenstehender Anhaltspunkte freilich von der in Incoterms gegebenen Auslegung ausgegangen werden können.").

571 Calliess, ZfRSoz 2005, 35, 52.

572 Franck, Fordham L. Rev. (2005), 1521, 1606; Renner, Zwingendes transnationales Recht, S. 59; Sandrock, in: Rechtsfortbildung, S. 21, 36.

Darüber hinaus ist es in erster Linie der Rechtswahl der Parteien geschuldet, welcher Rechtsmaterie sich ein Schiedsgericht annimmt. Es wurde aufgezeigt, dass Schiedsgerichte die dargestellten Rechtsgebiete grundsätzlich wie staatliche oder internationale Gerichte fortbilden können. So kommt auch ihnen ein *pouvoir créateur* zu.[573] Insofern können sie durchaus mehr erbringen als die Dienstleistung einer Streitentscheidung. Weder sind sie allerdings zu mehr verpflichtet,[574] noch besteht eine Obliegenheit oder gar Pflicht, früheren Entscheidungen zu folgen und zu einer konsistenten Spruchpraxis beizutragen.[575]

War bereits hierbei der Blick auf die Rechtswirklichkeit unvermeidbar, so wird im nachfolgenden Teil dieser Arbeit daran angeknüpft und neben der Präzedenzwirkung[576] empirisch untersucht, inwiefern Schiedsgerichte explizit Recht erzeugen.[577] Darüber hinaus wird für ausgewählte Bereiche des internationalen Wirtschaftsrechts das erreichte Maß an Konsistenz in der schiedsrichterlichen Spruchpraxis nachvollzogen.[578]

573 So lässt sich die Aussage Belaids, „L'apport créateur du juge [...] est en réalité *l'expression d'une fonction normale et inhérente* à l'office du juge" (Belaid, Pouvoir créateur, S. 262), auf den Schiedsrichter übertragen. Zu den von Privaten generierten Normen s. ferner Maurer, Lex Maritima, S. 68 („privat erzeugte Normen [haben] häufig denselben „Effekt" (dieselbe Funktion) wie staatlich erzeugtes Recht"), mit Verweis auf Snyder, Ohio St. L. J. 64 (2003), 371, 405.

574 Blackaby, in: Contemporary Questions, S. 355, 361 („[...] the treaty arbitrator has a new responsibility for establishing a new corpus of law").

575 Kaufmann-Kohler, Arb. Int. 23 (2007), 357, 374: „It may be debatable whether arbitrators have a *legal* obligation to follow precedents – probably not – but it seems well settled that they have a *moral* obligation to follow precedents so as to foster a normative environment that is predictable." (Hervorhebungen im Original).

576 S. 2. Teil, Kapitel 1, I. sowie Kapitel 2, I.

577 S. 2. Teil, Kapitel 1, III. sowie Kapitel 2, III.

578 S. 2. Teil, Kapitel 1, II. sowie Kapitel 2, II.

2. Teil: Die schiedsgerichtliche Praxis

Die Präzedenzwirkung von Entscheidungen internationaler Schiedsgerichte soll an dieser Stelle empirisch nachvollzogen werden. In der Rechtswissenschaft sowie speziell in den Forschungsarbeiten zur internationalen Schiedsgerichtsbarkeit finden sich selten empirische Analysen,[579] obgleich auch hier die Feststellung *Posners* gilt: „When hypotheses cannot be tested [...] speculation is rampant and knowledge meager."[580] Die dogmatischen Überlegungen zu dem Phänomen der faktischen Präzedenzwirkung werden daher im Folgenden durch die quantitative und qualitative Analyse der handels- sowie der investitionsschiedsgerichtlichen Spruchpraxis untermauert. Geprüft wird hier „nicht [...], was die richtige Entscheidung ist, sondern wie [...] tatsächlich entschieden wird",[581] dabei folgt die Darstellung methodisch der sogenannten Zitationsanalyse. Durch die Ermittlung der Häufigkeit von Zitaten anderer Entscheidungen wie auch durch die Erforschung der Frage, weshalb jeweils zitiert worden ist, können die erlangten Daten in Bezug auf ihren normativen Zusammenhang bewertet werden.[582] Bei diesem Vorgehen werden lediglich veröffentlichte Entscheidungen berücksichtigt,[583] können schließlich in der Regel nur diese überhaupt von nachfolgenden Schiedskörpern zitiert werden.[584]

Ein solches empirisches Vorgehen birgt zwei Schwierigkeiten: Zum einen hat allein die ICSID-Rechtsprechung bereits „unmanageable proportions"[585] erreicht. Um bestmögliche Aussagen treffen zu können, musste das Fallmaterial dennoch zur Gänze gesichtet und ausgewertet werden. Ausgewählte Bereiche erfuhren dann eine eingehende Analyse. Zum anderen wird nur ein kleiner Teil der ICC-

579 Drahozal, Arb. Int. 22 (2006), 291, 305: „The body of empirical research on international commercial arbitration, while growing, is merely the beginning. Much more remains to be done." Ferner Posner, LEWP (1999), 1, 2: „But the amount of quantitative empirical research in law remains slight not only in proportion to the amount of other legal research, but also in proportion to the opportunities that a quantitative approach offers for illuminating hitherto intractable issues." Hervorgehoben sei an dieser Stelle die ebenfalls dogmatisch-empirische Forschungsarbeit: Renner, Zwingendes transnationales Recht.

580 Posner, LEWP (1999), 1.

581 Alexy, Begriff und Geltung, S. 47.

582 Vgl. Posner, LEWP (1999), 1, 4: „In case-law systems, such as those of the United States and England, citations are a conspicuous feature of most judicial opinions. It does not follow from the commonness of citing that citing is an activity worth studying. That depends on *why* a work or author is cited." (Hervorhebung im Original).

583 Sowohl Teil- als auch abschließende Entscheidung und Aufhebungsentscheidungen werden berücksichtigt. Unter besonderer Kennzeichnung werden, wo dies der Analyse dienlich ist, vereinzelt auch abweichende Voten in die Untersuchung integriert.

584 Vgl. Posner, LEWP (1999), 1, 15: „An unpublished decision resolves a dispute, which is a useful thing to do even though it doesn't create a citable precedent."

585 Weeramantry, ICSID Rev. 25 (2010), 111, 124.

Schiedssprüche überhaupt veröffentlicht. Dieser Teil beläuft sich allerdings allein im Zeitraum von 1996 bis 2011 auf 211 Entscheidungen,[586] die zumindest in Ausschnitten und anonymisierter Form vorliegen. Auch unter dem Gesichtspunkt der Repräsentativität stellen sie das bestmögliche Fallmaterial dar, das der empirischen Analyse zugänglich ist. Die darüber hinausgehende Auswahl des Fallmaterials wird in den jeweiligen Abschnitten für die ICC und das ICSID getrennt diskutiert.[587]

Im Folgenden wird zunächst die handelsschiedsgerichtliche Spruchpraxis (Kapitel 1), sodann die Investitionsschiedsgerichtsbarkeit (Kapitel 2) untersucht. Dabei folgt auf die empirische Erforschung der Präzedenzwirkung jeweils eine Erörterung der Frage nach der Konsistenz der Rechtsprechung sowie der Rechtsfortbildung in den einzelnen Bereichen. Einleitend wurde bereits auf die enge Verzahnung von Rechtsfortbildung und konsistenter Spruchpraxis hingewiesen, die sich gerade in der Relevanz der Präzedenzwirkung auch für die Kohärenz der Rechtsprechung zeigt.

586 Diese Anzahl beruht auf der Auswertung der gängigen Fachzeitschriften; unter Berücksichtigung anderer, auch privater Quellen wäre die Zahl entsprechend höher.

587 S. die nachfolgenden Abschnitte Kapitel 1 und 2.

Kapitel 1: Analyse handelsschiedsgerichtlicher Entscheidungen

Es wurde bereits die dogmatische Aussage getroffen, dass auch Schiedssprüchen der internationalen Handelsschiedsgerichtsbarkeit Präzedenzwirkung zukommen kann.[588] Die nachfolgende empirische Studie soll Aufschluss über die Rechtswirklichkeit geben und aufzeigen, inwieweit Entscheidungen von ICC-Schiedsgerichten tatsächlich Präzedenzwirkung zukommt. Dabei wird zunächst ein allgemeiner Trend bei den zwischen 1996 und 2011 veröffentlichten Schiedssprüchen ausgemacht, um dann anhand eines kompetenzrechtlichen sowie eines materiellrechtlichen Themenkomplexes eine vertiefte quantitativ- und qualitativ-empirische Analyse durchzuführen. Bei diesen Fallstudien handelt es sich zum einen um die Frage der Erstreckung der Schiedsklausel auf konzernzugehörige Unternehmen, welche diese nicht unterzeichnet haben, und zum anderen um den Bereich internationaler Baustreitigkeiten.

Abgesehen von der bekannten Untersuchung *Kaufmann-Kohlers*[589] existiert keine Forschungsarbeit, die eine ähnliche Richtung einschlägt. In ihrem Vortrag vergleicht *Kaufmann-Kohler* die Anzahl der Bezugnahmen auf frühere Entscheidungen in Schiedssprüchen der handelsrechtlichen, der investitionsrechtlichen und der Sport-Schiedsgerichte. Bei der handelsrechtlichen Spruchpraxis der ICC kommt sie zu dem Ergebnis, dass 15 % der ca. 190 überprüften Schiedssprüche auf frühere Entscheidungen Bezug nehmen.[590] Daraus folgert sie:

> „Aside from procedural issues, perhaps, one can see no precedential value or self-standing rule creation in commercial arbitration awards. This conclusion does not ignore the theory of the *lex mercatoria*, the existing studies on ‚arbitral jurisprudence‘, or the famous *Dow Chemical* award.“[591]

In der Tat steht ihre Schlussfolgerung im Gegensatz zu weiten Teilen des Schrifttums zur *lex mercatoria*[592] sowie die berühmte *Dow Chemical*-Entscheidung aus dem Jahr 1982, in der es heißt:

---

588 S.o. 1. Teil, Kapitel 2.

589 Kaufmann-Kohler, Arb. Int. 23 (2007), 357 ff.

590 Kaufmann-Kohler, Arb. Int. 23 (2007), 357, 362, wo die empirisch gewonnenen Ergebnisse ohne genaue Angaben zur Fallauswahl sowie zur methodischen Vorgehensweise wiedergegeben werden.

591 Kaufmann-Kohler, Arb. Int. 23 (2007), 357, 363.

592 Vgl. insbesondere Berger, Formalisierte oder „schleichende“ Kodifizierung; Dasser, Internationale Schiedsgerichte; Schroeder, Lex mercatoria arbitralis; Stein, Lex Mercatoria.

> „Les décisions de ces tribunaux [arbitraux] forment progressivement une jurisprudence dont il échet de tenir compte, car elle déduit les conséquences de la réalité économique et est conforme aux besoins du commerce international, auxquels doivent répondre les règles spécifiques, elles-mêmes progressivement élaborées, de l'arbitrage international."[593]

Die hierzu im Gegensatz stehenden Folgerungen *Kaufmann-Kohlers* aus einer ersten Auseinandersetzung mit ICC-Schiedssprüchen sollten nicht zu der voreiligen Annahme verleiten, diese Aussage des Schiedsgerichts sei nunmehr obsolet. Man muss sie sich im Gegenteil vergegenwärtigen und fragen, ob sich die Schaffung eines Fallrechts – in der Retrospektive – als Traum[594] entpuppt hat oder als visionär betrachtet werden muss. Dies wäre nicht zuletzt dann der Fall, wenn heute zumindest Ansätze eines Fallrechts erkennbar wären.[595] Für die Beantwortung dieser Frage ist eine etwaige Präzedenzwirkung und Rechtsfortbildung in der internationalen Handelsschiedsgerichtsbarkeit zu erforschen. Dazu werden ICC-Schiedssprüche untersucht, die zwischen 1996 und 2011 in den wichtigsten einschlägigen Zeitschriften, nämlich im *Yearbook Commercial Arbitration*, im *Journal du droit international (Clunet)* sowie im *ASA Bulletin*, veröffentlicht worden sind. Daneben werden auch ausgewählte Bände des *ICC International Court of Arbitration Bulletin* berücksichtigt.[596] Aus dieser Fallauswahl ergibt sich eine Anzahl von 211 zu untersuchenden Schiedssprüchen. Dies stellt zwar nur einen Bruchteil der tatsächlich in einem vergleichbaren Zeitrahmen unter dem Dach der ICC geführten Schiedsverfahren dar.[597] Angesichts der dargestellten Veröffentlichungspraxis des ICC-Schiedsgerichtshofs stellt dies jedoch das bestmögliche Untersuchungsmaterial dar.

---

593 ICC 4131/1982, Clunet 1983, 899, 904.

594 So Kaufmann-Kohler, Arb. Int. 23 (2007), 357, 363 („may well constitute the ‚dream' component referred to in the title of this lecture"). Clay, L'arbitre, S. 221, bezeichnet die Äußerung des Schiedsgerichts gar als „une sorte de prosélytisme arbitral".

595 Ohne empirische Untermauerung heißt es etwa bei Fouchard/Goldman/Gaillard, Traité de l'arbitrage commercial international, Rn. 384: „Et à lire les sentences de la CCI publiées au JDI et leur commentaire, on constate un phénomène très significatif: les sentences les plus récentes s'appuient sur les plus anciennes, et les solutions se coordonnent. La connaissance des sentences renforce donc leur cohérence; dans le droit de l'arbitrage comme dans le droit du commerce international, cette jurisprudence arbitrale est devenue aujourd'hui une source privée d'un poids non négligeable."

596 Es handelt sich um die *Bulletin*-Ausgaben, die Entscheidungen zu den beiden zu untersuchenden Themenkomplexen beinhalten: Vol. 9/2 (1998), Vol. 16/2 (2005), Vol. 19/2 (2008).

597 Ginsburg, Vand. J. Trans. L. 36 (2003), 1335, 1340: „Although certain sources for arbitral decisions exist [...] they are but the tip of the iceberg of all the cases produced." Allein im Jahr 2010 wurden 793 neue Fälle registriert und insgesamt 1.485 Fälle von der ICC betreut, s. ICC, ICC Bulletin, Vol. 22 (1), S. 7.

I. Summarischer rechtsempirischer Befund

Das folgende Schaubild zeigt, wie oft in Entscheidungen von ICC-Schiedsgerichten auf andere Entscheidungen Bezug genommen wird. Dabei werden ausschließlich die Zitationen auf frühere ICC-Entscheidungen gewertet, da allein diese Bezugnahmen bei der Ermittlung der Präzedenzwirkung von ICC-Schiedssprüchen von Bedeutung sind.

Übersicht 1: ICC-Zitationen 1996 – 2011[598]

Jahr der Veröffentlichung	Anzahl an Entscheidungen	Anzahl an Bezugnahmen auf ICC-Entscheidungen pro Entscheidung	Anzahl an ICC-Zitationen pro Jahr	Durchschnitt der Bezugnahmen auf ICC-Entscheidungen
1996	15	0/0/0/0/0/1/8/0/0/0/0/0/0/0/1	10	0,67
1997	14	0/0/0/0/1/0/0/0/0/0/0°/3/0/1	5	0,36
1998	22	0/1/0/0/0/0/0/0/0/0/0/0/0/0/2/0/0/1/5/0/6/0	15	0,68
1999	10	0/0/1/0/0/0/0/0/0/0	1	0,1
2000	12	3/0/1°/1/0/0/1/0/0/2/3/0	12	1
2001	11	2/0/0°/3/0/0/0/3/0/2/3	13	1,18
2002	8	0/0/0/0/0/0/0/0	0	0
2003	11	0/0/0/0/4/4/0/8/4/0/0	20	1,81
2004	13	1/0/0/0/0/0/0/0/0/0/0/0/0	1	0,77
2005	15	0/5/0/0/2/0/0/3/3/1/4/0/6/0/0	24	1,6
2006	13	0/0/0/0/0/0/1/0/0/0/0/0/0	1	0,77
2007	8	0/1/0/0/0/0/6/0	7	0,88
2008	15	0/0/0/0/0/0/0/0/4/0/0/0/0°/0/0	4	0,27
2009	12	0/0/0/0/0/0/0/0/0/0/0/0	0	0

598 Jede zitierte Entscheidung wird nur einmal gezählt, auch wenn sie mehrfach erwähnt wird. Verbundene Verfahren gelten als eines. Mit einem ° werden unspezifizierte Erwähnungen von ICC-Entscheidungen gekennzeichnet, wie etwa „plusieurs sentences arbitrales“, „jurisprudence constante“ oder „La pratique des tribunaux arbitraux de la CCI, acceptée par une doctrine qui fait autorité“.

Jahr der Veröffentlichung	Anzahl an Entscheidungen	Anzahl an Bezugnahmen auf ICC-Entscheidungen pro Entscheidung	Anzahl an ICC-Zitationen pro Jahr	Durchschnitt der Bezugnahmen auf ICC-Entscheidungen
2010	16	0/5/0/0/0/3/0/0/0/1/ 4/0/5°/0/0/5	23	1,44
2011	16	3/0/0/0/0/0/1/0/0/0/ 0/1/3/0/2/2	12	0,75
Insgesamt:	211			
Gesamtdurchschnitt:	13			0,77

Durchschnittlich wird nur 0,77 Mal pro Entscheidung auf einen früheren Schiedsspruch Bezug genommen. Die in den letzten Jahrzehnten gestiegene Veröffentlichung schiedsrichterlicher Entscheidungen lässt dabei die Annahme zu, dass der ermittelte Durchschnitt der letzten 16 Jahre sogar über demjenigen der vorangehenden Jahre und Jahrzehnte liegt. Zumindest mit Blick auf Schiedssprüche von ICC-Schiedsgerichten ist die Zitationspraxis demnach nicht sehr stark ausgeprägt.

Allerdings zeigt vorliegende Studie, dass eine im Vergleich zu dem Befund *Kaufmann-Kohlers* (15 %) durchaus höhere Quote realisiert wird, da hier knapp ein Viertel (23,7 %) aller untersuchten Schiedssprüche Zitationen von ICC-Entscheidungen enthalten. Dies offenbart zwar noch immer eine große Anzahl an Entscheidungen, die keine Zitationen anderer ICC-Schiedssprüche enthalten. Doch dürfen die vorhandenen Bezugnahmen angesichts ihrer Größenordnung nicht unbeachtet bleiben.

Um über die quantitativen Ergebnisse hinaus im Hinblick auf die Präzedenzwirkung eine aussagekräftige Tendenz in der ICC-Spruchpraxis zu ermitteln, ist bei jeder einzelnen Zitation zu ermitteln, warum jeweils auf eine frühere ICC-Entscheidung Bezug genommen wird. Weil nicht jeder Bezugnahme das gleiche Gewicht zukommt, wird in der nachfolgenden Übersicht jedes Zitat einer ICC-Entscheidung einer der Kategorien Befolgen, Untermauern, Ausgangspunkt, *Distinguishing*, Ablehnen oder Parteivorbringen zugeordnet.

Übersicht 2: Verwendete Zitationstypen (ICC-Schiedssprüche, 1996 – 2011)

	Befolgen	Anwenden				Erwähnen
	Befolgen	Untermauern	*Distinguishing*	Ausgangspunkt	Ablehnung	Ausschließlich Parteivorbringen
Anzahl Zitate (163)	2	114	1	35	4	7
Anteil	1,23 %	69,94 %	0,61 %	21,47 %	2,45 %	4,29 %
Gerundet:	1 %	70 %	0,5 %	21,5 %	2,5 %	4,5 %

Diese Untersuchung legt offen, dass ICC-Schiedsgerichte weit überwiegend positiv auf frühere Entscheidungen Bezug nehmen. Dabei dienen ca. 70 % der Zitationen der Untermauerung der Argumentation des zur Entscheidung berufenen Schiedsgerichts. Für diesen beträchtlichen Anteil an positiven Zitationen sprechen zwei Gründe: Zum einen sind ICC-Schiedsgerichte grundsätzlich nicht verpflichtet, sich mit der Rechtsprechung anderer Schiedsgerichte zu befassen.[599] Nehmen sie Bezug auf eine frühere Rechtsprechung, dann soll diese den Ausführungen des Schiedsgerichts mehr Gewicht, eine höhere Autorität verleihen. Wird eine frühere Entscheidung demnach zur Untermauerung des eigenen Vortrags herangezogen, ist darin ein Argument zu sehen. Das Schiedsgericht argumentiert *mit* der früheren Rechtsprechung, indem es auf diese in positiver Weise Bezug nimmt. Zum anderen stehen ICC-Schiedsgerichte häufig vor komplexen Problemkonstellationen, die es für Schiedsgerichte naheliegend erscheinen lassen, nach Lösungen zu ähnlichen Fallgestaltungen zu suchen. Überzeugen die dortigen Argumente und gefundenen Lösungen das zur Entscheidung berufene Schiedsgericht, wird es die gleichen Argumente zumindest ergänzend vortragen und – wiederum, um seiner Entscheidung mehr Autorität zu verleihen – auf die frühere Rechtsprechung Bezug nehmen.

Dass nun lediglich in zwei Fällen ausdrücklich eine frühere Rechtsprechung befolgt wird, lässt sich darauf zurückführen, dass die stärkste Form der Bezugnahme einer Erklärung des Schiedsgerichts gleichkommt, sich an die frühere Rechtsprechung gebunden zu fühlen. Da Schiedsgerichte jedoch weder rechtlich noch tatsächlich an frühere Schiedssprüche *gebunden* sind, ist diese Zitationsform insbesondere in der Handelsschiedsgerichtsbarkeit nur äußerst selten vorzufinden.

Hingegen erfolgen über ein Fünftel der Zitationen in neutraler Weise (Kategorie Ausgangspunkt), d. h. ohne, dass das Schiedsgericht zu erkennen gäbe, ob und inwieweit es durch die frühere Entscheidung überzeugt wird.

Werden mit den bisherigen Ergebnissen bereits Tendenzen festgehalten, so kann eine weitergehende Aussage über die Präzedenzwirkung der Schiedssprüche nur für einzelne Bereiche getroffen werden. Die thematische Schwerpunktsetzung erlaubt es zugleich, die Konsistenz der Rechtsprechung in diesen Bereichen zu untersuchen sowie etwaige Rechtsfortbildungen aufzuzeigen.

599 Bei einem entsprechenden Parteivortrag werden Schiedsgerichte allerdings häufig auf die zitierten Entscheidungen eingehen, um bereits eine gefürchtete Aufhebung des Schiedsspruchs zu vermeiden – obgleich nicht ersichtlich ist, inwieweit ein mangelndes Eingehen auf eine zitierte Rechtsprechung einen anerkannten Aufhebungsgrund darstellen kann. Denn eine Missachtung des Grundsatzes der Gewährung rechtlichen Gehörs ist allein damit ebenso wenig gegeben wie eine fehlerhafte rechtliche Würdigung. Auch eine Kompetenzüberschreitung des Schiedsgerichts kann in dieser Vorgehensweise nicht ohne Weiteres gesehen werden.

II. Präzedenzwirkung in der ICC-Spruchpraxis

Die nun zu analysierenden Fallstudien betreffen zum einen die Frage der Ausweitung der Schiedsklausel auf konzernzugehörige Unternehmen, welche die Schiedsabrede nicht unterzeichnet haben (dazu 1.), und zum anderen den Bereich internationaler Baustreitigkeiten (dazu 2.).

1. Ausweitung der Schiedsklausel auf konzernzugehörige Unternehmen

Im Unterschied zu staatlichen Gerichtsverfahren bedarf es zur Durchführung eines Schiedsverfahrens einer entsprechenden Vereinbarung der Parteien. Denn nur eine freiwillige Unterwerfung unter die schiedsgerichtliche Streitbeilegung kann das Recht der Parteien auf den gesetzlichen Richter einschränken. Wird ein Schiedsvereinbarung getroffen, so bindet diese – wie jeder zivilrechtliche Vertrag – grundsätzlich nur ihre Vertragspartner.[600] Die möglichen Schiedskläger und Schiedsbeklagten zu bestimmen, kann aber durchaus Schwierigkeiten bereiten, etwa wenn eine Vielzahl von Personen an einem Vorhaben beteiligt und durch unterschiedliche Verträge gebunden ist. Es stellt sich dann die Frage, ob eine Schiedsvereinbarung auch andere als die an ihrem Abschluss unmittelbar beteiligten Personen binden kann. Dies betrifft zum einen die Fallkonstellationen der vertraglichen Erstreckung der Schiedsvereinbarung auf Dritte, bei denen also die Relativität des Vertragsverhältnisses durch unmittelbare Vertragswirkung oder vertragsexterne Bindung weiterer Personen durchbrochen wird.[601] Zum anderen geht es um die Problematik der Erstreckung der Schiedsabrede in der Unternehmensgruppe.

Im Rahmen der vorliegenden Arbeit wird die letztgenannte Fallkonstellation als die für die Schiedspraxis wichtigste[602] erörtert. Die Eingrenzung des Unter-

600 S. bspw. BGH NJW-RR 1991, 423, 424 („daß nur derjenige eine Schiedsvereinbarung gegen sich gelten lassen muß, der an ihrem Abschluß beteiligt war").

601 Zu den Fällen der unmittelbaren Vertragswirkung zählen der Vertreter ohne Vertretungsmacht und der Vertrag zugunsten Dritter, zu denjenigen der vertragsexternen Bindung zählen bspw. die Interzession, die Rechtsnachfolge sowie die personengesellschaftlichen Durchgriffsfälle, bei denen die hinter der Gesellschaft stehenden Gesellschafter einbezogen werden. Dazu ausführlich Ahrens, Subjektive Reichweite internationaler Schiedsvereinbarungen, S. 43 ff.

602 Schlosser, Internationale private Schiedsgerichtsbarkeit, Rn. 426. Davon zeugt auch das umfangreiche Schrifttum zu dieser Problematik: Ahrens, Subjektive Reichweite internationaler Schiedsvereinbarungen; Bishop/Macmahon, Multiple Party Actions; Busse, SchiedsVZ 2005, 118 ff.; Derains, in: Multiparty Arbitration, S. 131 ff.; Ferrario, J. Int. Arb. 26 (2009), 647 ff.; Habegger, ASA Bull. 22 (2004), 398 ff.; Hanotiau, Complex Arbitrations; Hanotiau, in: Pervasive

suchungsgegenstands auf diese Problematik ermöglicht es so, den Fokus auf die Erforschung einer etwaigen Präzedenzwirkung bzw. Rechtsfortbildung zu richten.

Von den 18 Entscheidungen, welche die Ausweitung der subjektiven Reichweite der Schiedsklausel auf Dritte zum Gegenstand haben,[603] betreffen 16 die Ausweitung auf konzerneingebundene Unternehmen.[604] In diesen 16 Entscheidungen werden insgesamt zwölf verschiedene ICC-Schiedssprüche zitiert. Dabei wird die *Dow Chemical*-Entscheidung des Verfahrens ICC 4131/1982 mit Abstand am häufigsten zitiert, wie folgendes Schaubild zeigt:

Übersicht 3: Die zur Ausweitung der Schiedsklausel auf konzernzugehörige Unternehmen zitierten Entscheidungen (Häufigkeit und Art der Zitationen)

Zitierte ICC-Entscheidung	Anzahl Zitationen	Anzahl nach Zitationstypen[605]
1434/1975	1	1 Unt
2375/1975	1	1 Unt
4131/1982	8 [in 7 Entscheidungen]	4 Unt/1 Dis/2 Aus/1 Abl
5103/1988	3	2 Unt/1 Aus
5721/1990	3	1 Unt/2 Aus
5730/1998	2	1 Unt/1 Aus
5891/1988	1	1 Unt
5920/1989	1	1 Unt
6000/1988	1	1 Unt
6519/1991	2	1 Unt/1 Aus
7604/1995	1	1 Unt
7626/1995	2	1 Unt/1 Aus
12 zitierte Entscheidungen	26 Zitationen insgesamt	16 Unt/1 Dis/8 Aus/1 Abl

Problems, S. 279 ff.; Henry, Int. Bus. L. J. (2006), 297 ff.; Hosking, Pepp. Disp. Res. L. J. 4 (2004), 469 ff.; Jarvin, ASA SpS 8 (1994), 181 ff.; Jürschik, Die Ausdehnung der Schiedsvereinbarung; Sandrock, Int. L. 27 (1993), 941 ff.; Sandrock, SchiedsVZ 2005, 1 ff.; Sentner, Bus. L. Int. 6 (2005), 55 ff.; Townsend, in: Multiparty Arbitration, S. 111 ff.; Vidal, ICC Bull. 16 (2005), 63 ff.; Wilske/Shore/Ahrens, Am. Rev. Int. Arb. 17 (2006), 73 ff.; Woolhouse, Arb. Int. 20 (2004), 435 ff.

603 ICC 7155/1993; ICC 7337/1996; ICC 7604/1995 und 7610/1995; ICC 7626/1995; ICC 8163/1996; ICC 8385/1995; ICC 8910/1998; ICC 9517/2000; ICC 9719/1999; ICC 9873/1999; ICC 10758/2000; ICC 10818/2001; ICC 11160/2002; ICC 11209/2002; ICC 12073/2003; ICC 12605/2005; ICC 12721/2007; ICC 14753/2008.

604 ICC 7155/1993; ICC 7604/1995 und 7610/1995; ICC 7626/1995; ICC 8163/1996; ICC 8385/1995; ICC 8910/1998; ICC 9517/2000; ICC 9719/1999; ICC 9873/1999; ICC 10758/2000; ICC 10818/2001; ICC 11160/2002; ICC 11209/2002; ICC 12605/2005; ICC 12721/2007; ICC 14753/2008.

605 Erläuterung zu den verwendeten Abkürzungen: Bef = Befolgen; Unt = Untermauern; Dis = *Distinguishing*; Aus = Ausgangspunkt; Abl = Ablehnung; Par = Parteivorbringen.

In der berühmten Streitsache *Dow Chemical* prüft das Schiedsgericht seine Zuständigkeit im Hinblick auf den Sachverhalt, dass nur zwei der vier Schiedskläger der *Dow Chemical*-Gruppe die Verträge samt Schiedsabreden mit der Schiedsbeklagten *Isover Saint Gobain* abgeschlossen hatten. Die beiden konzernangehörigen Gesellschaften, d. h. die amerikanische Konzernmutter sowie die französische Tochtergesellschaft, hatten die Verträge zwar nicht unterzeichnet, waren aber in deren Abwicklung eingebunden gewesen. Mit seinem Zwischenschiedsspruch erklärt sich das Schiedsgericht nicht nur für die beiden Gesellschaften zuständig, welche die jeweiligen Verträge mit der entsprechenden Schiedsklausel unterzeichnet hatten, sondern auch für die anderen beiden konzernangehörigen Unternehmen. Es stützt seine Entscheidung vornehmlich auf den Willen der Parteien, der sich darin manifestiere, dass die *Dow Chemical*-Gesellschaften als eine einheitliche wirtschaftliche Realität („une réalité économique unique“[606]) auftraten und daher einbezogen werden sollten.[607] Für die Einbeziehung eines konzernangehörigen Unternehmens sind demzufolge die Zugehörigkeit zu einer Unternehmensgruppe und ein entsprechender Wille des einzubeziehenden Unternehmens bzw. dessen Beteiligung am Vertragsverhältnis erforderlich.[608] In der Literatur hat sich für diese zu prüfenden Voraussetzungen die Bezeichnung „la théorie du groupe de société“[609] bzw. „Group of Companies“-Doktrin[610] etabliert.

Die *Dow Chemical*-Entscheidung erfährt hier nicht nur die meisten Zitationen, sie wird auch häufig als Leitentscheidung[611], „precedent“, „authori-

606 Clunet 1983, 899, 904.

607 Clunet 1983, 899, 904: „Considérant, en particulier, que la clause compromissoire expressément acceptée par certaines des sociétés du groupe, doit lier les autres sociétés qui par le rôle qu'elles ont joué dans la conclusion, l'exécution ou la résiliation des contrats contenant lesdites clauses apparaissent selon la commune volonté de toutes les parties à la procédure, comme ayant été de véritables parties à des contrats, ou comme étant concernées, au premier chef, par ceux-ci et par les litiges qui peuvent en découler“.

608 Als weitere Voraussetzung wird in der Literatur vereinzelt die Möglichkeit der einzubeziehenden Gesellschaft, einen Vorteil aus dem Hauptvertrag zu ziehen, benannt, vgl. Jürschik, Die Ausdehnung der Schiedsvereinbarung, S. 47; Sandrock, Int. L. 27 (1993), 941, 942; Sandrock, SchiedsVZ 2005, 1, 7. Dass diese Voraussetzung in der Praxis allerdings stets gegeben wäre und damit keinerlei einschränkende Funktion einnimmt, räumt auch Sandrock ein, s. Sandrock, SchiedsVZ 2005, 1, 7, Fn. 67.

609 Vgl. nur Chaaban, Rev. Arb. (2007), 721 ff.; Delvolvé, ASA Bull. 10 (1992), 154 ff.; Henry, Int. Bus. L. J. (2006), 297 ff.

610 Vgl. nur Derains, in: Multiparty Arbitration, S. 131 ff.; Ferrario, J. Int. Arb. 26 (2009), 647 ff.; Hanotiau, in: Pervasive Problems, S. 279 ff.; Jarvin, ASA SpS 8 (1994), 181 ff.; Sandrock, Int. L. 27 (1993), 941 ff.

611 Ahrens, Subjektive Reichweite internationaler Schiedsvereinbarungen, S. 149.

ty"[612] oder „cornerstone"[613] bezeichnet. Angesichts dessen wird hier anhand der veröffentlichten Spruchpraxis untersucht, inwieweit sich die in jener Entscheidung entwickelte „Group of Companies Doctrine" verbreitet und durchgesetzt hat.[614]

a) Die *Dow Chemical*-Entscheidung und die „Group of Companies"-Doktrin

16 Entscheidungen betreffen die Ausweitung der Schiedsklausel auf konzerneingebundene Unternehmen.[615] Die beiden Fälle ICC 7337/1996 und ICC 12073/2003, welche andere Konstellationen der Ausweitung der Schiedsklausel auf Dritte zum Gegenstand haben, bleiben daher in dieser Studie unberücksichtigt.

Die Entscheidung ICC 7337/1996 betrifft zwar die Frage der Bindung eines Dritten an eine von diesem nicht unterzeichnete Schiedsklausel, doch kommt eine Anwendung der „Group of Companies"-Doktrin im Kontext der hier streitgegenständlichen insolvenzbedingten Rechtsnachfolge nicht in Betracht.[616]

Im Verfahren ICC 12073/2003 geht es ebenfalls um eine andere Fallgestaltung. Zwar gibt es durchaus Berührungspunkte zwischen der Frage, ob jemand als Partei anzusehen sei, und derjenigen nach der Bindung anderer konzernangehöriger Unternehmen an eine Schiedsklausel. Im vorliegenden Fall werden jedoch die Parteifähigkeit und die Problematik der Bestimmbarkeit der Parteien erörtert. In diesem Kontext ist die „Group of Companies"-Doktrin nicht von Relevanz.

Das Verfahren ICC 12605/2005 hat hingegen durchaus die Ausweitung der Schiedsklausel auf konzerneingebundene Unternehmen zum Gegenstand. Wie auch *Jarvin* in seiner Entscheidungsbesprechung hervorhebt, ist die Frage-

612 ICC 8385/1995, Clunet 1997, 1061, 1068; Blackaby/Partasides/Redfern/Hunter, Redfern and Hunter on International Arbitration, Rn. 2.42 („The leading authority on the ‚group of companies doctrine' is the *Dow Chemical* case").

613 Ferrario, J. Int. Arb. 26 (2009), 647, 651 („The considerations expressed in ICC Case No. 4131 of 1982 (*Dow Chemical* case) are considered the cornerstone of this doctrine.").

614 Obgleich die Entscheidungsbegründung in der Streitsache *Dow Chemical* in verschiedenen Punkten kritikwürdig ist, muss eine kritische Auseinandersetzung angesichts des ohnehin bereits sehr weiten Themenfeldes der Präzedenzwirkung und Rechtsfortbildung im Rahmen der vorliegenden Arbeit in den Hintergrund treten.

615 ICC 7155/1993; ICC 7604/1995 und 7610/1995; ICC 7626/1995; ICC 8163/1996; ICC 8385/1995; ICC 8910/1998; ICC 9517/2000; ICC 9719/1999; ICC 9873/1999; ICC 10758/2000; ICC 10818/2001; ICC 11160/2002; ICC 11209/2002; ICC 12605/2005; ICC 12721/2007; ICC 14753/2008.

616 Y.B. Comm. Arb. XXIVa (1999), 149 ff.

stellung lediglich komplexer als beim „Klassiker".[617] Denn hier muss nicht nur ermittelt werden, ob ein konzernzugehöriges Unternehmen in eine Schiedsklausel eingebunden werden kann. Vielmehr ist zu prüfen, ob eine Partei einer Schiedsvereinbarung aufgrund eines früheren, von ihr nicht unterzeichneten Vertrages in Anspruch genommen werden kann, ob sich also die Schiedsklausel auf den früheren, mit einem konzernzugehörigen Unternehmen abgeschlossenen Vertrag erstreckt.

Eine andere Besonderheit weist die Streitsache ICC 7626/1995 auf: Mit Blick auf die etwaige Einbeziehung eines Unternehmens der Unternehmensgruppe wendet das Schiedsgericht indisches Recht und die sog. „lifting the corporate veil"-Doktrin an.[618] Ohne explizit auf die „Group of Companies"-Doktrin oder die *Dow Chemical*-Entscheidung Bezug zu nehmen, enthalten die Ausführungen zur möglichen Bindung der Schiedsparteien an eine erste Vereinbarung („Agreement no. 1") die – wenngleich wohl nur hilfsweise hinzugefügte – Prüfung der Kriterien der „Group of Companies"-Doktrin.[619]

Zwölf verschiedene Entscheidungen werden in den 16 Schiedssprüchen zitiert. Dabei ist die Verteilung der einzelnen Arten an Bezugnahmen mit derjenigen, die bei der ICC-Spruchpraxis im Allgemeinen ermittelt wurde, durchaus vergleichbar: Auch hier zitieren die Schiedsgerichte frühere Entscheidungen zumeist zur Untermauerung ihrer eigenen Entscheidung (ca. 61 %). Etwa 31 % der Zitationen erfolgen in neutraler Weise.

---

617 ICC 12605/2005, Clunet 2008, 1193 ff., Anm. Jarvin.

618 Y.B. Comm. Arb. XXII (1997), 132, 141, Rn. 30.

619 Das Schiedsgericht prüft die Kriterien erst, nachdem es zu dem Ergebnis kommt, dass die erste Vereinbarung die Streitparteien nicht bindet und nie gebunden hat, s. Y.B. Comm. Arb. XXII (1997), 132, 141, Rn. 31: „The Tribunal therefore finds and concludes that Agreement no. 1 was not an agreement between the parties to this arbitration and is not and never has been binding between P and A. There is no evidence of A-Europe having assigned its rights under the Agreement to A nor that either A-Europe or P intended to enter into legal relations other than as principals."

Übersicht 4: Verteilung der Zitationsarten (allgemein sowie speziell bzgl. der Ausweitung der Schiedsklausel auf konzernzugehörige Unternehmen)

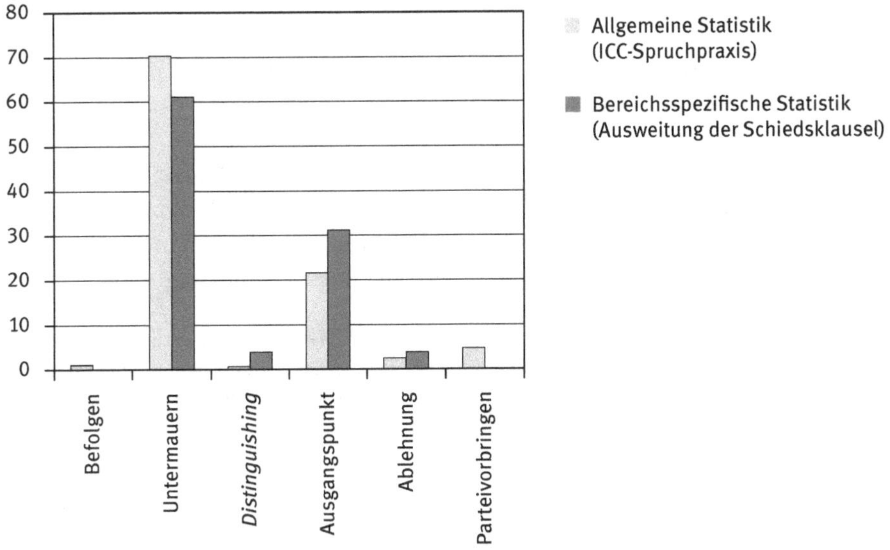

Von den 16 Schiedssprüchen beziehen sich sieben explizit auf die *Dow Chemical*-Entscheidung.[620] Es handelt sich dabei in vier Fällen um positive Zitate zur Untermauerung des eigenen argumentativen Vorgehens des Schiedsgerichts.[621] So formuliert das Schiedsgericht des Verfahrens ICC 7155/1993 im französischen Urteilsstil etwa:

> „Considérant que l'extension de la convention d'arbitrage à des sociétés appartenant au même groupe et eu égard aux circonstances de l'espèce, a été admise à plusieurs reprises par les tribunaux arbitraux (sentences rendues sous les auspices de la CCI: n° 1434, de 1975 [...]; n° 2375, de 1975 [...]; n° 4131, du 22 septembre 1982, Dow Chemical [...]; n° 5103, de 1988 [...]; n° 6000, de 1988 [...]) [...]."[622]

620 ICC 7155/1993; ICC 8385/1995; ICC 8910/1998; ICC 9517/2000; ICC 10758/2000; ICC 10818/2001; ICC 11160/2002.

621 ICC 7155/1993; ICC 8385/1995; ICC 8910/1998; ICC 9517/2000.

622 Clunet 1996, 1037, 1038. Ebenso nimmt das Schiedsgericht in ICC 9517/2000, ICC Bull. Vol. 16/2 (2005), 80, untermauernd auf die *Dow Chemical*-Entscheidung Bezug.

Im Schiedsspruch ICC 8910/1998 benennt das Schiedsgericht darüber hinaus nicht nur die *Dow Chemical*-Entscheidung, sondern nimmt auch ausdrücklich Bezug auf die „Group of Companies"-Doktrin:

> „En présence de parties distinctes, l'extension de la clause arbitrale a été certes admise, non pas sur le fondement de l'existence d'un groupe de contrats mais sur celui de l'existence d'un groupe de sociétés, cela selon la jurisprudence inaugurée par l'arrêt Dow Chemical [...]."[623]

Die Bezugnahme auf die *Dow Chemical*-Entscheidung durch das Schiedsgericht des Verfahrens ICC 10758/2000 ist hingegen als neutral einzustufen. Das Schiedsgericht zeigt hier lediglich, dass ihm diese Rechtsprechung bekannt ist, ohne mit ihr unmittelbar die eigene Positionierung zu verbinden:

> „C'est de cette participation au contrat ou de son attitude envers l'autre partie que le Tribunal arbitral peut déduire ‚la commune intention des parties...' qui a été reconnue dans de nombreuses sentences (y compris l'affaire *Dow Chemical*) comme justifiant l'extension de la clause compromissoire à un non-signataire."[624]

In ähnlicher Weise nimmt das Schiedsgericht in ICC 11160/2002 lediglich in neutraler Weise Bezug auf diese Entscheidung.[625] Die Entscheidung ICC 12605/2005 hingegen zitiert zwar nicht explizit die *Dow Chemical*-Rechtsprechung, erwähnt allerdings eine „jurisprudence constante". Dies ist dennoch weder als positive noch als neutrale Haltung gegenüber dieser Rechtsprechung und der darin verkörperten „Group of Companies"-Doktrin zu werten, da sich das Schiedsgericht allein auf die ständige Rechtsprechung zur Frage nach der Kenntnis einer Schiedsklausel bezieht.[626] Es handelt sich damit nicht um eine implizite positive Bezugnahme auf die *Dow Chemical*-Rechtsprechung.

Das Schiedsgericht des Verfahrens ICC 10818/2001 unterscheidet zunächst den zu entscheidenden Fall vom Sachverhalt in der Streitsache *Dow Chemical*, um sich anschließend – gleich einem *obiter dictum* – ausdrücklich von der zitierten Rechtsprechung zu distanzieren.

---

623 Clunet 2000, 1085, 1090.

624 Clunet 2001, 1171, 1173.

625 ICC Bull. Vol. 16/2 (2005), 99.

626 Vgl. Clunet 2008, 1193, 1196: „Il est de jurisprudence constante que la validité d'une clause compromissoire dépend de savoir si la partie recherchée (en l'espèce [YA]) avait une connaissance effective de la clause compromissoire au moment de la signature du contrat litigieux; la réponse est indiscutablement la négative. La clause compromissoire n'est valable entre les parties que pour autant que ladite clause a été expressément stipulée entre les parties. Le demandeur ne saurait, en conséquence, démontrer une acceptation non équivoque par [YA] d'une quelconque clause compromissoire en l'espèce."

Alle Zitationen der *Dow Chemical*-Entscheidung zeugen von ihrer weiten Bekanntheit. Die Prüfung, welche Entscheidungen konkret der „Group of Companies"-Doktrin folgen, gibt Aufschluss über ihren darüber hinausgehenden Status als Leitentscheidung.

aa) Zustimmende Schiedssprüche

Zunächst fällt auf, dass die Schiedssprüche, welche die *Dow Chemical*-Entscheidung zitieren, auch die Kriterien der „Group of Companies"-Doktrin erörtern.[627] Wie schon das Schiedsgericht des *Dow Chemical*-Verfahrens stützt sich dasjenige in der Streitsache ICC 8385/1995 dabei in seinen Ausführungen auf die *lex mercatoria.*[628] Demgegenüber werden die Voraussetzungen in der Streitsache ICC 7155/1993 auf der Grundlage des anwendbaren französischen Rechts geprüft. Weil sich das Schiedsgericht auf nationales Recht beruft, kann nicht mit Sicherheit gesagt werden, ob es der Doktrin auch folgen würde, wenn ein anderes Recht anzuwenden wäre, das anders als das französische Recht die „Group of Companies"-Doktrin nicht anerkennen würde. In ähnlicher Weise wendet das Schiedsgericht der verbundenen Verfahren ICC 7604/1995 und 7610/1995 die Doktrin auf der Grundlage französischen Rechts an. Den hypothetischen Parteiwillen ermittelt es dahingehend, dass dieser die Anwendung französischen Rechts bedeute. Unter Berücksichtigung französischer Rechtsprechung und Literatur prüft es die Voraussetzungen der „Group of Companies"-Doktrin. Da diese allerdings nicht vollständig vorliegen,[629] prüft das Schiedsgericht die Bindung der Gesellschaft an die Schiedsabrede kraft widersprüchlichen Verhaltens (*venire contra factum proprium*). Dies bejahend, erklärt sich das Schiedsgericht für zuständig, über die Streitsache zu entscheiden. Die gewählte Vorgehensweise verdient insofern Beachtung, als dass das Schiedsgericht direkt auf dieses Institut des allgemeinen Privatrechts hätte zurückgreifen und sich dadurch jegliche Auseinandersetzung

---

627 S. ICC 7155/1993; ICC 8385/1995; ICC 8910/1998; ICC 9517/2000; ICC 10758/2000 sowie ICC 11160/2002. Insbesondere bei letztgenannter Entscheidung zeigt sich, dass dies nicht gleichbedeutend ist mit dem Befolgen der Doktrin.

628 Clunet 1997, 1061, 1068: „Il ne fait aucun doute que la communauté internationale a développé un droit pour régir cette question. Dans de nombreux litiges internationaux, des tribunaux arbitraux, appliquant des principes internationaux, ont levé le voile social. Il convient de rappeler le précédent remarquable et faisant autorité que représente la décision prise par un groupe d'arbitres distingués (les Professeurs Sanders, Goldman et Vasseur) dans l'affaire Dow Chemical vs. Isover Saint Gobain, Affaire CCI n° 4131 (1982)."

629 Clunet 1998, 1027, 1029 („[La défederesse 2] n'a réellement participé de manière décisive à aucune étape du processus contractuel"). Auch im Verfahren ICC 9517/2000 wurden die Voraussetzungen der „Group of Companies"-Doktrin geprüft, deren Vorliegen aber nicht bejaht.

mit der „Group of Companies"-Doktrin ersparen können. Bemerkenswert ist darüber hinaus, dass es zwar die Voraussetzungen der „Group of Companies"-Doktrin prüft, die *Dow Chemical*-Entscheidung jedoch nicht zitiert.[630] Ausdrücklich nimmt das Schiedsgericht vielmehr Bezug auf die „théorie dite de l'attraction d'un tiers à la procédure d'arbitrage", also den Ursprung der französischen „groupe de société"-Theorie.[631] Man mag dies damit begründen, dass in der Anwendung französischen Rechts solchen Theorien, die von französischen Gerichten sowie im französischen Schrifttum entwickelt wurden, höhere Autorität beigemessen wird.

bb) Uneindeutige Schiedssprüche

Werden die Voraussetzungen der „Group of Companies"-Doktrin geprüft, ohne die *Dow Chemical*-Entscheidung oder einen auf sie Bezug nehmenden späteren Schiedsspruch zu zitieren, kann von einer nicht offengelegten Bezugnahme auf die *Dow Chemical*-Rechtsprechung ausgegangen werden. So stellt sich dies etwa im Verfahren ICC 14753/2008 dar, bei dem unklar bleibt, ob das Schiedsgericht dieser Rechtsprechung schließlich folgt:

> „[A]fin de déterminer si une personne non signataire du contrat est partie à la clause d'arbitrage, ‚il convient de déterminer si elle a eu la volonté de devenir partie au contrat dans laquelle elle est insérée' [Anm. Mayer zu Cass. 1re civ., 25.06.1991, Rev. arb. 1991, 453]. Le Tribunal doit ainsi raisonner au moyen d'un faisceau d'indices incluant notamment les critères de contrôle d'une société par une autre, de représentation, de participation à la négociation et à l'exécution du contrat pour déterminer s'il convient d'étendre la convention d'arbitrage à la [société A]."[632]

Bei dem Schiedsspruch zur Sache ICC 12721/2007 lässt sich ebenso wenig mit Sicherheit feststellen, ob das Schiedsgericht der *Dow Chemical*-Entscheidung folgt: Es prüft die Frage, ob die Schiedsklägerin in die nicht von ihr unterzeichnete Schiedsvereinbarung einbezogen werden kann, und verneint dies mit der Begründung, dass sie weder die Vereinbarung unterschrieben noch bewiesen habe, „qu'elle y avait adhéré sur le fondement d'une théorie quelle qu'elle soit".[633] Die ausdrückliche Erwähnung der Möglichkeit ihrer Einbeziehung unter Anwendung einer Theorie spricht dafür, dass das Schiedsgericht hier seine grundsätzliche

630 Dies trifft auch auf den Fall ICC 9873/1999, ICC Bull. Vol. 16/2 (2005), 85 ff., zu.
631 Clunet 1998, 1027, 1029.
632 Clunet 2011, 1257, 1261.
633 Clunet 2011, 1165, 1167.

Anerkennung der „Group of Companies"-Doktrin durchaus zum Ausdruck bringen möchte.

cc) Ablehnende Schiedssprüche

Lediglich eine der 16 Entscheidungen nimmt in einer ablehnenden Haltung auf die *Dow Chemical*-Entscheidung Bezug.[634] Hingegen wird die „Group of Companies"-Doktrin darüber hinaus auch im Schiedsspruch ICC 10758/2000 explizit abgelehnt. Das Schiedsgericht widmet sich dabei zwar den Kriterien der Doktrin. Indem es aber erklärt, dass die Gesellschaftsstruktur keinerlei Grundlage dafür böte, den Schiedsbeklagten als Vertragspartei zu erachten, spricht es sich deutlich gegen die Theorie aus.[635] Schließlich wäre das Kriterium der Unternehmensgruppe in den Augen der Befürworter der Theorie durchaus gegeben.

Ebenso folgen auch die Schiedsgerichte der Verfahren ICC 8163/1996, ICC 9719/1999 und ICC 11209/2002 nicht der „Group of Companies"-Doktrin. Im Gegensatz zum Schiedsspruch ICC 10758/2000 findet die *Dow Chemical*-Entscheidung bei diesen jedoch keine Erwähnung.

Aufgrund des hohen Bekanntheitsgrads der Entscheidung wäre es naheliegend, zumindest bei solchen Schiedssprüchen, die sehr wohl ICC-Rechtsprechung, nicht aber die *Dow Chemical*-Entscheidung zitieren, eine ablehnende Haltung anzunehmen. Dies beträfe jedoch lediglich die Entscheidung ICC 12605/2005. Denn in anderen Fällen, wie in den verbundenen Verfahren ICC 7604/1995 und ICC 7610/1995 sowie ICC 14753/2008, werden die Voraussetzungen der „Group of Companies"-Doktrin durchaus geprüft. Wenngleich die Positionierung des Schiedsgerichts im letztgenannten Fall unklar bleibt, lässt sich bei beiden Entscheidungen keine ablehnende Haltung aus der Tatsache entnehmen, dass eine Bezugnahme auf die *Dow Chemical*-Entscheidung unterblieben ist. Eine solche wird daher allein mit Blick auf das Verfahren ICC 12605/2005 vermutet, wo die „Group of Companies"-Doktrin nicht angewandt wird, obwohl die eine andere Frage betreffende, schiedsrichterliche „jurisprudence constante" Erwähnung findet.[636] Die vorangehende Analyse wird im Anhang resümierend dargestellt.[637]

634 ICC 10818/2001, ICC Bull. Vol. 16/2 (2005), 94.
635 Clunet 2001, 1171, 1174: „[L]e Tribunal ne trouve aucune justification dans la structure sociale [...] pour soutenir que le défendeur doit être considéré comme une partie au contrat."
636 Clunet 2008, 1193, 1196.
637 S. die Übersicht in Anhang 2.

b) Zusammenfassende Bewertung

Das Bild, das die im Untersuchungszeitraum veröffentlichten Schiedssprüche ergeben, lässt sich zusammenfassend folgendermaßen beschreiben: Sieben von 16 einschlägigen Fällen nehmen Bezug auf die *Dow Chemical*-Entscheidung. In insgesamt neun Entscheidungen werden die Kriterien der „Group of Companies"-Doktrin angewandt, von denen ein Schiedsspruch nicht deutlich macht, ob das Schiedsgericht der *Dow Chemical*-Rechtsprechung zustimmend oder ablehnend gegenüber steht und ein weiterer lediglich hilfsweise auf diese abstellt.

Für die Ausweitung der subjektiven Schiedsklausel auf konzernzugehörige Unternehmen lässt sich selbst im Falle der meistzitierten Entscheidung kein hoher Grad an Präzedenzwirkung feststellen. Zwar deuten die Bezugnahmen, die zur Untermauerung der Argumentation späterer Schiedsgerichte erfolgen, durchaus auf eine vereinzelt starke Präzedenzwirkung der *Dow Chemical*-Entscheidung. Doch wird diese Tatsache dadurch relativiert, dass sie in neun der untersuchten Entscheidungen überhaupt nicht erwähnt wird. Bei den anderen, weniger prominenten und seltener zitierten ICC-Entscheidungen fällt die Präzedenzwirkung noch schwächer aus.

2. Internationale Baustreitigkeiten

Inwieweit ICC-Schiedssprüche faktische Präzedenzwirkung entfalten, soll nun anhand eines weiteren Themenfelds ergründet werden. Internationale Baustreitigkeiten bieten sich dabei aus einer Vielzahl von Gründen zur Erforschung an: Zum einen sind internationale Bauvorhaben für die Schiedspraxis von höchster Bedeutung; immerhin stellen sie den größten Anteil an ICC-Verfahren dar.[638] Zum anderen ist die Verwendung standardisierter Klauseln in diesem Bereich beson-

---

638 ICC, ICC Bulletin, Vol. 22 (1), Statistical Report: „In 2010, disputes from all sectors of the economy were referred to ICC arbitration. Construction and engineering disputes accounted for almost 17 % of the total caseload. The number of energy-related disputes rose by 25 % to represent almost 13 % of all cases registered during the year. Other prominent sectors were finance and insurance (9.1 % of cases), telecommunications and information technology (8.2 % of cases) and transport (7.1 % of cases)." Es existiert keine spezialisierte Bau-Schiedsgerichtsbarkeit wie sie etwa für den Bereich des Sports mit dem *Court of Arbitration for Sport* (CAS) in Lausanne etabliert wurde. Auch maritime Streitfälle werden vornehmlich vor spezialisierten Schiedsgerichten ausgetragen (in Großbritannien: *London Maritime Arbitrators Association*, LMAA, in den USA: *Society of Maritime Arbitrators*, SMA, in Deutschland: *German Maritime Arbitrators Association*, GMAA). Mit den eingehenden Studien von Latty, Lex sportiva, und Maurer, Lex Maritima, liegen überdies bereits wertvolle Forschungsbeiträge zur lex sportiva respektive zur lex maritima vor.

ders ausgeprägt. So setzen die Parteien häufig Musterverträge ein, die sie lediglich durch Änderungen einzelner Klauseln an das jeweilige Bauvorhaben anpassen oder die den Parteien bei der Vertragsgestaltung als Vorlage dienen.[639] Die für das Bauwesen wichtigsten Klauselwerke werden von der *Fédération Internationale des Ingénieurs Conseils* (FIDIC), dem internationalen Dachverband nationaler Ingenieurverbände, herausgegeben.[640] Internationale Organisationen wie die Weltbank, die Asiatische sowie die Afrikanische Entwicklungsbank haben die Verwendung der FIDIC-Musterverträge zur Voraussetzung ihrer finanziellen Unterstützung gemacht[641] und dadurch deren Bedeutung verstärkt. Die am häufigsten verwendeten Musterverträge sind die Conditions of Contract for Works of Civil Engineering Construction (Red Book)[642] und die Conditions of Contract for Electrical and Mechanical Conditions (Yellow Book),[643] welche 1999 als Conditions of Contract for Building and Engineering Works Designed by the Employer (Red Book) sowie Conditions of Contract for Plant and Design-Build for Electrical and Mechanical Plant, and for Building and Engineering Works, Designed by the Contractor (Yellow Book) neu aufgelegt wurden.[644] Durch die verbreitete Anwendung dieser Musterverträge können bestimmte Auslegungsfragen wiederholt auftreten, was Schiedsgerichte möglicherweise dazu veranlasst, auf die in frü-

---

639 Jenkins/Stebbings, Construction Arbitration, S. 8. Die Geltung der FIDIC-Standardbedingungen muss von den Parteien ausdrücklich vereinbart werden. Ungeachtet ihrer häufigen Verwendung stellen sie *keinen internationalen Handelsbrauch* dar, vgl. Mallmann, Bau- und Anlagenbauverträge, S. 32; Roquette/Otto, Vertragsbuch (Bearb. Otto-Brück), F, II, Rn. 45. Im Übrigen sind sie formal als allgemeine Geschäftsbedingungen einzuordnen, obgleich hier keine AGB-typische Situation mit einem Ungleichgewicht zwischen den Vertragspartnern vorliegt.

640 Auch die Engineering Advancement Association of Japan (ENAA) hat Musterverträge herausgegeben, die eine breite, wenngleich geringere Anwendung erfahren.

641 Vgl. Chan/Chan/Hills, J. Int. Arb. 22 (2005), 363, 371; Douglas, U. M. Int. Comp. L. Rev. 13 (2006), 367, 389; Jenkins/Stebbings, Construction Arbitration, S. 14; Mallmann, Bau- und Anlagenbauverträge, S. 9; Roquette/Otto, Vertragsbuch (Bearb. Otto-Brück), F, II, Rn. 3.

642 Das Red Book ist 1957, 1969, 1977 und 1987 in jeweils neuer Auflage erschienen.

643 Das Yellow Book ist 1963, 1980 sowie 1987 in jeweils neuer Auflage erschienen. Zur Entstehungsgeschichte s. Chan/Chan/Hills, J. Int. Arb. 22 (2005), 363, 369 f.

644 Hinzu kommen noch die Conditions of Contract for EPC/Turnkey Projects (Silver Book) sowie das Short Form of Contract (Green Book). Zu den 1999 veröffentlichten FIDIC-Musterverträgen gibt es allerdings noch keine veröffentlichten Schiedssprüche. Geht es im Folgenden dagegen um Entscheidungen, die sich auf frühere Versionen der Musterverträge beziehen, ist dies für den hiesigen Untersuchungsgegenstand nicht problematisch. Denn einerseits sind viele Klauseln mit nur marginalen Änderungen übernommen worden (so entspricht bspw. die frühere Klausel 67 weitgehend der heutigen Klausel 20), andererseits werden noch heute Verträge nach alten Auflagen abgeschlossen. Daraus folgert Seppälä, in: ICC Bulletin Vol. 19 (2), S. 41: „[T]he precedential value of awards dealing with older editions of the FIDIC Conditions [...] should not be underestimated.“

heren Entscheidungen gefundenen Lösungen zurückzugreifen. *Prima vista* erscheint dieser Bereich somit prädestiniert für Entscheidungen mit faktischer Präzedenzwirkung.

Ferner stellt sich das internationale Baurecht als Rechtsgebiet dar, das sich von anderen handelsrechtlichen Bereichen in einigen weiteren Punkten deutlich unterscheidet:[645] Zunächst ist jedes Bauprojekt als solches mitsamt seinem geographischen, politischen und ökonomischen Umfeld einzigartig. Darüber hinaus nimmt die Ausführung der Verträge regelmäßig einen größeren Zeitraum in Anspruch als bei anderen Handelsverträgen, was zugleich höhere Risiken impliziert. Hinzu kommt häufig ein öffentliches Interesse an der (zeitigen) Realisierung des Vorhabens, das nicht allein bei Infrastrukturprojekten unmittelbaren Nutzen für die Bevölkerung hat, sondern nicht selten auch durch öffentliche Mittel finanziert wird. Mit diesen Besonderheiten geht einher, dass sich solche Vorhaben fundamental von routinemäßig abgewickelten Handelsgeschäften unterscheiden, was wiederum die Frage aufwirft, ob und inwieweit Schiedsgerichte an der Etablierung eines besonderen transnationalen Rechts, der *lex constructionis*,[646] mitwirken. Eine Analyse der Rechtsprechung der ICC-Spruchkörper kann darauf Antwort geben. Dabei soll die Konzentrierung auf die Spruchpraxis von ICC-Schiedsgerichten nicht in Abrede stellen, dass internationale Bauvorhaben ebenfalls Gegenstand anderer, insbesondere investitionsrechtlicher Verfahren werden können. In der Tat betreffen rund 7 % aller ICSID-Verfahren Bauvorhaben.[647] Darunter befinden sich auch die Straßenbauprojekte der Verfahren *Salini v. Morocco*,[648] *R.F.C.C. v. Morocco*[649] und *Bayindir v. Pakistan*,[650] das Staudammprojekt des Falles *Impregilo v. Pakistan*[651] sowie der in *Saipem v. Bangladesh*[652] streitgegenständliche

645 S. zu den nachfolgenden Aspekten Molineaux, J. Int. Arb. 14 (1997), 55, 58 f.

646 Bereits Dasser, Internationale Schiedsgerichte, S. 393, spricht aufgrund sektorieller und regionaler Besonderheiten von *leges mercatoriae*. Zur Verselbstständigung der *lex constructionis* gegenüber der *lex mercatoria* s. Fischer-Lescano/Teubner, Regime-Kollisionen, S. 105.

647 ICSID, The ICSID Caseload – Statistics, 2012 (1), S. 12, ebenfalls einsehbar unter: <http://icsid.worldbank.org/ICSID/FrontServlet?requestType=ICSIDDocRH&actionVal=ShowDocument&CaseLoadStatistics=True&language=English31> (zuletzt abgerufen am: 01.07.2013). Internationale Bauvorhaben stellen damit den viertwichtigsten Industriezweig vor ICSID-Schiedsgerichten dar.

648 *Salini Costruttori S.p.A. and Italstrade S.p.A. v. Kingdom of Morocco*, ICSID ARB/00/4, Decision on Jurisdiction.

649 *Consortium R.F.C.C. v. Kingdom of Morocco*, ICSID ARB/00/6, Décision sur la compétence.

650 *Bayindir Insaat Turizm Ticaret Ve Sanayi A.S. v. Islamic Republic of Pakistan*, ICSID ARB/03/29, Decision on Jurisdiction.

651 *Impregilo S.p.A. v. Islamic Republic of Pakistan*, ICSID ARB/03/3, Decision on Jurisdiction.

652 *Saipem S.p.A. v. People's Republic of Bangladesh*, ICSID ARB/05/7, Decision on Jurisdiction and Recommendation on Provisional Measures.

Bau einer Pipeline. Die Auslegung von FIDIC-Bauverträgen spielt in den zu diesen Verfahren ergangenen Zuständigkeitsentscheidungen jedoch kaum eine Rolle.[653] Da an dieser Stelle aber gerade der Umgang der Schiedsgerichte mit diesen Standardbedingungen im Zentrum der Studie stehen soll, beschränkt sich die folgende Untersuchung auf die Rechtsprechung von ICC-Schiedsgerichten und damit auf die Spruchpraxis der für Baustreitigkeiten wichtigsten Schiedsinstitution.

Der Bau großer Infrastrukturanlagen insbesondere in Entwicklungsländern hat gezeigt, dass das jeweilige nationale Recht häufig nicht hinreichend entwickelt ist, um hochkomplexe Verträge zu regeln.[654] Die ohnehin hohen Risiken großer Bauvorhaben werden durch ein nicht vorhandenes oder lückenhaftes Recht sowie durch fehlende Rechtsprechung zu einschlägigen Problemstellungen noch weiter erhöht. Die FIDIC-Musterverträge sollen hier Rechtssicherheit in Bezug auf das anwendbare Recht geben sowie eine einheitliche Anwendung von Bauvorhaben-bezogenen Normen ermöglichen.[655] Trotz der Einzigartigkeit eines jeden Bauprojekts liefern diese standardisierten Verträge Schiedsgerichten damit die Grundlage, sich mit früheren Auslegungen anderer Schiedsgerichte zu befassen. Dies lässt für den Bereich der internationalen Baustreitigkeiten eine weit greifende faktische Präzedenzwirkung erwarten.

a) Quantitative Analyse

Eine erste Untersuchung von *Seppälä* zeigt nun aber, dass lediglich fünf von 40 Entscheidungen auf frühere Schiedssprüche rekurrieren,[656] und so kommt er zu dem Schluss: „Thus, if by case law relating to FIDIC contracts one is referring exclusively to published awards, there is really not very much available."[657] Er stützt sich dabei auf Entscheidungen, die vor dem Jahr 2000 in den Bänden der *Collection of ICC Arbitral Awards*, respektive 2007 im *Yearbook Commercial Arbi-*

653 Lediglich in der Streitsache *Bayindir Insaat Turizm Ticaret Ve Sanayi A.S. v. Islamic Republic of Pakistan*, ICSID ARB/03/29, Decision on Jurisdiction, findet Klausel 67 Red Book als Teil der Parteiabrede Erwähnung im Rahmen der Prüfung der ordnungsgemäßen Einleitung des Schiedsverfahrens. Allen genannten Fällen ist jedoch gemein, dass das Vorliegen einer Investition zentraler Prüfungspunkt der Entscheidung ist, begründet dies schließlich die Kompetenz des ICSID-Tribunals. Zum Investitionsbegriff s.u. Kapitel 2.

654 Vgl. Douglas, U. M. Int. Comp. L. Rev. 13 (2006), 367, 383 f.

655 Douglas, U. M. Int. Comp. L. Rev. 13 (2006), 367, 392; Molineaux, J. Int. Arb. 14 (1997), 55, 63.

656 Seppälä, ICLR (2009), 105, 106 (Dieser Aufsatz entspricht einer aktualisierten Version des Beitrags: Seppälä, in: Precedent, S. 67 ff.).

657 Seppälä, ICLR (2009), 105, 107.

tration sowie in *The International Construction Law Review*[658] veröffentlicht worden sind. Da er zudem keine weiteren quantitativen oder qualitativen Aussagen zu den gefundenen Zitationen trifft, ist nun in systematischer Weise anhand der zwischen 1996 und 2011 veröffentlichten Spruchpraxis zu prüfen, wie oft und in welcher Weise ICC-Schiedsgerichte auf frühere Entscheidungen Bezug nehmen.

Die insgesamt 21 Fälle, die in diesem Zeitraum in den genannten Zeitschriften publiziert worden sind, betreffen bis auf zwei Ausnahmen allesamt FIDIC-Musterverträge. Waren es bei *Seppälä* noch fünf Zitationen bei 40 Entscheidungen, sind es nach dieser Untersuchung sechs Zitationen bei 21 Entscheidungen. Bemerkenswerterweise lässt sich der Anstieg von 12 % auf knapp 29 % nicht mit Schiedssprüchen erklären, die erst nach seinem Beitrag veröffentlicht worden sind. Denn die vier Entscheidungen, aus denen die sechs Bezugnahmen stammen, sind nicht erst in den letzten Jahren, sondern bereits zwischen 1996 und 2004 erschienen. Nichtsdestotrotz steht zumindest einer der Schiedssprüche (mit einer Zitation) aufgrund der ausschließlichen Publikation im *Journal du droit international (Clunet)* außerhalb des von *Seppälä* untersuchten Fallmaterials.[659]

Bereits aufgrund der eher geringen Anzahl an Entscheidungen sind Schlussfolgerungen nur mit Vorsicht zu ziehen, weil bereits eine einzige Zitation einen scheinbaren starken prozentualen Anstieg andeutet. Die im Vergleich höhere Bezugnahmequote darf demnach auch nicht im Sinne einer Entwicklung verstanden werden, weil sich nicht die Tendenz nachweisen lässt, dass ICC-Schiedsgerichte im Bereich internationaler Baustreitigkeiten zunehmend auf frühere Entscheidungen Bezug nehmen. Vielmehr bleibt die Anzahl an Zitationen gering.

Den wenigen Zitationen von ICC-Schiedssprüchen stehen zahlreiche Bezugnahmen auf Urteile nationaler Gerichte gegenüber.[660] Dabei fällt insbesondere auf, dass zumeist Entscheidungen von *Common Law*-Gerichten zitiert werden.[661] Dies ist auf die Entstehungsgeschichte der FIDIC-Musterverträge zurückzuführen, da die Musterverträge der *British Institution of Civil Engineers* (ICE) die Grundlage

---

658 Seppälä, ICLR (2009), 105, 106.

659 Die Quellenangaben Seppäläs umfassen nicht das *Journal du droit international (Clunet)*, s. Seppälä, ICLR (2009), 105, 106.

660 Auch die Literatur – und dies gilt insbesondere für Lehr- und Handbücher – weist vornehmlich Zitate nationaler Gerichte auf, vgl. die Ausführungen bei Seppälä, ICLR (2009), 105, 107f. Bei Ramsey, in: Evaluation of Damages, S. 193ff. befindet sich unter den vielen Entscheidungsbesprechungen auch keine zu ICC-Schiedssprüchen.

661 Es handelt sich allein bei den US-amerikanischen und englischen Gerichtsentscheidungen um bereits 21 Zitationen. Die Bezugnahmen auf jordanische Gerichte fallen im Untersuchungszeitraum mit einer Anzahl von knapp 20 aus dem Rahmen, was auf die Zitationen eines einzigen Schiedsgerichts (im Verfahren ICC 10904/2002) zurückzuführen ist.

für das Red Book der FIDIC bildeten.[662] Englische Gerichte haben somit über Jahrzehnte hinweg Klauseln ausgelegt und angewendet, die später Einzug in die FIDIC-Musterverträge gefunden haben. Vor diesem Hintergrund ist es naheliegend, wenn Gerichte und Schiedsgerichte, welche über FIDIC-Fälle zu entscheiden haben, die zu den ICE-Klauseln ergangene Rechtsprechung berücksichtigen und die bereits entwickelte Auslegungspraxis sowie etwaige Rechtsfortbildungen übernehmen.[663]

b) Qualitative Analyse

Trotz der geringen Anzahl lohnt es sich, die sechs Zitationen hier auch in qualitativer Hinsicht zu untersuchen. Im Vordergrund steht dabei zum einen die Frage, um welche Arten von Bezugnahmen es sich handelt. Zum anderen ist zu prüfen, ob sie im Kontext der Auslegung der FIDIC-Musterverträge erfolgen und ob ICC-Schiedsgerichte eine bestimmte Auslegung einer oder mehrerer FIDIC-Klauseln geprägt haben.

Die sechs Zitationen fügen sich in das Gesamtbild der Bezugnahmen auf frühere Entscheidungen durch ICC-Schiedsgerichte.[664] Vier Bezugnahmen erfolgen zur Untermauerung der eigenen Argumentation[665] und stellen somit positive Zitationen dar. Zu diesen zählt der Hinweis auf einen in der internationalen Schiedsgerichtsbarkeit anerkannten Grundsatz, vollstreckbare Schiedssprüche zu erlassen, welcher exemplarisch an der Entscheidung ICC 4695/1984 festgemacht wird:

> „144. This conclusion is consistent with principles that are already well established in international arbitration. In particular, it is clear from arbitral case law that the obligation to make every effort to render an enforceable award does not oblige an arbitral tribunal to render awards that are fundamentally unfair or otherwise improper.

---

662 Dazu näher Hök, Handbuch, S. 515; Linarelli, Penn. St. L. Rev. 114 (2009), 119, 170 f.; Lyon, L. Pol. Int. Bus. 26 (1994), 273 („Although FIDIC is headquartered in Switzerland, the Red Book itself is firmly rooted in British law, both in the sense that it is fashioned for implementation in a common law system and that it incorporates peculiarly British notions of civil engineering construction contracting.“); Molineaux, J. Int. Arb. 14 (1997), 55, 59 f.; Seppälä, ICLR (2009), 105, 107 f. Kritisch äußert sich Wallace, s. Nachweis bei Linarelli, Penn. St. L. Rev. 114 (2009), 119, 170 (Fn. 205): „There has [...] been far too little internationalization of the contract in this sense, which remains far too domestically English in character and language.“

663 Seppälä ist gar der Auffassung, „‚international‘ solutions“ seien nicht erforderlich, s. Seppälä, ICLR (2009), 105, 114 f.

664 Aufgrund der in diesem Bereich geringen Anzahl an Zitationen wurde auf ein zusammenfassendes, der Übersicht 1 (unter Kapitel 1, I.) entsprechendes Schaubild verzichtet.

665 S. ICC 10623/2001, ASA Bulletin 2003, 82 ff. (vier Bezugnahmen).

> 145. In ICC Case No. 4695, [...].
> 146. The value of this approach is illustrated strongly by the present case. [...].“[666]

Eine ähnliche Vorgehensweise wählt dieses Schiedsgericht mit Blick auf die Frage der Bindung auch staatlicher Parteien an eine Schiedsvereinbarung. Dass sich ein Staat nicht auf sein nationales Recht berufen könne, um sich von der getroffenen Schiedsabrede zu lösen, sei anerkannt:

> „161. There is a substantial body of law establishing that a state cannot rely on its own law to renege on an arbitration agreement. This principle was famously elaborated in ICC case No. 1939 in 1971.“[667]

Seiner eigenen Argumentation und dem daraus resultierenden Ergebnis fügt das Schiedsgericht des Verfahrens ICC 10623/2001 abschließend – ebenfalls untermauernd – hinzu:

> „175. This finding is not unprecedented in international arbitration. An example of a case where an international arbitral tribunal declined to defer to the courts of the seat in a comparable situation can be found in ICC arbitration No. 7934/CK. [...] We consider that the tribunal's ruling was sound and we have reached a similar conclusion in the present case.“[668]

Diese Zitationen stehen bemerkenswerterweise nicht im Zusammenhang mit dem abgeschlossenen FIDIC-basierten Vertrag. Die Standardbedingungen sind zwar insofern streitgegenständlich, als das Schiedsgericht im Verfahren ICC 10623/2001 durchaus die Klausel 67.3 Red Book auszulegen hat.[669] Doch werden im Kontext dieser Auslegung keine ICC-Schiedssprüche zitiert. Auch auf nationale Gerichtsentscheidungen wird in dieser Frage nicht Bezug genommen. Angesichts der starken englischen Prägung der FIDIC-Musterverträge wäre zu erwarten gewesen, dass das Schiedsgericht auf die Auslegung der entsprechenden Norm des ICE durch englische und andere *Common Law*-Gerichte Bezug nimmt. Schließlich fällt bei der Gesamtbetrachtung aller baurechtlichen Verfahren auf, dass die meisten Zitationen Entscheidungen von *Common Law*-Gerichten betreffen. Hier wären solche auch deshalb zu erwarten gewesen, weil einer der Schiedsrichter des Verfahrens, *Nael Georges Bunni*, mit dieser Rechtsprechung als Verfasser wichtiger Standardwerke zum internationalen Baurecht und den FIDIC-Musterverträgen[670]

---

666 ICC 10623/2001, ASA Bulletin 2003, 82, 86f.
667 ICC 10623/2001, ASA Bulletin 2003, 82, 91.
668 ICC 10623/2001, ASA Bulletin 2003, 82, 97.
669 ICC 10623/2001, ASA Bulletin 2003, 82, 99ff.
670 Vgl. Bunni, FIDIC; Bunni, Construction.

in höchstem Maße vertraut ist. Dass nun naheliegende Rechtsprechungszitate ausbleiben, könnte das Ausmaß an Präzedenzwirkung der erwähnten, in ihre Argumentation integrierten ICC-Schiedssprüche erhöhen. Für die jeweilige Präzedenzwirkung einer Entscheidung ist indes maßgebend, *weshalb* ein Rechtsprechungszitat eingeführt wird.[671] Dass ein anderes Zitat *nicht* erfolgt, beeinflusst die Präzedenzwirkung hingegen nicht. Insofern spielt in diesem Kontext auch keine Rolle, weswegen ein solches Zitat ausbleibt. Da sich der Grad an Präzedenzwirkung gerade nicht danach bestimmt, dass bestimmte Bezugnahmen nicht erfolgen, ist den in der Entscheidung ICC 10623/2001 zitierten Schiedssprüchen keine höhere Präzedenzwirkung zuzusprechen, nur weil Zitationen nationaler Gerichtsentscheidungen unterblieben sind.

Anders als im Verfahren ICC 7910/1996 geht es in der Streitsache ICC NN/1995 nicht um einen FIDIC-Mustervertrag. Das Schiedsgericht wählt hier eine neutrale Form der Bezugnahme, indem es den „ICC Award of the arbitral tribunal in the Pyramids arbitration" als Ausgangspunkt seiner Erwägungen anführt.[672] Die Zitation im Verfahren ICC 7910/1996 steht demgegenüber in Zusammenhang mit einer Auslegung von Klausel 67 Red Book, der das Schiedsgericht nicht folgt. Es kommt bereits selten vor, dass ein Schiedsgericht seine kritische Haltung gegenüber einer anderen Entscheidung zum Ausdruck bringt. Eine derart nachdrückliche Ablehnung einer früheren ICC-Entscheidung ist jedoch in der Gesamtschau der Spruchpraxis äußerst ungewöhnlich und verdient die wörtliche Wiedergabe:

> „As far as the partial award of 20 January, 1983 in the ICC case 3790 is concerned, the Arbitral Tribunal cannot share the line of reasoning underlying it."[673]

c) Insbesondere: Spruchpraxis zur Klausel 67 Red Book

Neben den beiden erwähnten Streitsachen ICC 7910/1996 und ICC 10623/2001 geht es in neun weiteren Entscheidungen um die Klausel 67 Red Book (der 2. bis 4. Auflage).[674] Trotz der Ablösung der Altauflagen des Red Book durch das neue Exemplar von 1999 sind die Entscheidungen, die frühere Auflagen zum Gegenstand haben, auch für künftige Fälle relevant. Klausel 20 Red Book (1999) ent-

---

671 Dazu eingehend oben 1. Teil, Kapitel 2.
672 S. ICC NN/1995, ASA Bulletin 1996, 544, 559.
673 S. ICC 7910/1996, ICC Bull. Vol. 9/2 (1998), 46, 48.
674 ICC 6238/1989; ICC 6276/1990 und 6277/1990; ICC 6535/1992; ICC 6611/1992; ICC 6611/1993; ICC 7423/1995; ICC 7910/1996; ICC 8677/1997; ICC 9202/1998; ICC 10619/2001 und 2002; ICC 10623/2001. Es handelt sich jeweils um die Klausel 67, welche in den erwähnten Auflagen der FIDIC-Bauverträge keine wesentlichen Änderungen erfahren hat.

spricht weitgehend der früheren Klausel 67 Red Book.[675] Der „Engineer“ wurde durch ein „Dispute Adjudication Board“ (DAB) ersetzt, doch lassen sich Problemkonstellationen, die sich mit Blick auf den Ingenieur stellten, auf die neue FIDIC-Klausel 20 und die Entscheidungen des DAB übertragen.[676]

Die Klausel 67 Red Book betrifft die Einleitung des Schiedsverfahrens, weshalb die Schiedsgerichte die Voraussetzungen dieser Norm im Rahmen der Zuständigkeit prüfen.[677] Dabei werden in den elf Entscheidungen unterschiedliche Voraussetzungen schwerpunktmäßig erörtert: In einigen geht es um die Einhaltung der 90-Tagesfrist(en),[678] in anderen teils um die Einholung der Entscheidung des Ingenieurs, teils um deren Wirkung.[679] Darüber hinaus steht in einer Reihe von Fällen die Frage im Vordergrund, inwiefern die Voraussetzungen der Norm von anderen vertraglichen Vereinbarungen verdrängt werden bzw. zusätzlich erfüllt sein müssen.[680] Keine der erörterten Problematiken tritt in den untersuchten Entscheidungen mehrmals auf. Entsprechend wird auch keine Auslegungsfrage im Hinblick auf die Klausel 67 Red Book wiederholt erörtert.

Zeigen die elf analysierten Entscheidungen keinerlei inhaltliche Übereinstimmung auf,[681] so sind die unterschiedlichen Schwerpunktsetzungen und Problemerörterungen in den Entscheidungen vor allem darauf zurückzuführen, dass die jeweiligen Sachverhalte stark variieren.[682] Insofern vermögen selbst die Verwendung von Standardbedingungen durch die Parteien und die Auslegung derselben Norm durch die Schiedsgerichte hier nicht, Entscheidungen hervorzurufen, die inhaltlich weitgehend übereinstimmen.

Dieser Befund lässt sich freilich nicht ohne Weiteres auf die gesamte zu Baustreitigkeiten ergangene Spruchpraxis übertragen. Schlussfolgerungen dürfen aber dennoch gezogen werden. Den Ausgangspunkt unserer Überlegungen bildeten zwei Thesen: (1) Zeichnen sich internationale Baustreitigkeiten durch die weit verbreitete Verwendung von Musterverträgen aus, so birgt die Verwendung

---

675 Die Klausel 67.3 der 2. bis 4. Auflage sowie die Klausel 20.6 des neuen Red Book sind unter Anhang 9 wiedergegeben.

676 Seppälä, ICLR 22 (2005), 4. Einen Überblick über die Änderungen gibt u.a. Bunni, J. Int. Arb. 17 (2000), 105 ff.

677 S. ICC 6238/1989; ICC 6611/1992; ICC 7910/1996; ICC 8677/1997; ICC 9202/1998.

678 S. ICC 6238/1989; ICC 9202/1998.

679 S. ICC 6611/1992; ICC 7423/1995; ICC 7910/1996; ICC 8677/1997; ICC 10619/2001 und 2002.

680 S. ICC 6276/1990 und 6277/1990; ICC 6611/1992; ICC 6611/1993; ICC 7423/1995.

681 Sie widersprechen einander auch nicht in ihren Aussagen. Es gibt – wenn überhaupt – nur Berührungspunkte und keine thematischen Überschneidungen.

682 Angesichts großer Bauvorhaben handelt es sich häufig um komplexe Vertragswerke mit mehreren Parteien. Daraus folgt, dass mitunter auch die Parteikonstellationen in den analysierten Verfahren divergieren.

solcher die Gelegenheit wiederholter Auslegungen gleicher Normen in verschiedenen Verfahren. (2) Schiedsgerichte können eher auf frühere Entscheidungen Bezug nehmen, wenn der entscheidungserhebliche Normtext der Gleiche ist.

Die untersuchten Entscheidungen offenbaren, dass die Verwendung derselben Klausel (hier Klausel 67 Red Book) allein noch nicht dazu führt, dass Schiedsgerichte auf Entscheidungen Bezug nehmen, in denen diese ebenfalls streitgegenständlich war. Dies liegt zum einen daran, dass die Parteien zuweilen die Standardbedingungen ihren jeweiligen Interessen anpassen. Zum anderen kann der konkrete Sachverhalt einen solchen Sonderfall darstellen, dass das Schiedsgericht eine von der grundsätzlich anerkannten Lösung abweichende Entscheidung fällt.[683] Dies ist insbesondere dann der Fall, wenn die vertraglichen Regelwerke zu einem Bauvorhaben neben den Standardbedingungen einmalig konzipierte Klauseln enthalten. Das erschwert die Bezugnahmen auf frühere Entscheidungen und eine sich daraus ableitende Präzedenzwirkung, verhindert diese indes nicht.

Im Vergleich zu anderen Bereichen des internationalen Handels, wo sich einzelne Verträge noch weit häufiger als Einzelstücke präsentieren, ist eine Präzedenzwirkung von Schiedssprüchen zu internationalen Baustreitigkeiten immerhin in höherem Maße realisierbar. Wie für die gesamte Handelsschiedsgerichtsbarkeit gilt hier ebenfalls die Forderung nach einer verstärkten Publikationspraxis. Eine zunehmende Veröffentlichung von Schiedssprüchen zu internationalen Baustreitigkeiten würde unmittelbar die Anzahl an inhaltlichen Überschneidungen zwischen den Entscheidungen erhöhen und dadurch die Bezugnahmen erleichtern. Dies wiederum würde einen höheren Grad an Präzedenzwirkung ermöglichen.

d) Zusammenfassende Bewertung

Die zwischen 1996 und 2011 veröffentlichten ICC-Entscheidungen, die Baustreitigkeiten betreffen, demonstrieren eine geringe Präzedenzwirkung von ICC-Schiedssprüchen. Zwar handelt es sich bei allen sechs Zitationen um eine wirkliche Auseinandersetzung mit der früheren Entscheidung, die dann fünf Mal

---

683 S. etwa ICC 6611/1992, ICC Bull. Vol. 9/2 (1998), 49 ff., Rn. 32 ff.: „However, even with respect to the arbitration agreement contained in the Subcontract and to FIDIC article 67, the Claimant had no obligation, *under the circumstances*, to refer to any engineer before initiating arbitral proceedings. The first reason is that there was no engineer appointed by the Defendant under the Subcontract, in accordance with article 2 of the Conditions of Contract. [...] Moreover [...] it is undisputed that the Engineer had ceased its office ten years before the present proceedings." (Hervorhebung d. Verf.).

positiv im Sinne eines Untermauerns der eigenen Argumentation relativ stark, einmal dagegen negativ und damit schwächer ausfällt. Die Tatsache, dass sich das Schiedsgericht intensiv mit der früheren Entscheidung befasst, hat zur Konsequenz, dass auch bei der ablehnenden Zitation eine gewisse Präzedenzwirkung gegeben ist. Doch bereits das Vorliegen von nur sechs Zitationen hat einen einschränkenden Effekt auf das insgesamt zu verzeichnende Maß an Präzedenzwirkung. Außerdem beziehen sich die Zitationen auf unterschiedliche Entscheidungen. Würde ein Schiedsspruch mehrmals positiv zitiert werden, ließe sich in Bezug auf diesen eine höhere Präzedenzwirkung annehmen. Dies ist hier jedoch nicht der Fall. Insgesamt ist der für den Bereich internationaler Baustreitigkeiten nachweisbare Grad an Präzedenzwirkung daher als sehr niedrig einzustufen.[684] Eine zusammenfassende Übersicht hierzu findet sich im Anhang.[685]

III. Konsistenz

Schiedsgerichte der internationalen Handelsschiedsgerichtsbarkeit wenden anders als diejenigen der Investitionsschiedsgerichtsbarkeit häufig nationales Recht an. Zumindest die staatlichen Rechte, die am häufigsten zur Anwendung kommen,[686] gelten als weitgehend konsistent. Hier soll es daher weniger darum gehen, ob und inwieweit das angewendete Recht konsistent ist. Vielmehr gilt es zu ergründen, inwieweit ICC-Schiedsgerichte eine konsistente Rechtsprechung erzeugen. Dazu wird auch hier zunächst der Fokus auf die Rechtsprechung zur Ausweitung der Schiedsklausel auf konzernzugehörige Unternehmen gerichtet. Anschließend werden die Entstehung einer *lex constructionis* sowie die Konsistenz der Spruchpraxis in Bezug auf internationale Baustreitigkeiten erörtert.

684 Unter Berücksichtigung des historischen Kontexts der FIDIC-Musterverträge liegt die Vermutung nahe, dass sich eine Präzedenzwirkung in der ICC-Spruchpraxis in Bezug auf Entscheidungen nationaler und dabei insbesondere englischer Gerichte durchaus nachweisen ließe. Diese Untersuchung muss allerdings weiteren Forschungsarbeiten überlassen werden.

685 S. die Übersicht in Anhang 3.

686 Vgl. ICC, ICC Bulletin, Vol. 22 (1), S. 14, wonach die Parteien am häufigsten englisches (12,9 %), Schweizer (11,6 %), ein US-amerikanisches (10,1 %), deutsches (8,2 %) oder französisches Recht (6,6 %) wählen.

1. Ausweitung der Schiedsklausel auf konzernzugehörige Unternehmen

Die Präzedenzwirkung der Entscheidungen, welche die Ausdehnung der subjektiven Reichweite auf konzernzugehörige Unternehmen betreffen, ist insgesamt nicht sehr stark. Auch die *Dow Chemical*-Rechtsprechung wird nicht konsequent übernommen. Mit diesem Befund korreliert die Tatsache, dass sich keine einheitliche Spruchpraxis entwickelt bzw. etabliert hat. Dem widersprechen auch die drei Trends nicht, die *Ferrario* in der schiedsgerichtlichen Rechtsprechung ausmacht:

> „First of all, the arbitration tribunals extend the arbitration agreement if they interpret the parties' will in the sense that the parties meant all units of the group to be party to the contract without attaching importance to the form of the contract. Secondly, the extension is allowed if it can be shown that the parent company of the group acted not only in its own behalf but also on behalf of its subsidiaries. Thirdly, the jurisdiction is retained by the arbitrators where the non-signatory companies of the group, although they did not sign the contract containing the arbitration clause, actively participated in its preparation, negotiation, enforcement and termination."[687]

Ferrarios Beobachtungen betreffen ausnahmslos Entscheidungen, in denen die Voraussetzungen der „Group of Companies"-Doktrin geprüft werden. Entscheidungen, die diese und die *Dow Chemical*-Entscheidung nicht berücksichtigen, bleiben dagegen bei seinem Fazit außen vor. Er macht auch keinerlei Ausführungen zu etwaigen Tendenzen in der Rechtsprechung zur Frage der Einbindung konzernangehöriger Unternehmen.[688]

Die Analyse der zwischen 1996 und 2011 veröffentlichten Rechtsprechung zeigt, dass vier thematisch einschlägige Entscheidungen weder auf die *Dow Chemical*-Entscheidung noch auf die „Group of Companies"-Doktrin eingehen.[689] Diese Schiedssprüche stellen ein Viertel der untersuchten Entscheidungen und können daher nicht ohne Weiteres als Ausnahmeerscheinung einer sonst einheitlichen Rechtsprechung erachtet werden. Konsistenzerschwerend kommt hinzu, dass sich in der Rechtsprechung zwei Herangehensweisen bei konzernzugehörigen Dritten etabliert haben: Ein Teil der Schiedsgerichte wendet die „Group of Companies"-Doktrin unmittelbar als internationalen Handelsbrauch oder als Bestandteil der *lex mercatoria* an,[690] der andere Teil ermittelt zunächst das anwendbare nationale Recht und prüft dann, ob nach diesem die Einbindung

687 Ferrario, J. Int. Arb. 26 (2009), 647, 652.
688 Es war auch nicht sein Ziel, diese Rechtsprechung systematisch zu untersuchen.
689 ICC 8163/1996; ICC 9719/1999; ICC 11209/2002 sowie ICC 12605/2005.
690 ICC 8385/1995.

eines konzernzugehörigen Dritten möglich ist.[691] Dabei kann es bei letzterem zur Anwendung der Doktrin nur dann kommen, wenn diese im jeweiligen nationalen Recht anerkannt ist. Frankreich hat seit jeher die Ausweitung der subjektiven Reichweite der Schiedsklausel befürwortet.[692] In der Schweiz wurde lange Zeit das Formerfordernis der unterschriebenen Schiedsvereinbarung hochgehalten.[693] Dadurch, dass dem Willen der Parteien mehr Gewicht beigemessen wird, findet die „Group of Companies"-Doktrin mittlerweile jedoch ebenfalls Berücksichtigung.[694] Im Gegensatz dazu erklärt der englische *High Court* im Verfahren *Peterson Farms v. C&M Farming Ltd* ausdrücklich, diese Doktrin sei nicht Bestandteil des englischen Rechts[695] und fügt klarstellend hinzu: „[W]here an arbitration agreement (or the contract in which it is contained) is subject to English law [...] an ICC arbitral tribunal has no jurisdiction to apply the ‚Group of Companies' doctrine"[696]. Ebenso wenig findet sie im US-amerikanischen Recht Anerkennung.[697] Die Ausdehnung der Schiedsvereinbarung auf konzernzugehörige Unternehmen ist jedoch nicht gänzlich ausgeschlossen, denn sie wird bei anderen anerkannten Ausdehnungsinstituten durchaus zugelassen.[698]

691 Vgl. ICC 7155/1993; ICC 7604/1995 und 7610/1995. Unklar diesbezüglich sind die Schiedssprüche zu den Verfahren ICC 8910/1998 und ICC 10758/2000. Bei ersterem scheint das Schiedsgericht das Recht des Sitzstaates, also französisches Recht, anzuwenden (s. Clunet 2000, 1085, 1086 f.), bei letzterem wird offenbar Schweizer Recht angewandt, wie es von den Parteien für Kompetenzfragen vorgesehen wurde (Clunet 2001, 1171 ff.).

692 Vgl. nur CA Paris, St. Gobain v. Sociétés Dow Chemical France et autres, 22.10.1983; CA Pau, Société Sponsor A.B. v. Lestrade, 26.11.1986; Société Kis France et autres v. Société Générale et autres, CA Paris 31.10.1989.

693 So wurde in ICC-Schiedssprüchen, die Schweizer Recht anwendeten, die „Group of Companies"-Doktrin abgelehnt oder nicht geprüft, vgl. etwa ICC 4402/1983; ICC 4504/1985; ICC 5721/1990.

694 Schweizer Bundesgericht, 16.10.2003, BGE 129 III 727, 730 ff.

695 *Peterson Farms Inc v C&M Farming Ltd* [2004] 1 *Lloyd's* Rep 603 („[T]he doctrine [...] forms no part of English law").

696 *Peterson Farms Inc v C&M Farming Ltd* [2004] 1 *Lloyd's* Rep 603, 604.

697 Sarhank Group v. Oracle Corp., 404 F. 3d 657 (2nd Cir. 2005).

698 Zu diesen gehören namentlich die Rechtsfiguren des *estoppel* (vgl. hierzu Deloitte Noraudit A/S v. DeloitteHaskins & Sells, US, 9 F 3d 1060 (2nd Cir. 1993); Astra Oil Company, Inc v. Rover Navigation, Ltd, F 3rd (2nd Cir. 2003)), der *agency* (vgl. EI DuPont de Nemours v. Rhone Poulenc Fiber, 269 F 3d 187 at 198 (3rd Cir. 2001)) sowie des *alter ego* (United International Holdings v. Wharf (Holding) Ltd, 76 F 3d 393 (10th Cir. 1996)). Zu diesen sei auf die Ausführungen bei Sentner, Bus. L. Int. 6 (2005), 55 ff., verwiesen.

Kommt es demnach entscheidend darauf an, ob und welches nationale Recht die Schiedsgerichte anwenden,[699] lässt sich im Ergebnis keine einheitliche Spruchpraxis feststellen. Aus den unterschiedlichen Lösungen, welche die nationalen Rechte vorsehen, resultieren ebenso unterschiedliche Entscheidungen der Schiedsgerichte.

Insgesamt gibt es sowohl bei der Anwendung nationalen Rechts wie auch beim „Überspringen“ der Frage nach dem anwendbaren Recht Fälle, in denen die Voraussetzungen der „Group of Companies“-Doktrin geprüft wurden, und solche, in denen sie nicht geprüft wurden. Somit lässt sich weder eine einheitliche Spruchpraxis noch eine starke Tendenz feststellen, die zumindest auf eine künftige, einheitliche Rechtsprechung schließen ließe. Ob es eine größere Anzahl an Fällen ermöglichen würde, eine solche Tendenz aufzuzeigen, ist angesichts der zuvor genannten unterschiedlichen Herangehensweisen zu bezweifeln.[700] In der Gesamtschau lässt sich zwar eine gewisse Verbreitung der „Group of Companies“-Doktrin in der ICC-Schiedsgerichtsbarkeit nicht bestreiten,[701] doch ist nach dem Vorstehenden davon auszugehen, dass die ihr von Schiedsgerichten entgegengebrachte Anerkennung künftig schwinden wird. Denn einerseits gibt es nicht wenige Schiedsgerichte, die bereits eine kritische oder (implizit) ablehnende Haltung einnehmen.[702] Andererseits erscheint es angesichts der verschiedenen

699 Vgl. Bühler/Webster, ICC Arbitration, Rn. 6–85, S. 104: „The approach to non-signatories is coloured, if not dictated, by the national legal system that is applicable to the merits of the dispute, to annulment proceedings and to enforcement.“

700 Ohne eine vergleichbare empirische Untersuchung anzustellen, hat auch Hanotiau, in: Pervasive Problems, S. 279, 285, erklärt, die geringe Anzahl an Beispielfällen und die vielen unterschiedlichen Fallgestaltungen würden es kaum möglich machen, ein allgemeingültiges Fazit zu ziehen. Vgl. ferner Park, in: Multiple Party Actions, S. 3, 25.

701 Zu den hier untersuchten Schiedssprüchen sind freilich noch all jene hinzuzuzählen, die entweder früher, in anderen als den ausgewählten Quellen oder gar nicht veröffentlicht wurden – s. etwa ICC 8919 (veröffentlicht bei Loquin, in: Jurisprudence arbitrale, S. 67 ff.): „[L]'extension de la clause compromissoire à des sociétés appartenant au même groupe et eu égard aux circonstances de l'espèce, a été admise à plusieurs reprises par les tribunaux arbitraux [...]“; ferner ICC 6519/1991, Clunet 1991, 1065; ICC 11160/2002, ICC Bull. XVI No. 2, 99; 11405/2001 (unveröffentlichter Zwischenschiedsspruch). Dazu auch Bühler/Webster, ICC Arbitration, Rn. 6–66, S. 97, die lediglich auf zwei ICC-Schiedssprüche bezugnehmend folgern: „[The] ‚group of companies doctrine‘ [...] has met with some success in ICC arbitration circles.“ Etwas bescheidener fällt der Erfolg der Theorie in der Bewertung Parks aus, vgl. Park, in: Multiple Party Actions, S. 3, 25: „Although generalities remain problematic owing to the paucity of reported decisions available cases and awards indicate that the doctrine's fortunes have not generally fared well.“

702 Neben den hier untersuchten Schiedssprüchen sind bspw. ICC 4504/1985, Clunet 1986, 1118; ICC 6610/1991, Y.B. Comm. Arb. XIX (1994), 162; ICC 10818/2001, ICC Bull. XVI No. 2, 94, zu nennen.

aufgezeigten Herangehensweisen zunehmend schwierig, die Position zu vertreten, dass die „Group of Companies"-Doktrin als anerkannter Brauch des internationalen Handels anzuwenden sei.[703] Wenn sich Schiedsgerichte in Zukunft nicht mehr unmittelbar auf sie stützen, kann diese Doktrin allein aufgrund eines sie befürwortenden, nationalen Rechts zum Tragen kommen.

2. Internationale Baustreitigkeiten vor Schiedsgerichten: Etablierung einer *lex constructionis?*

Ein hoher Grad an Präzedenzwirkung befördert eine konsistente Spruchpraxis. Aufgrund der im Bereich der Baustreitigkeiten nur schwach ausgeprägten Präzedenzwirkung von ICC-Schiedssprüchen lässt sich dies jedoch bei alleiniger Betrachtung der ICC-Spruchpraxis nicht feststellen.[704]

Die vorliegende Studie legt die häufige Bezugnahme auf staatliche Urteile offen. Das Ausmaß der Präzedenzwirkung zu ermitteln, das ihnen im Rahmen internationaler Baustreitigkeiten zukommt, muss dagegen weiteren Forschungsarbeiten überlassen bleiben. Es kann aber die These gewagt werden, dass sich in Hinblick auf das transnationale Baurecht eine weitgehend konsistente Rechtsprechung etabliert hat. Begründen lässt sich dies zum einen durch die breite Verwendung von Musterverträgen, die auf den gesamten Rechtsbereich vereinheitlichend wirkt.[705] Von Bedeutung ist zum anderen die regelmäßige Bezugnahme auf staatliche Urteile, welche sich mit Vorgängerfassungen dieser Musterverträge auseinandersetzen; eine Praxis, bei der sich bestimmte Auslegungen gefestigt haben. Der Blick über den untersuchten Zeitraum hinaus lässt auch wiederkehrende Auslegungsfragen etwa zur Klausel 67 des alten Red Book erkennen.[706] Zusammen mit dem Rückgriff auf die bereits zu der entsprechenden

---

703 Ebenfalls kritisch Habegger, ASA Bull. 22 (2004), 398, 401; Sandrock, SchiedsVZ 2005, 1, 7.

704 Der oben erwähnten Einschätzung Seppäläs ist daher zuzustimmen (Seppälä, ICLR (2009), 105, 107). Angesichts nur einer ablehnenden Zitation liegt hier allerdings auch keine konsistenzverhindernde Spruchpraxis von ICC-Schiedsgerichten vor.

705 Vgl. Linarelli, Penn. St. L. Rev. 114 (2009), 119, 170, die die Vereinheitlichung allein der Verwendung der FIDIC-Musterverträge zuschreibt. Molineaux betont dabei den Aspekt, dass es sich hierbei um mehr als nur eine Harmonisierung handele, vgl. Molineaux, J. Int. Arb. 14 (1997), 55, 63. Zu den aus der Verwendung von Muster-Verträgen resultierenden normativen Erwartungen ferner Perez, J. L. Soc. 29 (2002), 77, 84.

706 Neben den im Rahmen der vorliegenden Studie untersuchten Schiedssprüchen seien an dieser Stelle lediglich die in den Bänden der *Collection of ICC Arbitral Awards* der ICC veröffentlichten Entscheidungen von ICC-Schiedsgerichten zur ersten und zweiten Auflage des Red Book genannt: ICC 2321/1974; ICC 2321/1974; ICC 3790/1983; ICC 4416/1985; ICC 3970/1983; ICC

ICE-Klausel ergangene, staatliche Rechtsprechung wird eine systemübergreifende, vereinheitlichende und damit Konsistenz befördernde Rechtsprechung sichtbar. Sowohl die Etablierung als auch die Kohärenz dieses transnationalen Rechts werden ermöglicht durch (1) Gerichte, (2) Schiedsgerichte, (3) Institutionen, die wie die FIDIC Standardbedingungen herausgeben, sowie (4) Parteien, die von ihnen Gebrauch machen.[707] In diesem Zusammenspiel von Standardverträgen und Rechtsprechung sowie von nationalen Gerichten und Schiedsgerichten liegt die Besonderheit der *lex constructionis* begründet.

IV. Rechtsfortbildung

Ob und inwiefern ICC-Schiedsgerichte Recht tatsächlich fortbilden, wird ebenfalls anhand der beiden ausgewählten Themenfelder dargestellt.

1. Ausweitung der Schiedsklausel auf konzernzugehörige Unternehmen

Die untersuchten Schiedssprüche zur Erstreckung der subjektiven Reichweite der Schiedsklausel auf Dritte geben keine schiedsrichterliche Rechtsfortbildung (im engeren Sinne) zu erkennen. Selbst die Etablierung der „Group of Companies"-Doktrin in der *Dow Chemical*-Rechtsprechung kann nicht als solche gewertet werden. Denn zum einen wurde sie dort aus internationalen Handelsbräuchen geschöpft,[708] zum anderen stellt die Erforschung und Feststellung des Parteiwil-

---

5277/1987; ICC 5428/1988; ICC 4862/1986; ICC 3790/1983; ICC 4416/1985; ICC 4840/1986; ICC 4707/1986; ICC 6230/1990; ICC 6535/1992.

707 In ähnlicher Richtung argumentiert auch Molineaux, J. Int. Arb. 14 (1997), 55, 62: „The *lex constructionis* can perhaps be seen as a force for a valuable consistency in interpretation – valuable because consistency suggests a promise of predictability in contract clause interpretation." Ferner Druzin, Geo. J. Int. L. 41 (2010), 559, 594f.: „In fact, distinct sets of transnational commercial law have emerged for ‚specialized areas of international business and trade [...]'. All of these are examples of how, through the drafting of their contracts, private parties are persistently engaged in the active generation of highly specialized normative standards." A. A. Berger, J. Int. Arb. 9 (1992), 5, 20, der Schiedsgerichten (ohne nähere Untersuchung) die bedeutsamste Rolle in diesem Kontext zuschreibt: „A body of arbitral case-law is developing with even more force in the field of construction disputes. Over and over again, international arbitral tribunals have been confronted with the construction of Clause 67 FIDIC, especially with respect to the time-bar within the two-tier conflict resolution system (engineer-arbitrator). International arbitrators are now referring to these published awards rather than to court decisions to justify their holding or to reject the allegations and legal view of the parties."

708 Clunet 1983, 899, 901.

lens im Rahmen der Auslegung eines Vertrages keine Rechtsfortbildung dar. [709] Ungeachtet dessen sind die Konsequenzen der Anwendung der „Group of Companies"-Doktrin freilich weitreichend und eine schiedsgerichtliche Prägung allein durch die weitere Anwendung dieses Konzepts nicht zu bestreiten.

2. Internationale Baustreitigkeiten

Gerade die FIDIC-bezogenen Streitfälle bergen das Potential zur Rechtsfortbildung. Da die standardisierten Klauseln trotz ihrer Detailfülle nicht zu allen auftretenden Problemen Lösungen bereithalten (können), sind Gerichte und Schiedsgerichte nicht nur zur Auslegung, sondern ggf. auch zur Rechtsfortbildung berufen.[710] Dies ist vor allem dann der Fall, wenn nationales Recht entweder nicht anwendbar ist oder ebenfalls keine Lösung bereithält.

Mit den untersuchten Schiedssprüchen ist eine Rechtsfortbildung durch ICC-Schiedsgerichte indes nicht nachzuweisen. Auch der Zwischenschiedsspruch in der Streitsache ICC 10619/2001 beinhaltet keine Rechtsfortbildung. Das Schiedsgericht verleiht hier der Entscheidung des „Engineer" nach 67 Red Book größeres Gewicht. So führt es aus:

> „If the above Engineer's decisions have an immediate binding effect on the parties so that the mere fact that any party does not comply with them forthwith is deemed a breach of contract, notwithstanding the possibility that at the end they may be revised or set aside in arbitration or by a further agreement to the contrary, there is no reason why in the face of such a breach the Arbitral Tribunal should refrain from an immediate judgment giving the Engineer's decisions their full force and effect. This simply is the law of the contract."[711]

Erstmalig[712] wird hier eine Partei durch einen Zwischenschiedsspruch zur Zahlung an die andere Partei angewiesen, obgleich die entsprechende Entscheidung des

---

709 A. A. und ohne dies näher zu begründen Jürschik, Die Ausdehnung der Schiedsvereinbarung, S. 35: „Die ‚Group of Companies'-Doktrin stellt ein durch Richterrecht der französischen ICC-Schiedsgerichte begründetes Institut dar".

710 Vgl. Stipanowich, Wis. L. Rev. (1998), 463, 523: Der Mustervertrag böte „a tool for lawmaking which simultaneously affords a comprehensiveness and a degree of detail beyond the aspirations of the most universal and extensive civil code. It is designed, moreover, as a seamless, whole-cloth scheme for relations contracting which addresses a range of prospective relationship issues in polycentric fashion."

711 ICC 10619/2001, ICC Bull. 19/2 (2005), 52, 53.

712 Dies gilt zumindest unter Berücksichtigung der veröffentlichten Schiedsentscheidungen.

„Engineer" „binding", jedoch nicht „final" ist.[713] Dabei mangelt es dieser deshalb an der Endgültigkeit, weil sie innerhalb des vertraglich vereinbarten Zeitraums von der unterlegenen Partei angefochten worden ist. Das Schiedsgericht legt den Vertrag so aus, dass der Entscheidung des „Engineer" zu größter Wirksamkeit zu verhelfen sei. Es besteht kein Zweifel daran, dass diese Vertragsauslegung weit geht. So hat auch unlängst der *High Court* von Singapur 2011 in der Streitsache *PGN v. CRW*[714] einen Schiedsspruch aufgehoben, in welchem eine Partei zu der vom DAB angeordneten Zahlung verurteilt wurde. Dem *High Court* zufolge habe das Schiedsgericht seine Kompetenzen überschritten, indem es ohne die Entscheidung des DAB zu überprüfen, einen entsprechenden, endgültigen Schiedsspruch erlassen habe.[715] Für die Frage der Rechtsfortbildung ist die ausgeführte Begründung des Schiedsgerichts nicht weiter von Relevanz. Jedenfalls lässt sich weder in dieser Streitsache, noch im Zwischenschiedsspruch zum Verfahren ICC 10619/2001 eine Rechtsfortbildung im engeren Sinne feststellen.

Weil davon ausgegangen werden kann, dass der mit der vorliegenden Analyse abgedeckte Zeitraum von 16 Jahren für die Spruchpraxis hinreichend repräsentativ ist, kann aber daraus geschlossen werden, dass ICC-Schiedsgerichte bisher allenfalls in eingeschränktem Maße das Recht in diesem Bereich fortentwickelt haben. Dies bedeutet jedoch keineswegs, dass sie an der Entwicklung der *lex constructionis* nicht auch mitgewirkt hätten. Vor allem indem sie die von staatlichen Gerichten vorgenommenen Auslegungen und Rechtsfortbildungen übernehmen, treten sie als Akteure auf, die einen wichtigen Beitrag zur Festigung der transnationalen *lex constructionis* leisten.

---

713 Im Gegensatz hierzu erfolgt die vom Schiedsgericht im Verfahren ICC 3790/1983, Y.B. Comm. Arb. IX (1984), 119, durch einen Zwischenschiedsspruch angeordnete Zahlung auf der Grundlage einer gem. Klausel 67 FIDIC verbindlichen und endgültigen („binding and final") Entscheidung des „Engineer".

714 Vgl. die Verfahren PT Perusahaan Gas Negara (Persero) TBK v. CRW Joint Operation [2010] SGHC 202 und CRW Joint Operation v. PT Perusahaan Gas Negara (Persero) TBK [2011] SGCA 33.

715 Das Vorgehen des Schiedsgerichts sei „unprecedented and more crucially, entirely unwarranted under the 1999 FIDIC Conditions of Contract", vgl. CRW Joint Operation v. PT Perusahaan Gas Negara (Persero) TBK [2011] SGCA 33.

Kapitel 2: Analyse investitionsschiedsgerichtlicher Entscheidungen

Die empirische Untersuchung von ICSID-Entscheidungen soll darüber Aufschluss geben, inwiefern ICSID-Schiedsgerichte auf frühere Entscheidungen Bezug nehmen. Dass sich jene in den letzten Jahrzehnten zunehmend auf vorangehende Entscheidungen bezogen haben, wurde bereits andernorts festgestellt.[716] Unbeantwortet ist aber bislang die Frage danach, welche Entscheidungen weshalb zitiert werden. Anhand zweier Fallstudien zum internationalen Investitionsrecht – nämlich zum Investitionsbegriff sowie zu zwei Investitionsschutzstandards (Meistbegünstigungsgrundsatz und Gebot vollen Schutzes und voller Sicherheit) – soll diese Frage beantwortet werden. Die thematische Vorgehensweise hat Einfluss auf die Fallauswahl.

Von den 229 seit 1972 eingeleiteten und bis Ende 2011 abgeschlossenen ICSID-Verfahren[717] zählen all jene zum Fallmaterial, zu denen Schiedsgerichte Entscheidungen erlassen haben,[718] die auch veröffentlicht worden sind.[719] Vergleichsweise beendete Verfahren bleiben von der Untersuchung ebenso ausgenommen wie Entscheidungen, die lediglich einen Vergleich der Parteien wiedergeben („award embodying settlement agreement"). Aus dieser Entscheidungssammlung wurden schließlich die Schiedssprüche ausgesucht, die den Investitionsbegriff, die Meistbegünstigungsklausel oder das Gebot vollen Schutzes und voller Sicherheit zum Gegenstand haben, damit anhand dieser das Phänomen der Präzedenzwirkung genauer nachvollzogen werden kann.

Mit dem Meistbegünstigungsgrundsatz sowie dem Gebot vollen Schutzes und voller Sicherheit werden Bereiche des internationalen Investitionsrechts unter-

716 Vgl. Commission, J. Int. Arb. 24 (2007), 129 ff.; Schreuer/Weiniger, TDM 3 (2006), 1 ff.

717 Sofern erforderlich, wird ergänzend auf Entscheidungen hingewiesen, die in Verfahren ergangen sind, die bis zum 31.12.2011 nicht abgeschlossenen waren. Diese sind als solche gekennzeichnet. ICSID-Verfahren schließen ferner prinzipiell auch solche Verfahren ein, die nach den ICSID Additional Facility Rules geführt werden.

718 Dies umfasst alle Fälle, in denen noch ein Aufhebungsverfahren nach Art. 52 WBÜ anhängig ist, sowie all solche Entscheidungen, in denen die Unzuständigkeit des Schiedsgerichts feststellt wird.

719 Einschlägige Quellen sind die offizielle Webseite des ICSID (<http://icsid.worldbank.org/ICSID/Index.jsp>, zuletzt abgerufen am: 01.07.2013) sowie die von Newcombe an der University of Victoria, Kanada, betreute Website „Investment Treaty Arbitration" (<http://www.italaw.com>, zuletzt abgerufen am: 01.07.2013).

sucht, die nicht ausschließlich vor ICSID-Schiedsgerichten behandelt werden.[720] Zur Ermöglichung einer tatsächlich wirklichkeitsabbildenden Darstellung dieser Aspekte des Investitionsrechts werden daher ebenfalls einzelne Entscheidungen anderer Schiedsinstitutionen (SCC, ICC, LCIA sowie UNCITRAL) und *ad hoc*-Schiedsgerichte berücksichtigt. Zwar stellt das ICSID die für investitionsrechtliche Streitigkeiten nach wie vor wichtigste Schiedsinstitution dar,[721] doch sollen durch die Untersuchung nicht nur ICSID-bezogene Aussagen, sondern vor allem solche zum materiellen Investitionsrecht getroffen werden können, weshalb Schiedssprüche anderer Schiedsgerichte nicht gänzlich unberücksichtigt bleiben dürfen. Insgesamt konnten so 35 ICSID-Entscheidungen mit Bezug zum Investitionsbegriff, 20 zum Meistbegünstigungsgrundsatz (davon 2 aus Nicht-ICSID-Verfahren) sowie 31 Entscheidungen (davon 8 aus Nicht-ICSID-Verfahren) zum Gebot vollen Schutzes und voller Sicherheit ausgewertet werden.

Im Anschluss an die mit Blick auf die Präzedenzwirkung durchgeführte quantitative und qualitative Analyse soll dann der Frage nachgegangen werden, inwieweit die Judikatur zu den ausgewählten Bereichen konsistent ist. Abschließend soll die Rolle von ICSID-Schiedsgerichten bei der Fortentwicklung des internationalen Investitionsrechts näher beleuchtet werden.

I. Präzedenzwirkung in der investitionsschiedsgerichtlichen Spruchpraxis

Gem. Art. 53 Abs. 1 WBÜ binden ICSID-Entscheidungen nur die jeweiligen Parteien.[722] Obgleich viele Schiedsgerichte betonen, dass sie an frühere Entschei-

---

720 Anders verhält es sich beim Investitionsbegriff des Art. 25 WBÜ, bei dem es sich um einen ICSID-bezogenen Gegenstand handelt. (Dass auch andere Schiedsgerichte das WBÜ anwenden, ist zwar nicht ausgeschlossen, aber in diesem Kontext mangels Existenz einer den Investitionsbegriff erörternden Entscheidung ohne Relevanz.)

721 Im Jahr 2010 wurden 72 % der investitionsrechtlichen Verfahren vor dem ICSID eingeleitet, vgl. UNCTAD, IIA Issue Note No. 1 (2011), S. 1, verfügbar unter: <http://unctad.org/en/Docs/webdiaeia20113_en.pdf> (zuletzt abgerufen am: 01.07.2013). Dies ist nicht zuletzt darauf zurückzuführen, dass die meisten BITs die Unterwerfung unter die ICSID-Schiedsgerichtsbarkeit vorsehen, vgl. bereits Arnoldt, Praxis des Weltbankübereinkommens, S. 23.

722 Art. 53 Abs. 1 WBÜ lautet: „The award shall be binding on the parties and shall not be subject to any appeal or to any other remedy except those provided for in this Convention. Each party shall abide by and comply with the terms of the award except to the extent that enforcement shall have been stayed pursuant to the relevant provisions of this Convention."

dungen nicht gebunden seien,[723] wird in nahezu allen Schiedsentscheidungen ein Bezug zu solchen hergestellt. In einer Reihe von Untersuchungen ist daher hervorgehoben worden, dass sich ICSID-Schiedsgerichte in ihren Entscheidungsbegründungen immer häufiger auf andere Entscheidungen berufen.[724] In zahlreichen ICSID-Schiedssprüchen der vergangenen Jahre finden sich allgemeine Ausführungen zur Bedeutung schiedsgerichtlicher Entscheidungen. Dies zeigt nicht nur, dass Schiedsgerichte in den letzten Jahren begonnen haben, die Berücksichtigung anderer Entscheidungen zu reflektieren, vielmehr geht die Erörterung dieses Phänomens bewusst über die Einzelfallentscheidung hinaus.[725] Zum Teil geschieht dies durch allgemein gehaltene, einführende Worte in den Preliminarien einer Entscheidung, zum Teil auch durch einen eigens der Bedeutung des *Case Law* gewidmeten Abschnitt in der Entscheidung, der mit „[r]elevance of other ICSID Arbitral Tribunals' Decisions on Jurisdiction",[726] „[t]he relevance of previous ICSID decisions or awards"[727] oder „[s]ignificance of the Case Law Developed by the ICSID and Other Tribunals"[728] tituliert ist.

---

723 Vgl. *Camuzzi International S.A. v. The Republic of Argentina*, ICSID ARB/03/7, Decision of the Tribunal on Objections to Jurisdiction, Rn. 19; *ADC Affiliate Limited and ADC & ADMC Management Limited v. Republic of Hungary*, ICSID ARB/03/16, Award, Rn. 293; *Bayindir Insaat Turizm Ticaret Ve Sanayi A.S. v. Islamic Republic of Pakistan*, ICSID ARB/03/29, Decision on Jurisdiction, Rn. 76 sowie *Bayindir Insaat Turizm Ticaret Ve Sanayi A.S. v. Islamic Republic of Pakistan*, ICSID ARB/03/29, Award, Rn. 145; *Wintershall Aktiengesellschaft v. The Republic of Argentina*, ICSID ARB/04/14, Award, Rn. 194; *Duke Energy Electroquil Partners and Electroquil S.A. v. Republic of Ecuador*, ICSID ARB/04/19, Award, Rn. 117; *Saipem S.p.A. v. People's Republic of Bangladesh*, ICSID ARB/05/7, Decision on Jurisdiction and Recommendation on Provisional Measures, Rn. 67 sowie *Saipem S.p.A. v. People's Republic of Bangladesh*, ICSID ARB/05/7, Award, Rn. 90; *Noble Energy Inc. and MachalaPower Cía. Ltd. v. Republic of Ecuador and Consejo Nacional de Electricidad*, ICSID ARB/05/12, Decision on Jurisdiction, Rn. 50; *City Oriente Limited v. Republic of Ecuador and Empresa Estatal Petroleos del Ecuador (Petroecuador)*, ICSID ARB/06/21, Decision on Provisional Measures, Rn. 87.

724 S. etwa Cheng, Fordham Int. L. J. 30 (2007), 1014 ff.; Reinisch, A. A. Yb. 2008, 495, 503; Schreuer/Weiniger, TDM 3 (2006), 1, 9. Dennoch ist mit Cheng, Fordham Int. L. J. 30 (2007), 1014, 1016, festzustellen: „Surprisingly, U.S. law reviews appear to have published only very limited research on precedent in investment treaty arbitration."

725 Commission, J. Int. Arb. 24 (2007), 129, 131.

726 Vgl. *Bayindir Insaat Turizm Ticaret Ve Sanayi A.S. v. Islamic Republic of Pakistan*, ICSID ARB/03/29, Decision on Jurisdiction, Rn. 72; *Noble Ventures, Inc. v. Romania*, ICSID ARB/01/11, Award, D. 1. a.

727 Vgl. *Camuzzi International S.A. v. The Republic of Argentina*, ICSID ARB/03/7, Decision of the Tribunal on Objections to Jurisdiction, Rn. 19 (im Original: „Valor de las Decisiones de Tribunales CIADI"); *Bayindir Insaat Turizm Ticaret Ve Sanayi A.S. v. Islamic Republic of Pakistan*, ICSID ARB/03/29, Decision on Jurisdiction, Rn. 72, sowie *Bayindir Insaat Turizm Ticaret Ve Sanayi A.S. v. Islamic Republic of Pakistan*, ICSID ARB/03/29, Award, Rn. 144; *Duke Energy Electroquil Part-*

Einige Schiedsgerichte betonen darin, dass sie sich, obwohl sie an frühere Entscheidungen nicht gebunden seien, gehalten sehen, die Erwägungen anderer Schiedsgerichte zu berücksichtigen. Manche Spruchkörper erkennen darüber hinaus die Obliegenheit an, zu einer harmonisierten Entwicklung des Investitionsrechts beizutragen und dadurch auch den Erwartungen der Parteien mit Blick auf die Rechtssicherheit zu entsprechen. Exemplarisch seien an dieser Stelle die Ausführungen des Schiedsgerichts im Verfahren *Duke Energy v. Ecuador* wiedergegeben:

> „While the Tribunal considers that it is not bound by previous decisions, it is of the opinion that it must pay due consideration to earlier decisions made by other international tribunals. It believes that, subject to compelling contrary grounds, it has a duty to consider the solutions consistently established in prior similar cases. Subject to the specifics of a given treaty and of the circumstances of the case under review, it has a duty to seek to contribute to the harmonious development of investment law, and thereby to meet the legitimate expectations of the community of States and investors towards establishing certainty in the rule of law."[729]

Das Schiedsgericht, das hier zunächst eine Bindung an frühere Entscheidungen anderer *ad hoc*-Schiedsgerichte verneint, wird sich im weiteren Verlauf dennoch mit anderen Entscheidungen auseinandersetzen, um zu Konsistenz und Harmonisierung sowie zu Vorhersehbarkeit und Rechtssicherheit beizutragen.

---

ners and Electroquil S.A. v. Republic of Ecuador, ICSID ARB/04/19, Award, Rn. 116 („Before turning to its analysis, the Tribunal would like to comment on the relevance it will accord to ICSID precedents in this case [...]."); *Saipem S.p.A. v. People's Republic of Bangladesh*, ICSID ARB/05/7, Decision on Jurisdiction and Recommendation on Provisional Measures, Rn. 66 sowie *Saipem S.p.A. v. People's Republic of Bangladesh*, ICSID ARB/05/7, Award, Rn. 89; *Noble Energy Inc. and MachalaPower Cía. Ltd. v. Republic of Ecuador and Consejo Nacional de Electricidad*, ICSID ARB/05/12, Decision on Jurisdiction, Rn. 49.

728 Vgl. *Pan American Energy LLC and BP Argentina Exploration Company v. The Republic of Argentina*, ICSID ARB/03/13, Decision on Preliminary Objections, Überschrift vor Rn. 42.

729 *Duke Energy Electroquil Partners and Electroquil S.A. v. Republic of Ecuador*, ICSID ARB/04/19, Award, Rn. 117. Unter dem Vorsitz der Schiedsrichterin *Kaufmann-Kohler* sind weitere Entscheidungen mit diesem Absatz ergangen. Ihre Formulierung findet sich etwa in *Bayindir Insaat Turizm Ticaret Ve Sanayi A.S. v. Islamic Republic of Pakistan*, ICSID ARB/03/29, Award, Rn. 145; *Saipem S.p.A. v. People's Republic of Bangladesh*, ICSID ARB/05/7, Decision on Jurisdiction and Recommendation on Provisional Measures, Rn. 67; ein sehr ähnlicher Wortlaut findet sich in *Noble Energy Inc. and MachalaPower Cía. Ltd. v. Republic of Ecuador and Consejo Nacional de Electricidad*, ICSID ARB/05/12, Decision on Jurisdiction, Rn. 50, sowie im Schiedsspruch des *ad hoc*-Verfahrens *Austrian Airlines v. The Slovak Republic*, Ad hoc, Final Award, Rn. 84. In leichter Abwandlung heißt es in *Government of the Province of East Kalimantan v. PT Kaltim Prima Coal and others*, ICSID ARB/07/3, Award on Jurisdiction, Rn. 160: „[I]t has a duty to duly consider and possibly adopt solutions established in a series of consistent cases."

Diese Aspekte werden von einer Reihe von Schiedsgerichten hervorgehoben. Über die oft benannten Gründe Konsistenz,[730] Harmonisierung,[731] Vorhersehbarkeit[732] und Rechtssicherheit[733] hinaus werden noch andere für die Bezugnahme auf frühere Entscheidungen angegeben. Das Schiedsgericht im Verfahren *Camuzzi v. Argentina* etwa erklärte, Entscheidungen würden als Hilfsmittel zur Bestimmung der Regeln des internationalen Rechts herangezogen.[734]

---

730 *SGS Société Générale de Surveillance S.A. v. Republic of the Philippines*, ICSID ARB/02/6, Decision of the Tribunal on Objections to Jurisdiction; *Bayindir Insaat Turizm Ticaret Ve Sanayi A.S. v. Islamic Republic of Pakistan*, ICSID ARB/03/29, Award; *Total S.A. v. The Republic of Argentina*, ICSID ARB/04/1, Decision on Liability; *Duke Energy Electroquil Partners and Electroquil S.A. v. Republic of Ecuador*, ICSID ARB/04/19, Award; *Saipem S.p.A. v. People's Republic of Bangladesh*, ICSID ARB/05/7, Decision on Jurisdiction and Recommendation on Provisional Measures, sowie *Saipem S.p.A. v. People's Republic of Bangladesh*, ICSID ARB/05/7, Award; *Noble Energy Inc. and MachalaPower Cía. Ltd. v. Republic of Ecuador and Consejo Nacional de Electricidad*, ICSID ARB/05/12, Decision on Jurisdiction; *City Oriente Limited v. Republic of Ecuador and Empresa Estatal Petroleos del Ecuador (Petroecuador)*, ICSID ARB/06/21, Decision on Provisional Measures; *Abaclat and others v. The Argentine Republic*, ICSID ARB/07/5, Decision on Jurisdiction; *Hochtief Aktiengesellschaft v. The Argentine Republic*, ICSID ARB/07/31, Decision on Jurisdiction.

731 *Bayindir Insaat Turizm Ticaret Ve Sanayi A.S. v. Islamic Republic of Pakistan*, ICSID ARB/03/29, Award; *Duke Energy Electroquil Partners and Electroquil S.A. v. Republic of Ecuador*, ICSID ARB/04/19, Award; *Saipem S.p.A. v. People's Republic of Bangladesh*, ICSID ARB/05/7, Decision on Jurisdiction and Recommendation on Provisional Measures, sowie *Saipem S.p.A. v. People's Republic of Bangladesh*, ICSID ARB/05/7, Award; *Noble Energy Inc. and MachalaPower Cía. Ltd. v. Republic of Ecuador and Consejo Nacional de Electricidad*, ICSID ARB/05/12, Decision on Jurisdiction.

732 *ADC Affiliate Limited and ADC & ADMC Management Limited v. Republic of Hungary*, ICSID ARB/03/16, Award; *Bayindir Insaat Turizm Ticaret Ve Sanayi A.S. v. Islamic Republic of Pakistan*, ICSID ARB/03/29, Award; *Duke Energy Electroquil Partners and Electroquil S.A. v. Republic of Ecuador*, ICSID ARB/04/19, Award; *Saipem S.p.A. v. People's Republic of Bangladesh*, ICSID ARB/05/7, Decision on Jurisdiction and Recommendation on Provisional Measures; *Saipem S.p.A. v. People's Republic of Bangladesh*, ICSID ARB/05/7, Award; *Noble Energy Inc. and MachalaPower Cía. Ltd. v. Republic of Ecuador and Consejo Nacional de Electricidad*, ICSID ARB/05/12, Decision on Jurisdiction; *City Oriente Limited v. Republic of Ecuador and Empresa Estatal Petroleos del Ecuador (Petroecuador)*, ICSID ARB/06/21, Decision on Provisional Measures.

733 *Bayindir Insaat Turizm Ticaret Ve Sanayi A.S. v. Islamic Republic of Pakistan*, ICSID ARB/03/29, Award; *Duke Energy Electroquil Partners and Electroquil S.A. v. Republic of Ecuador*, ICSID ARB/04/19, Award; *Noble Energy Inc. and MachalaPower Cía. Ltd. v. Republic of Ecuador and Consejo Nacional de Electricidad*, ICSID ARB/05/12, Decision on Jurisdiction; *City Oriente Limited v. Republic of Ecuador and Empresa Estatal Petroleos del Ecuador (Petroecuador)*, ICSID ARB/06/21, Decision on Provisional Measures.

734 *Camuzzi International S.A. v. The Republic of Argentina*, ICSID ARB/03/7, Decision of the Tribunal on Objections to Jurisdiction, Rn. 19: „Las referencias a la jurisprudencia de Tribunales CIADI [ICSID] se efectúan en la presente decisión no porque esa jurisprudencia constituya una

Entsprechend Art. 38 Abs. 1 (d) IGH-Statut sind Entscheidungen von Gerichten Hilfsmittel zur Feststellung von Völkerrecht. Zumindest im internationalen Investitionsrecht zeigt sich, dass die Rechtswirklichkeit nicht (mehr) mit Art. 38 Abs. 1 (d) IGH-Statut übereinstimmt.[735] Die nachfolgende empirische Untersuchung zeigt, dass man dieser nicht gerecht wird, wenn man Entscheidungen früherer ICSID-Schiedsgerichte lediglich als subsidiäre Hilfsmittel erachtet. Die Bezugnahmen auf frühere Schiedssprüche stellen unter Beweis, dass die schiedsrichterliche Rechtsprechung eine wesentliche Erkenntnisquelle ist. Insofern verhindern die Ausführungen des Schiedsgerichts in *Camuzzi v. Argentina* eher den Blick auf die Realität.[736] Anders hingegen sind die Äußerungen der Schiedsgerichte einzuordnen, welche hervorgehoben haben, die Bezugnahmen seien notwendige Grundlage für die Fortbildung des Investitionsrechts.[737]

fuente vinculante de derecho internacional, sino porque la argumentación en que se basan esas sentencias arbitrales se consideran jurídicamente correctas, independientemente de su imperatividad directa. Es pertinente su referencia en cuanto su razonamiento se estima adecuado y en cuanto se refiere a supuestos de hecho similares a los del presente caso. Son decisiones que se fundan en el derecho internacional aplicable. Por ello el Tribunal puede apoyar en ellas su decisión, usando esa jurisprudencia como medio auxiliar en la determinación de las reglas de derecho internacional. Es de destacar que las partes, de manera reiterada, han apoyado sus argumentos trayendo a colación jurisprudencia de Tribunales CIADI, entre otros."

735 Hierin zeigt sich die Berechtigung von Jaquets Äußerung: „Il est vrai que pour l'article 38 du statut de la Cour en droit international, la jurisprudence n'a qu'un rôle auxiliaire. Mais dans un tel contexte, est-il possible de maintenir le caractère absolu d'une telle affirmation?", Jacquet, Rev. Arb. 2010, 445, 466.

736 Ähnlich ist dies auch bzgl. des Hinweises zu bewerten, Schiedssprüche stellten keine Rechtsquelle dar und würden andere Schiedsgerichte nicht binden. Indem die Schiedsgerichte der Verfahren *El Paso Energy International Company v. The Argentine Republic*, ICSID ARB/03/15, Decision on Jurisdiction; *RosInvestCo UK Ltd. v. The Russian Federation*, SCC 079/2005, Award on Jurisdiction, sowie *Brandes Investment Partners LP v. The Bolivarian Republic of Venezuela*, ICSID ARB/08/3, Award, keine darüber hinausgehenden Ausführungen machen, lassen sie die tatsächliche Bedeutung von Schiedssprüchen in ihren Erwägungen außen vor.

737 Vgl. u. a. *Fireman's Fund Insurance Company v. United Mexican States*, ICSID ARB(AF)/02/1, Award, Rn. 172: „However, cautious reliance on certain principles developed in a number of those cases, as persuasive authority, to the extent that they cover the same matters as the NAFTA, may advance the body of law, which in turn may serve predictability in the interest of both investors and host States."; *ADC Affiliate Limited and ADC & ADMC Management Limited v. Republic of Hungary*, ICSID ARB/03/16, Award, Rn. 293: „The Parties to the present case have also debated the relevance of international case law relating to expropriation. It is true that arbitral awards do not constitute binding precedent. It is also true that a number of cases are fact-driven and that the findings in those cases cannot be transposed in and of themselves to other cases. It is further true that a number of cases are based on treaties that differ from the present BIT in certain respects. However, cautious reliance on certain principles developed in a number of

Den generellen Erwägungen zur Bedeutung von Präjudizien stehen etliche Entscheidungen gegenüber, in denen Entscheidungen als Präjudizien zitiert werden, ohne dass das Schiedsgericht diese Vorgehensweise dezidiert begründet. Ähnlich ist die Sachlage zu bewerten, in der ein Schiedsgericht erklärt, auf Präjudizien Bezug zu nehmen, wenn dies zweckdienlich oder angemessen sei, aber verborgen bleibt, welchen Zweck es eigentlich verfolgt. Da heißt es beispielsweise:

> „The Tribunal agrees that it is not bound by earlier decisions, but will certainly carefully consider such decisions whenever appropriate."[738]

In der Regel sind es die Parteien, die frühere Entscheidungen in das aktuelle Schiedsverfahren einführen. Es kann aber auch vorkommen, dass Schiedsgerichte selbst einschlägige Entscheidungen benennen sowie die Parteien bitten, sich mit den für relevant befundenen Präjudizien auseinanderzusetzen. Dies ist etwa in der Rechtssache *Noble Ventures v. Romania* der Fall:

> „Without prejudice to what the Tribunal finally considers as relevant for its decisions, the Tribunal invites the Parties to include comments on the following questions and issues: 1. a. Relevance of other ICSID decisions, particularly the Award in SGS Société Générale de Surveillance S.A. v. Republic of the Philippines (ICSID Case No. ARB/02/6) to the application of an ‚umbrella clause' in a BIT."[739]

In ähnlicher Weise wurden die Parteien von dem Schiedsgericht im Verfahren *Malaysian Historical Salvors v. Malaysia* aufgefordert:

> „49. On November 21, 2006, the Tribunal invited the Parties to provide comments on the respective Decisions on Jurisdiction in the following cases (which had not been discussed in their earlier submissions): a) *Bayindir Insaat Turizm Ticaret Ve Sanayi A.S v Islamic Republic of Pakistan,* ICSID Case No. ARB/03/29 [...] and b) *Ceskoslovenska obchodni banka, a.s. v Slovak Republic* Case No. ARB/97/4 [...].
> 50. On November 28, 2006, the Tribunal further requested the Parties to provide comments on the recently issued Decision of the Annulment Committee in the case of *Patrick Mitchell v The Democratic Republic of Congo* (ICSID Case No. ARB/99/7) [...].
> 52. On March 14, 2007, the Tribunal further requested the Parties to provide comments on

---

those cases, as persuasive authority, may advance the body of law, which in turn may serve predictability in the interest of both investors and host States."

738 *Bayindir Insaat Turizm Ticaret Ve Sanayi A.S. v. Islamic Republic of Pakistan,* ICSID ARB/03/29, Decision on Jurisdiction, Rn. 76.

739 *Noble Ventures, Inc. v. Romania,* ICSID ARB/01/11, Award, Rn. 29.

the Decision on Jurisdiction in *PSEG Global Inc and Konya Ilgin Elektrik Üretim ve Ticaret Limited Sirketi v Republic of Turkey* (ICSID Case No. ARB/02/5) („*PSEG*').“[740]

Diese Aufforderungen sind in Zusammenhang mit einer zivilprozessualen Prägung von Schiedsgerichten zu sehen, nur das zu berücksichtigen, was von den Parteien beigebracht wurde. Darüber hinaus scheinen ICSID-Schiedsrichter dadurch etwaige Aufhebungsbestreben der unterliegenden Partei zuvorkommen zu wollen. Diese könnten unter Umständen versuchen, den Schiedsspruch wegen Nichtberücksichtigung thematisch einschlägiger, früherer Entscheidungen aufheben zu lassen.[741]

1. Quantitativer Befund

Commission hat in seiner aufwendigen Untersuchung quantitativ den Trend erfasst, dass Schiedsgerichte zunehmend auf frühere Entscheidungen Bezug nehmen.[742] Diesen unterteilt er in drei Phasen: Während es in der Zeit vor 1990 nur vereinzelte Bezugnahmen gibt, sind es von 1990 bis 2002 deutlich mehr, wohingegen ab 2002 routinemäßig Entscheidungen zitiert werden.[743]

In Ergänzung zum quantitativen Befund von *Commission*, wird für einzelne Bereiche der ICSID-Spruchpraxis die Anzahl an Zitationen von ICSID-Entscheidungen und solcher anderer Spruchkörper ermittelt. Es geht dabei um die Rechtsprechung zum Investitionsbegriff sowie die Spruchpraxis zu zwei Investitionsschutzstandards, dem Meistbegünstigungsgrundsatz und dem Gebot vollen Schutzes und voller Sicherheit.[744] Bei jeder Entscheidung werden nur diejenigen Zitationen gezählt, die einen Bezug zum Investitionsbegriff oder zur Anwendung einer der beiden Schutzstandards haben. So kommen auf 35 Entscheidungen zum Investitionsbegriff 240 bereichsspezifische Zitationen. Zur Meistbegünstigungsklausel sind in 20 Entscheidungen, von denen zwei Nicht-ICSID-Verfahren betreffen, 94 Zitationen enthalten. Und schließlich enthalten 31 Entscheidungen zum

740 *Malaysian Historical Salvors, SDN, BHD v. Malaysia*, ICSID ARB/05/10, Award on Jurisdiction.

741 Vgl. Commission, J. Int. Arb. 24 (2007), 129, 156; Wälde, RdC (2006), 63, 137: „Tribunals which deviate from established jurisprudence, without an extensive effort at reasoning, distinction and providing full hearing to the parties on their intention to deviate, might be considered to commit severe procedural and material rule breaches that could bring them into the visor of the – limited – procedures for judicial review and annulment."

742 Commission, J. Int. Arb. 24 (2007), 129ff.

743 Commission, J. Int. Arb. 24 (2007), 129, 149f.

744 S. die Übersichten in den Anhängen 6 bis 8.

Gebot vollen Schutzes und voller Sicherheit, von denen acht Nicht-ICSID-Verfahren betreffen, 104 Zitationen.

Anders als bei der Rechtsprechung zu den beiden Schutzstandards mit je 35 Zitationen von Nicht-ICSID-Entscheidungen weist diejenige zum Investitionsbegriff nur sieben Zitationen von Nicht-ICSID-Entscheidungen auf. Dies ist darauf zurückzuführen, dass der Investitionsbegriff als kompetenzrechtliche Voraussetzung nach Art. 25 WBÜ auf das ICSID-System gemünzt ist und sich andere Gerichte und Schiedsgerichte daher nicht in jedem Falle mit diesem zu befassen haben.

Die insgesamt hohe Anzahl an zitierten ICSID-Entscheidungen spiegelt sich dabei auch in einem hohen Anteil thematisch eingegrenzter Zitationen wider. So werden in der Rechtsprechung zum Investitionsbegriff im Durchschnitt 6,9 Schiedssprüche zum Investitionsbegriff pro Entscheidung zitiert, bei der Meistbegünstigungsklausel sind es 4,7 und beim Gebot vollen Schutzes und voller Sicherheit sind es immerhin noch durchschnittlich 3,4 Zitationen pro Entscheidung.

Dieser quantitative Überblick über die Zitationspraxis stellt zugleich die Grundlage für die qualitative Untersuchung dar.

2. Qualitative Analyse

Entscheidungen von ICSID-Schiedsgerichten sind für spätere Verfahren zwar nicht bindend, gleichwohl für die Entscheidungsfindung von unverkennbarer Bedeutung. Um diese näher zu ergründen, ist bei jedem Verweis auf eine frühere Entscheidung zu prüfen, weshalb die Bezugnahme erfolgt ist. Allein die Anzahl an Zitationen vermag noch nichts darüber auszusagen, welche Rolle der jeweils zitierten Entscheidung im aktuellen Verfahren tatsächlich zukommt. Denn der rein quantitative Befund gibt weder über Zustimmung oder Ablehnung des entscheidenden ICSID-Schiedsgerichts Aufschluss, noch verrät er etwas über den Umgang des Schiedsgerichts mit der Argumentation aus der früheren Entscheidung. Die qualitative Analyse ist damit zentral für den Nachweis der zuvor theoretisch untersuchten faktischen Präzedenzwirkung.

Die empirisch gewonnenen Daten legen offen, dass Schiedssprüche über den Einzelfall hinaus Wirkung haben können. Dabei kann dieser „general effect“[745] von

---

745 Vgl. *International Thunderbird Gaming Corporation v. The United Mexican States*, UNCITRAL/NAFTA, Award, Separate Opinion (Thomas Wälde), Rn. 128: „[I]nvestment arbitration, on the other hand, applies treaty provisions that are general; in their investment protection core content, the investment treaties (with the equivalent of the multilateral treaties now well over 3,500) express common principles and very similar, often identical language. Every interpretation that is public is likely to exercise a general effect and will be taken up by counsel and tribunals in subsequent cases.“

unterschiedlicher Ausprägung sein. Da der Grad an Präzedenzwirkung einer Entscheidung durch die Art der Bezugnahme auf dieselbe bestimmt wird,[746] sind die in den Entscheidungen enthaltenen Zitationen hierauf genau zu untersuchen. Bei der zum Investitionsbegriff, zur Meistbegünstigungsklausel sowie zum Gebot vollen Schutzes und voller Sicherheit ergangenen Rechtsprechung werden daher die Zitationen von ICISD-Entscheidungen qualifiziert und wie zuvor diejenigen von ICC-Schiedssprüchen einer der Kategorien des Befolgens, des Anwendens und der Erwähnung zugeordnet. Dabei wird die zweite Kategorie weiter differenziert nach: Untermauern, *Distinguishing*, Ausgangspunkt und Ablehnung. Aus den ermittelten Zuordnungen ergeben sich für die Spruchpraxis zum Investitionsbegriff sowie den beiden Investitionsschutzstandards folgende Verteilungen:

Übersicht 5: Verwendete Zitationstypen in der ICSID-Spruchpraxis zum Investitionsbegriff

	Befolgen	Anwenden				Erwähnen
	Befolgen	Untermauern	*Distinguishing*	Ausgangspunkt	Ablehnung	Ausschließlich Parteivorbringen
Anzahl Zitate (274)	3	70	15	140	2	44
Anteil (gerundet)	1 %	26 %	5 %	51 %	1 %	16 %

Übersicht 6: Verwendete Zitationstypen in der ICSID-Spruchpraxis zum Meistbegünstigungsgrundsatz

	Befolgen	Anwenden				Erwähnen
	Befolgen	Untermauern	*Distinguishing*	Ausgangspunkt	Ablehnung	Ausschließlich Parteivorbringen
Anzahl Zitate (70)	0	13	7	23	2	25
Anteil (gerundet)	0 %	18,5 %	10 %	33 %	3 %	35,5 %

746 Dazu eingehend oben 1. Teil, Kapitel 2.

Übersicht 7: Verwendete Zitationstypen in der ICSID-Spruchpraxis zum Gebot vollen Schutzes und voller Sicherheit

	Befolgen	Anwenden				Erwähnen
	Befolgen	Untermauern	*Distinguishing*	Ausgangspunkt	Ablehnung	Ausschließlich Parteivorbringen
Anzahl Zitate (77)	0	11	7	47	0	12
Anteil (gerundet)	0 %	14 %	9 %	61 %	0 %	16 %

Bei den einzelnen Kategorien fällt zunächst auf, dass ein Befolgen, das hier für die stärkste Form der faktischen Präzedenzwirkung steht, kaum vorhanden ist. Schiedsgerichte führen in diesen Fällen explizit aus, dass sie sich trotz fehlender Befolgungspflicht verpflichtet fühlen, einer früheren Entscheidung zu folgen. Doch lediglich in der Rechtsprechung zum Investitionsbegriff gibt es drei Fälle, in denen das Schiedsgericht ausdrücklich erklärt, frühere Entscheidungen zu befolgen. Befolgt werden dabei insgesamt drei verschiedene Entscheidungen,[747] so dass zumindest an dieser Stelle nichts darauf deutet, dass ein Schiedsspruch als Leitentscheidung akzeptiert und befolgt wird.

In ebenfalls nur drei Fällen äußern Schiedsgerichte eine ablehnende Haltung gegenüber einer früheren Entscheidung.[748] Tatsächlich ist jedoch anzunehmen,

747 S. die drei Zitationen in den beiden Entscheidungen *Bayindir Insaat Turizm Ticaret Ve Sanayi A.S. v. Islamic Republic of Pakistan*, ICSID ARB/03/29, Decision on Jurisdiction, Rn. 109: „In any event, the Tribunal cannot see any reason to depart from the decision of the tribunal in *Salini v. Morocco* holding that ‚this provision [i.e., the requirement of conformity with local laws] refers to the validity of the investment and not to its definition'.", und *Helnan International Hotels A/S v. Arab Republic of Egypt*, ICSID ARB/05/19, Decision of the Tribunal on Objections to Jurisdiction, Rn. 81: „The Tribunal here follows the approach adopted by others [sic!] ICSID Tribunals." (In der Fn. auf „Bayindir Insaat Turizm Ticaret Ve Sanayi A.S.v. Islamic Republic of Pakistan and Jan de Nul N.V. and Dredging International N.V. v. A.R.E." verweisend).

748 *Camuzzi International S.A. v. The Republic of Argentina*, ICSID ARB/03/2, Decision of the Tribunal on Objections to Jurisdiction, Rn. 65 (das genannte Argument sei lediglich „theoretically correct"); *Plama Consortium Limited v. Republic of Bulgaria*, ICSID ARB/03/24, Decision on Jurisdiction (Rn. 224: „The decision in *Maffezini* is perhaps understandable. The case concerned a curious requirement that during the first 18 months the dispute be tried in the local courts. The present Tribunal sympathizes with a tribunal that attempts to neutralize such a provision that is nonsensical from a practical point of view. However, such exceptional circumstances should not be treated as a statement of general principle guiding future tribunals in other cases where exceptional circumstances are not present."); *Vladimir Berschader and Moise Berschader v. The Russian Federation*, SCC 080/2005, Award, Rn. 181 (bzgl. *Gas Natural SDG v. Argentina*, ICSID

dass sie eine solche in deutlich mehr Fällen einnehmen, dies nur nicht ausdrücklich erklären. Dies mag zum einen damit zusammenhängen, dass im Wege eines *Distinguishing* Elemente vorgetragen werden, die den früheren Fall als nicht vergleichbar erscheinen lassen.[749] Auch kann es vorkommen, dass Schiedsgerichte Entscheidungen lediglich als Ausgangspunkt heranziehen oder als Parteivorbringen nicht weiter berücksichtigen und es auf diese Weise vermeiden, ihre Ablehnung dezidiert zum Ausdruck zu bringen.

Bei den drei untersuchten Bereichen kommen drei Arten von Bezugnahmen am häufigsten vor: (1) Das Untermauern der eigenen Argumentation, (2) das Heranziehen einer Entscheidung als Ausgangspunkt für eigene Erwägungen sowie (3) die Kennzeichnung einer Entscheidung als Parteivorbringen, ohne dass sich das Schiedsgericht diesen gegenüber positioniert. In der jeweiligen Verteilung bestehen allerdings Unterschiede: Während beim Investitionsbegriff und beim Gebot vollen Schutzes die neutrale Zitation in Form eines Ausgangspunkts die größte Gruppe darstellt (mit 51 % respektive 61 %), liegt bei der Meistbegünstigungsklausel das Parteivorbringen mit 35,5 % knapp vor dieser Gruppe (33 %).

Die jeweils hohen Anteile an Entscheidungen, die von den Parteien in das Verfahren eingeführt, aber von den Schiedsgerichten nicht weiter herangezogen werden (gegenüber 35,5 % bei der Meistbegünstigungsklausel sind es beim Investitionsbegriff und beim Gebot vollen Schutzes und voller Sicherheit jeweils 16 %), erklären sich durch eine von den Parteivertretern häufig ungefiltert präsentierte Sammlung an (vermeintlichen) Präjudizien.[750] Zum Teil werden dann aus den Entscheidungen lediglich die günstigen Stellen gleichsam wie Rosinen herausgepickt, Unterschiede in den Sachverhalten, die möglicherweise zu einer anderen Bewertung führen könnten, hingegen nicht herausgearbeitet. Teils werden auch Entscheidungen zitiert, die keinerlei Bedeutung für den zu entscheidenden Fall haben. Einige Schiedsgerichte neigen dann dazu, derart zitierte Entscheidungen lediglich als Parteivorbringen zu kennzeichnen und in den weiteren Erörterungen unberücksichtigt zu lassen. Andere wiederum machen deutlich, wenn

---

decision on Jurisdiction: „[...] For the reasons developed above, it should be evident that this Tribunal cannot accept that standpoint.“).

749 *Suez, Sociedad General de Aguas de Barcelona S.A., and InterAguas Servicios Integrales del Agua, S.A. v. The Republic of Argentina*, ICSID ARB/03/17, Decision on Jurisdiction, Rn. 63: „Having duly considered the reasons set forth in the *Plama* decision, this Tribunal comes to the conclusion that, whatever its merits, it is in any event clearly distinguishable from the present case on a number of grounds.“ Ein solches Vorgehen ist auch bei Gerichten des *Common Law* nicht selten, um eine ansonsten greifende Präjudizienbindung zu umgehen.

750 Angesichts der breiteren Veröffentlichungspraxis und der über das Internet leicht zugänglichen investitionsrechtlichen Entscheidungen ist diese Vorgehensweise bei ICSID-Verfahren noch viel ausgeprägter als bei ICC-Verfahren.

die Bezugnahme auf einen Schiedsspruch keinerlei Nutzen für den zu entscheidenden Fall bringt.[751] Dass bei der Meistbegünstigungsklausel der höchste Anteil an solchen Entscheidungszitaten zu finden ist, die ausschließlich als Parteivorbringen aus der Entscheidung hervorgehen, lässt auf zweierlei schließen: Zum einen kann sich hierin eine in der Rechtsprechung strittige Frage widerspiegeln. Denn die Kennzeichnung als Parteivorbringen kann bedeuten, dass ein Schiedsgericht bei divergierenden Positionen die Auseinandersetzung mit der Gegenposition scheut und es vermeiden möchte, früheren Entscheidungen anderer Schiedsgerichte explizit zu widersprechen. Zum anderen mag die konkrete Besetzung des Schiedsgerichts diesbezüglich von besonderer Tragweite sein. Hier tragen allein zwei Entscheidungen mit je elf bzw. sechs Zitationen als Parteivorbringen[752] maßgeblich zu dieser auffällig hohen Quote bei. Erstere erging im Verfahren *RosInvest v. Russian Federation*. Es ist bekannt, dass zumindest der Vorsitzende des Schiedsgerichts in dieser Streitsache, Schiedsrichter *Böckstiegel*, der Rechtsprechung anderer Schiedsgerichte grundsätzlich keinerlei Bedeutung beimisst.[753] Eine solche Position bietet eine Erklärung für die Verlagerung, welche bei der Untersuchung der Rechtsprechung zur Meistbegünstigungsklausel ersichtlich wird: Denn wird die zitierte Rechtsprechung nicht für relevant befunden, kann das Schiedsgericht mit der Aufnahme der Zitation in die Entscheidung zwar klarstellen, dass es diese nicht übersehen hat. Darüber hinaus setzt es sich jedoch

751 S. *Plama Consortium Limited v. Republic of Bulgaria*, ICSID ARB/03/24, Decision on Jurisdiction, Rn. 211: „The decision in *Ceskoslovenska Obdchodni Banka, A.S. v. The Slovak Republic* is not relevant."

752 *Wintershall Aktiengesellschaft v. The Republic of Argentina*, ICSID ARB/04/14, Award; *RosInvestCo UK Ltd. v. The Russian Federation*, SCC 079/2005, Award on Jurisdiction.

753 Vgl. *RosInvestCo UK Ltd. v. The Russian Federation*, SCC 079/2005, Award on Jurisdiction, Rn. 49: „The Tribunal deems it useful to make clear from the outset that it regards its task in these proceedings as the very specific one of arriving at the proper meaning to be given to those particular provisions in the context of the particular bilateral investment treaty in which they appear. That being so, it is not obviously clear how far arbitral decisions on other jurisdictional or MFN clauses in other treaties are of relevance to the Tribunal's task. It is at all events plain that the decisions of other tribunals are not binding on this Tribunal, and the Tribunal refers in this connection to paragraphs 73–76 of the Decision on Jurisdiction in *Bayindir Insaat Turizm Ticaret v. Islamic Republic of Pakistan* (ICSID Case No. ARB/03/29). This does not however preclude the Tribunal from considering other arbitral decisions and the arguments of the Parties based upon them, to the extent that it may find that they throw any useful light on the issues that arise for decision in this case." Böckstiegel macht dies auch in anderen Entscheidungen deutlich, vgl. etwa *Brandes Investment Partners LP v. The Bolivarian Republic of Venezuela*, ICSID ARB/08/3, Award, Rn. 31. Deutlicher wurde seine Position im Sinne des oben Erwähnten im Rahmen der auf die Generali-Lecture folgende Diskussionsrunde am 26.04.2012 in Köln.

mit dieser nicht auseinander, was sich in der Kennzeichnung ausschließlich als Parteivorbringen ausdrückt.

Ausweislich der erhobenen Daten dient ein beträchtlicher Anteil an Zitationen den Schiedsgerichten der Untermauerung ihrer Argumentation.[754] Ob die Argumentation des früheren Schiedsgerichts überzeugt hat oder ein Schiedsgericht seine eigenständige Lösung in früheren Entscheidungen wiederfindet, ist dabei weniger von Bedeutung. Maßgeblich ist hier, dass einer Argumentation *expressis verbis* hinzugefügt wird, auch andere Autoritäten hätten die Entscheidung auf diese Weise gefällt. Das Schiedsgericht macht sich dadurch die Autorität eines früheren Schiedsgerichts zu eigen, gleichzeitig kommt der früheren Entscheidung eine starke faktische Präzedenzwirkung zu.

Trotz eines großen Anteils an Bezugnahmen, die über den Parteivortrag hinaus keine Berücksichtigung finden und damit einen nur sehr niedrigen Grad an Präzedenzwirkung erzeugen, zeichnet sich somit insgesamt für alle untersuchten Bereiche der ICSID-Spruchpraxis eine eher starke Präzedenzwirkung ab.

Die qualitative Auswertung vermag ein differenzierteres Bild anzubieten als die bloß quantitative Erhebung der Zitationen. Nicht jede Bezugnahme zählt gleichermaßen. So zeigen die gewonnenen qualitativen Ergebnisse, dass viele der Zitationen kaum Präzedenzwirkung erzeugen. Die breite Veröffentlichungspraxis des ICSID mag so manchen Parteivertreter dazu verleiten, mehr zu zitieren, als für den Fall von Relevanz ist. Dabei ist offensichtlich, dass allein das Zitieren einer veröffentlichten Entscheidung nicht die (vornehmlich von den Verfahrensbeteiligten) gewünschte Präzedenzwirkung erzeugt. Die faktische Präzedenzwirkung setzt drei Elemente zwingend voraus: (1) eine begründete Entscheidung, (2) die Veröffentlichung dieser Entscheidung(sbegründung) sowie (3) die Bezugnahme auf diese. Besonders eindrücklich zeigt sich hier, dass die Präzedenzwirkung allerdings grundlegend von weiteren Faktoren geprägt wird, die in der Art der Bezugnahme ihren Ausdruck finden.

Von *der* faktischen Präzedenzwirkung zu sprechen, ist also, wie die empirischen Untersuchungen zum Investitionsbegriff, zum Meistbegünstigungsgrundsatz und zum Gebot voller Sicherheit und vollen Schutzes zeigen, unpräzise. Es existiert nicht *eine* Präzedenzwirkung, vielmehr lassen sich verschiedene Grade faktischer Präzedenzwirkung unterscheiden. Sie führen in unterschiedlichem Maße zu Vereinheitlichungstendenzen im internationalen Investitionsrecht. Die

---

754 Bei der Rechtsprechung zum Investitionsbegriff sind es 26 % der Zitationen, bei derjenigen zur Meistbegünstigungsklausel 18,5 % sowie beim Gebot des vollen Schutzes und voller Sicherheit 14 %.

nachfolgenden Untersuchungen zur Konsistenz der Spruchpraxis können insofern gleichsam als „Ergebniskontrolle" der ermittelten Präzedenzwirkung fungieren.

II. Konsistenz

Zu einer jeden sich berechtigterweise so bezeichnenden Rechtsordnung gehört eine konsistente Judikatur. Diese beruht auf dem allgemeinen Gleichheitsgrundsatz, d. h. der Gleichbehandlung gleichgelagerter Fälle. „One of the hallmarks of any good decision-making process is consistency: like cases should be treated alike."[755] Außerhalb solcher bestehender Rechtsordnungen ist der allgemeine Gleichheitsgrundsatz nicht selbstverständlich. Ob das internationale Investitionsrecht samt Judikatur als eigenständige Rechtsordnung erachtet wird, kann hier dahingestellt bleiben. Eine konsistente Rechtsprechung ist mindestens mit Blick auf einen einheitlichen Investorenschutz sowie die zu gewinnende Rechtssicherheit durch die Vorhersehbarkeit der Entscheidungsfindung ein anerkennungswürdiges Ziel von Schiedsgerichten.

Die bisherigen Untersuchungen haben gezeigt, dass Schiedsgerichte häufig darauf bedacht sind, in ihrer Rechtsanwendung und -fortentwicklung zur Konsistenz im internationalen Investitionsrecht beizutragen. Obgleich die Entscheidung des Einzelfalls an erster Stelle steht, sind der Beitrag zur Konsistenz im Recht sowie die Nichtgefährdung bestehender Ansätze von Konsistenz als untergeordnete Ziele durchaus von Bedeutung. Bereits heute lassen sich deshalb für viele Problemkonstellationen als etabliert geltende Lösungswege ausmachen. Die Konsistenz resultiert hier vornehmlich aus einer Reihe von Bezugnahmen auf frühere Entscheidungen, die es nachfolgenden Schiedsgerichten erschwert, von einem eingeschlagenen Lösungsweg abzuweichen.

Unbestritten sind in den untersuchten Themenbereichen noch immer einige Fragen ungeklärt. Doch stehen viele der Streitpunkte bei genauer Betrachtung der Konsistenz keinesfalls im Wege. Dies ist zum einen der Fall, weil die unterschiedlichen Meinungen nicht so weit auseinander liegen oder zuweilen Punkte betreffen, die nicht entscheidungserheblich sind. Zum anderen können einige vereinzelt gebliebene Entscheidungen als „isolierte" Entscheidungen in der Gesamtschau der Rechtsprechung in der Regel vernachlässigt werden und verlieren so ihre Sprengkraft.

---

755 Bailey/Ching/Taylor, English Legal System, S. 474.

1. Der Investitionsbegriff

Zuständig ist das ICSID gem. Art. 25 Abs. 1 WBÜ für „any legal dispute arising directly out of an investment, between a Contracting State [...] and a national of another Contracting State, which the parties to the dispute consent in writing to submit to the Centre". Die Jurisdiktion hängt somit von der Definition des Investitionsbegriffs ab. Eine solche enthält das WBÜ jedoch nicht. Erläuternd heißt es dazu im *Report of the Executive Directors on the Convention on the Settlement of Investment Disputes between States and Nationals of Other States:*

> „No attempt was made to define the term ‚investment' given the essential requirement of consent by the parties, and the mechanism through which Contracting States can make known in advance, if they so desire, the classes of disputes which they would or would not consider submitting to the Centre (Article 25(4))."[756]

Zwar waren bei den Verhandlungen dieses Übereinkommens Definitionsversuche unternommen worden,[757] doch unterblieb eine Definition letztlich mangels Einigung der Vertragsparteien.[758] Da das WBÜ keine Definition des Investitionsbegriffs bereithält, nehmen sich BIT-Verhandler und Schiedsrichter selbst der Aufgabe an, den Investitionsbegriff näher zu umreißen.[759]

In Investitionsverträgen werden entweder mögliche Inhalte einer Investition aufgezählt oder der Investitionsbegriff definiert. Damit existiert statt *einer* Definition eine Vielzahl an Begriffsbestimmungen, die aus der Menge unterschiedlicher BITs resultiert.[760] Es fehlt ein anerkannter, operativ einsetzbarer Begriff. Da

---

756 Report of the Executive Directors on the Convention on the Settlement of Investment Disputes between States and Nationals of Other States, Punkt 27.

757 Art. 30 des Ersten Entwurfs des WBÜ definierte eine Investition als „any contribution of money or other assets of economic value for an indefinite period or, if the period be defined, for not less than five years", vgl. ICSID, History of the ICSID Convention (I), Washington Convention, First Draft, Art. 30.

758 Der Festschreibung einer zeitlichen Mindestvorgabe widersprachen insbesondere kapitalexportierende Länder, wie die USA, Deutschland, Großbritannien und Japan sowie einige Entwicklungsländer, vgl. Belling, Jurisdiktion rationae materiae, 192; Schreuer, ICSID Convention, Art. 25 Rn. 86.

759 Sornarajah, The International Law on Foreign Investment, S. 204.

760 Zu verschiedenen Definitionen bereits Amerasinghe, Indian J. Int. L. 19 (1979), 166, 177 ff. Zur Problematik der Umschreibung per Enumeration in BITs schreibt das Schiedsgericht im Verfahren *Patrick Mitchell v. Democratic Republic of Congo*, ICSID ARB/99/7, Decision on the Application for Annulment of the Award, Rn. 26: „This Treaty [i.e. the BIT], like most treaties of its type, contains an enumerative and non exhaustive approach to investment, which makes it

die sachliche Zuständigkeit des ICSID-Schiedsgerichts gem. Art. 25 Abs. 1 WBÜ vom Vorliegen einer Investition abhängt, ist eine Begriffsbestimmung jedoch unabdingbar.[761] Die erste schiedsgerichtliche Definition des Investitionsbegriffs stammt aus dem Jahr 1997. Vor dieser im Verfahren *Fedax v. Venezuela*[762] ergangenen Entscheidung haben sich Schiedsgerichte vereinzelt dem Investitionsbegriff genähert, ohne jedoch bestimmte Kriterien herauszuarbeiten und zu prüfen.[763] Erst im Schiedsspruch zu *Fedax v. Venezuela* werden verschiedene Merkmale einer Investition benannt.[764] Diese Kriterien – ein Kapitaleinsatz von gewisser Dauer, eine Renditeerwartung bei gleichzeitigem unternehmerischen Risiko und ein Beitrag der Kapitalanlage für die wirtschaftliche Entwicklung des Gastlandes – wurden von nachfolgenden schiedsgerichtlichen Entscheidungen aufgegriffen. Inwieweit diese Entscheidungspraxis konsistent ist, soll im Folgenden dargelegt werden.[765] Dabei wird zunächst der subjektive vom objektiven Investitionsbegriff,

---

possible to apply the protection provided by the Treaty to a range of rights and assets of the foreign investor. But it does not contain, properly speaking, a definition of investment as such."

761 Auch muss das Vorliegen einer Investition positiv festgestellt werden. Die ungeprüfte Annahme des Vorliegens einer Investition rügt das *ad hoc*-Komitee im Verfahren *Patrick Mitchell v. Democratic Republic of Congo*, ICSID ARB/99/7, Decision on the Application for Annulment of the Award, Rn. 38: „However, nothing is said in the Award about the content of the services of the ‚Mitchell & Associates' firm that would justify the decision to qualify them as an investment.", sowie Rn. 40: „The Award is incomplete and obscure as regards what it considers an investment: it refers to various fragments of the operation, without finally indicating the reasons why it regards it overall as an investment, that is, without providing the slightest explanation as to the relationship between the ‚Mitchell & Associates' firm and the DRC. Such an inadequacy of reasons is deemed to be particularly grave, as it seriously affects the coherence of the reasoning and, moreover, as it opens the door to a risk of genuine abuses, to the extent that it boils down to granting the qualification as investor to any legal counseling firm or law firm established in a foreign country, thereby enabling it to take advantage of the special arbitration system of ICSID."

762 *Fedax v. Venezuela*, ICSID ARB/96/3, Decision on Objections to Jurisdiction.

763 Yannaca-Small, in: International Investment Agreements, S. 243, 251 f.: „Before this case [i.e. Fedax v. Venezuela], ICSID tribunals had, on their own initiative and with little investigation, examined the question whether an investment was involved without a consideration of any specific criteria to assess this question. In each case, these early tribunals reached the conclusion that the investment requirement of the Convention had been met."

764 *Fedax v. Venezuela*, ICSID ARB/96/3, Decision on Objections to Jurisdiction, Rn. 43: „The basic features of an investment have been described as involving a certain duration, a certain regularity of profit and return, assumption of risk, a substantial commitment and a significance for the host State's development."

765 Dabei wird der Extremposition des Schiedsgerichts in *Saba Fakes v. Republic of Turkey*, ICSID ARB/07/20, Award, Rn. 97 („no unanimous approach has emerged so far from the existing case law", „the proposed solutions are inconsistent, if not conflicting, and do not provide any clear guidance to future tribunals"), vehement widersprochen. Auch im Schiedsspruch *Pan-*

wie er von verschiedenen Schiedsgerichten geprägt wird, unterschieden. Beim subjektiven Ansatz wird die Parteivereinbarung in den Vordergrund gestellt. Aus der Tatsache, dass eine Definition im WBÜ letztlich unterlassen wurde, wird dabei gefolgert, dass die Parteien selbst festlegen können, was unter den Begriff fallen solle. Demgegenüber vertreten die meisten Schiedsgerichte eine objektive Begriffsbestimmung.

Die Schwerpunktsetzungen durch die einzelnen Schiedsgerichte erlauben es dabei, Gemeinsamkeiten und Differenzen der unterschiedlichen Ansätze darzustellen sowie Bereiche konsistenter Jurisdiktion zu bestimmen.

a) Subjektiver Investitionsbegriff

Im Verfahren *Lanco International v. Argentina* betont das Schiedsgericht die zentrale Bedeutung des Parteikonsenses für die Frage der Jurisdiktion. In Ermangelung einer Legaldefinition im WBÜ nimmt es die im einschlägigen BIT vorgesehene vertragliche Definition von „investment" zum Maßstab[766] und erklärt: „Consent of the parties is the cornerstone of the jurisdiction."[767] Die gleiche Vorgehensweise findet sich im Schiedsspruch des Verfahrens *Generation Ukraine v. Ukraine*[768] sowie in den Entscheidungen zu *Azurix v. Argentina* und *Camuzzi v. Argentina.*[769]

In *Spyridon Roussalis v. Romania* stellt das Schiedsgericht ebenfalls auf einen subjektiven Investitionsbegriff ab. Es bejaht das Vorliegen einer Investition auf der Grundlage, dass dies von den Parteien nicht in Abrede gestellt wird.[770] Der Schiedsspruch *Fraport AG v. Philippines* von 2007 scheint ebenfalls auf einen subjektiven Ansatz abzustellen: In Ermangelung einer Definition im WBÜ sei es

techniki S.A. Contractors & Engineers v. Republic of Albania, ICSID ARB/07/21, Award, wird ein „emerging synthesis" in Spruchpraxis und Lehre zum Investitionsbegriff anerkannt (Rn. 36).

766 *Lanco International v. The Republic of Argentina*, ICSID ARB/97/6, Preliminary Decision on Jurisdiction, Rn. 48. In diesem Sinne auch *Philippe Gruslin v. Malaysia*, ICSID ARB/99/3, Award, Rn. 13.6, und *ATA Construction, Industrial and Trading Company v. Hashemite Kingdom of Jordan*, ICSID ARB/08/2, Award, Rn. 111.

767 *Lanco International v. The Republic of Argentina*, ICSID ARB/97/6, Preliminary Decision on Jurisdiction, Rn. 15.

768 *Generation Ukraine v. Ukraine*, ICSID ARB/00/9, Award, Rn. 8.2.

769 *Azurix Corp. v. The Republic of Argentina*, ICSID ARB/01/12, Decision on Jurisdiction, Rn. 59 ff.; *Camuzzi International S.A. v. The Republic of Argentina*, ICSID ARB/03/2, Decision of the Tribunal on Objections to Jurisdiction, Rn. 54 ff.

770 *Spyridon Roussalis v. Romania*, ICSID ARB/06/1, Award, Rn. 60 ff.

dem Schiedsgericht zufolge den Parteien überlassen, eine solche anzubieten.[771] Unklar sind die Ausführungen des Schiedsgerichts zum „Kunstbegriff" der Investition insoweit, als es zunächst erklärt, das WBÜ und der einschlägige BIT gäben den Rahmen der Jurisdiktion vor, um später dem BIT als *lex specialis* gegenüber dem WBÜ grundsätzlich den Vorrang zu geben.[772] Wäre der BIT im Verhältnis zum WBÜ tatsächlich der speziellere Normtext, der entsprechend dem Grundsatz *lex specialis derogat lex generalis* Vorrang hätte, käme eine – hypothetische – Definition im WBÜ gar nicht erst zum Tragen.[773] Ein solches Spezialitätsverhältnis ist nicht zuletzt deshalb gerade nicht gegeben. Die Ausführungen in *Fraport AG v. Philippines* sind derart unklar, dass von ihnen kaum *persuasive authority* ausgehen kann und somit die (künftige) Präzedenzwirkung dieser Entscheidung nicht ins Gewicht fallen dürfte. Überdies ist die Anzahl an Schiedsgerichten, die den subjektiven Investitionsbegriff befürwortet, vergleichsweise gering.

b) Objektiver Investitionsbegriff

Die weit überwiegende Zahl an ICSID-Schiedsgerichten folgt demgegenüber einer objektiven, an Kriterien orientierten Definition des Investitionsbegriffs.[774] Auf

---

771 *Fraport AG v. Republic of the Philippines*, ICSID ARB/03/25, Award, Rn. 305: „Article 25 of the Washington Convention [...] does not define ‚investment', leaving it to parties who incorporate ICSID jurisdiction to provide a definition if they wish."

772 *Fraport AG v. Republic of the Philippines*, ICSID ARB/03/25, Award, Rn. 305: „It is further observed that the boundaries of this Tribunal's jurisdiction are delimited by [...] both the BIT and the Washington Convention. [...] the word ‚investment' is a term of art, whose content in each instance is to be determined by the language of the pertinent BIT which serves as a lex specialis with respect to Article 25 of the Washington Convention." In ähnlicher Weise stellt das Schiedsgericht in dem nicht abgeschlossenen Verfahren *SGS Société Générale de Surveillance S.A. v. Republic of Paraguay*, ICSID ARB/07/29, Decision on Jurisdiction, Rn. 93 ff., auf die Parteivereinbarung ab.

773 Vgl. *Patrick Mitchell v. Democratic Republic of Congo*, ICSID ARB/99/7, Decision on the Application for Annulment of the Award, Rn. 31: „It is thus repeated that, before ICSID arbitral tribunals, the Washington Convention has supremacy over an agreement between the parties or a BIT."

774 So u. a. *Salini Costruttori S.p.A. and Italstrade S.p.A. v. Kingdom of Morocco*, ICSID ARB/00/4, Decision on Jurisdiction, Rn. 52: „The Tribunal notes that there have been almost no cases where the notion of investment within the meaning of Article 25 of the Convention was raised. However, it would be inaccurate to consider that the requirement that a dispute be ‚in direct relation to an investment' is diluted by the consent of the Contracting Parties. To the contrary, ICSID case law and legal authors agree that the investment requirement must be respected as an objective condition of the jurisdiction of the Centre [...]."; *SGS Société Générale de Surveillance S.A. v. Republic of the Philippines*, ICSID ARB/02/6, Decision of the Tribunal on Objections to Juris-

Schreuer Bezug nehmend, benennt im Verfahren *Fedax v. Venezuela* erstmalig ein Schiedsgericht in seiner Entscheidung Kriterien zur Bejahung einer Investition.[775] Diese Merkmale werden im Schiedsspruch zu *Salini v. Kingdom of Morocco* weitgehend übernommen.[776] Die später von anderen Schiedsgerichten als „Salini-Test“[777] bezeichneten Prüfungspunkte lauten somit: (1) Der Investor muss einen Beitrag leisten, (2) das Vorhaben muss von gewisser Dauer sein, (3) der Investor muss ein Risiko eingehen und (4) mit seinem Vorhaben einen wirtschaftlichen Beitrag zur Förderung der Entwicklung des Gaststaates leisten.

Schiedsgerichte prüfen jedoch nicht allein diese Kriterien. Es gilt nicht nur der Investitionsbegriff des WBÜ, da das Vorliegen einer Investition auf der zweiten Stufe am Maßstab der Schiedsvereinbarung oder des BITs zu prüfen ist. Dieser „double-barrelled test“[778] verhindert, dass das Schiedsgericht losgelöst vom zugrundeliegenden Vertragstext über seine Zuständigkeit entscheidet.[779]

---

diction, Rn. 157: „In accordance with the basic principle formulated in the Oil Platforms case [...], it is not enough for the Claimant to assert the existence of a dispute as to fair treatment or expropriation. The test for jurisdiction is an objective one and its resolution may require the definitive interpretation of the treaty provision which is relied on.“

775 *Fedax v. Venezuela*, ICSID ARB/96/3, Decision on Objections to Jurisdiction, Rn. 43; Schreuer, ICSID Convention, S. 372.

776 Das Schiedsgericht nimmt Bezug auf die Literatur, nicht jedoch auf die Entscheidung *Fedax v. Venezuela* und den dort zitierten Kommentar von Schreuer, vgl. *Salini Costruttori S.p.A. and Italstrade S.p.A. v. Kingdom of Morocco*, ICSID ARB/00/4, Decision on Jurisdiction, Rn. 52: „The doctrine generally considers that investment infers: contributions, a certain duration of performance of the contract and a participation in the risks of the transaction (*cf. commentary by E. Gaillard* [...]) In reading the Convention's preamble, one may add the contribution to the economic development of the host State of the investment as an additional condition.“

777 Statt Vieler s. *Saipem S.p.A. v. People's Republic of Bangladesh*, ICSID ARB/05/7, Decision on Jurisdiction and Recommendation on Provisional Measures, Rn. 99: „To determine whether Saipem has made an investment within the meaning of Article 25 of the ICSID Convention, the Tribunal will apply the well-known criteria developed by ICSID tribunals in similar cases, which are known as the ‚Salini test' [...].“

778 H. M. in der ICSID-Rechtsprechung, s. *Malaysian Historical Salvors, SDN, BHD v. Malaysia*, ICSID ARB/05/10, Award on Jurisdiction, Rn. 55; *Československá Obchodní Banka, a.s. (CSOB) v. The Slovak Republic*, ICSID ARB/97/4, Decision on Objections to Jurisdiction, Rn. 68; *Tokios Tokelés v. Ukraine*, ICSID ARB/02/18, Decision on Jurisdiction, Dissenting Opinion (Weil), Rn. 14: „To decide the jurisdictional issue the Decision should, therefore, have checked *first* whether the Tribunal has jurisdiction under Article 25 of the Convention – interpreted, as the Decision recalls, in light of its object and purpose – and *then*, in a second stage, whether it has jurisdiction *also* under the bilateral investment treaty.“; *Toto Costruzioni Generali S.p.A. v. Republic of Lebanon*, ICSID ARB/07/12, Decision on Jurisdiction, Rn. 66; *Malicorp Limited v. Arab Republic of Egypt*, ICSID ARB/08/18, Award, Rn. 107. A. A. *Saba Fakes v. Republic of Turkey*, ICSID ARB/07/20, Award, Rn. 106; *ATA Construction, Industrial and Trading Company v. Hashemite Kingdom of Jordan*, ICSID ARB/08/2, Award, Rn. 111.

Im Folgenden werden die Kriterien des Salini-Tests nebst der häufig geforderten regelmäßigen Abschöpfung von Gewinn und Rendite als Ziel des Vorhabens, im Einzelnen dargestellt.[780] Bei den verschiedenen Kriterien geben sich unterschiedliche Grade an Konsistenz in der Rechtsprechung zu erkennen.

aa) Erheblicher Beitrag

Eine Investition setzt einen erheblichen Beitrag des Investors voraus.[781] Dabei wird auch Portfolio-Investitionen nicht grundsätzlich abgesprochen, einen solchen erheblichen Beitrag zu beinhalten. In *Fedax v. Venezuela* subsumiert das Schiedsgericht unter dem Hinweis, dass sich „directly" in Art. 25 WBÜ auf die Streitigkeit („dispute") und nicht auf die Investition beziehe, neben Direktinvestitionen auch Portfolioinvestitionen unter den Investitionsbegriff.[782] Demnach werden auch Zahlungsansprüche von Art. 25 WBÜ erfasst, die – wie etwa Darlehen, Schuldanerkenntnisse und Staatsanleihen – auf längerfristigen Kapitalflüssen beruhen. Diesem extensiven Begriffsverständnis folgt das Schiedsgericht im Verfahren *CSOB v. Slovak Republic*. Dabei stellt es eine umfassende Bewertung des Vorhabens an, um dieses als Investition zu klassifizieren. Erst eine solche Gesamtbetrachtung ermögliche es dem Schiedsgericht, in diesem Fall eine Investition anzunehmen, da das umstrittene Vorhaben bei isolierter Betrachtung einzelner Transaktionen keine Investition im Sinne von Art. 25 WBÜ darstelle.[783]

---

779 Diese zweistufige Prüfung fällt selbstverständlich nur bei ICSID-Verfahren an, da das WBÜ etwa bei ICC- oder SCC-Verfahren (*Stockholm Chamber of Commerce*) sowie *ad hoc*-Verfahren nach den Verfahrensregeln der UNCITRAL keine Anwendung findet. Die unter diesen anderen Verfahrensregeln operierenden Schiedsgerichte prüfen das Vorliegen einer Investition nur anhand des einschlägigen BITs. Allerdings haben einige dieser Schiedsgerichte die dort verwendeten Investitionsbegriffe durch objektive Kriterien eingeschränkt, vgl. die Darstellung bei Yannaca-Small, in: International Investment Agreements, S. 243, 250.

780 Schreuer, ICSID Convention, Art. 25 Rn. 122; *Joy Mining Machinery Limited v. Arab Republic of Egypt*, ICSID ARB/03/11, Award on Jurisdiction, Rn. 53.

781 Ohne weitere Diskussion prüfen Schiedsgerichte daher das Vorliegen eines solchen Beitrags, vgl. etwa *Bayindir Insaat Turizm Ticaret Ve Sanayi A.S. v. Islamic Republic of Pakistan*, ICSID ARB/03/29, Decision on Jurisdiction, Rn. 131.

782 *Fedax v. Venezuela*, ICSID ARB/96/3, Decision on Objections to Jurisdiction, Rn. 24 ff. In einigen späteren Verfahren wurden Portfolio-Investitionen ebenso als Investitionen im Sinne des Art. 25 WBÜ angesehen, vgl. *CMS Gas Transmission v. The Republic of Argentina*, ICSID ARB/01/8, Decision of the Tribunal on Objections to Jurisdiction, Rn. 48, 51; *Enron Creditors Recovery Corporation (formerly Enron Corporation) and Ponderosa Assets, L.P. v. The Republic of Argentina*, ICSID ARB/01/3, Decision on Jurisdiction (Ancillary Claim), Rn. 39, 44.

783 *Československá Obchodní Banka, a.s. (CSOB) v. The Slovak Republic*, ICSID ARB/97/4, Decision on Objections to Jurisdiction, Rn. 72.

In der Literatur wird vereinzelt hervorgehoben, dass diese Investitionen der Wirtschaft des Anlagestaates zwar Kapital zur Verfügung stellten, aber flexibler abgezogen werden könnten als Direktinvestitionen. Auch sei der entwicklungspolitische Anteil nicht so ausgeprägt, weshalb eine Gleichbehandlung mit Direktinvestitionen nicht geboten sei.[784] Dass Schiedsgerichte Portfolio-Investitionen nicht prinzipiell absprechen, als Investition gem. Art. 25 WBÜ zu gelten, zeigt sich ferner im Fall *SGS v. Pakistan*. Hier erkennt das Schiedsgericht eine reine Kapitalinvestition in Höhe von 1,5 Mio. US-Dollar als erheblichen Beitrag an.[785] Demgegenüber lässt das Schiedsgericht in *Malaysian Historical Salvors v. Malaysia* einen Beitrag in Höhe von 3,8 Mio. US-Dollar nicht ausreichen, weil dieser nicht erheblich für die wirtschaftliche Entwicklung des Gastlandes sei.[786]

Aus diesen beiden Entscheidungen ließe sich bis dato allenfalls ableiten, dass das Kriterium bei einer Investition unter einer Million US-Dollar wohl verneint würde. In Anbetracht der zu erwartenden Verfahrenskosten dürfte ein solcher Fall in der ICSID-Schiedspraxis jedoch kaum vorkommen.[787] Demgegenüber erkennen Schiedsgerichte das zur Verfügung stellen von Sachmitteln, Ausrüstung, qualifiziertem Personal und Know-how unproblematisch als erheblichen Beitrag an.[788]

784 Johannsen, BTW (2009), 118; Amarasinha/Kokott, in: Oxford Handbook, S. 119, 139; Belling, Jurisdiktion rationae materiae, S. 241 f.

785 *SGS Société Générale de Surveillance S.A. v. Islamic Republic of Pakistan*, ICSID ARB/01/13 Decision on Objections to Jurisdiction, Rn. 136.

786 *Malaysian Historical Salvors, SDN, BHD v. Malaysia*, ICSID ARB/05/10, Award on Jurisdiction, Rn. 144: „The benefits flowing from the Contract were no different from the benefits flowing to the place of the performance of any normal service contract [...].“ Während das Schiedsgericht einen einfachen Beitrag bejaht (Rn. 109), verneint es die Signifikanz für den Gaststaat. Damit kombiniert es zwei Kriterien, die von anderen Schiedsgerichten getrennt geprüft werden.

787 Die durchschnittlichen Kosten eines ICSID-Verfahrens, von Shihata und Parra für alle ICSID-Verfahren bis 1999 erhoben, betrugen bereits damals rund 220.000 US-Dollar, vgl. Shihata/Parra, ICSID Rev. (1999), 299, 334; s. ferner Belling, Jurisdiktion rationae materiae, S. 243.

788 *Bayindir Insaat Turizm Ticaret Ve Sanayi A.S. v. Islamic Republic of Pakistan*, ICSID ARB/03/29, Decision on Jurisdiction, Rn. 131: „Firstly, to qualify as an investment, the project in question must constitute a substantial commitment on the side of the investor. In the case at hand, it cannot be seriously contested that Bayindir made a significant contribution, both in terms of know how, equipment and personnel and in financial terms [...].“; *L.E.S.I., S.p.A. and Astaldi, S.p.A. v. People's Democratic Republic of Algeria*, ICSID ARB/05/3, Decision on Jurisdiction, Rn. 73: „Sans doute peut-il s'agir au premier chef d'engagements financiers, mais ce serait privilégier une interprétation par trop restrictive que de ne pas admettre d'autres types d'engagements. Ces apports peuvent donc consister en prêts, en matériaux, en travaux, en services, pour autant qu'ils aient une valeur économique [...].“

bb) Dauer

Dass ein Vorhaben zudem von gewisser Dauer sein muss, ist unstreitig. Allerdings hat sich die Schiedsgerichtsbarkeit bislang noch nicht auf eine bestimmte Mindestzeitspanne festgelegt. Ausweislich der Entstehungsgeschichte des WBÜ wurde bei den Verhandlungen eine Zeitspanne von fünf Jahren diskutiert,[789] doch besteht bei ICSID-Schiedsgerichten die Tendenz, auch kürzere Zeiträume zu akzeptieren. Bereits eine Periode von (knapp) zwei Jahren wird in *Jan de Nul v. Egypt* für ausreichend erachtet.[790] Einige Schiedsgerichte weisen auch generell darauf hin, dass dieses Kriterium keine allzu strenge Handhabung erfahren solle.[791] Während das Schiedsgericht in *Bayindir v. Pakistan* ohne nähere Präzisierung eine gewisse Zeitspanne („a certain duration") verlangt,[792] halten die Schiedsgerichte der Verfahren *Salini v. Morocco* sowie *Saipem v. Bangladesh* eine Mindestdauer von zwei bis fünf Jahren für erforderlich.[793] In der *Saipem*-Entscheidung führt das Schiedsgericht aus, dass dabei auch Zeiträume eingerechnet würden, in denen das Projekt aufgeschoben oder unterbrochen werde. Denn die Risiken seien für den Investor während dieser Zeitspanne nicht geringer.[794] Bei der Dauer einer Inves-

---

789 Dieser Zeitraum fand noch Eingang in den Ersten Entwurf des WBÜ, s. Dolzer/Schreuer, Principles of International Investment Law, S. 68.

790 Die Vertragsunterzeichnung erfolgte in diesem Fall am 29.07.1992 und die Vertragserfüllung im Juni 1994, s. *Jan de Nul N.V. and Dredging International N.V. v. Arab Republic of Egypt*, ICSID ARB/04/13, Decision on Jurisdiction, Rn. 94.

791 *Consortium Groupement L.E.S.I.-DIPENTA v. People's Democratic Republic of Algeria*, ICSID ARB/03/8, Award, Rn. 14: „Le Contrat concernait la réalisation du barrage [...]; sa durée minimum était précisément de cinquante mois. On ne peut de toute façon pas se montrer excessivement rigoureux tant l'expérience apprend que des objets du genre de celui qui est en cause justifient souvent des prolongations, sans parler de la durée de la garantie."; *Bayindir Insaat Turizm Ticaret Ve Sanayi A.S. v. Islamic Republic of Pakistan*, ICSID ARB/03/29, Decision on Jurisdiction, Rn. 133: „[...] as mentioned by the tribunal in *L.E.S.I. v. Algeria*, one cannot place the bar very high, as (a) experience shows [...] that this kind of project more often than not requires time extensions, and (b) the duration of the contractor's guarantee should also be taken into account."; *L.E.S.I., S.p.A. and Astaldi, S.p.A. v. People's Democratic Republic of Algeria*, ICSID ARB/05/3, Decision on Jurisdiction, Rn. 73: „S'agissant de la durée: Même si elle est plus délicate à cerner dès lors qu'elle comprend un élément d'appréciation, la notion doit être comprise largement."

792 *Bayindir Insaat Turizm Ticaret Ve Sanayi A.S. v. Islamic Republic of Pakistan*, ICSID ARB/03/29, Decision on Jurisdiction, Rn. 132.

793 *Salini Costruttori S.p.A. and Italstrade S.p.A. v. Kingdom of Morocco*, ICSID ARB/00/4, Decision on Jurisdiction, Rn. 54; *Saipem S.p.A. v. People's Republic of Bangladesh*, ICSID ARB/05/7, Decision on Jurisdiction and Recommendation on Provisional Measures, Rn. 101.

794 *Saipem S.p.A. v. People's Republic of Bangladesh*, ICSID ARB/05/7, Decision on Jurisdiction and Recommendation on Provisional Measures, Rn. 102.

tition wird damit generell die Zeitspanne vom Vertragsschluss bis zur Vertragserfüllung betrachtet.[795]

Die Entscheidung *Malaysian Historical Salvors v. Malaysia* differenziert bei der Dauer zwischen einer qualitativen und einer quantitativen Komponente: Die in diesem Fall vier Jahre andauernden Bergungsarbeiten werden in quantitativer Hinsicht als hinreichend erachtet.[796] Mit Blick auf das qualitative Element sei die zeitliche Dauer nicht unabhängig vom Beitrag zur wirtschaftlichen Entwicklung des Gaststaates zu betrachten. Je länger ein Vorhaben andauere, desto mehr trage es zur wirtschaftlichen Entwicklung bei.[797] Je kleiner der Beitrag zur wirtschaftlichen Entwicklung, desto größer müsse demzufolge die Dauer ausfallen. Das Schiedsgericht sieht hier die qualitative Komponente nicht als erfüllt an, da es an einem Beitrag zur wirtschaftlichen Entwicklung des Gaststaates fehle und der Vertrag ursprünglich nur 18-monatige Ortungs- und Bergungsarbeiten vorsah, die lediglich „zufällig", d. h. durch eine einvernehmliche Vertragsverlängerung, auf einen größeren zeitlichen Rahmen ausgeweitet worden seien.[798]

Künftige Entscheidungen werden zeigen, ob sich (a) das flexible Ausgleichsmodell von *Malaysian Historical Salvors v. Malaysia* durchsetzt, (b) grundsätzlich keine hohen Anforderungen an dieses Kriterium gestellt werden oder (c) eine Dauer von ca. zwei Jahren gemeinhin als Minimum erachtet wird. Gegenwärtig besteht dahingehend Konsens, dass das Vorhaben zumindest auf eine „gewisse Dauer" angelegt sein muss.

---

795 Dem Parteivorbringen, dass die Dauer einer Investition bei Bauvorhaben bereits mit dem Ausschreibungsverfahren beginne, widerspricht das Schiedsgericht im Verfahren *Jan de Nul v. Egypt* nicht. Während es dem Vortrag des Klägers im Ergebnis – dem Kriterium der Dauer sei hinreichend Genüge getan – zustimmt, lässt es die Frage zeitlicher Vorverlagerung ausdrücklich dahinstehen. Vgl. *Jan de Nul N.V. and Dredging International N.V. v. Arab Republic of Egypt*, ICSID ARB/04/13, Decision on Jurisdiction, Rn. 94 f.

796 *Malaysian Historical Salvors, SDN, BHD v. Malaysia*, ICSID ARB/05/10, Award on Jurisdiction, Rn. 110: „The Contract took almost four years to complete. Accordingly, it complies with the minimum length of time of two to five years, as discussed in *Salini*."

797 *Malaysian Historical Salvors, SDN, BHD v. Malaysia*, ICSID ARB/05/10, Award on Jurisdiction, Rn. 111: „The ICSID tribunals in *L.E.S.I.-DIPENTA* and *Bayindir* considered that, in the context of construction contracts, one could take into consideration the time extensions that would often be required in determining whether a contract was an ‚investment' within the meaning of Article 25(1). In the Tribunal's view, the key reason for in allowing time extensions to be considered was motivated by the fact that, in *L.E.S.I.-DIPENTA*, the tribunal suggested that an assessment of the criterion of duration was linked to whether the contract was for an operation that promoted the economy and the development of the host State. Presumably, the longer the duration, the greater the economic commitment."

798 *Malaysian Historical Salvors, SDN, BHD v. Malaysia*, ICSID ARB/05/10, Award on Jurisdiction, Rn. 111.

cc) Risiko

Ebenfalls unstreitig ist, dass der Investor mit seinem Vorhaben ein Risiko eingehen muss.[799] Mit diesem Erfordernis soll sichergestellt werden, dass gewöhnliche Handelsgeschäfte („commercial transactions") nicht automatisch als Investition behandelt werden. Denn es besteht gleichermaßen Konsens darüber, dass nicht jeder Handelsvertrag eine Investition im Sinne von Art. 25 WBÜ beinhaltet und dem Schutz des WBÜ unterliegen soll.[800] Im Verfahren *Joy Mining v. Egypt* führt das Schiedsgericht dazu aus:

> „The Tribunal is also mindful that if a distinction is not drawn between ordinary sales contracts, even if complex, and an investment, the result would be that any sales or procurement contract involving a State agency would qualify as an investment. International contracts are today a central feature of international trade and have stimulated far reaching developments in the governing law, among them the United Nations Convention on Contracts for the International Sale of Goods, and significant conceptual contributions. Yet, those contracts are not investment contracts, except in exceptional circumstances, and are to be kept separate and distinct for the sake of a stable legal order. Otherwise, what difference would there be with the many State contracts that are submitted every day to international arbitration in connection with contractual performance, at such bodies as the International Chamber of Commerce and the London Court of International Arbitration."[801]

---

799 In der Regel teilen sich Investor und Staat die Risiken des Vorhabens. Werden sie nur einseitig getragen, ist jedoch das Vorliegen einer Investition nicht automatisch zu verneinen, s. *Malaysian Historical Salvors, SDN, BHD v. Malaysia*, ICSID ARB/05/10, Award on Jurisdiction, Rn. 112: „It is not in dispute that all the risks of the Contract were borne by the Claimant. The fact that these risks were not in any way borne by the Respondent would appear to afford a stronger reason to hold that the activity is an ‚investment' within the meaning of Article 25(1) as compared to an investment where the risks were shared."

800 Vgl. nur *Fedax v. Venezuela*, ICSID ARB/96/3, Decision on Objections to Jurisdiction, Rn. 42; *Malaysian Historical Salvors, SDN, BHD v. Malaysia*, ICSID ARB/05/10, Award on Jurisdiction, Rn. 112: „The Claimant has not provided any convincing reasons why the risks assumed under the Contract were anything other than normal commercial risks. It is clear under ICSID practice and jurisprudence that an ordinary commercial contract cannot be considered as an ‚investment'." In *Global Trading Resource Corp. and Globex International, Inc. v. Ukraine*, ICSID ARB/09/11, Award, Rn. 57, lehnt das Schiedsgericht das Vorliegen einer Investition ab, weil es sich bei den streitgegenständlichen Rechtsverhältnissen um „pure commercial transactions" handele „that cannot in any interpretation be considered to constitute ‚investments' within the meaning of Article 25 of the ICSID Convention".

801 *Joy Mining Machinery Limited v. Arab Republic of Egypt*, ICSID ARB/03/11, Award on Jurisdiction, Rn. 58.

Nicht ausreichend sind deshalb Risiken, die lediglich vertragstypische Geschäftsrisiken verkörpern, wie etwa Mängelrüge, Kündigung und Anfechtung.[802] Solche könnten nach Ansicht des Schiedsgerichts im Verfahren *Malaysian Historical Salvors v. Malaysia* zwar in quantitativer Hinsicht Risiken darstellen, nicht jedoch in qualitativer. Die Klausel „No-finds-no-pay" stelle demzufolge nur unter einer quantitativen, nicht aber unter einer qualitativen Betrachtungsweise ein Risiko dar.[803]

Demgegenüber wird eine vereinbarte Mängelgewährleistungsdauer von einem Jahr, kombiniert mit einer Nachhaftungsdauer von vier Jahren, als offenkundig erhebliches Risiko eingestuft.[804] Im Übrigen wird dieses Kriterium von Schiedsgerichten eher weit gefasst. So wird beispielsweise eine vereinbarte Sicherungssumme (sog. „Retention Money") als Risiko gewertet.[805] Ferner genügt dem Schiedsgericht des Verfahrens *Helnan v. Egypt* die Bestimmung eines Managementvertrages, wonach der Investor das Risiko trägt, dass der kommerzielle Erfolg nach der Umwandlung eines Hotels in ein Fünf-Sterne-Hotel ausbleibt.[806] Dass eine bloße Bankgarantie nicht ausreicht, ist unstreitig, fraglich ist jedoch, ob

---

802 S. etwa *Joy Mining Machinery Limited v. Arab Republic of Egypt*, ICSID ARB/03/11, Award on Jurisdiction, Rn. 57: „Risk there might be indeed, but it is not different from that involved in any commercial contract, including the possibility of the termination of the Contract." Ferner Johannsen, BTW (2009), 117.

803 *Malaysian Historical Salvors, SDN, BHD v. Malaysia*, ICSID ARB/05/10, Award on Jurisdiction, Rn. 112.

804 *Bayindir Insaat Turizm Ticaret Ve Sanayi A.S. v. Islamic Republic of Pakistan*, ICSID ARB/03/29, Decision on Jurisdiction, Rn. 136: „The Tribunal cannot agree with Pakistan's objection [that the risk engaged was minimal because Bayindir had received such a substantial mobilisation advance, which it was to retain (proportionally reduced) until the end of the Contract]. Besides the inherent risk in long-term contracts, the Tribunal considers that the very existence of a defect liability period of one year and of a maintenance period of four years against payment, creates an obvious risk for Bayindir. Under these circumstances, the Tribunal is of the opinion that Bayindir's participation in the risks of the operation was significant."

805 *Saipem S.p.A. v. People's Republic of Bangladesh*, ICSID ARB/05/7, Decision on Jurisdiction and Recommendation on Provisional Measures, Rn. 109: „Bangladesh's argument appears to refer more [...] to the fact that the investor did not incur any commercial risk because it received an advance payment. The Tribunal cannot agree with this argument. In the present case, the undisputed stopping of the works which took place in 1991 and the necessity to renegotiate the completion date constitute examples of inherent risks in long-term contracts. Moreover, the contractual mechanism providing for Retention Money created an obvious risk for Saipem, which in fact materialised."

806 *Helnan International Hotels A/S v. Arab Republic of Egypt*, ICSID ARB/05/19, Decision of the Tribunal on Objections to Jurisdiction, Rn. 77. Das Vorliegen einer Investition in Bezug auf den Wiederaufbau und die Renovierung eines Luxushotels gleichermaßen bejahrend: *Alpha Projektholding GmbH v. Ukraine*, ICSID ARB/07/16, Award.

für eine Bankgarantie auf erstes Anfordern Anderes gilt. In *Bayindir v. Pakistan* wird diese Frage offengelassen und das Kriterium anhand eines in anderer Hinsicht getragenen Risikos bejaht.[807] In Ermangelung weiterer Schiedssprüche muss diese Frage daher bis dato als ungeklärt gelten.

Unumstritten ist in der Rechtsprechung hingegen, dass die getragenen Risiken nicht im Zusammenhang mit der Vertragserfüllung stehen müssen. Sie müssen lediglich über vertragstypische Risiken hinausgehen. Auch spielt es keine Rolle, ob der Investor die Risiken freiwillig übernimmt.[808] Der Annahme eines Risikos steht außerdem nicht entgegen, dass ein Investor die Möglichkeit hat, die nationale Gerichtsbarkeit anzurufen.[809]

Resümierend lässt sich festhalten, dass das Risikokriterium von der Rechtsprechung einheitlich weit gefasst wird. Dies hat zur Folge, dass das Vorliegen einer Investition kaum mangels ausreichender Risikotragung verneint werden wird.

dd) Förderung der wirtschaftlichen Entwicklung des Gaststaates

Das vierte Kriterium einer Investition wird dem Vertragstext des WBÜ entnommen. Bereits die Präambel fordert einen Beitrag zur Förderung der wirtschaftlichen Entwicklung des Gaststaates. Dort heißt es: „Considering the need for international cooperation for economic development, and the role of private international investment therein [...].“ Das Schiedsgericht in *Patrick Mitchell v. Congo* hält es deshalb für folgerichtig, dass Schiedsgerichte das Vorliegen dieses Kriteriums prüfen.[810] Doch während *Schreuer* die Förderung der wirtschaftlichen Entwick-

---

807 *Bayindir Insaat Turizm Ticaret Ve Sanayi A.S. v. Islamic Republic of Pakistan*, ICSID ARB/03/29, Decision on Jurisdiction, Rn. 134ff.

808 *Salini Costruttori S.p.A. and Italstrade S.p.A. v. Kingdom of Morocco*, ICSID ARB/00/4, Decision on Jurisdiction, Rn. 56: „It does not matter in this respect that these risks were freely taken. It also does not matter that the remuneration of the Contractor was not linked to the exploitation of the completed work. A construction that stretches out over many years, for which the total cost cannot be established with certainty in advance, creates an obvious risk for the Contractor.“

809 Vgl. *L.E.S.I., S.p.A. and Astaldi, S.p.A. v. People's Democratic Republic of Algeria*, ICSID ARB/05/3, Decision on Jurisdiction, Rn. 73.

810 *Patrick Mitchell v. Democratic Republic of Congo*, ICSID ARB/99/7, Decision on the Application for Annulment of the Award, Rn. 29: „It is thus quite natural that the parameter of contributing to the economic development of the host State has always been taken into account, explicitly or implicitly, by ICSID arbitral tribunals in the context of their reasoning in applying the Convention, and quite independently from any provisions of agreements between parties or the relevant bilateral treaty.“

lung des Gaststaates für „the only possible indication of an objective meaning of the term ‚investment'"[811] hält, ist ihre Einordnung in der schiedsgerichtlichen Rechtsprechung nicht immer ganz klar.[812] In der Entscheidung *Malaysian Historical Salvors v. Malaysia* werden die hierzu ergangenen Entscheidungen eingehend dargestellt:

> „113. There appears to be a difference in ICSID jurisprudence as to whether there is a need for a contract to make a significant contribution to the economic development of the host State. The tribunal in *Salini* considered that there should be a contribution to such economic development without stressing that it must be ‚significant.' However, on the facts of that case, it was likely that the tribunal would have formed the view that the contribution was significant. The tribunal in *L.E.S.I.-DIPENTA* took the view that this requirement need not even be considered, because it was implicitly covered in the previous three characteristics of an ‚investment.'
> 114. On the other hand, the tribunal in *Joy Mining* took the view that, to qualify as an ‚investment,' the contribution to the economic development of the host State must be ‚significant.'
> 115. The *Bayindir* tribunal cited *Joy Mining* in saying that an ‚investment' should be significant to the host State's development. The tribunal in *Bayindir* then cited *L.E.S.I.-DIPENTA* to assert that this condition was often already included in the other three criteria of ‚investment.' On the facts, the *Bayindir* tribunal considered that the respondent did not dispute that a road infrastructure project would be important to the development of the country. The *Bayindir* tribunal's interpretation of *L.E.S.I.-DIPENTA* suggests that it considered the possibility that, while this hallmark would usually be subsumed within the previous three hallmarks of ‚investment,' there might be situations where it would not be so subsumed. It also endorsed the general view that a contribution had to be significant to the host State's development."[813]

In der Tat hält es das Schiedsgericht im Verfahren *LESI v. Algeria* nicht für notwendig, die Förderung der Wirtschaft des Gaststaates zur Voraussetzung zu erheben, sei dieses Kriterium schließlich bei Bejahen der anderen drei bereits gegeben.[814] Diesen Gedanken greift das Schiedsgericht in *Bayindir v. Pakistan* auf.[815] In *Malaysian Historical Salvors v. Malaysia* führt das Schiedsgericht weiter aus:

811 Schreuer, ICSID Convention, Art. 25 Rn. 88.
812 *Saipem S.p.A. v. People's Republic of Bangladesh*, ICSID ARB/05/7, Decision on Jurisdiction and Recommendation on Provisional Measures, Rn. 99, Fn. 22: „The need for the last element is sometimes put in doubt."
813 *Malaysian Historical Salvors, SDN, BHD v. Malaysia*, ICSID ARB/05/10, Award on Jurisdiction, Rn. 113ff. (Hervorhebungen im Original).
814 *L.E.S.I., S.p.A. and Astaldi, S.p.A. v. People's Democratic Republic of Algeria*, ICSID ARB/05/3, Decision on Jurisdiction, Rn. 72. S. auch die vergleichbaren Ausführungen in *Alpha Projektholding GmbH v. Ukraine*, ICSID ARB/07/16, Award, Rn. 311.

„116. The tribunal in *Jan de Nul*, citing *Salini, Bayindir* and *L.E.S.I.-DIPENTA*, stated that a contribution to the host State's development would be indicative of an ‚investment' within the meaning of Article 25(1). The tribunal took the view that, on the facts, the contract was of ‚*paramount significance*' to the host State's economy and development [...].
117. In *CSOB*, the tribunal also made a finding that the contract made a significant contribution to the economic development of the host State.
118. In *Patrick Mitchell*, the *ad hoc* Committee departed from *L.E.S.I.-DIPENTA*, and considered this hallmark of ‚investment' as ‚*an essential – although not sufficient – characteristic or unquestionable criterion*' of ‚investment.' [...]. However, the *ad hoc* Committee added that this ‚*does not mean that this contribution must always be sizable or successful [...].*' The *ad hoc* Committee also stated that it ‚*suffices for the operation to contribute in one way or another to the economic development of the host State, and this concept of economic development is, in any event, extremely broad but also variable depending on the case.*'
119. In contrast, the tribunal in *PSEG* [...] did not appear, at first blush, to consider it important for an ‚investment' to contribute significantly to the economy of the host State. [...] The tribunal [...] appeared to conclude that it had jurisdiction over the dispute simply because the Concession Contract was signed by the parties. Hence it appears to suggest that the existence of a valid contract would lead to the assumption of jurisdiction by the tribunal. The tribunal did not discuss how the Concession Contract amounted to an ‚investment' within Article 25, nor did it cite the *Salini* criteria in arriving at its conclusion. [...] In this Tribunal's view, the main reason why the *PSEG* tribunal did not discuss the *Salini* criteria was because the investment in question was a ‚readily recognizable investment'."[816]

Die dargestellte Kontroverse ist letztlich weniger schwerwiegend, als es auf den ersten Blick scheint. Denn wie auch das Schiedsgericht in *Patrick Mitchell v. Congo* hervorhebt, kann das Kriterium in den Fällen bejaht werden, in denen es Schiedsgerichte überhaupt nicht prüften.[817] Es ist daher anzunehmen, dass es nur

---

815 *Bayindir Insaat Turizm Ticaret Ve Sanayi A.S. v. Islamic Republic of Pakistan*, ICSID ARB/03/29, Decision on Jurisdiction, Rn. 137: „Lastly, relying on the preamble of the ICSID Convention, ICSID tribunals generally consider that, to qualify as an investment, the project must represent a significant contribution to the host State's development. In other words, investment should be significant to the State's development. As stated by the tribunal in L.E.S.I, often this condition is already included in the three classical conditions set out in the ‚Salini test'." Das Kriterium der wirtschaftlichen Förderung lehnt das Schiedsgericht in *Saba Fakes v. Republic of Turkey*, ICSID ARB/07/20, Award, Rn. 121, gänzlich ab („To conclude, the Tribunal considers that while Article 25(1) of the ICSID Convention provides for an objective definition of an investment, this definition is comprised of three criteria, namely (i) a contribution, (ii) a certain duration, and (iii) an element of risk. Neither the text, nor the object and purpose of the Convention commands that any other criteria be read into this definition.").

816 *Malaysian Historical Salvors, SDN, BHD v. Malaysia*, ICSID ARB/05/10, Award on Jurisdiction, Rn. 113 ff. (Hervorhebungen im Original).

817 *Patrick Mitchell v. Democratic Republic of Congo*, ICSID ARB/99/7, Decision on the Application for Annulment of the Award, Rn. 33: „It is thus found that, in another group of cases where the contribution to the economic development of the host State had not been mentioned

selten Fälle geben wird, in denen sich die sachliche Zuständigkeit des Schiedsgerichts anhand dieses Kriteriums entscheiden wird.

Folgt das Schiedsgericht in *Malaysian Historical Salvors v. Malaysia* schließlich der Ansicht, die Förderung der wirtschaftlichen Entwicklung des Gaststaates sei Kriterium einer Investition im Sinne des Art. 25 Abs. 1 WBÜ, so betont es zugleich, dass dieses auch nur dann erfüllt sei, wenn die Förderung eine ökonomische sei. Ein Wirken auf kultureller oder politischer Ebene sei nicht zu berücksichtigen, wenn mit diesem nicht auch ein ökonomischer Vorteil verbunden sei. Zu prüfen sei deshalb, ob ein Vorteil für die Wirtschaft des Gaststaates – in Abgrenzung zu rein geschäftlichen Vorteilen – gegeben sei.[818]

Die Problematik dieser Herangehensweise wendet das Schiedsgericht in *Patrick Mitchell v. Congo* ab, indem es einerseits einen Beitrag zur Förderung der wirtschaftlichen Entwicklung des Gaststaates verlangt, andererseits jedoch dessen konkrete Auswirkung unberücksichtigt lässt.[819] Auf diese Weise erübrigt sich die andernfalls erforderliche profunde wirtschaftliche Analyse des Vorhabens und damit auch ein verstärktes Anfordern von Gutachten zur Ermittlung der sachlichen Zuständigkeit.[820] Wird das Vorliegen des Kriteriums demnach vermutet,[821] so geschieht dies ungeachtet der Möglichkeit, bestimmte Vorhaben vom Investitionsbegriff auszuschließen.

Unproblematisch ist in der Rechtsprechung die Bejahung des Kriteriums bei Vorliegen eines öffentlichen Interesses an dem Vorhaben. In diesen Fällen übernimmt der Investor eine Aufgabe, die grundsätzlich durch die öffentliche Hand

expressly, it was doubtless covered by the very purpose of the contracts in question – all of which were State contracts – which had an obvious and unquestioned impact on the development of the host State." m. w. N.

818 *Malaysian Historical Salvors, SDN, BHD v. Malaysia*, ICSID ARB/05/10, Award on Jurisdiction, Rn. 138.

819 *Patrick Mitchell v. Democratic Republic of Congo*, ICSID ARB/99/7, Decision on the Application for Annulment of the Award, Rn. 33: „The ad hoc Committee wishes nevertheless to specify that, in its view, the existence of a contribution to the economic development of the host State as an essential – although not sufficient – characteristic or unquestionable criterion of the investment, does not mean that this contribution must always be sizable or successful; and, of course, ICSID tribunals do not have to evaluate the real contribution of the operation in question. It suffices for the operation to contribute in one way or another to the economic development of the host State, and this concept of economic development is, in any event, extremely broad but also variable depending on the case."

820 Johannsen, BTW (2009), 120.

821 Es darf jedoch nicht lediglich eine Vermutung des Klägers vorliegen, vgl. *Malaysian Historical Salvors, SDN, BHD v. Malaysia*, ICSID ARB/05/10, Award on Jurisdiction, Rn. 144: „The submission that historical marine salvage contracts could lead to a thriving tourism industry appears speculative."

wahrgenommen wird (wie etwa im Bereich der Daseinsvorsorge oder Infrastruktur).[822] Darüber hinaus wird auch die mögliche Ausstattung des Gaststaates mit Know-how anerkannt.[823] In der Literatur formulierte Bedenken, dass sich aus der bloßen Möglichkeit noch kein wirklicher Beitrag zur Förderung der wirtschaftlichen Entwicklung des Gaststaates ergebe,[824] sind in einem Schiedsspruch aufgegriffen worden. Danach müsse ein Anwalt, der Know-how anbiete, aufzeigen, inwiefern er den Gaststaat unterstützt habe.[825] Auch ein Darlehen wird unter bestimmten Umständen von ICSID-Schiedsgerichten als hinreichender Beitrag zur Förderung der wirtschaftlichen Entwicklung des Gaststaates anerkannt.[826]

ee) Gewinn und Rendite

Die Ausrichtung des Investitionsvorhabens auf eine regelmäßige Abschöpfung von Gewinn und Rendite, ist im Gegensatz zu den anderen genannten Kriterien von äußerst geringer Bedeutung. Der Salini-Test enthielt ursprünglich auch kein fünftes Kriterium.[827]

---

822 *Salini Costruttori S.p.A. and Italstrade S.p.A. v. Kingdom of Morocco*, ICSID ARB/00/4, Decision on Jurisdiction, Rn. 57; *Joy Mining Machinery Limited v. Arab Republic of Egypt*, ICSID ARB/03/11, Award on Jurisdiction, Rn. 57; *Bayindir Insaat Turizm Ticaret Ve Sanayi A.S. v. Islamic Republic of Pakistan*, ICSID ARB/03/29, Decision on Jurisdiction, Rn. 137.

823 *Salini Costruttori S.p.A. and Italstrade S.p.A. v. Kingdom of Morocco*, ICSID ARB/00/4, Decision on Jurisdiction, Rn. 57.

824 Belling, Jurisdiktion rationae materiae, S. 269 m. w. N.

825 *Patrick Mitchell v. Democratic Republic of Congo*, ICSID ARB/99/7, Decision on the Application for Annulment of the Award, Rn. 39.

826 *Československá Obchodní Banka, a.s. (CSOB) v. The Slovak Republic*, ICSID ARB/97/4, Decision on Objections to Jurisdiction, Rn. 76: „Under certain circumstances a loan may contribute substantially to a State's economic development [...]. [The] undertaking involved a significant contribution by CSOB to the economic development of the Slovak Republic within the meaning of the Convention."; *Fedax v. Venezuela*, ICSID ARB/96/3, Decision on Objections to Jurisdiction, Rn. 22 und insbes. Rn. 29: „[L]oans qualify as an investment within ICSID's jurisdiction [...]."; *African Holding Company of America, Inc. and Société Africaine de Construction au Congo S.A.R.L. v. Democratic Republic of the Congo*, ICSID ARB/05/21, Award, Rn. 83: „Il importe aussi de relever que dans plusieurs affaires contemporaines, l'on a accepté le fait que les prêts peuvent, dans certaines circonstances, être considérés comme contribuant au développement économique du pays d'accueil."

827 Wie es erstmalig bei *Joy Mining Machinery Limited v. Arab Republic of Egypt*, ICSID ARB/03/11, Award on Jurisdiction, Rn. 53, Erwähnung fand: „Summarizing the elements that an activity must have in order to qualify as an investment, both the ICSID decisions mentioned above and the commentators thereon have indicated that the project in question should have a certain duration, a regularity of profit and return, an element of risk, a substantial commitment and that it should constitute a significant contribution to the host State's development."

Als echte Voraussetzung ist es überdies nach der bisherigen Rechtsprechung der ICSID-Schiedsgerichte nicht anzusehen. Einige Schiedsgerichte, die eine regelmäßige Abschöpfung von Gewinn und Rendite ohne Weiteres bejahen können, erklären sie zwar für gegeben.[828] Viele Schiedsgerichte prüfen dieses Kriterium jedoch nicht. Das Schiedsgericht in *Malaysian Historical Salvors v. Malaysia* hält das Fehlen dieses Kriteriums gar explizit für unerheblich.[829] Sofern man also diesem Aspekt überhaupt Beachtung schenkt und diesen ohnehin nur bejahend erwähnt, kann die schiedsrichterliche Rechtsprechung im Ergebnis durchaus als einheitlich bewertet werden.

c) Qualifizierung des Salini-Tests in späteren Entscheidungen

Es lässt sich festhalten, dass der Salini-Test von den meisten nachfolgenden Entscheidungen bei der Prüfung, ob eine Investition vorliegt, zum Maßstab genommen wird.[830] Eine alle späteren Entscheidungen umfassende Rechtspre-

---

828 Vgl. *Malaysian Historical Salvors, SDN, BHD v. Malaysia*, ICSID ARB/05/10, Award on Jurisdiction, Rn. 108; *Joy Mining Machinery Limited v. Arab Republic of Egypt*, ICSID ARB/03/11, Award on Jurisdiction, Rn. 53; *Jan de Nul N.V. and Dredging International N.V. v. Arab Republic of Egypt*, ICSID ARB/04/13, Decision on Jurisdiction, Rn. 91; *Helnan International Hotels A/S v. Arab Republic of Egypt*, ICSID ARB/05/19, Decision of the Tribunal on Objections to Jurisdiction, Rn. 77.

829 *Malaysian Historical Salvors, SDN, BHD v. Malaysia*, ICSID ARB/05/10, Award on Jurisdiction, Rn. 108: „The Tribunal first considers a hallmark of ‚investment' cited in *Joy Mining*, which is that there must be regularity of profits and returns. This particular hallmark did not feature in the so-called *Salini* test, although it is mentioned in *Schreuer*. There is no regularity of profits and returns on the present facts. However, the Tribunal accepts the Claimant's answer in response, which is that this criterion may not always be decisive. [T]he Tribunal agrees that this criterion is not always critical. Further, this has not been held to be an essential characteristic or criterion in any other case cited in this Award, and its presence or otherwise may therefore not be determinative of the question of ‚investment'."

830 Eine Ausnahme aus jüngster Rechtsprechung stellt die Entscheidung *Abaclat and others v. The Argentine Republic*, ICSID ARB/07/5, Decision on Jurisdiction, dar. Danach sollten die Salini-Kriterien nicht angewandt werden, um Grenzen zu setzen, die weder vom WBÜ noch vom einschlägigen BIT vorgesehen würden (Rn. 362ff.). In ähnlicher Weise führt das Schiedsgericht in *Inmaris Perestroika Sailing Maritime Services GmbH and others v. Ukraine*, ICSID ARB/08/8, Decision on Jurisdiction, Rn. 129, aus, es sei „not persuaded that it is appropriate to impose such a mandatory definition through case law where the Contracting States to the ICSID Convention chose not to specify one." Dessen ungeachtet setzt auch bei diesem Schiedsgericht eine Investition das Vorligene bestimmter Kriterien voraus. Moderater als die beiden vorgenannten Schiedsgerichte formuliert dasjenige in *Toto Costruzioni Generali S.p.A. v. Republic of Lebanon*, ICSID ARB/07/12, Decision on Jurisdiction, Rn. 81, es habe das Vorliegen einer Investition nicht „strictly on the basis of the Salini test" bejaht, „even if it agrees with [the Claimant] that in the present case that test is met".

chungslinie kann indes nicht nachgewiesen werden, weil dieser Maßstab zwei unterschiedlichen Herangehensweisen gleichermaßen als Grundlage dient. Welche Interpretationsspielräume hinsichtlich der Salini-Kriterien offen stehen, zeigt exemplarisch die missverständliche Formulierung in der Entscheidung *Bayindir v. Pakistan:*

> „The Tribunal in Salini held that the notion of investment presupposes the following elements: (a) a contribution, (b) a certain duration over which the project is implemented, (c) sharing of the operational risks, and (d) a contribution to the host State's development, being understood that these elements may be closely interrelated, should be examined in their totality, and will normally depend on the circumstances of each case."[831]

Es bleibt unklar, ob der Salini-Test als einfacher Kriterienkatalog oder wie Tatbestandsvoraussetzungen gehandhabt wird.[832] Die beiden möglichen Ansätze werden erstmalig in der Entscheidung *Malaysian Historical Salvors v. Malaysia* einander gegenübergestellt: der „Typical Characteristics Approach" sowie der „Jurisdictional Approach". [833]

aa) *Typical Characteristics Approach*

Dem *Typical Characteristics Approach* zufolge sind die Salini-Kriterien nur als typische Charakteristika einer Investition anzusehen. Daraus folgt eine flexible Handhabung des Salini-Tests. Das Nichtvorliegen eines Elements hat demnach noch nicht zur Folge, dass eine Investition nicht angenommen werden kann, da auf eine ganzheitliche Betrachtung abgestellt wird. Ist ein Merkmal schwächer ausgeprägt, kann dies durch ein anderes, das stärker ausgeprägt ist, ausgeglichen

---

831 *Bayindir Insaat Turizm Ticaret Ve Sanayi A.S. v. Islamic Republic of Pakistan*, ICSID ARB/03/29, Decision on Jurisdiction, Rn. 130. Die Kommentierung bei Schreuer hingegen schon, vgl. Schreuer, ICSID Convention, Art. 25 Rn. 122.

832 Diesen Widerspruch hat das Schiedsgericht im Verfahren *Malaysian Historical Salvors, SDN, BHD v. Malaysia* versucht, durch eine Schwerpunktsetzung zu überwinden, vgl. *Malaysian Historical Salvors, SDN, BHD v. Malaysia*, ICSID ARB/05/10, Award on Jurisdiction, Rn. 100: „Although the tribunal in Bayindir stated that ‚to qualify as an investment,' the project in question must satisfy the elements identified in the above passage, it is more important to appreciate that the tribunal indicated that these elements ‚may be closely interrelated, should be examined in their totality, and will normally depend on the circumstances of each case'."

833 *Malaysian Historical Salvors, SDN, BHD v. Malaysia*, ICSID ARB/05/10, Award on Jurisdiction, Rn. 70: „The language used in some of the cases discussed below may be interpreted to advocate the defining features of ‚investment' as typical characteristics on the one hand (the ‚*Typical Characteristics Approach*'), or jurisdictional requirements on the other (the ‚*Jurisdictional Approach*')." (Hervorhebungen im Original).

werden. Liegt ein Merkmal jedoch gar nicht vor, wäre wohl nur ausnahmsweise dennoch eine Investition gegeben.[834] Der *Typical Characteristics Approach* findet sich in einer Reihe von Entscheidungen wieder. In der ersten diesem Ansatz folgenden Entscheidung, *CSOB v. Slovak Republic*, heißt es etwa:

> „The Tribunal notes, however, that these elements of the suggested definition, while they tend as a rule to be present in most investments, are not a formal prerequisite for the finding that a transaction constitutes an investment as that concept is understood under the Convention."[835]

In ähnlicher Weise bezeichnet die Entscheidung *Jan de Nul v. Egypt* die Elemente des Salini-Tests lediglich als „indicative of an ‚investment'".[836] Weiter geht dagegen das Schiedsgericht in *M.C.I. v. Ecuador*, indem es diese Kriterien als bloße Beispiele identifiziert, von deren Vorliegen eine Investition nicht abhänge.[837] Gleichermaßen begreift das Schiedsgericht in *Helnan v. Egypt* die Kriterien unter Verweis auf Schreuer „merely as typical characteristics of investments under the Convention".[838] Besonders hervorzuheben ist jedoch die Entscheidung im Verfahren *Biwater Gauff v. Tanzania*, in der sich das Schiedsgericht für eine flexible Handhabung des Salini-Tests ausspricht:

---

834 Vgl. die theoretischen Ausführungen in *Malaysian Historical Salvors, SDN, BHD v. Malaysia*, ICSID ARB/05/10, Award on Jurisdiction, Rn. 70: „[T]he Typical Characteristics Approach does not necessarily mean that a tribunal would find that there is an ‚investment,' even if one or more of the established hallmarks of ‚investment' were missing. Where the evidence in support of one or more of the hallmarks of ‚investment' is weak, a tribunal may approach the issue from a holistic perspective and determine whether there is other evidence in support of the other hallmarks of ‚investment' which is so strong as to off-set the weakness in the other hallmarks of ‚investment.' However, even under the Typical Characteristics Approach, it would probably be exceptional for a tribunal to conclude that there was an ‚investment' where one or more of the hallmarks of ‚investment' were completely missing."

835 *Československá Obchodní Banka, a.s. (CSOB) v. The Slovak Republic*, ICSID ARB/97/4, Decision on Objections to Jurisdiction, Rn. 90 (Hervorhebungen im Orginal).

836 *Jan de Nul N.V. and Dredging International N.V. v. Arab Republic of Egypt*, ICSID ARB/04/13, Decision on Jurisdiction, Rn. 91. Anders bewertet Vargiu anscheinend diese Entscheidung, da er sie dem *Jurisdictional Approach* zuordnet, s. Vargiu, JWIT 10 (2009), 753, 760.

837 *M.C.I. Power Group, L.C. and New Turbine, Inc. v. Republic of Ecuador*, ICSID ARB/03/6, Award, Rn. 165: „[T]he requirements that were taken into account in some arbitral precedents for purposes of denoting an investment protected by a treaty (such as the duration and risk of the alleged investment) must be considered as mere examples and not necessarily as elements that are required for its existence."

838 *Helnan International Hotels A/S v. Arab Republic of Egypt*, ICSID ARB/05/19, Decision of the Tribunal on Objections to Jurisdiction, Rn. 67.

> „In the Tribunal's view, there is no basis for a rote, or overly strict, application of the five *Salini* criteria in every case. These criteria are not fixed or mandatory as a matter of law.“[839]

Dabei stützt es seine Position auch auf Argumente gegen den *Jurisdictional Approach:*

> „Further, the *Salini Test* itself is problematic if, as some tribunals have found, the ‚typical characteristics' of an investment as identified in that decision are elevated into a fixed and inflexible test, and if transactions are to be presumed excluded from the ICSID Convention unless each of the five criteria are satisfied. This risks the arbitrary exclusion of certain types of transaction from the scope of the Convention. It also leads to a definition that may contradict individual agreements (as here), as well as a developing consensus in parts of the world as to the meaning of ‚investment' (as expressed, e. g., in bilateral investment treaties). If very substantial numbers of BITs across the world express the definition of ‚investment' more broadly than the *Salini Test*, and if this constitutes any type of international consensus, it is difficult to see why the ICSID Convention ought to be read more narrowly.“[840]

bb) *Jurisdictional Approach*

Demgegenüber fassen einige Schiedsgerichte die Salini-Kriterien als echte Tatbestandsvoraussetzungen auf, was das Schiedsgericht in *Malaysian Historical Salvors v. Malaysia* als *Jurisdictional Approach* bezeichnet. Seien die Kriterien nicht kumulativ erfüllt, läge keine Investition vor und sei folglich auch die sachliche Zuständigkeit des ICSID-Schiedsgerichts nach Art. 25 WBÜ nicht gegeben.

Die erste Entscheidung, in der dieser Ansatz gewählt wird, entstammt dem Verfahren *Joy Mining v. Egypt*. Bei der Beurteilung, ob „bank guarantees“ (Banksicherheiten bzw. Bankbürgschaften) eine Investition darstellen, zieht das Schiedsgericht die vier Salini-Kriterien als echte Voraussetzungen heran.[841] Dabei wendet sich das Schiedsgericht gegen die in *CSOB v. Slovak Republic* vertretene

---

839 *Biwater Gauff (Tanzania) Limited v. United Republic of Tanzania*, ICSID ARB/05/22, Award, Rn. 312.

840 *Biwater Gauff (Tanzania) Limited v. United Republic of Tanzania*, ICSID ARB/05/22, Award, Rn. 314.

841 *Joy Mining Machinery Limited v. Arab Republic of Egypt*, ICSID ARB/03/11, Award on Jurisdiction, Rn. 53: „Summarizing the elements that an activity must have in order to qualify as an investment, both the ICSID decisions mentioned above and the commentators thereon have indicated that the project in question should have a certain duration, a regularity of profit and return, an element of risk, a substantial commitment and that it should constitute a significant contribution to the host State's development.“

Ansicht und macht deutlich, dass es eine weite Auslegung des Investitionsbegriffs ablehnt:

> „The Tribunal is aware of the many ICSID and other arbitral decisions noted above and the fact that they have progressively given a broader meaning to the concept of investment. But in all those cases there was a specific connection to ICSID, either because the activity in question was beyond doubt an investment or because there was an arbitration clause involved.“[842]

Dem *Jurisdictional Approach* folgend, verneint das Schiedsgericht schließlich das Vorliegen einer Investition, da nicht alle vier Voraussetzungen gegeben seien.[843] Auf die Entscheidung *Joy Mining v. Egypt* haben sich im Nachfolgenden viele Schiedsgerichte berufen. Doch beide *LESI*-Entscheidungen erheben nur drei Kriterien zu Tatbestandsvoraussetzungen[844] – nämlich den erheblichen Beitrag, die Dauer und das vom Investor getragene Risiko –, wohingegen das Schiedsgericht in *Patrick Mitchell v. Congo* entsprechend der Entscheidung *Joy Mining v. Egypt* auf vier Voraussetzungen abstellt.

Die Schiedsgerichte in den Verfahren *Malaysian Historical Salvors v. Malaysia* und *Helnan v. Egypt* etwa prüfen sogar fünf Voraussetzungen. Während die Entscheidung zum letztgenannten Verfahren das Prüfungsprogramm deutlich bezeichnet,[845] bleibt in vorgenannter Entscheidung unklar, ob es sich tatsächlich um echte Voraussetzungen handeln soll. Denn es wird angedeutet, dass nicht alle Kriterien vorhanden sein müssen,[846] was eher dafür spricht, dass das Schieds-

842 *Joy Mining Machinery Limited v. Arab Republic of Egypt*, ICSID ARB/03/11, Award on Jurisdiction, Rn. 59.

843 *Joy Mining Machinery Limited v. Arab Republic of Egypt*, ICSID ARB/03/11, Award on Jurisdiction, Rn. 56f. Bemerkenswerterweise stellt das Schiedsgericht nicht nur klar, dass infolgedessen in diesem Fall keine Sachentscheidung ergehen könne. Es prüft vielmehr trotzdem noch andere Zulässigkeitserwägungen, gleichzeitig betonend, dass dies eigentlich nicht erforderlich sei, vgl. Rn. 63.

844 Der Beitrag zur wirtschaftlichen Entwicklung des Gaststaates hingegen habe keine Bedeutung, da dieser nicht leicht feststellbar und ohnehin bei allen Transaktionen zu bejahen sei, die die anderen drei Kriterien erfüllten, s. *Consortium Groupement L.E.S.I.-DIPENTA v. People's Democratic Republic of Algeria*, ICSID ARB/03/8, Award, Abschnitt II, Rn. 13; *L.E.S.I., S.p.A. and Astaldi, S.p.A. v. People's Democratic Republic of Algeria*, ICSID ARB/05/3, Decision on Jurisdiction, Rn. 72.

845 *Helnan International Hotels A/S v. Arab Republic of Egypt*, ICSID ARB/05/19, Decision of the Tribunal on Objections to Jurisdiction, Rn. 77: „[T]o be characterized as an investment a project must show a certain duration, a regularity of profit and return, an element of risk, a substantial commitment, and a significant contribution to the host State's development.“

846 *Malaysian Historical Salvors, SDN, BHD v. Malaysia*, ICSID ARB/05/10, Award on Jurisdiction, Rn. 111, zufolge reiche die Dauer des Vorhabens eigentlich nicht aus, woraus aber nicht die

gericht dem *Typical Characteristics Approach* folgen möchte. Problematisch ist daran insbesondere, dass das Schiedsgericht den klassischen Elementen keine Bedeutung zukommen lassen möchte und damit gerade die – umstrittene – Förderung der wirtschaftlichen Entwicklung des Gaststaates zur entscheidenden Voraussetzung macht. Schiedsrichter *Shahabuddeen* verfasste hierzu ein abweichendes Votum (*Dissenting Opinion*), in welchem er sich klar auf Seiten des *Jurisdictional Approach* positioniert, wodurch ihm zufolge insbesondere Art. 25 WBÜ nicht zur Bedeutungslosigkeit degradiert werden solle.[847]

Soweit die Entscheidung in *Jan de Nul v. Egypt* auf *Joy Mining v. Egypt* verweist, geschieht dies lediglich, um die Bedeutung der Besonderheiten des Einzelfalls bei der Entscheidungsfindung zu unterstreichen.[848] *Jan de Nul v. Egypt* ist daher ungeachtet dieser Bezugnahme dem *Typical Characteristics Approach* zuzuordnen. Auf der anderen Seite folgen die Entscheidungen in *Bayindir v. Pakistan*,[849] *Saipem v. Bangladesh*[850] und *Ioannis Kardassopoulos v. Georgia*[851] tatsächlich dem *Jurisdictional Approach*. Im Zuge dessen kann auch der Schiedsspruch des noch nicht abgeschlossenen Verfahrens *Víctor Pey Casado v. Chile* genannt werden. Darin heißt es, wie in *Joy Mining v. Egypt* oder dem *Dissenting Opinion* in *Malaysian Historical Salvors v. Malaysia*, dass die Interpretation als Kriterium anstatt als Tatbestandsvoraussetzung Art. 25 WBÜ seines Sinnes berauben würde.[852]

Schlussfolgerung zu ziehen sei, dass das Vorhaben keine Investition im Sinne des Art. 25 Abs. 1 WBÜ darstelle. Darüber hinaus erklärt das Schiedsgericht unter Rn. 130: „[T]he other typical hallmarks of ‚investment' are either not decisive or appear only to be superficially satisfied."

847 *Malaysian Historical Salvors, SDN, BHD v. Malaysia*, ICSID ARB/05/10, Decision on the Application for Annulment, Dissenting Opinion (Shahabuddeen), Rn. 7 ff.

848 *Jan de Nul N.V. and Dredging International N.V. v. Arab Republic of Egypt*, ICSID ARB/04/13, Decision on Jurisdiction, Rn. 91.

849 *Bayindir Insaat Turizm Ticaret Ve Sanayi A.S. v. Islamic Republic of Pakistan*, ICSID ARB/03/29, Decision on Jurisdiction.

850 *Saipem S.p.A. v. People's Republic of Bangladesh*, ICSID ARB/05/7, Decision on Jurisdiction and Recommendation on Provisional Measures.

851 *Ioannis Kardassopoulos v. Georgia*, ICSID ARB/05/18, Award.

852 *Víctor Pey Casado and President Allende Foundation v. Republic of Chile*, ICSID ARB/98/2, Award, Rn. 232: „Le présent Tribunal estime pour sa part qu'il existe bien une définition de l'investissement au sens de la Convention CIRDI et qu'il ne suffit pas de relever la présence de certaines des ‚*caractéristiques*' habituelles d'un investissement pour que cette condition objective de la compétence du Centre soit satisfaite. Une telle interprétation reviendrait à priver de toute signification certains des termes de l'article 25 de la Convention CIRDI, ce qui ne serait pas compatible avec l'exigence d'interpréter les termes de la Convention en leur donnant un effet utile, comme l'a justement rappelé la sentence rendue dans l'affaire *Joy Mining Machinery Limited c. République arabe d'Egypte* le 6 août 2004. Selon le Tribunal, cette définition ne comprend en revanche que trois éléments. L'exigence d'une contribution au développement de l'Etat d'accueil, difficile à établir, lui paraît en effet relever davantage du fond du litige que de la

d) Zusammenfassende Bewertung

Es mag erstaunen, dass der zentrale Begriff des Investitionsrechts noch keine einheitliche Definition kennt. Vornehmlich ist dies darauf zurückzuführen, dass unterschiedliche Akteure das Investitionsrecht prägen. Zunächst sind es die Staaten, die in BITs ihre Interessen zu sichern suchen.[853] Dann sind es die privaten Investoren, welche die Schwelle zu ihrem Schutz nicht zu hoch angesetzt wissen möchten. Und schließlich sind es die Schiedsgerichte, die in erster Linie nur mit der Entscheidung eines Einzelfalls mandatiert werden.[854]

Aus der Fülle an Definitionen resultieren in den schiedsrichterlichen Entscheidungen unterschiedliche Herangehensweisen und Lösungen. Noch mehr mag es deshalb – insbesondere diejenigen, die das Investitionsrecht für fragmentiert und das gesamte ICSID-System für gefährdet halten[855] – verwundern, dass bei genauerer Betrachtung lediglich vereinzelte Uneinigkeiten festzustellen sind. In der Tat ist der Bereich, der als konsistent gelten kann, sehr weit.

So zieht kein Schiedsgericht in Zweifel, dass eine Investition jedem wirtschaftlichen Tätigkeitsfeld entspringen kann. Ferner muss sie einen erheblichen Beitrag und jedenfalls mehr als ein gewöhnliches Handelsgeschäft beinhalten. Die drei Kriterien des Beitrags, des Risikos und der gewissen Dauer sind in der betrachteten Rechtsprechung nahezu unstreitig.[856] Darüber hinaus werben Vertreter der unterschiedlichen Ansätze für eine Gesamtschau des Vorhabens und der

---

compétence du Centre. Un investissement peut s'avérer utile ou non pour l'Etat d'accueil sans perdre cette qualité. Il est exact que le préambule de la Convention CIRDI évoque la contribution au développement économique de l'Etat d'accueil. Cette référence est cependant présentée comme une conséquence, non comme une condition de l'investissement: en protégeant les investissements, la Convention favorise le développement de l'Etat d'accueil. Cela ne signifie pas que le développement de l'Etat d'accueil soit un élément constitutif de la notion d'investissement. C'est la raison pour laquelle, comme l'ont relevé certains tribunaux arbitraux, cette quatrième condition est en réalité englobée dans les trois premières."

853 Vargiu, JWIT 10 (2009), 753, 754.

854 Hunter/Barbuk, in: Liber Amicorum Briner, S. 381, 399: „[I]n general it seems unfair to criticise the *system* of international arbitration, or the decisions of individual arbitral tribunals in fact-specific cases, where the cause of action was based on the provisions of a specific BIT or contract." (Hervorhebung im Original).

855 Etwa Vargiu, JWIT 10 (2009), 753, 768: „The credibility of a system for the settlement of investment disputes is at risk if there is disagreement on the very meaning of the term ‚investment'."

856 So lautet auch das Fazit Duponts, dessen Analyse sich auf die ICSID-Rechtsprechung der Jahre 2008 bis 2010 beschränkt, s. Dupont, JWIT 12 (2011), 245, 260.

einzelnen Kriterien.[857] Insofern ist es unzulässig, das Unstreitige auf den Wortlaut von Art. 25 WBÜ zu reduzieren.[858]

Überdies ist die umstrittenste Frage, ob ein Beitrag zur Förderung der wirtschaftlichen Entwicklung des Gaststaates verlangt wird, in den bisherigen Fällen nicht entscheidend gewesen. Einerseits wird die Interdependenz der Kriterien weiträumig anerkannt, andererseits werden die Kriterien relativ weit gefasst, sodass dieser Streitpunkt für die weitere Entwicklung des Investitionsrechts nicht als hinderlich erachtet werden sollte.

Die dargestellten Unterschiede in den Ansätzen existieren freilich, doch müssen sie relativiert werden. Dies gilt zunächst für den subjektiven und den objektiven Investitionsbegriff. Bei Betrachtung aller Entscheidungen, die den Investitionsbegriff erörtern, fällt die Anzahl an Entscheidungen, die bei der Ermittlung einer Investition vom Parteiwillen ausgehen, nicht so sehr ins Gewicht. In der Gesamtbetrachtung der Schiedspraxis wird daher der objektive Investitionsbegriff von einer überwiegenden Zahl an Schiedsgerichten verfolgt.

Darüber hinaus liegen auch der *Typical Characteristics Approach* und der *Jurisdictional Approach* nicht sehr weit auseinander. Beide beruhen auf denselben Kriterien, nämlich dem Salini-Test. Der Unterscheidung kommt nur dann Bedeutung zu, wenn ein Kriterium bei einem Vorhaben nicht gegeben ist. Indes sind die beiden Ansätze nicht so weit voneinander entfernt. Denn auch beim *Typical Characteristics Approach* wäre eine Investition nur ausnahmsweise gegeben, wenn ein Merkmal fehlte. Die praktische Relevanz dieser Frage ist daher eingeschränkt.[859]

Scheinen die noch bestehenden Differenzen zwischen den beiden Ansätzen nicht unüberbrückbar, so ist dennoch offen, ob die künftige Schiedspraxis eher

857 Vgl. nur *Československá Obchodní Banka, a.s. (CSOB) v. The Slovak Republic*, ICSID ARB/97/4, Decision on Objections to Jurisdiction, Rn. 72; *Patrick Mitchell v. Democratic Republic of Congo*, ICSID ARB/99/7, Decision on the Application for Annulment of the Award.

858 Vargiu ist der Ansicht, dass man sich letztlich nur auf Folgendes festlegen könnte: „[A] ssuming that fixed conditions for the jurisdiction of ICSID exist, such conditions cannot be other than: (i) the nature of the dispute, which has to be a legal one and arising out of an investment; (ii) the parties to the dispute, that have to be a Contracting State and a national of another Contracting State.“, s. Vargiu, JWIT 10 (2009), 753, 765.

859 Vgl. *Malaysian Historical Salvors, SDN, BHD v. Malaysia*, ICSID ARB/05/10, Award on Jurisdiction, Rn. 105: „In any event, the differences between the two approaches are likely to be academic. In practice, it is unlikely that any difference in juristic analysis would make any significant difference to the ultimate finding of the tribunal. The existence of two possible approaches may be the result of the different emphases placed by the tribunal on each of the factors because the facts (or Counsel's submissions) in one case may require (or encourage) the tribunal to place a stronger emphasis on a particular factor than in another case.“

zum *Typical Characteristics Approach* oder zum *Jurisdictional Approach* neigen wird. Dass die Kriterien des Salini-Tests nicht zuletzt aufgrund der aufgezeigten Präzedenzwirkung zum gängigen Prüfungsprogramm für Schiedsgerichte geworden sind, ist jedenfalls unverkennbar.[860] Insofern kann davon ausgegangen werden, dass diese Kriterien auch künftig maßstabgebend sein werden.[861]

Es lässt sich gegenwärtig keine Aussage darüber treffen, ob der Salini-Test darüber hinaus auch Grundlage einer einheitlichen Definition sein wird. Kritisch gegenüber einer solchen Definition äußert sich das Schiedsgericht in *Biwater Gauff v. Tanzania:*

> „Given that the Convention was not drafted with a strict, objective, definition of ‚investment', it is doubtful that arbitral tribunals sitting in individual cases should impose one such definition which would be applicable in all cases and for all purposes."[862]

Hunter und *Barbuk* hegen gleichermaßen Bedenken:

> „A new, and more restrictive, approach to the definition of an ‚investment' might solve the problem [of forum shopping, using different BITs]; but, equally, it might deter commercial investors from entering ‚risky' countries."[863]

Es ist unwahrscheinlich, dass sich die Vertragsstaaten des WBÜ auf eine solche Definition einigen. Vorstellbar wäre eher die Herausbildung einer *jurisprudence constante* durch die Übernahme einer Definition durch nachfolgende Schiedsgerichte. Solange den Schiedsgerichten in BITs jedoch unterschiedliche Vorgaben gemacht werden, liegt eine umfassende *jurisprudence constante* zum Investitionsbegriff nicht sehr nahe. Doch auch unabhängig davon, ob es künftig eine einheitliche Definition geben sollte, ist bereits jetzt Einigkeit in weiten Bereichen der mit dem Investitionsbegriff zusammenhängenden Fragen gegeben. Mit den

860 Von der normativen Wirkungsmacht der breiten Akzeptanz des Salini-Tests sprechen Johannsen, BTW (2009), 112, und Krishnan, TDM 6 (2009), 1, 8. Bemerkenswerterweise kam der Salini-Test auch bereits außerhalb der ICSID-Jurisdiktion zur Anwendung, s. *Société Générale v. Dominican Republic*, UNCITRAL, LCIA UN7927; *Romak S.A. v. The Republic of Uzbekistan*, PCA AA280, Award. Im letztgenannten Fall eröffnete der einschlägige BIT auch die Möglichkeit, ein ICSID-Verfahren anzustrengen, weshalb das Schiedsgericht eine einheitliche Prüfung der Verfahrensvoraussetzungen vornahm (Rn. 185).

861 Nur äußerst vereinzelt werden zusätzliche Kriterien gefordert, wie bspw. im Schiedsspruch *Phoenix Action Ltd v. Czech Republic*, ICSID ARB/06/5, Award, Rn. 114 („assets invested in accordance with the laws of the host State" sowie „assets invested *bona fide*").

862 *Biwater Gauff (Tanzania) Limited v. United Republic of Tanzania*, ICSID ARB/05/22, Award, Rn. 313.

863 Hunter/Barbuk, in: Liber Amicorum Briner, S. 381, 397.

konsolidierten Salini-Kriterien ist eine Fragmentierung des internationalen Investitionsrechts für den Begriff der Investition daher weder zu konstatieren noch zu befürchten.

2. Investitionsschutzstandards

a) Der Meistbegünstigungsgrundsatz

Das Jahrhunderte alte Prinzip der Meistbegünstigung ist allgemein anerkannt.[864] Seinen Weg ins internationale Wirtschaftsrecht fand es über die Freundschaftsverträge (*friendship, commerce and navigation treaties*) des 19. Jahrhunderts, die als Vorgänger der BITs gelten, sowie das Welthandelsrecht. Für das Investitionsrecht bedeutet dies: Der Gaststaat darf den Investor, der sich auf die Meistbegünstigungsklausel aus dem zwischen dem Gaststaat und seinem Heimatstaat abgeschlossenen BIT (sog. Ursprungsvertrag, *basic treaty*) berufen kann, nicht weniger günstig behandeln, als er es in einem BIT mit einem anderen Staat vorsieht. Gewährt demnach ein anderer Investitionsvertrag einen höheren oder anderen Schutzstandard als der Ursprungsvertrag, kann dieser Standard durch Berufung auf den Meistbegünstigungsgrundsatz übertragen werden. Dies setzt zweierlei voraus: Zunächst müssen vergleichbare Umstände dahingehend bestehen, wie zwei Investitionen behandelt werden. Dabei muss der Vergleich zweier Investitionsverträge zeigen, dass die potentiell günstigere Bestimmung eine Rechtsbeziehung regelt, die auch von der Meistbegünstigungsklausel des Ursprungsvertrages erfasst wird.[865] Ferner muss die nicht vom Vertrag erfasste Kapitalanlage günstiger behandelt werden. Kann ein ausländischer Investor nachweisen, dass eine tatsächliche Ungleichbehandlung vorliegt, hat er grundsätzlich einen Anspruch auf die günstigere Behandlung, die einem anderen ausländischen Investor zukommt.[866]

Während dieses Konzept als anerkannt gelten kann, hat insbesondere die Anwendung der Meistbegünstigungsklausel auf Streitschlichtungsvorschriften die

---

864 Banifatemi, in: Current Issues III, S. 241: „[U]nlike in the case of the ‚umbrella' clause, it is not the concept as such that raises difficulty." Zur Historie des Meistbegünstigungsgrundsatzes s. Ben Hamida, Clunet 2007, 1127, 1139 ff.; Kramer, RIW 1989, 473, 478; Ziegler, in: Standards, S. 59, 61 ff.

865 S. auch Art. 9 und 10 ILC Draft Articles on Most-Favoured-Nation.

866 Griebel, Internationales Investitionsrecht, S. 80. Bei einer rein rechtlichen Benachteiligung ist die Frage allerdings noch ungeklärt, ob die Regelung eines anderen BIT über die Meistbegünstigungsklausel herangezogen werden darf.

Schiedsgerichte scheinbar entzweit.[867] So werden oft zwei divergierende Ausrichtungen der schiedsgerichtlichen Rechtsprechung unterschieden.[868] Anstatt diese erneut aufzugreifen,[869] soll im Folgenden der Versuch unternommen werden, die Entscheidungen nach Fallgruppen darzustellen. Auf diese Weise wird sich zeigen lassen, dass die schiedsgerichtliche Rechtsprechung durchaus ein großes Maß an Homogenität und Konsistenz aufweist.[870]

Meistbegünstigungsklauseln sind nicht einheitlich formuliert.[871] Außerdem regeln viele BITs nicht explizit den Anwendungsbereich dieser Klauseln. Darin sieht *Griebel* einen „wesentlichen Grund dafür, dass die diesbezügliche Rechtsprechung bis heute höchst umstritten" sei.[872] Was tatsächlich im Einzelnen umstritten ist und wo die Judikatur als konsolidiert gelten kann, soll im Folgenden anhand von Fallgruppen aufgezeigt werden.

aa) Anwendung auf materielle Fragen

Für die Anwendung von Meistbegünstigungsklauseln auf materielle Fragen lassen sich in der Rechtsprechung drei Konstellationen unterscheiden: (1) Ein günstigerer Schutzstandard aus einem anderen BIT soll über die Meistbegünstigungsklausel herangezogen werden. (2) Über die Meistbegünstigungsklausel soll eine Schutzvorschrift zur Anwendung gebracht werden, die im Ursprungsvertrag überhaupt

867 So auch Schill, Berkeley J. Int. L. 27 (2009), 496, 528: „[T]he application of MFN clauses to dispute settlement provisions has generated a vibrant debate in academic scholarship and produced seemingly divergent decisions in investment jurisprudence." Anders hingegen Douglas: „Investment treaty precedents are sharply divided [...].", s. Douglas, International Law of Investment Claims, Rn. 646.

868 So beispielsweise bei Schill, Berkeley J. Int. L. 27 (2009), 496, 548: „While one line of jurisprudence supports a broad application of MFN clauses, such as the decisions in *Maffezini*, *Siemens*, *Gas Natural*, *RosInvestCo* and others, another line of decisions, namely the ones in *Salini* and *Plama*, takes a more restrictive stance."

869 Aus dem umfangreichen Schrifttum, die die „Entzweiung der Schiedsgerichte" in der Frage der prozessualen Meistbegünstigung thematisiert s. u. a. Fietta, TDM 2 (2005), 1 ff.; Gaillard, N. Y. L. J. 233 (2005), 1 ff.; Maupin, J. Int. Econ. L. 14 (2011), 157 ff.; Radi, EJIL 18 (2007), 757 ff.; Teitelbaum, J. Int. Arb. 22 (2005), 225 ff.

870 A. A. Douglas, International Law of Investment Claims, Rn. 646; Schmidt, Prozessuale Meistbegünstigung, S. 181, dem zufolge „sich kein einheitliches System prozessualer Meistbegünstigung ausmachen" lasse.

871 Wiederkehrend ist der Ruf nach einer einheitlichen Meistbegünstigungsklausel, vgl. nur Teitelbaum, J. Int. Arb. 22 (2005), 225, 237: „[...] consider whether most favored nation treatment (and national treatment) should be eliminated and replaced with a single, universal standard of treatment of investors."

872 Griebel, Internationales Investitionsrecht, S. 80.

nicht vorgesehen ist. (3) Durch die Meistbegünstigungsklausel soll der Anwendungsbereich des Ursprungsvertrages *ratione temporis* oder *ratione materiae* erweitert werden.

Zunächst geht es um die Fälle, in denen günstigere Schutzstandards aus anderen BITs über die Meistbegünstigungsklausel herangezogen werden sollen (1). Der gewünschte materielle Schutzstandard ist hier zwar auch im anwendbaren Investitionsvertrag vorhanden, aber im Anwendungsbereich für den Investor weniger günstig als die konkrete Ausgestaltung in einem anderen BIT.

Im Verfahren *AAPL v. Sri Lanka* zielt das klägerische Begehren auf die Anwendung einer strengeren Haftungsklausel aus einem anderen Investitionsvertrag.[873] Nachdem die Produktionsanlagen des Klägers bei einem Angriff der srilankischen Armee gegen tamilische Rebellen zerstört worden sind, möchte dieser eine Klausel (eine sog. „*war clause*“ bzw. eine Ausnahmeregelung wegen „*civil disturbance*“) aus dem zwischen der Schweiz und Sri Lanka abgeschlossenen BIT über die Meistbegünstigungsklausel zur Anwendung bringen.[874] Das Schiedsgericht spricht sich nicht gegen die Anwendung der Meistbegünstigungsklausel auf materielle Schutzstandards, konkret auf das Gebot vollen Schutzes und voller Sicherheit, aus. Dass die Klage hier dennoch scheitert, liegt an der Versäumnis des Klägers, aufzuzeigen, inwiefern die Klausel des anderen BITs tatsächlich günstiger ist.[875]

Auch der Grundsatz der gerechten und billigen Behandlung wird als Bezugspunkt für die Meistbegünstigungsklausel herangezogen. Im Verfahren *ADF v. United States*[876] strebt der Kläger an, statt des Art. 1105 Abs. 1 NAFTA eine Klausel aus den zwischen den USA und Albanien sowie den USA und Estland abge-

873 *Asian Agricultural Products Limited (AAPL) v. Democratic Socialist Republic of Sri Lanka*, ICSID ARB/87/3, Final Award, Rn. 54.

874 *Asian Agricultural Products Limited (AAPL) v. Democratic Socialist Republic of Sri Lanka*, ICSID ARB/87/3, Final Award, Rn. 54: „By invoking the absence in the Sri Lanka/Switzerland Treaty of a text similar to Article 4 providing for a ‚war clause‘ or ‚civil disturbance‘ exemption from the full protection and security standard, the Claimant based his argument on two implicit assumptions: [...].“

875 *Asian Agricultural Products Limited (AAPL) v. Democratic Socialist Republic of Sri Lanka*, ICSID ARB/87/3, Final Award, Rn. 54: „[T]he Tribunal has no reasons to believe that the Sri Lanka/Switzerland Treaty adopted a ‚strict liability‘ standard, and the Tribunal is convinced that, in the absence of a specific rule provided for in the Treaty itself as *lex specialis*, the general international law rules have to assume their role as *lex generalis*. Accordingly, it is not proven that the Sri Lanka/Switzerland Treaty contains rules more favourable than those provided for under the Sri Lanka/UK Treaty, and hence, Article 3 of the latter Treaty cannot be justifiably invoked in the present case.“

876 *ADF v. United States of America*, ICSID ARB(AF)/00/1, Award.

schlossenen BITs zur Anwendung zu bringen. Denn diese BITs unterliegen nicht der restriktiven Interpretation durch die *Free Trade Commission* (FTC). Das Schiedsgericht weist die Klage ab, weil weder der Nachweis erbracht, dass die beiden BITs tatsächlich günstigere Schutzstandards enthalten, noch eine Verletzung dieser Schutzstandards durch die USA dargelegt worden sei.[877]

Somit wird zwar in beiden dargestellten Verfahren nicht dem klägerischen Begehren entsprochen, auf ähnliche, aber günstigere Vorschriften Bezug zu nehmen. Die Schiedsgerichte lehnen es jedoch gerade nicht ab, die Meistbegünstigungsklausel auf günstigere Schutzvorschriften anderer BITs zu beziehen.

Schließlich gibt es noch die Konstellation, in der über die Meistbegünstigungsklausel des Ursprungsvertrages die Umgehung oder Beseitigung einzelner Klauseln desselben erreicht werden soll. Anstatt eine günstigere Klausel aus einem mit einem Drittstaat abgeschlossenen BIT heranzuziehen, wird also gerade das Fehlen einer bestimmten, nachteiligen Klausel in anderen BITs in den Vergleich einbezogen.

Unter Verweis auf fehlende Regelungen in anderen von Argentinien abgeschlossenen BITs möchte der Kläger des Verfahrens *CMS v. Argentina*[878] die im BIT zwischen den USA und Argentinien enthaltene Notstandsklausel unberücksichtigt lassen. Dagegen führt das Schiedsgericht aus:

> „Although the MFNC contained in the Treaty has also been invoked by the Claimant because other treaties done by Argentina do not contain a provision similar to that of Article XI, the Tribunal is not convinced that the clause has any role to play in this case. Thus, had other Article XI type clauses envisioned in those treaties a treatment more favorable to the investor, the argument about the operation of the MFNC might have been made. However, the mere absence of such provision in other treaties does not lend support to this argument, which would in any event fail under the ejusdem generis rule, as rightly argued by the Respondent."[879]

---

877 *ADF v. United States of America*, ICSID ARB(AF)/00/1, Award, Rn. 194: „The Investor's theory assumes the validity of its own reading of the relevant clauses of the treaties with Albania and Estonia. That reading, as observed in some detail earlier, is that the ‚fair and equitable treatment' and ‚full protection and security' clauses of the two treaties establish broad, normative standards of treatment distinct and separate from the specific requirements of the customary international law minimum standard of treatment. We have, however, already concluded that the Investor has not been able persuasively to document the existence of such autonomous standards, and that even if the Tribunal assumes hypothetically the existence thereof, the Investor has not shown that the U.S. measures are reasonably characterized as in breach of such standards."

878 *CMS Gas Transmission Company v. The Republic of Argentina*, ICSID ARB/01/8, Award.

879 *CMS Gas Transmission Company v. The Republic of Argentina*, ICSID ARB/01/8, Award, Rn. 377.

Obgleich die gegebene Begründung kaum zu überzeugen vermag, kann dem Ergebnis zugestimmt werden. Vorzugswürdig wäre es gewesen, folgendermaßen zu argumentieren: Da die Notstandsklausel den Anwendungsbereich des Ursprungsvertrages regelt, kann die Meistbegünstigungsklausel dann nicht mehr zum Tragen kommen, wenn der Ursprungsvertrag nicht mehr einschlägig ist. Die Argumentation stattdessen auf das *ejusdem generis*-Prinzip zu stützen, ist an dieser Stelle nicht nachvollziehbar.[880] Sie wird kaum *persuasive authority* entfalten. Doch werden sich dessen ungeachtet künftige Gerichte möglicherweise – mit einer anderen Argumentation – auf das vom Schiedsgericht in *CMS v. Argentina* gefundene Ergebnis beziehen.

Eine weitere Fallgruppe bilden die Verfahren, in denen über die Meistbegünstigungsklausel Schutzvorschriften zur Anwendung gebracht werden sollen, die im Ursprungsvertrag gar nicht vorgesehen sind (2). Hier ist zunächst das Verfahren *MTD v. Chile* zu nennen.[881] Auf der Grundlage der Meistbegünstigungsklausel des zwischen Chile und Malaysia abgeschlossenen BITs wendet das Schiedsgericht in diesem Vertrag nicht enthaltene Schutzbestimmungen aus den Investitionsverträgen zwischen Dänemark und Chile (*pacta sunt servanda*-Klausel, Art. 3 Abs. 1) sowie Kroatien und Chile (Verbot willkürlicher und diskriminatorischer Behandlung, Art. 3 Abs. 3 und 4) zugunsten des malaysischen Investors an. Begründend führt das Schiedsgericht aus:

> „The Tribunal has concluded that, under the BIT, the fair and equitable standard of treatment has to be interpreted in the manner most conducive to fulfill the objective of the BIT to protect investments and create conditions favorable to investments. The Tribunal considers that to include as part of the protections of the BIT those included in Article 3(1) of the Denmark BIT and Article 3(3) and (4) of the Croatia BIT is in consonance with this purpose. The Tribunal is further convinced of this conclusion by the fact that the exclusions in the MFN clause relate to tax treatment and regional cooperation, matters alien to the BIT but that, because of the general nature of the MFN clause, the Contracting Parties considered it prudent to exclude. *A contrario sensu*, other matters that can be construed to be part of the fair and equitable treatment of investors would be covered by the clause."[882]

880 Weiterführend dazu Schill, Berkeley J. Int. L. 27 (2009), 496, 522.

881 *MTD Equity Sdn. Bhd. and MTD Chile S.A. v. Republic of Chile*, ICSID ARB/01/7, Award. Die Anwendung der Meistbegünstigungsklausel hat das Aufhebungskomitee nicht beanstandet, *MTD Equity Sdn. Bhd. and MTD Chile S.A. v. Republic of Chile*, ICSID ARB/01/7, Decision on Annulment, Rn. 64.

882 *MTD Equity Sdn. Bhd. and MTD Chile S.A. v. Republic of Chile*, ICSID ARB/01/7, Award, Rn. 104.

Die Rechtssache *Bayindir v. Pakistan* hat ebenfalls die Anwendung des Grundsatzes der gerechten und billigen Behandlung zum Gegenstand.[883] Während das Schiedsgericht in der *Decision on Jurisdiction* davon ausgeht, dass dieser Grundsatz in den Ursprungsvertrag, dem zwischen Pakistan und der Türkei geschlossenen BIT, hineingelesen werden könne,[884] kommt das Schiedsgericht im späteren Schiedsspruch auf anderem Wege zu diesem Ergebnis: Über die Meistbegünstigungsklausel des im März 1995 abgeschlossenen Ursprungsvertrags zieht es den Grundsatz der gerechten und billigen Behandlung des im Juli 1995 abgeschlossenen BIT zwischen Pakistan und der Schweiz heran. Dabei rechtfertige gerade der spätere Abschluss des letztgenannten Vertrages die Einbeziehung der günstigeren Klausel.[885]

Anders als in den vorgenannten Entscheidungen wird das klägerische Begehren im Verfahren *Impregilo v. Pakistan* abgewiesen.[886] Das Schiedsgericht wendet sich allerdings nicht gegen die Konstruktion, die Schirmklausel aus dem BIT zwischen Pakistan und der Schweiz über die Meistbegünstigungsklausel anzuwenden. Es erklärt vielmehr bereits die Meistbegünstigungsklausel als solche für unanwendbar, da der Investor die Verträge nicht mit Pakistan abgeschlossen habe.[887] Da in diesem Fall bereits der Investitionsvertrag zwischen Pakistan und Italien nicht als Ursprungsvertrag dient, kann auch keine Meistbegünstigungsklausel greifen. Die Entscheidung *Impregilo v. Pakistan* steht damit auch nicht im Widerspruch zu den vorgenannten Entscheidungen.

Nach bisheriger schiedsgerichtlicher Rechtsprechung ist somit unumstritten, dass über die Meistbegünstigungsklausel Schutzvorschriften zur Anwendung

---

883 *Bayindir Insaat Turizm Ticaret Ve Sanayi A.S. v. Islamic Republic of Pakistan*, ICSID ARB/03/29, Decision on Jurisdiction.

884 *Bayindir Insaat Turizm Ticaret Ve Sanayi A.S. v. Islamic Republic of Pakistan*, ICSID ARB/03/29, Decision on Jurisdiction, Rn. 227 ff.

885 *Bayindir Insaat Turizm Ticaret Ve Sanayi A.S. v. Islamic Republic of Pakistan*, ICSID ARB/03/29, Award, Rn. 163 ff.

886 *Impregilo S.p.A. v. Islamic Republic of Pakistan*, ICSID ARB/03/3, Decision on Jurisdiction.

887 *Impregilo S.p.A. v. Islamic Republic of Pakistan*, ICSID ARB/03/3, Decision on Jurisdiction, Rn. 223: „In the Tribunal's view, given that the Contracts were concluded by Impregilo with WAPDA, and not with Pakistan, Impregilo's reliance upon Article 3 of the BIT takes the matter no further. Even assuming *arguendo* that Pakistan, through the MFN clause and the Swiss-Pakistan BIT, has guaranteed the observance of the contractual commitments into which it has entered together with Italian investors, such a guarantee would not cover the present Contracts – since these are agreements into which it has not entered. On the contrary, the Contracts were concluded by a separate and distinct entity."

gebracht werden können, auch wenn sie im Ursprungsvertrag gar nicht vorgesehen sind.[888]

In einer weiteren Fallgruppe lassen sich schließlich die Fälle zusammenfassen, in denen es um die Erweiterung des Anwendungsbereiches des Ursprungsvertrages *ratione temporis* und *ratione materiae* geht (3). Eine solche Handhabung der Meistbegünstigungsklausel wird in der ICSID-Judikatur abgelehnt.[889]

In der Sache *Tecmed v. Mexico* etwa verweigert das Schiedsgericht die Anwendung einer günstigeren Klausel des BITs zwischen Australien und Mexiko.[890] Die Kläger begehren die Erweiterung des zeitlichen Anwendungsbereichs des Ursprungsvertrages über die Meistbegünstigungsklausel, um auch Maßnahmen erfasst zu sehen, die vor Inkrafttreten des Ursprungsvertrages seitens Mexikos ergriffen worden waren. Den zeitlichen Anwendungsbereich des zwischen Spanien und Mexiko geschlossenen BITs zu erweitern, stehe dem Schiedsgericht zufolge entgegen, dass es sich dabei um einen der Kernpunkte des BITs handele. Es müsse schließlich davon ausgegangen werden, dass diese von den Vertragsparteien speziell verhandelt worden seien („el núcleo de cuestiones que deben presumirse como especialmente negociadas").[891] Darauf abzustellen, dass die Parteien etwas besonders verhandelt haben, ist nicht unproblematisch. Unein-

---

888 In Ergänzung zu den genannten ICSID-Verfahren sei hier noch das *ad hoc*-Verfahren *White Industries v. India*, Ad hoc, Final Award, genannt, in welchem gleichermaßen eine Vorschrift eines anderen BITs über die Meistbegünstigungsklausel in den Ursprungsvertrag inkorporiert wurde (Rn. 11.2.1 ff.).

889 Da eine Auseinandersetzung mit der Rechtsprechung anderer Schiedsgerichte den Rahmen einer solchen Arbeit sprengen würde, sei an dieser Stelle nur angemerkt, dass neben internationalen Gerichten auch andere Schiedsgerichte diese Ansicht teilen. In Bezug auf eine Erweiterung *ratione materiae* etwa lassen sich die Entscheidungen der Verfahren *Société Générale v. The Dominican Republic*, LCIA UN7927, Award on Preliminary Objections to Jurisdiction, und *Hicee B.V. v. The Slovak Republic*, PCA 2009–11, Partial Award, anführen.

890 *Técnicas Medioambientales Tecmed, S.A. v. United Mexican States*, ICSID ARB(AF)/00/2, Award.

891 *Técnicas Medioambientales Tecmed, S.A. v. United Mexican States*, ICSID ARB(AF)/00/2, Award, Rn. 69: „The Arbitral Tribunal will not examine the provisions of such Treaty in detail in light of such principle, because it deems that matters relating to the application over time of the Agreement, which involve more the time dimension of application of its substantive provisions rather than matters of procedure or jurisdiction, due to their significance and importance, go to the core of matters that must be deemed to be specifically negotiated by the Contracting Parties. These are determining factors for their acceptance of the Agreement, as they are directly linked to the identification of the substantive protection regime applicable to the foreign investor and, particularly, to the general (national or international) legal context within which such regime operates, as well as to the access of the foreign investor to the substantive provisions of such regime. Their application cannot therefore be impaired by the principle contained in the most favored nation clause." (Inoffizielle Übersetzung aus dem Spanischen).

geschränkt zustimmungswürdig ist jedoch der darin ansatzweise zum Ausdruck kommende Gedanke, dass der Ursprungsvertrag den Anwendungsbereich der Meistbegünstigungsklausel regele und nicht etwa umgekehrt.[892]

Auch dem Kläger des Verfahrens *M.C.I. v. Ecuador* geht es um die Erweiterung des zeitlichen Anwendungsbereichs des Ursprungsvertrages.[893] Über die Meistbegünstigungsklausel sollte das zwischen Argentinien und Ekuador abgeschlossene BIT Anwendung finden, um Maßnahmen Ekuadors in diesem Verfahren berücksichtigen zu können, die dem Abschluss des Ursprungsvertrages zeitlich vorgelagert waren. Doch unter Bezugnahme auf die Entscheidung *Tecmed v. Mexico* lehnt das Schiedsgericht hier die Erweiterung des Ursprungsvertrages *ratione temporis* ab:[894]

> „127. From the wording of Article VII of the Argentina-Ecuador BIT, the Tribunal concludes that, in accordance with the interpretation rules of Article 31 of the Vienna Convention, the references made in the text of that Article to ‚either Contracting Party', ‚between the Contracting Parties', ‚an investor of one Contracting Party and the other Contracting Party', and ‚the other Contracting Party' unquestionably refer to the Contracting Parties of the Argentina-Ecuador BIT.
>
> 128. Consequently, the Tribunal rejects the possibility of considering the application of the most-favored-nation clause, in the terms, and with the effects, claimed by the Claimants."

Die Schiedsgerichte gehen in dieser Fallgruppe überhaupt nicht auf die Meistbegünstigungsklausel ein, weil diese erst zum Tragen kommen kann, wenn der sie enthaltende Ursprungsvertrag im jeweiligen Fall anwendbar ist. Ist der Ursprungsvertrag aber *ratione personae*, *ratione materiae* oder *ratione temporis* nicht

---

892 So auch Schill, Berkeley J. Int. L. 27 (2009), 496, 524.

893 *M.C.I. Power Group, L.C. and New Turbine, Inc. v. Republic of Ecuador*, ICSID ARB/03/6, Award.

894 *M.C.I. Power Group, L.C. and New Turbine, Inc. v. Republic of Ecuador*, ICSID ARB/03/6, Award, Rn. 84: „With respect to the various positions taken by the Parties regarding the case *Tecmed v. the United Mexican States*, the Tribunal holds that the only interpretation possible is that which is consistent with the international law applicable to the case. In light of this, it is arguable that the *Tecmed* tribunal determined its jurisdiction on the basis of allegations that an internationally wrongful act had occurred after the treaty had entered into force. Thus, the tribunal understood that in order to determine its jurisdiction it should consider the necessary existence of a dispute that arose under the terms of the BIT after the treaty had entered into force. In the view of that tribunal, events or situations prior to the entry into force of the treaty may be relevant as antecedents to disputes arising after that date."

anwendbar, kann sich der Kläger auch nicht auf die Meistbegünstigungsklausel berufen.[895]

bb) Anwendung auf prozessuale Fragen

Ob Meistbegünstigungsklauseln auch auf prozessuale Fragen Anwendung finden, bestimmt sich in erster Linie nach der Ausgestaltung der jeweiligen Klausel. Allerdings sind dahingehend nur wenige in eindeutiger Weise formuliert. Sie entstammen in der Regel der Zeit nach der *Maffezini*-Entscheidung.[896] In den übrigen Fällen führt der Wortlaut nicht weiter, sodass bei mehrdeutigen Regelungen andere Auslegungsmethoden herangezogen werden müssen.[897] Inwieweit sich Schiedsgerichte in mehrdeutigen Fällen mit den in Art. 31 WVK verankerten Methoden auseinandersetzen, soll die Untersuchung der Rechtsprechung aufzeigen.[898]

Die Rechtsprechung zur Anwendung der Meistbegünstigungsklausel auf prozessuale Vorschriften wird regelmäßig in zwei Lager geteilt: Auf der einen Seite stehen dann die Entscheidungen, die der *Maffezini*-Entscheidung folgen, auf der anderen Seite sind es diejenigen, die der *Plama*-Entscheidung nachkommen. Diese beiden Entscheidungsstränge lassen sich auf die Herausbildung zweier Fallgruppen zurückführen. Es kann nämlich danach differenziert werden, ob die Meistbegünstigungsklausel auf Zulässigkeitsvoraussetzungen angewendet oder ob im Wege ihrer Anwendung die Zuständigkeit des Schiedsgerichts begründet werden soll.[899] Anhand dieser Unterscheidung lässt sich verdeutlichen, dass die Frage der Anwendbarkeit der Meistbegünstigungsklausel auf prozessuale Vorschriften in der schiedsgerichtlichen Rechtsprechung durchaus Antworten her-

---

895 Vgl. dazu Banifatemi, die auf die Entscheidung ICJ, Anglo-Iranian Oil Co. Case, Judgment, rekurriert, s. Banifatemi, in: Current Issues III, S. 241, 250.

896 Markert, Streitschlichtungsklauseln, S. 275.

897 Markert, Streitschlichtungsklauseln, S. 278.

898 Auf das Schrifttum soll nicht eigens eingegangen werden. Vgl. dazu nur die an den Auslegungsmethoden orientierte Darstellung bei Markert, Streitschlichtungsklauseln, S. 283 ff. (m. w. N.).

899 Eingehend zur Differenzierung von jurisdiction und admissibility vgl. Markert, Streitschlichtungsklauseln. Ferner Laird, in: International Investment Law, S. 201, 222: „[Q]uestions of jurisdiction and admissibility are conceptually distinct and have been extensively developed and applied in the international context, particularly in ICJ jurisprudence."; Paulsson, in: Liber Amicorum Briner, S. 601 ff.; Schill, Berkeley J. Int. L. 27 (2009), 496, 540: „While admissibility relates to conditions under which a court or tribunal can render a certain decision, jurisdiction concerns the power that a court or tribunal has over the parties with respect to a specific case."

vorgebracht hat, die in sich stimmig sind.[900] Während die Anwendung der Meistbegünstigungsklausel bei Zulässigkeitsfragen prinzipiell bejaht wird, wird sie bei Zuständigkeitsfragen grundsätzlich verneint.[901] Nachdem dies vorweggenommen wurde, gilt es nun, die Judikatur zu Zulässigkeitsfragen darzustellen.

Die meisten BITs enthalten Verhandlungsklauseln (*waiting clauses*[902]), die einen Zeitraum bestimmen, der den Streitparteien für Verhandlungen zur Verfügung stehen soll, bevor es zu einem Schiedsverfahren kommt. Erst wenn keine gütliche Einigung innerhalb dieser Frist erfolgt, darf das Schiedsverfahren angestrengt werden. Derartige Verhandlungsklauseln werden hier als Zulässigkeitsvoraussetzung eingeordnet.[903]

Eine solche Klausel ist Gegenstand des Verfahrens *Maffezini v. Spain.*[904] In dieser aus dem Jahr 2000 stammenden Entscheidung wendet erstmalig ein Schiedsgericht die Meistbegünstigungsklausel auf Zulässigkeitsfragen an. Zwar seien Streitschlichtungsfragen nicht explizit von der einschlägigen Meistbegünstigungsklausel erfasst, doch gebe es gute Gründe, solche Aspekte als Teil des Investorschutzes aufzufassen.[905] So wird die Verkürzung der im Ursprungsvertrag vorgesehenen und vom Kläger nicht beachteten 18-monatigen „Wartezeit" vom Schiedsgericht akzeptiert:

> „[I]t can be concluded that if a third-party treaty contains provisions for the settlement of disputes that are more favorable to the protection of the investor's rights and interests than those in the basic treaty, such provisions may be extended to the beneficiary of the most favored nation clause as they are fully compatible with the ejusdem generis principle. Of course, the third-party treaty has to relate to the same subject matter as the basic treaty, be it the protection of foreign investments or the promotion of trade, since the dispute set-

900 A. A. Ben Hamida, Clunet 2007, 1127, 1128 (verweisend auf: Gallus, TDM 2 (2005), 1, 17): „Á cette question, la jurisprudence arbitrale a donné une réponse indécise qui ne cesse d'alimenter des débats et des réflexions, voire ‚frustrations'."

901 Chukwumerije, JWIT 8 (2007), 597, 626 ff.; Freyer/Herlihy, ICSID Rev. 20 (2005), 58, 82 f.; Schill, Berkeley J. Int. L. 27 (2009), 496, 528 f.

902 Dass diese Bezeichnung misslich ist, kritisiert auch Schreuer, JWIT 231 (2004), 231, 238.

903 Eine andere Bewertung ist lediglich in Fällen wie bei Art. 1120 bis 1122 NAFTA überzeugend. Denn dort wird die Einhaltung der Verhandlungsfrist zur Bedingung der Zustimmung des Gaststaates zu einem Schiedsverfahren gemacht. Zum Streitstand, ob Verhandlungsklauseln als Zulässigkeitsvoraussetzung („bar to jurisdiction"), als unverbindliche Verfahrensvorschrift („procedural requirement that may be dispensed with where appropriate") oder als Zuständigkeitsvorschrift anzusehen sind, s. die Ausführungen bei Markert, Streitschlichtungsklauseln, S. 174 ff.

904 *Emilio Agustín Maffezini v. Kingdom of Spain*, ICSID ARB/97/7, Decision of the Tribunal on the Objections of Jurisdiction.

905 *Emilio Agustín Maffezini v. Kingdom of Spain*, ICSID ARB/97/7, Decision of the Tribunal on the Objections of Jurisdiction, Rn. 54.

> tlement provisions will operate in the context of these matters; otherwise there would be a contravention of that principle.“[906]

Auch in der Rechtssache *Siemens v. Argentina* möchte der Investor die 18-monatige Verhandlungsfrist im Wege der Meistbegünstigungsklausel überwinden.[907] Die im Investitionsvertrag zwischen Deutschland und Argentinien festgeschriebene Zulässigkeitsvoraussetzung (Art. 10 Abs. 2 und 3) soll durch Anwendung der Meistbegünstigungsklausel jenes BITs (Art. 3 Abs. 1 und 2)[908] in Verbindung mit dem Investitionsvertrag zwischen Argentinien und Chile, dessen Rechtsschutzklausel (Art. X) eine solche Voraussetzung nicht vorsieht, unberücksichtigt bleiben können. Das Schiedsgericht entspricht dem klägerischen Begehren[909] und führt aus, dass der Kläger die für ihn günstigen Bestimmungen eines anderen Investitionsvertrages auf seinen Fall übertragen und dabei die nachteiligen Bestimmungen unberücksichtigt lassen könne:[910]

> „Even if the MFN clause is of a general nature, its application will be related only to the benefits that the treaty of reference may grant and to the extent that benefits are perceived to be such.“[911]

---

906 *Emilio Agustín Maffezini v. Kingdom of Spain*, ICSID ARB/97/7, Decision of the Tribunal on the Objections of Jurisdiction, Rn. 56. Diesem weiten Verständnis der Meistbegünstigungsklausel setzt das Schiedsgericht allerdings auch Grenzen, indem es einige Vorschriften nicht für überwindbar hält, vgl. Rn. 63: „First, if one contracting party has conditioned its consent to arbitration on the exhaustion of local remedies [...]. Second, if the parties have agreed to a dispute settlement arrangement which includes the so-called fork in the road [...]. Third, if the agreement provides for a particular arbitration forum, such as ICSID [...]. Finally, if the parties have agreed to a highly institutionalized system of arbitration that incorporates precise rules of procedure, which is the case, for example, with regard to the North America Free Trade Agreement and similar arrangements [...].“

907 *Siemens A.G. v. The Republic of Argentina*, ICSID ARB/02/8, Decision on Jurisdiction.

908 BGBl. 1993 II, 1244 ff.

909 *Siemens A.G. v. The Republic of Argentina*, ICSID ARB/02/8, Decision on Jurisdiction, Rn. 120. Auch in dem noch nicht abgeschlossenen Verfahren *Hochtief Aktiengesellschaft v. The Argentine Republic*, ICSID ARB/07/31, Decision on Jurisdiction, wird die Meistbegünstigungsklausel zur Überwindung der Verhandlungsfrist angewandt (Rn. 79 ff.) – dies allerdings ohne auf die *Maffezini*-Entscheidung Bezug zu nehmen.

910 Die – auch in anderen Rechtsgebieten bekannte – Frage der Zulässigkeit des „Rosinen-Pickens“ stellt sich freilich nicht lediglich im Rahmen der prozessualen Meistbegünstigung. So auch Schmidt, Prozessuale Meistbegünstigung, S. 194.

911 *Siemens A.G. v. The Republic of Argentina*, ICSID ARB/02/8, Decision on Jurisdiction, Rn. 120. Dagegen jedoch das Schiedsgericht in dem noch nicht abgeschlossenen Verfahren *Hochtief Aktiengesellschaft v. The Argentine Republic*, ICSID ARB/07/31, Decision on Jurisdiction, Rn. 98 ff.

Auch die Schiedsgerichte der Verfahren *Gas Natural v. Argentina,*[912] *Suez v. Argentina*[913] sowie *Camuzzi v. Argentina*[914] lassen günstigere Zulässigkeitsvoraussetzungen durch Anwendung der Meistbegünstigungsklausel zu. In *Gas Natural v. Argentina* gibt das Schiedsgericht dem klägerischen Begehren statt, über die Meistbegünstigungsklausel zwischen Argentinien und Drittstaaten abgeschlossene BITs heranzuziehen, um das Schiedsverfahren direkt anstrengen zu können.[915] Dabei betont es, dass der Zugang zur unabhängigen internationalen Schiedsgerichtsbarkeit „an important – perhaps the most important – element in investor protection" darstelle,[916] und fügt hinzu:

> „Unless it appears clearly that the state parties to a BIT or the parties to a particular investment agreement settled on a different method for resolution of disputes that may arise, most-favored-nation provisions in BITs should be understood to be applicable to dispute settlement".[917]

Dem Kläger in *Suez v. Argentina* geht es gleichermaßen um den direkten Zugang zur Schiedsgerichtsbarkeit. Über die Meistbegünstigungsklausel des zwischen Argentinien und Großbritannien abgeschlossenen BITs bringt das Schiedsgericht

912 *Gas Natural SDG, S.A. v. The Republic of Argentina,* ICSID ARB/03/10, Decision of the Tribunal on Preliminary Questions on Jurisdiction.

913 *Suez, Sociedad General de Aguas de Barcelona S.A., and InterAguas Servicios Integrales del Agua, S.A. v. The Republic of Argentina,* ICSID ARB/03/17, Decision on Jurisdiction.

914 *Camuzzi International S.A. v. The Republic of Argentina,* ICSID ARB/03/7, Decision of the Tribunal on Objections to Jurisdiction.

915 *Gas Natural SDG, S.A. v. The Republic of Argentina,* ICSID ARB/03/10, Decision of the Tribunal on Preliminary Questions on Jurisdiction, Rn. 28: „[...] no ‚public policy' reason not to give effect to the most-favored-nation provision with respect to the right to proceed directly to international arbitration".

916 *Gas Natural SDG, S.A. v. The Republic of Argentina,* ICSID ARB/03/10, Decision of the Tribunal on Preliminary Questions on Jurisdiction, Rn. 49. Ähnlich formulieren es die Schiedsgerichte in *Siemens A.G. v. The Republic of Argentina,* ICSID ARB/02/8, Decision on Jurisdiction (Rn. 102: „[A]ccess to these [procedural] mechanisms is part of the protection afforded under the treaty"), und *Suez, Sociedad General de Aguas de Barcelona S.A., and InterAguas Servicios Integrales del Agua, S.A. v. The Republic of Argentina,* ICSID ARB/03/17, Decision on Jurisdiction (Rn. 57: „From the point of view of the promotion and protection of investments, the stated purpose of the Argentina-Spain BIT, dispute settlement is as important as other matters governed by the BIT and is an integral part of the investment protection regime that two sovereign states, Argentina and Spain, had agreed upon.").

917 *Gas Natural SDG, S.A. v. The Republic of Argentina,* ICSID ARB/03/10, Decision of the Tribunal on Preliminary Questions on Jurisdiction, Rn. 49.

hier die günstigere Regelung des Investitionsvertrages zwischen Argentinien und Frankreich zur Anwendung.[918]

Die Entscheidung *Camuzzi v. Argentina* hebt sich insofern von den vorgenannten ab, als die Beklagte dem klägerischen Begehren mit Blick auf die Anwendung der Meistbegünstigungsklausel nicht widerspricht und das Schiedsgericht deshalb im Grunde nicht darüber entscheidet. Lediglich zur Klarstellung führt das Schiedsgericht aus, dass Argentinien wohl die Zulässigkeitsvoraussetzung als erfüllt betrachte.[919]

Allein der Schiedsspruch des Verfahrens *Wintershall v. Argentina* ist diesen Entscheidungen diametral entgegengesetzt.[920] Der Anwendung der Meistbegünstigungsklausel auf prozessuale Fragen wird hier mit dem völkerrechtlichen Grundsatz, Staaten könnten nur mit ihrer Zustimmung einer Gerichtsbarkeit unterworfen werden, widersprochen:

> „Besides, it is a general principle of international law that international courts and tribunals can exercise jurisdiction over a State only with its consent. The principle is often described as a corollary to the sovereignty and independence of the State. A presumed consent is not regarded as sufficient, because any restriction upon the independence of a State (not agreed to) cannot be presumed by courts [...].“[921]

---

918 *Suez, Sociedad General de Aguas de Barcelona S.A., and InterAguas Servicios Integrales del Agua, S.A. v. The Republic of Argentina*, ICSID ARB/03/17, Decision on Jurisdiction, Rn. 60.

919 *Camuzzi International S.A. v. The Republic of Argentina*, ICSID ARB/03/2, Decision of the Tribunal on Objections to Jurisdiction, Rn. 120: „The Argentine Republic has not objected to the claim brought by Camuzzi and by Sempra once the period of prior negotiation had ended, making it unnecessary for the Tribunal to decide on the relevance of that clause in this context. It must also be borne in mind that, as the Argentine Republic has argued that Camuzzi submitted the dispute to national courts, this entails that the requirement has been met and the period of eighteen months would have passed without a solution being reached, thus opening the path for arbitration in any event.“

920 *Wintershall Aktiengesellschaft v. The Republic of Argentina*, ICSID ARB/04/14, Award, Rn. 158ff. An dieser Stelle sei noch auf zwei (außerhalb des Forschungsgegenstands liegende) Entscheidungen jüngeren Datums hingewiesen, in welchen die Meistbegünstigungsklausel ebenfalls nicht auf Zulässigkeitsvorschriften angewendet wird: *ICS Inspection and Control Services Limited (United Kingdom) v. The Republic of Argentina*, UNCITRAL, PCA 2010 – 9, Award on Jurisdiction vom 10.02.2012 sowie *Daimler Financial Services AG v. Argentine Republic*, ICSID ARB/05/1, Award vom 22.08.2012. Bei letzterer ist allerdings hinzuzufügen, dass das Verfahren noch nicht abgeschlossen ist und neben dem Schiedsspruch eine *dissenting opinion* sowie ein *concurring statement* ergangen sind.

921 *Wintershall Aktiengesellschaft v. The Republic of Argentina*, ICSID ARB/04/14, Award, Rn. 160 (3).

Die 18-monatige Wartezeit müsse als Teil des Angebots Argentiniens, sich der ICSID-Schiedsgerichtsbarkeit zu unterwerfen, vom Investor beachtet werden.[922] Das Schiedsgericht fasst prozessuale Vorschriften mithin grundsätzlich nicht unter den Begriff der „Behandlung" der Meistbegünstigungsklausel, „unless of course the MFN clause in the basic treaty clearly and unambiguously indicates that it should be so interpreted: which is not so in the present case."[923] Streitschlichtungsvorschriften werden dem Schiedsgericht zufolge also nicht von der Meistbegünstigungsklausel erfasst, weil dies der explizite Wortlaut der Klausel nicht hergebe.[924] Die Entscheidung *Wintershall v. Argentina* steht in der Gesamtschau der abgeschlossenen ICSID-Verfahren bis dato isoliert da. Abgesehen von dieser Einzelfallentscheidung ist die Spruchpraxis daher insgesamt durchaus als konsistent zu bewerten. Danach findet die Meistbegünstigungsklausel auf Zulässigkeitsvoraussetzungen grundsätzlich Anwendung.

Demgegenüber wenden Schiedsgerichte die Meistbegünstigungsklausel gemeinhin nicht an, um überhaupt ihre Zuständigkeit zu begründen. Dass die Meistbegünstigungsklausel insofern nicht auf alle prozeduralen Fragen angewendet wird, bedeutet allerdings nicht, dass die Rechtsprechung inkonsistent wäre.[925] Denn die beiden Rechtsprechungszweige lassen sich mit der Unterscheidung in Zulässigkeits- und Zuständigkeitsfragen durchaus nachvollziehen. In den beiden Ästen zeichnet sich jeweils eine klare Tendenz in der Rechtsprechung ab. So hat im Untersuchungszeitraum (bis einschließlich Ende 2011) kein ICSID-Schiedsgericht je seine Zuständigkeit über die Meistbegünstigungsklausel begründet.[926]

---

922 *Wintershall Aktiengesellschaft v. The Republic of Argentina*, ICSID ARB/04/14, Award, Rn. 160 (2).

923 *Wintershall Aktiengesellschaft v. The Republic of Argentina*, ICSID ARB/04/14, Award, Rn. 167.

924 Problematisch an diesem Ansatz ist, dass eine weite Formulierung im Grunde keiner zusätzlichen Worte bedürfte. Insbesondere wenn wie hier alle Bereiche („all matters") von der Meistbegünstigungsklausel erfasst werden, müsste der Begründungsaufwand für eine einschränkende Auslegung höher ausfallen. S. dazu bereits ICJ, Ambatielos Claim, Judgment, 12 UNRIAA 83, 101 (1963), Rn. 107; ferner auch *Impregilo S.p.A. v. The Republic of Argentina*, ICSID ARB/07/17, Award, Rn. 99, wonach eine prozessuale Anwendung von der Formulierung „all matters" gedeckt sei.

925 So auch Schill, Berkeley J. Int. L. 27 (2009), 496, 540 (die schiedsgerichtliche Rechtsprechung sei nur „seemingly inconsistent").

926 Abgesehen von Enteignungsfällen, vgl. UNCTAD, Most-Favoured-Nation Treatment – UNCTAD Series on Issues in International Investment Agreements II (2010), S. 82, verfügbar unter: <http://unctad.org/en/Docs/diaeia20101_en.pdf> (zuletzt abgerufen am: 01.07.2013), und der freilich nicht zu vernachlässigenden, jedoch nicht unter dem Dach des ICSID ergangenen

Dabei ist den einschlägigen Entscheidungen der Verfahren *Salini v. Jordan*, *Plama v. Bulgaria* sowie *Telenor v. Hungary* das Argument gemeinsam, es könne nicht davon ausgegangen werden, dass dies der Intention der Parteien entspreche (solange es nicht explizit im Ursprungsvertrag formuliert werde).[927] In gleicher Weise wird im Verfahren *Berschader v. Russia* argumentiert, das unter dem *Arbitration Institute of the Stockholm Chamber of Commerce* geführt wurde.[928]

In *Plama v. Bulgaria* bezeichnet das Schiedsgericht ferner das Problem, wie der im Rahmen der Meistbegünstigungsklausel anzustrengende Vergleich zum Auffinden der günstigeren Behandlung vorzunehmen sei, wenn die Wahl zwischen verschiedenen Schiedsinstitutionen bestünde:

> „[A] choice is better than no choice. But what if one BIT provides for UNCITRAL arbitration and another provides for ICSID? Which is more favorable?“[929]

Das Schiedsgericht kommt darauf zu der Schlussfolgerung:

> „An MFN provision in a basic treaty does not incorporate by reference dispute settlement provisions in whole or in part set forth in another treaty, unless the MFN provision in the basic treaty leaves no doubt that the Contracting Parties intended to incorporate them.“[930]

Auf den ersten Blick verkörpert diese Formulierung das genaue Gegenteil der Rechtsprechung *Gas Natural v. Argentina*. Wird dort der Ansatz vertreten, Meistbegünstigungsklauseln seien grundsätzlich auf Streitschlichtungsklauseln anwendbar, es sei denn, das Gegenteil sei ausdrücklich geregelt, hält das Schiedsgericht in *Plama v. Bulgaria* Meistbegünstigungsklauseln grundsätzlich für nicht auf Streitschlichtungsklauseln anwendbar, es sei denn, das Gegenteil sei ausdrücklich geregelt. Indes lassen sich diese *prima vista* widersprüchlichen Aussagen durchaus in Einklang bringen: geht es um Zulässigkeitsfragen, folgt die

---

Entscheidung *RosInvestCo UK Ltd. v. The Russian Federation*, SCC 079/2005, Award on Jurisdiction, auf die weiter unten eingegangen wird.

927 *Salini Costruttori S.p.A. and Italstrade S.p.A. v. Hashemite Kingdom of Jordan*, ICSID ARB/02/13, Decision of the Tribunal on Jurisdiction, Rn. 223; *Plama Consortium Limited v. Republic of Bulgaria*, ICSID ARB/03/24, Decision on Jurisdiction, Rn. 200; *Telenor Mobile Communications A.S. v. Republic of Hungary*, ICSID ARB/04/15, Award, Rn. 90: „[...] wholeheartedly endorse the statement of principle furnished by the *Plama* tribunal.“

928 *Vladimir Berschader and Moise Berschader v. The Russian Federation*, SCC 080/2005, Award.

929 *Plama Consortium Limited v. Republic of Bulgaria*, ICSID ARB/03/24, Decision on Jurisdiction, Rn. 208.

930 *Plama Consortium Limited v. Republic of Bulgaria*, ICSID ARB/03/24, Decision on Jurisdiction, Rn. 223.

Rechtsprechung gemeinhin der in der *Maffezini*-Entscheidung vertretenen Ansicht, geht es hingegen um Zuständigkeitsfragen, wird allgemein der *Plama*-Rechtsprechung gefolgt.

Ein einzelnes Schiedsgericht hat jedoch seine Zuständigkeit unter Rückgriff auf die Meistbegünstigungsklausel begründet. Dabei handelt es sich um das SCC-Verfahren *RosInvest v. Russia.*[931] Die aufgezeigte Spruchpraxis der ICSID-Schiedsgerichte ausklammernd, bezeichnet das Schiedsgericht seine Vorgehensweise als „a normal result of the application of MFN clauses".[932] Zur Begründung führt es aus:

> „If this effect is generally accepted in the context of substantive protection, the Tribunal sees no reason not to accept it in the context of procedural clauses such as arbitration clauses. Quite the contrary, it could be argued that, if it applies to substantive protection, then it should apply even more to ‚only' procedural protection. However, the Tribunal feels that this latter argument cannot be considered as decisive, but that rather, as argued further above, an arbitration clause, at least in the context of expropriation, is of the same protective value as any substantive protection afforded by applicable provisions such as Article 5 of the BIT."[933]

Dennoch ist zumindest ein eindeutiger Trend in der investitionsrechtlichen Rechtsprechung erkennbar. Und in der ICSID-Schiedsgerichtsbarkeit ist unumstritten, dass eine ICSID-Zuständigkeit als (vermeintlich) günstigere Form der internationalen Streitbeilegung nicht über die Meistbegünstigungsklausel begründet werden soll.[934]

cc) Zusammenfassende Bewertung

Vorstehende Betrachtungen haben gezeigt, dass die Rechtsprechung zur Meistbegünstigungsklausel in vielen Bereichen durchaus als konsolidiert gelten kann.[935] Ob es um die Heranziehung eines günstigeren Schutzstandards aus einem

---

931 *Vladimir Berschader and Moise Berschader v. The Russian Federation*, SCC 080/2005, Award.

932 *RosInvestCo UK Ltd. v. The Russian Federation*, SCC 079/2005, Award on Jurisdiction, Rn. 131.

933 *RosInvestCo UK Ltd. v. The Russian Federation*, SCC 079/2005, Award on Jurisdiction, Rn. 132.

934 Eine wirkliche „Zerstrittenheit in der Rechtsprechung", wie sie Griebel bedauert (Griebel, Internationales Investitionsrecht, S. 82), ist daher zumindest unter diesem Blickwinkel nicht gegeben.

935 So im Ergebnis auch Markert, Streitschlichtungsklauseln, S. 278 ff. („Dennoch lassen sich mittlerweile Entwicklungstendenzen erkennen, die auf eine gewisse Konsolidierung der Recht-

anderen BIT geht oder die Anwendung eines Schutzstandards, der im Ursprungsvertrag überhaupt nicht vorgesehen ist, die Rechtsprechung ist konsistent. Ebenso sind sich die Schiedsgerichte einig, dass der Anwendungsbereich des Ursprungsvertrages nicht *ratione temporis* oder *ratione materiae* durch die Meistbegünstigungsklausel erweitert werden soll. Soweit die Meistbegünstigungsklausel auf „all matters" Bezug nimmt, ist die ICSID-Spruchpraxis einhellig der Auffassung, dass die Klausel auf Streitschlichtungsvorschriften Anwendung findet.[936] Abgesehen von einer einzigen abweichenden Entscheidung wird außerdem die Anwendung der Meistbegünstigungsklausel auf prozedurale Vorschriften, welche die Voraussetzungen der Zulässigkeit des Schiedsverfahrens benennen, allgemein anerkannt. Weitgehend einheitlich ist die Spruchpraxis schließlich auch dort, wo die Anwendung der Meistbegünstigungsklausel auf solche Vorschriften abgelehnt wird, welche die Schiedsgerichtsbarkeit eröffnen.[937]

Folglich ist die Entwicklung zweier Rechtsprechungslinien für die Konsistenz und Kohärenz der Judikatur nicht problematisch. Sie lässt sich auf unterschiedliche Fallgestaltungen zurückführen. Die Konsistenz sowie die Rechtssicherheit und Vorhersehbarkeit der Rechtsprechung werden jedoch durch die beiden SCC-Entscheidungen *RosInvest v. Russia* und *Wintershall v. Argentina* gefährdet.[938] Für

---

sprechungspraxis hinweisen.", S. 278); ähnlich auch Faya Rodriguez, J. Int. Arb. 25 (2008), 89, 101: „[F]rom a closer perspective there is not such inconsistency [in jurisprudence], because: (a) with respect to procedural matters: when the intended effects have been the waiver of mere preliminary requirements (that in theory should not bother too much the respondent states) the MFNC has been given effect; by contrast, when the intended effects have been more ambitious (a modification on the scope of jurisdiction) the MFNC has not been applied; (b) with respect to substantive provisions, and with the *MTD Equity* exception, the MFNC has not been used to alter the basic IIAs for various reasons (importance of the underlying provision, lack of evidence and failure to follow the *ejusdem generis* principle); (c) even the tribunals using broad interpretations have tried to place (rather vaguely) certain limits."

936 Vgl. *Impregilo S.p.A. v. The Republic of Argentina*, ICSID ARB/07/17, Award, Rn. 106: „However, the case law is not fully consistent in so far as there is at least one case in which the tribunal, despite the fact that the MFN clause covered ‚all matters', found this insufficient to make the clause applicable to dispute settlement. The case is *Berschader*, but it should be noted that one of the arbitrators strongly dissented on this point and that there were also some special elements which contributed to the outcome."

937 Kurtz zufolge besteht „a pressing need for a greater level of institutional sensitivity by the dispute settlement organs which will decide how the MFN standard is to be interpreted in the future.", vgl. Kurtz, in: International Investment Law, S. 523, 554. Dabei darf jedoch nicht unberücksichtigt bleiben, dass die ICSID-Spruchpraxis bei isolierter Betrachtung diese – zumindest in dieser Frage – gerade aufzuweisen scheint. Die bislang einzige abweichende Entscheidung entstammt schließlich nicht dem ICSID-Kontext.

938 Schill, J. Int. Disp. S. 2 (2011), 353, 371: „Ultimately, and here Zachary Douglas and I seem to agree, a possible future *jurisprudence constante* and an emerging consensus among States as

die Zukunft wäre es daher zu wünschen, dass sie Ausnahmeerscheinungen blieben. Ihre *persuasive authority* lässt sich zwar ebenso wenig vorhersagen wie die Tatsache, ob die künftige investitionsrechtliche Rechtsprechung überhaupt auf diese Entscheidungen Bezug nehmen oder ihr mit Ablehnung gegenüber treten wird. Indes sind die Argumentationen beider Entscheidungen denjenigen, die den *Maffezini*- oder *Plama*-Entscheidungen folgen, zumindest nicht überlegen. Allgemein wäre mehr Rechtssicherheit zu erzielen, wenn sich Schiedsgerichte stärker den Auslegungsmethoden des Art. 31 WVK zuwendeten und den Meistbegünstigungsgrundsatz systematischer prüften.[939] Die beiden entscheidenden Kriterien müssten dabei sein, ob (1) vergleichbare Umstände und (2) eine günstigere Behandlung vorliegen.[940] Eine solche methodische Vorgehensweise führte nicht nur zu nachvollziehbareren und vorhersehbareren Entscheidungen, sondern auch zu einem höheren Grad an Konsistenz und Kohärenz in der investitionsrechtlichen Judikatur.

b) Das Gebot vollen Schutzes und voller Sicherheit

Auch beim Grundsatz des vollen Schutzes und voller Sicherheit spielt die schiedsgerichtliche Rechtsprechung eine bedeutsame Rolle für die Konkretisierung der generalklauselartigen Formulierung des Schutzstandards.[941] Und ebenso wie in den anderen dargestellten Bereichen des internationalen Investitionsrechts ist die schiedsrichterliche Rechtsprechung hier in weiten Teilen konsistent.

Mit Blick auf die Spruchpraxis zum Gebot vollen Schutzes und voller Sicherheit wird ein hohes Maß an Einheitlichkeit bereits dadurch erschwert, dass dieser in den meisten BITs enthaltene Schutzstandard keine einheitliche Formulierung kennt. Soweit die unterschiedlichen Formulierungen der Vertragstexte zu divergierenden Entscheidungen führen, ist allerdings keine Fragmentierung des internationalen Investitionsrechts zu befürchten. Überdies sind divergierende

---

expressed in their treaty practice has to clarify and settle this vexed and heavily contested point. Until that is the case, a critical consideration of the various arguments and a debate about underlying preferences is necessary. Disagreement, in that context, will move the debate forward and bring about better results."

939 So kritisiert auch Schill, Berkeley J. Int. L. 27 (2009), 496, 542ff., beispielsweise die Entscheidung Plama v. Bulgaria, deren Argumentation anerkannte Auslegungsgrundsätze nicht respektiere.

940 Dieses vermisst auch Kurtz, in: International Investment Law, S. 523, 552: „[T]he important issue for future tribunals – which did not arise in Maffezini – is the parameters through which a likeness analysis might be undertaken."

941 Vgl. Salacuse, Investment Treaties, S. 209: „[I]t is only through jurisprudence that one can fully understand the content of this standard."

Entscheidungen als solche für ein Rechtssystem nicht problematisch, sofern Entscheidungen nicht willkürlich oder völlig unvorhersehbar erscheinen.

Bedenklich erscheint dagegen die Tatsache, dass Schiedsgerichte oftmals losgelöst von der jeweiligen vertraglichen Formulierung über das Vorliegen eines Verstoßes gegen den Grundsatz vollen Schutzes und voller Sicherheit entscheiden. In einem ersten Schritt wird die entscheidende Passage des BIT zwar noch als Maßstab zitiert, doch wird in den seltensten Fällen der genaue Wortlaut des Schutzstandards mit dem jeweiligen Sachverhalt in Verbindung gebracht.[942] Dieses methodologisch kritikwürdige Vorgehen kommt bei unterschiedlichen Fragestellungen zum Vorschein, etwa beim Verhältnis zwischen *fair and equitable treatment* und *full protection and security*[943] oder wenn auf frühere Schiedssprüche Bezug genommen wird, die auf verschiedenen BIT-Formulierungen beruhen.[944] Sie sollen denn auch im Folgenden näher erörtert werden. Inwieweit dieses Vorgehen Auswirkungen auf die Kohärenz der Entscheidungspraxis hat, ist ebenfalls Gegenstand der Untersuchung.

aa) Verhältnis zum völkerrechtlichen Gewohnheitsrecht

Das Verhältnis zwischen dem Gebot vollen Schutzes und voller Sicherheit und dem völkerrechtlichen Gewohnheitsrecht ist noch immer nicht abschließend geklärt. Unstreitig ist in der schiedsrichterlichen Rechtsprechung,[945] dass der

---

942 In dieser Weise bewertet auch Cordero-Moss die Spruchpraxis zu diesem Schutzstandard, s. Cordero-Moss, in: Standards of Investment Protection, S. 131, 134: „[A]rbitration practice does not seem to attach a significant importance to the wording of the applicable treaty in the interpretation of the obligation of granting full protection and security. The wording of the treaty is often the starting point for the tribunal's reasoning, but it does not seem to play a decisive role in the result."

943 Vgl. dazu *Azurix Corp. v. The Republic of Argentina*, ICSID ARB/01/12, Award, Rn. 408; *Occidental Exploration and Production Co. v. The Republic of Ecuador*, LCIA UN3467, Award, Rn. 187.

944 So etwa *Compañía de Aguas del Aconquija S.A. and Vivendi Universal S.A. v. The Republic of Argentina*, ICSID ARB/97/3, Award (II), s. Cordero-Moss, in: Standards of Investment Protection, S. 131, 135.

945 Lediglich das Schiedsgericht des Verfahrens *Noble Ventures v. Romania* hat in seinem Schiedsspruch Zweifel daran erhoben, vgl. *Noble Ventures, Inc. v. Romania*, ICSID ARB/01/11, Award, Rn. 164: „[I]t seems doubtful whether that provision can be understood as being wider in scope than the general duty to provide for protection and security of foreign nationals found in the customary international law of aliens."

Grundsatz des vollen Schutzes und der vollen Sicherheit jedenfalls keinen geringerwertigen Schutz als das Gewohnheitsrecht bietet.[946]

Nach völkerrechtlichem Gewohnheitsrecht kommt Ausländern und deren Eigentum ein gewisser Schutz zu. Die genauen Inhalte dieses internationalen Mindeststandards (*international minimum standard*) sind allerdings nicht klar umrissen. Zu den Rechten gehört beispielsweise, dass polizeilicher Schutz bei Angriffen auf Personen und Vermögen zu gewähren ist.[947] Weitere Ausprägungen des Mindeststandards wurden in den letzten beiden Jahrhunderten vor allem durch Schiedsgerichte bestimmt.[948] Richtungsweisend für das völkerrechtliche Fremdenrecht war insbesondere der *Neer Claim* von 1926:

> „[T]he treatment of an alien, in order to constitute an international delinquency, should amount to an outrage, to bad faith, to willful neglect of duty, or to an insufficiency of governmental action so far short of international standards that every reasonable and impartial man would readily recognize its insufficiency."[949]

Man mag den Nutzen von Entscheidungen solchen Alters zur Feststellung des aktuellen Gewohnheitsrechts in Zweifel ziehen,[950] doch ist der völkergewohn-

946 S. bereits die Ausführungen des Internationalen Gerichtshofs in der Entscheidung ICJ, Elettronica Sicula S.p.A (ELSI), Award, ICJ Rep. 15, Rn. 111, wonach ein vertraglich gewährter Schutz über den gewohnheitsrechtlichen hinausgehen kann; vgl. ferner aus der schiedsrichterlichen Rechtsprechung: *American Manufacturing & Trading, Inc. v. Republic of Zaire (Democratic Republic of the Congo)*, ICSID ARB/93/1, Award, Rn. 6.06: „These treatments of protection and security of investment required by the provisions of the BIT of which AMT is beneficiary must be in conformity with its applicable national laws and must not be any less than those recognized by international law. For the Tribunal, this last requirement is fundamental for the determination of the responsibility of Zaire. It is thus an objective obligation which must not be inferior to the minimum standard to vigilance and of care required by international law."; *Asian Agricultural Products Limited (AAPL) v. Democratic Socialist Republic of Sri Lanka*, ICSID ARB/87/3, Final Award, Rn. 69: „Hence, any foreign investor, even if his national State has not concluded with Sri Lanka a Bilateral Investment Treaty containing a provision similar to that of Article 2(2), would be entitled to a protection which requires ‚due diligence' from the host State, i.e. Sri Lanka. Failure to comply with this obligation imposed by customary international law entails the host State's responsibility."

947 Doehring, Völkerrecht, Rn. 861.

948 Reinisch, in: Internationales Wirtschaftsrecht, S. 347, 358 (insbes. Rn. 47).

949 *L. F. H. Neer and Pauline Neer (U.S.A.) v. United Mexican States*, General Claims Commission, Award, AJIL 21 (1927), 555f.

950 Wie bspw. Reinisch, in: Internationales Wirtschaftsrecht, S. 347, 358 (Rn. 48). Entsprechend äußert sich das Schiedsgericht in *Mondev International Ltd. v. United States of America*, ICSID ARB(AF)/99/2, Award, Rn. 123: „[T]he content of the minimum standard today cannot be limited to the content of customary international law as recognized in arbitral decisions in the 1920s."

heitsrechtliche Grundsatz solange von Bedeutung, wie er Einzug in die BITs findet[951] und BIT-Klauseln vage formuliert bleiben.[952] Dies gilt umso mehr, wenn das Gebot vollen Schutzes und voller Sicherheit mit dem internationalen Mindeststandard in Relation gebracht wird.

Es gibt BITs, die den Grundsatz vollen Schutzes und voller Sicherheit mit dem völkerrechtlichen Gewohnheitsrecht gleichsetzen.[953] Doch zeigt die schiedsgerichtliche Praxis, dass der jeweiligen Formulierung des BIT keine große Bedeutung beigemessen wird.[954] Nahezu losgelöst von der inhaltlichen Ausgestaltung der einzelnen Vertragsklausel machen die Schiedsgerichte Ausführungen zum Verhältnis von internationalem Mindeststandard und dem Gebot vollen Schutzes und voller Sicherheit.

Die Schiedspraxis ist sich einig darüber, dass der Grundsatz des vollen Schutzes und der vollen Sicherheit jedenfalls keinen geringerwertigen Schutz als das Gewohnheitsrecht beinhaltet. Dabei werden drei Alternativen diskutiert, um das Verhältnis zu beschreiben: die erste Alternative betrachtet den *international minimum standard* als Mindestmaß („floor"), die zweite sieht darin eine Decke-

951 Vgl. *Asian Agricultural Products Limited (AAPL) v. Democratic Socialist Republic of Sri Lanka*, ICSID ARB/87/3, Final Award, Rn. 72: „It is a generally accepted rule of International Law, clearly stated in international arbitral awards and in the writings of the doctrinal authorities, that: (i) – A State on whose territory an insurrection occurs is not responsible for loss or damage sustained by foreign investors unless it can be shown that the Government of that state failed to provide the standard of protection required, either by treaty, or under general customary law, as the case may be; and (ii) – Failure to provide the standard of protection required entails the state's international responsibility for losses suffered, regardless of whether the damages occurred during an insurgents' offensive act or resulting from governmental counter-insurgency activities." Ferner *Amco Asia Corporation and others v. Republic of Indonesia*, ICSID ARB/81/1, Award, Rn. 72.

952 Hierzu Zeitler, in: International Investment Law, S. 183, 185 f.: „The broad traditional wording of clauses guaranteeing protection and security that ‚would be in no case less than that required under international law' has been rather surprising, considering that one of the main reasons for the rapid expansion of bilateral and multilateral investment treaties was that the uncertainty of customary international law should be avoided."

953 S. bspw. Art. 5 BIT zwischen USA und Uruguay (2005): „1. Each Party shall accord to covered investments treatment in accordance with customary international law, including fair and equitable treatment and full protection and security. 2. For greater certainty, paragraph 1 prescribes the customary international law minimum standard of treatment of aliens as the minimum standard of treatment to be afforded to covered investments. The concepts of ‚fair and equitable treatment' and ‚full protection and security' do not require treatment in addition to or beyond that which is required by that standard, and do not create additional substantive rights. The obligation in paragraph 1 to provide: […] (b) ‚full protection and security' requires each Party to provide the level of police protection required under customary international law."

954 Cordero-Moss, in: Standards of Investment Protection, S. 131, 136.

lung („ceiling") und die dritte Alternative setzt das Gebot vollen Schutzes und voller Sicherheit mit dem völkergewohnheitsrechtlichen Mindeststandard gleich.

Schiedsgerichte, die beide Schutzstandards gleichsetzen, erachten das Gebot vollen Schutzes und voller Sicherheit nicht als eigenständiges Schutzgebot. Indem das Schiedsgericht im Verfahren *AAPL v. Sri Lanka* den internationalen Mindeststandard zur Anwendung bringt, setzt es diesen implizit mit dem Gebot vollen Schutzes und voller Sicherheit gleich.[955] Mit seiner ausschließlichen Bezugnahme auf die *ELSI*-Entscheidung des Internationalen Gerichtshofs,[956] in der wiederum der internationale Mindeststandard angewandt wurde, scheint das Schiedsgericht des Verfahrens *Noble Ventures v. Romania* ebenfalls ein „symbiotisches Verhältnis"[957] zwischen den beiden Schutzstandards anzunehmen:

> „[I]t seems doubtful whether that provision can be understood as being wider in scope than the general duty to provide for protection and security of foreign nationals found in the customary international law of aliens."[958]

Demgegenüber wird vertreten, dass der Grundsatz vollen Schutzes und voller Sicherheit ein eigenständiger Schutzstandard ist.[959] Das Gewohnheitsrecht kann ergänzend zum speziellen Vertragstext bei Bedarf als *lex generalis* Lücken fül-

---

955 *Asian Agricultural Products Limited (AAPL) v. Democratic Socialist Republic of Sri Lanka*, ICSID ARB/87/3, Final Award, Rn. 67 ff. Ebenso setzen die Schiedsgerichte in *American Manufacturing & Trading, Inc. v. Republic of Zaire (Democratic Republic of the Congo)*, ICSID ARB/93/1, Award, Rn. 6.06 f., sowie in dem nicht abgeschlossenen Verfahren *El Paso Energy International Company v. The Argentine Republic*, ICSID ARB/03/15, Award, Rn. 523, beide Schutzstandards gleich.

956 Die Bezugnahme auf die ELSI-Entscheidung erfolgt im Schiedsspruch zum Verfahren *Asian Agricultural Products Limited (AAPL) v. Democratic Socialist Republic of Sri Lanka*, ICSID ARB/87/3, Final Award, ungeachtet der Tatsache, dass unterschiedlich formulierte BITs Gegenstand beider Verfahren waren. Während im ELSI-Fall von einer Gleichwertigkeit ausgegangen wird („the most constant protection and security and the full protection and security required by international law" heißt es im USA-Italien BIT), soll der investitionsrechtliche Schutz im zwischen den USA und Rumänien abgeschlossenen BIT jedenfalls nicht geringer als der gewohnheitsrechtliche sein („full protection and security no less than international law").

957 McLachlan, ICLQ 57 (2008), 361: „[C]ustom informing the content of the treaty rights; and state practice under the investment treaties contributing to the development of general international law."

958 *Noble Ventures, Inc. v. Romania*, ICSID ARB/01/11, Award, Rn. 164.

959 Vgl. *Siemens A.G. v. The Republic of Argentina*, ICSID ARB/02/8, Award, Rn. 291; *Occidental Exploration and Production Co. v. The Republic of Ecuador*, LCIA UN3467, Award, Rn. 192; *Azurix Corp. v. The Republic of Argentina*, ICSID ARB/01/12, Award, Rn. 361; *Compañía de Aguas del Aconquija S.A. and Vivendi Universal S.A. v. The Republic of Argentina*, ICSID ARB/97/3, Award (II), Rn. 7.4.7.

len.[960] Dafür spricht zunächst der Wortlaut der jeweiligen Vertragsbestimmungen. Wenn die Vertragsparteien „full protection and security" vereinbaren, ist es nicht überzeugend anzunehmen, sie hätten den „minimum standard under customary law" gemeint. Dies gilt erst recht, wenn sogar der Vertragstext selbst einen Verweis auf das Gewohnheitsrecht enthält.[961]

Die *NAFTA Free Trade Commission* hat sich in ihrer Interpretationsvorgabe des Art. 1105 Abs. 1 NAFTA von 2001 dafür ausgesprochen, den internationalen Mindeststandard als „ceiling" zu begreifen:

> „The concepts of ‚fair and equitable treatment' and ‚full protection and security' do not require treatment in addition to or beyond that which is required by the customary international law minimum standard of treatment of aliens." [962]

Allerdings haben die Interpretationen des Freihandelsabkommens der *Free Trade Commission* gem. Art. 1131 Abs. 2 NAFTA nur in NAFTA-Fällen verbindliche Wirkung.[963] Im Zuge dessen war weder das Schiedsgericht im Verfahren *Siemens v. Argentina* noch dasjenige in *Occidental v. Ecuador* an diese gebunden.[964]

Dafür, dass der internationale Mindeststandard nur als Mindestmaß („floor") betrachtet werden soll, spricht sich das Schiedsgericht in *Azurix v. Argentina* aus:

---

960 Entsprechend heißt es zum Verhältnis zwischen Gewohnheitsrecht und vertraglichem Investitionsschutzstandard in der Entscheidung des Iran-United States Claim Tribunal im Verfahren *Texaco Overseas Petroleum Co. v. The Government of the Libyan Arab Republic*, Ad hoc, Award, 17 ILM 3, 13 (1978), Rn. 32: „As a *lex specialis*, in relation between the two countries, the treaty supersedes the *lex generalis*, namely customary international law [...]." S. ferner *Asian Agricultural Products Limited (AAPL) v. Democratic Socialist Republic of Sri Lanka*, ICSID ARB/87/3, Final Award, Rn. 67: „Once failure to provide ‚full protection and security' has been proven (under Article 2.(2) of the Sri Lanka/U.K. Treaty or under a similar provision existing in other Bilateral Investment Treaties extending the same standard to nationals of a third State), the host State's responsibility is established, and compensation is due according to the general international law rules and standards previously developed with regard to the States failure to comply with its ‚due diligence' obligation under the minimum standard of customary international law."

961 Vgl. Schreuer, J. Int. Disp. S. 1 (2010), 1, 12.

962 NAFTA Free Trade Commission, Notes of Interpretation of Certain Chapter 11 Provisions, 31.07.2001. Verfügbar unter: <http://www.naftaclaims.com/files/NAFTA_Comm_1105_Transparency.pdf> (zuletzt abgerufen am: 01.07.2013).

963 Art. 1131 Abs. 2 NAFTA lautet: „An interpretation by the Commission of a provision of this Agreement shall be binding on a Tribunal established under this Section."

964 *Siemens A.G. v. The Republic of Argentina*, ICSID ARB/02/8, Award, Rn. 291; *Occidental Exploration and Production Co. v. The Republic of Ecuador*, LCIA UN3467, Award, Rn. 192.

> „Turning now to Article II.2(a), this paragraph provides: ‚Investment shall at all times be accorded fair and equitable treatment, shall enjoy full protection and security and shall in no case be accorded treatment less than required by international law.‘ [...] The clause, as drafted, permits to interpret fair and equitable treatment and full protection and security as higher standards than required by international law. The purpose of the third sentence is to set a floor, not a ceiling, in order to avoid a possible interpretation of these standards below what is required by international law. While this conclusion results from the textual analysis of this provision, the Tribunal does not consider that it is of material significance for its application of the standard of fair and equitable treatment to the facts of the case.“[965]

Hinsichtlich des Grundsatzes gerechter und billiger Behandlung hat sich auch das Schiedsgericht im Fall *Vivendi v. Argentina* für einen eigenständigen Schutzstandard ausgesprochen, die Frage „floor or ceiling“ bewusst außen vor lassend:

> „The Tribunal sees no basis for equating principles of international law with the minimum standard of treatment. First, the reference to principles of international law supports a broader reading that invites consideration of a wider range of international law principles than the minimum standard alone. Second, the wording of Article 3 requires that the fair and equitable treatment *conform* to the principles of international law, but the requirement for conformity can just as readily set a floor as a ceiling on the Treaty's fair and equitable treatment standard. Third, the language of the provision suggests that one should also look to contemporary principles of international law, not only to principles from almost a century ago.“[966]

In Bezug auf das Verhältnis zwischen dem internationalen Mindeststandard und dem Gebot vollen Schutzes und voller Sicherheit lassen sich keine richtungsweisenden Rechtsprechungstendenzen aufzeigen. Da diese Frage jedoch keine signifikanten Auswirkungen auf die Praxis hat, bleibt sie allein dogmatisch von Bedeutung.[967]

bb) Abgrenzung zum Grundsatz gerechter und billiger Behandlung

Der Grundsatz gerechter und billiger Behandlung ist nicht nur sehr häufig Gegenstand von Schiedsverfahren, sondern auch theoretischer Abhandlungen. Obgleich bei diesem Grundsatz viele Einzelfragen strittig sind, haben sich in den letzten Jahrzehnten zumindest konkrete Fallgruppen herausgebildet, die den

---

965 *Azurix Corp. v. The Republic of Argentina*, ICSID ARB/01/12, Award, Rn. 361.
966 *Compañía de Aguas del Aconquija S.A. and Vivendi Universal S.A. v. The Republic of Argentina*, ICSID ARB/97/3, Award (II), Rn. 7.4.7.
967 Vgl. auch die Schlussfolgerung von Cordero-Moss, in: Standards of Investment Protection, S. 131, 136.

Anwendungsbereich des Schutzstandards näher konkretisieren. Diesem Umstand mag es geschuldet sein, dass Schiedsgerichte, die eine Verletzung des Grundsatzes gerechter und billiger Behandlung annehmen, die Frage unbeantwortet lassen, ob zudem eine Verletzung des Gebotes vollen Schutzes und voller Sicherheit gegeben ist.

Da die beiden Schutzstandards *fair and equitable treatment* und *full protection and security* oftmals in einer Klausel zusammengefasst werden,[968] tendieren Schiedsgerichte gelegentlich dazu, letzteren als Teil der gerechten und billigen Behandlung anzusehen. Während das Schiedsgericht im Verfahren *Wena Hotels v. Egypt* die beiden Schutzstandards zusammenfasst, ohne eine Abgrenzung vorzunehmen oder das Verhältnis der beiden zueinander zu erörtern,[969] wird in manchen Entscheidungen eine Verletzung des Gebotes vollen Schutz und voller Sicherheit explizit mit einer Verletzung des Grundsatzes der gerechten und billigen Behandlung begründet. Neben dem Schiedsspruch zu *Azurix v. Argentina*[970] zeigen dies auch die Ausführungen des Schiedsgerichts im Verfahren *Occidental v. Ecuador* nach Bejahung der Verletzung des Grundsatzes der gerechten und billigen Behandlung:

> „In the context of this finding the question of whether in addition there has been a breach of full protection and security under this Article becomes moot as a treatment that is not fair and equitable automatically entails an absence of full protection and security of the investment."[971]

---

968 Vgl. Art. 5 des USA-Uruguay BIT von 2005: „1. Each Party shall accord to covered investments treatment in accordance with customary international law, including fair and equitable treatment and full protection and security." Der im Verfahren *Eureko B.V. v. Poland*, Ad hoc, Partial Award, anwendbare BIT (Niederlande – Polen) formuliert das Gebot vollen Schutzes und voller Sicherheit unter Art. 3 Abs. 2 als Spezialform des Grundsatzes gerechter und billiger Behandlung.

969 *Wena Hotels Limited v. Arab Republic of Egypt*, ICSID ARB/98/4, Award, Rn. 84–95. Dazu Schreuer, J. Int. Disp. S. 1 (2010), 1, 13.

970 Vgl. *Azurix Corp. v. The Republic of Argentina*, ICSID ARB/01/12, Award, Rn. 408: „The Tribunal is persuaded of the interrelationship of fair and equitable treatment and the obligation to afford the investor full protection and security. [...] To conclude, the Tribunal, having held that the Respondent failed to provide fair and equitable treatment to the investment, finds that the Respondent also breached the standard of full protection and security under the BIT."

971 *Occidental Exploration and Production Co. v. The Republic of Ecuador, LCIA UN3467, Award*, Rn. 187. S. ferner *PSEG Global Inc. and Konya Ilgin Elektrik Üretim ve Ticaret Limited Sirketi v. Republic of Turkey*, ICSID ARB/02/5, Award, Rn. 257 ff. und *Impregilo S.p.A. v. The Republic of Argentina*, ICSID ARB/07/17, Award, Rn. 334: „As regards the allegation under (b), which relates to the requirement of ‚full protection and security' in the Argentina-US BIT, which is claimed to be applicable in this case through the MFN clause in the Argentina-Italy BIT, the Arbitral Tribunal considers that where, as in the present case, there has been a failure to give an

Dieser Ansatz überzeugt aber insbesondere dann nicht, wenn zwei separate Vertragsklauseln vorliegen.[972] Entsprechend hat auch das Schiedsgericht im Verfahren *Jan de Nul v. Egypt* betont:

> „The notion of continuous protection and security is to be distinguished here from the fair and equitable standard since they are placed in two different provisions of the BIT, even if the two guarantees can overlap."[973]

Aus der grammatikalischen sowie der systematischen Auslegung folgen unterschiedliche Inhalte beider Klauseln. Überdies kann nicht davon ausgegangen werden, dass der in einer Vertragsklausel festgehaltene Schutzstandard den Inhalt eines anderen einschließen soll.[974] Dessen ungeachtet kann beiden Schutzstandards, selbst wenn sie in einer Klausel genannt werden, jeweils eine eigenständige Bedeutung zugesprochen werden.[975] Während eine *fair and equitable treatment*-Klausel den Gaststaat dazu verpflichtet, von ungerechtem und unbilligem Verhalten abzusehen, verpflichtet das Gebot voller Sicherheit und vollen Schutzes

---

investment fair and equitable treatment, it is not necessary to examine whether there has also been a failure to ensure full protection and security." In der Literatur findet sich ein solcher Ansatz bei Newcombe/Paradell, Standards of Treatment, S. 313: „Further, since fair and equitable treatment includes treatment in accordance with the minimum standard, it would appear that a general fair and equitable treatment clause includes the protection and security obligation."

972 Dazu *Azurix Corp. v. The Republic of Argentina*, ICSID ARB/01/12, Award, Rn. 407: „In some bilateral investment treaties, fair and equitable treatment and full protection and security appear as a single standard, in others as separate protections. The BIT falls in the last category; the two phrases describing the protection of investments appear sequentially as different obligations in Article II.2(a): ‚Investment shall at all times be accorded fair and equitable treatment, shall enjoy full protection and security and [...]'."

973 *Jan de Nul N.V. and Dredging International N.V. v. Arab Republic of Egypt*, ICSID ARB/04/13, Award, Rn. 269.

974 So auch Schreuer, J. Int. Disp. S. 1 (2010), 1, 13 f.: „[I]t appears unconvincing to assume that two standards listed separately in the same document have the same meaning. An interpretation that deprives a treaty provision of meaning is implausible."

975 S. Schreuer, J. Int. Disp. S. 1 (2010), 1, 14: „As a matter of substance, the content of the two standards is distinguishable."; Cordero-Moss, in: Standards of Investment Protection, S. 131, 150. S. ferner *Plama Consortium Limited v. Republic of Bulgaria*, ICSID ARB/03/24, Award, Rn. 184: „However, this Tribunal believes that, while the standards can overlap on certain issues, they can also be defined separately. Unreasonabl[e] or arbitrary measures – as they are sometimes referred to in other investment instruments – are those which are not founded in reason or fact but on caprice, prejudice or personal preference. With regard to discrimination, it corresponds to the negative formulation of the principle of equality of treatment. It entails like persons being treated in a different manner in similar circumstances without reasonable or justifiable grounds."

diesen, Maßnahmen zum Schutz einer Investition zu ergreifen.[976] Letzteres kann tiefgehende Schutzmaßnahmen wie etwa Polizeischutz oder die Einräumung von Rechtsbehelfen erfordern,[977] wohingegen der Grundsatz der gerechten und billigen Behandlung eher einen breiten Mindeststandard (des Unterlassens) setzt.[978]

Mit Blick auf das Verhältnis beider Schutzstandards zueinander lässt sich keine einheitliche Rechtsprechungspraxis feststellen. Vielmehr bleibt mit den Worten *Reinischs* „abzuwarten, ob sich ein rezenter Trend mancher Investitionsschiedsgerichte, diesen Standard [des vollen Schutzes und der vollen Sicherheit] mit jenem der gerechten und billigen Behandlung gleichzusetzen, wird durchsetzen können."[979]

cc) Sachlicher Anwendungsbereich

Mit Blick auf den sachlichen Anwendungsbereich von *full protection and security*-Klauseln kann die Rechtsprechung in zwei Punkten als konsistent gelten: einerseits ist anerkannt, dass diese sowohl Schutz vor staatlichen Maßnahmen sowie vor Maßnahmen Dritter vorsehen, andererseits, dass der Gaststaat jedenfalls bei physischen Angriffen gegen den Investor und dessen Investition schützend eingreifen muss.[980]

---

976 S. Schreuer, J. Int. Disp. S. 1 (2010), 1, 14. Dass das Gebot vollen Schutzes und voller Sicherheit „positive action" verlange, betont auch Zeitler, in: International Investment Law, S. 183.

977 Vgl. Schreuer, J. Int. Disp. S. 1 (2010), 1, 14: „By contrast, by assuming the obligation of full protection and security the host State promises to provide a factual and legal framework that grants security and to take the measures necessary to protect the investment against adverse action by private persons as well as State organs. In particular, this requires the creation of legal remedies against adverse action affecting the investment and the creation of mechanisms for the effective vindication of investors' rights."

978 Zum Grundsatz gerechter und billiger Behandlung s. u. a. Dolzer/von Walter, in: Current Issues II, S. 99 ff.; Kingsbury/Schill, IILJ WP 6 (2009), 1 ff.; Tudor, Fair and Equitable Treatment.

979 Reinisch, in: Internationales Wirtschaftsrecht, S. 347, 362 (Rn. 54), verweisend auf Occidental Exploration v. Ecuador, LCIA UN 3467, Award, 2004, Rn. 187: „[T]he question of whether in addition [to a breach of fair and equitable treatment] there has been a breach of full protection and security under this Article becomes moot as a treatment that is not fair and equitable automatically entails an absence of full protection and security."

980 Vgl. *Asian Agricultural Products Limited (AAPL) v. Democratic Socialist Republic of Sri Lanka*, ICSID ARB/87/3, Final Award, Rn. 72 ff.; *American Manufacturing & Trading, Inc. v. Republic of Zaire (Democratic Republic of the Congo)*, ICSID ARB/93/1, Award, Rn. 6.05 ff.; *Wena Hotels Limited v. Arab Republic of Egypt*, ICSID ARB/98/4, Award, Rn. 84 ff., und *Lauder v. The Czech Republic*, UNCITRAL, Final Award, Rn. 308; *Rumeli Telekom A.S. and Telsim Mobil Telekomunikasyon Hizmetleri A.S. v. Republic of Kazakhstan*, ICSID ARB/05/16, Award, Rn. 668.

Zunächst haftet der Staat, wenn staatliche Organe in Bezug auf den Investor oder die Investition Schäden verursachen.[981] Neben den Schiedsgerichten in den Verfahren *AAPL v. Sri Lanka* sowie *AMT v. Zaire (Congo)*, deren Schiedssprüche sich auf Handlungen von Streitkräften beziehen,[982] erklärt dies 2007 auch das Schiedsgericht in der Sache *Parkerings v. Lithuania:*

> „A violation of the standard of *full protection and security* could arise in case of failure of the State to prevent the damage, to restore the previous situation or to punish the author of the injury. The injury could be committed either by the host State, or by its agencies or by an individual."[983]

Allein der Schiedsspruch zu *Eastern Sugar v. Czech Republic* nimmt durch den Anlagestaat verursachte Schäden aus dem Schutzbereich der *full protection and security*-Klausel im maßgeblichen BIT heraus.[984] Für staatliche Handlungen sei dann der Grundsatz gerechter und billiger Behandlung einschlägig. Die Abgrenzung zwischen diesem Grundsatz und dem Gebot vollen Schutzes und voller Sicherheit jedoch vermag bereits insofern nicht zu überzeugen, als der Staat, wenn er für das Handeln Privater haftet, erst recht für eigenes Verschulden haften muss. Die Entscheidung zu *Eastern Sugar v. Czech Republic* steht mit Blick auf diese Frage

---

981 S. *Biwater Gauff (Tanzania) Limited v. United Republic of Tanzania*, ICSID ARB/05/22, Award, Rn. 730: „The Arbitral Tribunal also does not consider that the ‚full security' standard is limited to a State's failure to prevent actions by third parties, but also extends to actions by organs and representatives of the State itself."; Schreuer, J. Int. Disp. S. 1 (2010), 1, 5: „The applicability of a treaty provision on protection and security to direct attacks on the investor's person and property by organs of the host State is beyond doubt."

982 *Asian Agricultural Products Limited (AAPL) v. Democratic Socialist Republic of Sri Lanka*, ICSID ARB/87/3, Final Award, Rn. 85; *American Manufacturing & Trading, Inc. v. Republic of Zaire (Democratic Republic of the Congo)*, ICSID ARB/93/1, Award, Rn. 6.08: „Zaire has breached its obligation by taking no measure whatever that would serve to ensure the protection and security of the investment in question. [...] Zaire is responsible for its inability to prevent the disastrous consequences of these events adversely affecting the investments of AMT which Zaire had the obligation to protect."; Rn. 6.10: „Zaire has manifestly failed to respect the minimum standard required of it by international law."; Rn. 6.11: „The responsibility of the State of Zaire is incontestably engaged by the very fact of an omission by Zaire to take every measure necessary to protect and ensure the security of the investment made by AMT in its territory."

983 *Parkerings-Compagniet AS v. Republic of Lithuania*, ICSID ARB/05/8, Award, Rn. 354.

984 *Eastern Sugar B.V. v. The Czech Republic*, SCC 088/2004, Partial Award, Rn. 203: „As the Arbitral Tribunal understands it, the criterion in Art. 3 Abs. 2 of the BIT concerns the obligation of the host state to protect the investor from *third* parties, in the cases cited by the Parties, mobs, insurgents, rented thugs and others engaged in physical violence against the investor in violation of the state monopoly of physical force." (Hervorhebung im Original).

in der schiedsgerichtlichen Praxis allerdings isoliert da, so dass die Rechtsprechung diesbezüglich dennoch als konsistent erachtet werden kann.

Darüber hinaus kann der Staat auch bei Handlungen Privater zur Rechenschaft gezogen werden.[985] Bislang wurde in Fällen nicht-staatlicher Handlungen noch keine Verletzung des Gebotes vollen Schutzes und voller Sicherheit angenommen. Eine Erklärung hierfür mag der andere Haftungsmaßstab sein, wie auch *Schreuer* darlegt.[986]

Der Angriff auf die Investition oder den Investor muss – ungeachtet der Frage, ob dieser physischer Natur ist oder nicht – zunächst eine Erheblichkeitsschwelle überschreiten. In Bezug auf die Belästigungen des Unternehmensmanagements nimmt beispielsweise das Schiedsgericht in der Sache *Eureko v. Poland* keine Verletzung des Gebotes vollen Schutzes und voller Sicherheit an, stellt jedoch klar, dass Abwehr- und Verhinderungsmaßnahmen bei Wiederholung und Aufrechterhaltung dieses Verhaltens, also ab einer gewissen Intensität, durchaus notwendig werden könnten und eine Pflichtverletzung damit ggf. bejaht werden könne.[987]

Hinsichtlich der physischen Natur des Angriffs, dem häufigsten Anwendungsfall, besteht Konsens in der schiedsrichterlichen Rechtsprechung. In den BITs kann ein weitreichenderer Schutz explizit vereinbart sein. In einigen Fällen wird der Schutzbereich der *full protection and security*-Klausel im BIT in Bezug auf den rechtlichen Schutz konkretisiert.[988] Entsprechend nimmt das Schiedsgericht im Verfahren *Siemens v. Argentina* unter Hinweis auf Art. 4 Abs. 1 des 1991 zwischen Argentinien und Deutschland abgeschlossenen BITs einen auch den rechtlichen Schutz erfassenden, weiten Schutzbereich an.[989]

---

985 S. nur *Biwater Gauff (Tanzania) Limited v. United Republic of Tanzania*, ICSID ARB/05/22, Award, Rn. 730.

986 S. die Ausführungen zum Haftungsmaßstab im folgenden Abschnitt unter dd). Ferner auf die Entscheidung *Wena Hotels Limited v. Arab Republic of Egypt*, ICSID ARB/98/4, Award, Bezug nehmend: Schreuer, J. Int. Disp. S. 1 (2010), 1, 5.

987 *Eureko B.V. v. Poland*, Ad hoc, Partial Award, Rn. 236 f.

988 Neben Art. 4 Abs. 1 BIT Deutschland – Argentinien („Kapitalanlagen von Staatsangehörigen oder Gesellschaften einer Vertragspartei genießen im Hoheitsgebiet der anderen Vertragspartei vollen rechtlichen Schutz und volle rechtliche Sicherheit.") trifft dies bspw. auch auf Art. IV Abs. 2 im BIT Ecuador – El Salvador von 1994 zu: „Cada Parte Contractante, una vez que haya amitido en su territorio inversiones de inversionistas de la otra Parte Contractante, concederá plena protección legal a tales inversiones y les acordará un tratamiento no menos favorable que el otorgado a la inversiones de sus propios inversionistas nacionales o de inversionistas de terceros Estados."

989 *Siemens A.G. v. The Republic of Argentina*, ICSID ARB/02/8, Award, Rn. 286 und 303.

In der Regel wird der Schutzbereich jedoch vertraglich nicht näher präzisiert. Wie bei dem Grundsatz gerechter und billiger Behandlung führt die Unbestimmtheit der Klausel zu Uneinigkeit im Hinblick auf ihren Anwendungsbereich. Insbesondere stellt sich dann die Frage, ob sich der Schutzbereich einer *full protection and security*-Klausel auch auf nicht-physische Angriffe beziehen kann. Die meisten Schiedsgerichte haben sich dafür, einige dagegen ausgesprochen, manche haben die Frage auch explizit unbeantwortet gelassen. So haben die Schiedsgerichte in *Plama v. Bulgaria* sowie *Jan de Nul v. Egypt* lediglich festgestellt, dass eine Verletzung des Gebotes vollen Schutzes und voller Sicherheit unabhängig von der genauen Definition des Anwendungsbereichs nicht gegeben sei.[990]

Schiedsgerichte, die für einen engen Schutzbereich eintreten, wie etwa im Verfahren *BG v. Argentina*, heben dagegen das traditionelle Verständnis hervor:[991]

> „The Tribunal observes that notions of ‚protection and constant security' or ‚full protection and security' in international law have traditionally been associated with situations where the physical security of the investor or its investment is compromised."[992]

Andere Schiedsgerichte verteidigen den engen Anwendungsbereich nicht so vehement wie dasjenige in *BG v. Argentina*.[993] Vielmehr signalisiert eine Reihe von

990 *Jan de Nul N.V. and Dredging International N.V. v. Arab Republic of Egypt*, ICSID ARB/04/13, Award, Rn. 271 („[...] irrespective of [its] precise scope"). Weniger deutlich kommt dies im Schiedsspruch *Plama Consortium Limited v. Republic of Bulgaria*, ICSID ARB/03/24, Award, zum Vorschein, vgl. Rn. 180: „Although the standard has been developed in the context of physical security, some tribunals have also included protection concerning legal security. In this last respect, the standard becomes closely connected with the notion of fair and equitable treatment."

991 *PSEG Global Inc. and Konya Ilgin Elektrik Üretim ve Ticaret Limited Sirketi v. Republic of Turkey*, ICSID ARB/02/5, Award, Rn. 258; *Enron Creditors Recovery Corporation (formerly Enron Corporation) and Ponderosa Assets, L.P. v. The Republic of Argentina*, ICSID ARB/01/3, Award, Rn. 286; *BG Group Plc. v. The Republic of Argentina*, UNCITRAL, Final Award, Rn. 324; *Sempra Energy International v. The Republic of Argentina*, ICSID ARB/02/16, Award, Rn. 323.

992 *BG Group Plc. v. The Republic of Argentina*, UNCITRAL, Final Award, Rn. 324. Unter Rn. 326 heißt es ferner: „The Tribunal is mindful that other tribunals have found that the standard of ‚protection and constant security' encompasses stability of the legal framework applicable to the investment. By relating the standards of ‚protection and constant security' and ‚fair and equitable treatment' such tribunals have found that the host State is under an obligation to provide a ‚secure investment environment'. However, in light of the decisions quoted above, the Tribunal finds it inappropriate to depart from the originally understood standard of ‚protection and constant security'."

993 Selbst in *Saluka v. Czech Republic*, dem anderen einen engen Anwendungsbereich vertretenden Schiedsspruch, fällt die Fomulierung moderater aus, vgl. *Saluka Investments B.V. v. The Czech Republic*, UNCITRAL, Partial Award, Rn. 483 f.: „The ‚full protection and security' standard

Schiedsgerichten zugleich, einer Ausweitung über den Schutz vor physischen Angriffen hinaus im Grunde nicht entgegenzustehen.[994] Bedenken äußern sie nur dahingehend, dass eine zu weite Auslegung zu einer nicht mehr praktikablen Abgrenzung zum Grundsatz der gerechten und billigen Behandlung sowie zur Enteignung führe.[995]

Die meisten Schiedsgerichte treten allerdings für einen weiten Schutzbereich ein. Teilweise wird dies mit dem effektiven Schutz der Investition begründet, wie etwa im Verfahren *Azurix v. Argentina:*

> „The cases referred to above show that full protection and security was understood to go beyond protection and security ensured by the police. It is not only a matter of physical security; the stability afforded by a secure investment environment is as important from an investor's point of view."[996]

---

applies essentially when the foreign investment has been affected by civil strife and physical violence. [T]he ‚full security and protection' clause is not meant to cover just any kind of impairment of an investor's investment, but to protect more specifically the physical integrity of an investment against interference by use of force."

994 *PSEG Global Inc. and Konya Ilgin Elektrik Üretim ve Ticaret Limited Sirketi v. Republic of Turkey*, ICSID ARB/02/5, Award, Rn. 258: „The Tribunal is mindful of the fact that this particular standard has developed in the context of the physical safety of persons and installations, and only exceptionally will it be related to the broader ambit noted in *CME*. To the extent that there is such an exceptional situation, the connection with fair and equitable treatment becomes a very close one."; *Enron Creditors Recovery Corporation (formerly Enron Corporation) and Ponderosa Assets, L.P. v. The Republic of Argentina*, ICSID ARB/01/3, Award, Rn. 286: „There is no doubt that historically this particular standard has been developed in the context of physical protection and security of the company's officials, employees or facilities. The Tribunal cannot exclude as a matter of principle that there might be cases where a broader interpretation could be justified, but then it becomes difficult to distinguish such situation from one resulting in the breach of fair and equitable treatment, and even from some form of expropriation."; *Sempra Energy International v. The Republic of Argentina*, ICSID ARB/02/16, Award, Rn. 323: „There is no doubt that historically this particular standard has been developed in the context of physical protection and the security of a company's officials, employees and facilities. The Tribunal cannot exclude as a matter of principle the possibility that there might be cases in which a broader interpretation could be justified. Such situations would, however, no doubt constitute specific exceptions to the operation of the traditional understanding of the principle. If such an exception were justified, then the situation would become difficult to distinguish from that resulting in a breach of fair and equitable treatment, and even from some form of expropriation."

995 Vgl. *Enron Creditors Recovery Corporation (formerly Enron Corporation) and Ponderosa Assets, L.P. v. The Republic of Argentina*, ICSID ARB/01/3, Award, Rn. 286, sowie *Sempra Energy International v. The Republic of Argentina*, ICSID ARB/02/16, Award, Rn. 323.

996 *Azurix Corp. v. The Republic of Argentina*, ICSID ARB/01/12, Award, Rn. 408. In ähnlicher Weise hat das Schiedsgericht im Verfahren *Československá Obchodní Banka, a.s. (CSOB) v. The Slovak Republic*, ICSID ARB/97/4, Award, Rn. 170, entschieden: „The Slovak Republic's denial of CSOB's title to request from the Slovak Republic that SI's losses are covered would deprive CSOB

Auf diese Entscheidung Bezug nehmend hat das Schiedsgericht im Verfahren *Biwater Gauff v. Tanzania* den Wortlaut des Schutzstandards, namentlich die Bedeutung des Wortes „full“, hervorgehoben:

> „The Arbitral Tribunal adheres to the *Azurix* holding that when the terms ‚protection‘ and ‚security‘ are qualified by ‚full‘, the content of the standard may extend to matters other than physical security. It implies a State's guarantee of stability in a secure environment, both physical, commercial and legal. It would in the Arbitral Tribunal's view be unduly artificial to confine the notion of ‚full security‘ only to one aspect of security, particularly in light of the use of this term in a BIT, directed at the protection of commercial and financial investments.“[997]

Das Schiedsgericht im Verfahren *Siemens v. Argentina* beruft sich ferner auf systematische Erwägungen, indem es erklärt, dass eine weite Auslegung des Investitionsbegriffs mit einem weiten Schutzverständnis einhergehe:

> „As a general matter and based on the definition of investment, which includes tangible and intangible assets, the Tribunal considers that the obligation to provide full protection and security is wider than ‚physical‘ protection and security. It is difficult to understand how the physical security of an intangible asset would be achieved.“[998]

Dies ist insofern bemerkenswert, als dass sich das Schiedsgericht in diesem Verfahren einfach auf den Wortlaut des BITs hätte stützen können, bei dem sich der Anwendungsbereich explizit auf den rechtlichen Schutz der Investition erstreckt („legal security“).[999] Der vorgebrachten Argumentation ist bislang noch

from any meaningful protection for its loan and thus breach the Slovak Republic's commitment to let CSOB ‚enjoy full protection and security‘ as stated in Article 2(2) BIT [...].“

997 *Biwater Gauff (Tanzania) Limited v. United Republic of Tanzania*, ICSID ARB/05/22, Award, Rn. 729 (Hervorhebung im Original). Das Schiedsgericht folgt dem Schiedsspruch *Azurix Corp. v. The Republic of Argentina*, ICSID ARB/01/12, Award, lediglich insofern nicht, als es eine Verletzung des Gebotes vollen Schutzes und voller Sicherheit nicht aus der Verletzung des Grundsatzes gerechter und billiger Behandlung ableitet.

998 *Siemens A.G. v. The Republic of Argentina*, ICSID ARB/02/8, Award, Rn. 303.

999 So aber *Sergei Paushok, CJSC Golden East Comp. and CJSC Vostokneftegaz Co. v. The Government of Mongolia*, UNCITRAL, Award on Jurisdiction and Liability, Rn. 326: „The ‚legal protection‘ clause has been raised in a number of BIT cases and has sometime been interpreted, as a stand-alone clause; as aiming at the physical protection of persons or assets against illegal actions by third parties. Further, some BITs provide simply for ‚full physical protection and security‘ of investments. However, in the present instance, the Treaty provides clearly for ‚full legal protection to investments of investors of the other Contracting Party.‘ There is therefore no reason to limit the protection guaranteed to mere physical protection.“

kein anderes Schiedsgericht gefolgt. Es bleibt abzuwarten, inwieweit sich dieses systematische Argument in der Schiedspraxis Gehör verschafft.

Darüber hinaus haben sich die Schiedsgerichte in den Verfahren *National Grid v. Argentina*[1000] sowie *Vivendi v. Argentina* mit dem Hinweis auf fehlende Begrenzungen des Anwendungsbereichs ebenfalls für ein weites Verständnis ausgesprochen:

> „If the parties to the BIT had intended to limit the obligation to ‚physical interferences', they could have done so by including words to that effect in the section. In the absence of such words of limitation, the scope of the Article 5(1) protection should be interpreted to apply to reach any act or measure which deprives an investor's investment of protection and full security, providing, in accordance with the Treaty's specific wording, the act or measure also constitutes unfair and inequitable treatment."[1001]

Schlussfolgernd fügt das Schiedsgericht in *Vivendi v. Argentina* hinzu:

> „Thus protection and full security (sometimes full protection and security) can apply to more than physical security of an investor or its property, because either could be subject to harassment without being physically harmed or seized."[1002]

Dass diese Erwägungen auf den zu entscheidenden Fall schließlich überhaupt nicht angewandt wurden, macht diese Ausführungen zu *obiter dicta*. Die Art der künftigen Bezugnahmen wird zeigen, ob diesem Plädoyer für einen weiten Schutzbereich deswegen eine andere Bedeutung zukommt, als wenn sie Teil der tragenden Entscheidungsgründe gewesen wären.

Ebenso wie in dieser Entscheidung zieht auch das Schiedsgericht in *Siag v. Egypt* die Erwartungen des Investors an den gewährten Schutz zugunsten eines weiten Verständnisses heran:

> „[T]he conduct of Egypt fell well below the standard of protection that the Claimants could reasonably have expected, both in allowing the expropriation to occur and in subsequently

1000 *National Grid P.L.C. v. Republic of Argentina*, UNCITRAL, Award, Rn. 189: „The Tribunal concludes that the phrase ‚protection and constant security' as related to the subject matter of the Treaty does not carry with it the implication that this protection is inherently limited to protection and security of physical assets."

1001 *Compañía de Aguas del Aconquija S.A. and Vivendi Universal S.A. v. The Republic of Argentina*, ICSID ARB/97/3, Award (II), Rn. 7.4.15.

1002 *Compañía de Aguas del Aconquija S.A. and Vivendi Universal S.A. v. The Republic of Argentina*, ICSID ARB/97/3, Award (II), Rn. 7.4.17.

> failing to take steps to return the investment to Claimants following repeated rulings of Egypt's own courts that the expropriation was illegal."[1003]

Ob auch der Schutz des rechtlichen Umfelds einer Investition von dem Gebot vollen Schutzes und voller Sicherheit erfasst ist, wurde in einer Reihe von Fällen diskutiert.[1004] Bereits die *ELSI*-Entscheidung des Internationalen Gerichtshofs aus dem Jahre 1989 befürwortet einen derartigen Schutz.[1005] Ebenso bejaht das Schiedsgericht in *CME v. Czech Republic* einen solchen:

> „The host State is obligated to ensure that neither by amendment of its laws nor by actions of its administrative bodies is the agreed and approved security and protection of the foreign investor's investment withdrawn or deva-lued."[1006]

Andere Schiedssprüche nehmen auf diesen Schiedsspruch Bezug. In diesem Kontext darf die Entscheidung *Lauder v. Czech Republic* nicht unerwähnt bleiben, weil sie auf demselben Sachverhalt beruht wie der Schiedsspruch *CME v. Czech Republic* und zu einem gegenteiligen Ergebnis kommt. In Hinblick auf den Anwendungsbereich des Gebotes vollen Schutzes und voller Sicherheit allerdings geht auch das Schiedsgericht in *Lauder v. Czech Republic* davon aus, dass sich der Schutz auf den rechtlichen Schutz der Investition erstreckt.[1007] Lediglich die Subsumtion führt das Schiedsgericht zu einem anderen Ergebnis als das

---

1003 *Waguih Elie George Siag and Clorinda Vecchi v. Arab Republic of Egypt*, ICSID ARB/05/15, Award, Rn. 448. Vgl. ferner *Compañía de Aguas del Aconquija S.A. and Vivendi Universal S.A. v. The Republic of Argentina*, ICSID ARB/97/3, Award (II), Rn. 7.4.17: „In *Rankin* [v. Iran, Iran-US CTR], the tribunal held that statements of the Iranian revolutionary leaders were ‚inconsistent with the requirements of the Treaty of Amity and customary international law to accord protection and security' because they could have reasonably been expected to initiate ‚harassment', *as well as*, ‚violence' against foreigners and their property" (Hervorhebung im Original).

1004 Ein solcher wurde von zahlreichen Schiedsgerichten anerkannt: ICJ, Elettronica Sicula S.p.A (ELSI), Award; *CME Czech Republic B.V. (The Netherlands) v. The Czech Republic*, UNCITRAL, Partial Award; *Lauder v. The Czech Republic*, UNCITRAL, Final Award; *Azurix Corp. v. The Republic of Argentina*, ICSID ARB/01/12, Award. Bei *Siemens A.G. v. The Republic of Argentina*, ICSID ARB/02/8, Award, sowie *Sergei Paushok, CJSC Golden East Comp. and CJSC Vostokneftegaz Co. v. The Government of Mongolia*, UNCITRAL, Award on Jurisdiction and Liability, Rn. 326, wird dieser explizit im BIT gefordert (Art. 4 Abs. 1 des BIT Deutschland – Argentinien bzw. Art. 2 Abs. 2 des BIT Russland – Mongolei).

1005 ICJ, Elettronica Sicula S.p.A (ELSI), Award, ICJ Reports 1989, S. 15.

1006 *CME Czech Republic B.V. (The Netherlands) v. The Czech Republic*, UNCITRAL, Partial Award, Rn. 613.

1007 *Lauder v. The Czech Republic*, UNCITRAL, Final Award, Rn. 314: „The Respondent's only duty under the Treaty was to keep its judicial system available for the Claimant and any entities he controls to bring their claims [...]."

Schiedsgericht in *CME v. Czech Republic.*[1008] Wird bei ersterem mit dem Bereitstellen des staatlichen Gerichtssystems der rechtliche Schutz als erfüllt erachtet, so wird bei letzterem eine gezielte Gesetzgebung des Gaststaates gegen die Investition von CME gesehen, die zur Bejahung der Verletzung des Gebotes vollen Schutzes und voller Sicherheit führt.

Auch im Verfahren *Total v. Argentina* hat das Schiedsgericht den rechtlichen Schutz einer Investition unter den Grundsatz voller Sicherheit und vollen Schutzes subsumiert:

> „A plain reading of the terms used in Article 5(1) of the BIT, in accordance with Article 31 VCLT, shows that the protection provided for by Article 5(1) to covered investors and their assets is not limited to physical protection but includes also legal security. The explicit linkage of this standard to the fair and equitable treatment standard supports this interpretation. This appears to be consistent with the interpretation of differently worded BIT clauses adopted by other tribunals, even if not uniformly."[1009]

Die Gesamtschau dieser Schiedssprüche zeigt eine sehr starke Tendenz zu einem über den bloßen Schutz vor physischen Angriffen hinausgehenden Schutz.[1010] Ein

---

1008 Insofern ist die Präzedenzwirkung in Bezug auf das Gebot vollen Schutzes und voller Sicherheit der Entscheidung *CME v. Czech Republic* nicht ohne Weiteres aufgrund des unterschiedlichen Ergebnisses in *Lauder v. Czech Republic* eingeschränkt. A. A. Salacuse, Investment Treaties, S. 213 f.: „The decision in CME could be seen as a strong precedent for the expansion of the full protection and security clause to cover non-physical injuries sustained by investors. However, its precedential force would seem to be weakened by two factors. First, in the related case of *Lauder v Czech Republic*, which involved the same parties and the same set of facts as in *CME*, the tribunal found no violation of the full protection and security clause. Second, the CME tribunal did not provide a historical analysis of the concept of full protection and security and did not give any clear reason as to why it was departing from the historical interpretation traditionally employed by courts and tribunals and choosing to expand the concept to cover non-physical actions and injuries. Other cases have nonetheless followed the approach of *CME*."

1009 *Total S.A. v. The Republic of Argentina*, ICSID ARB/04/1, Decision on Liability, Rn. 343. Auch das Schiedsgericht in *Československá Obchodní Banka, a.s. (CSOB) v. The Slovak Republic*, ICSID ARB/97/4, Award, Rn. 170: „The Slovak Republic's denial of CSOB's title to request from the Slovak Republic that SI's losses are covered would deprive CSOB from any meaningful protection for its loan and thus breach the Slovak Republic's commitment to let CSOB ‚enjoy full protection and security' as stated in Article 2(2) BIT that the parties agreed to incorporate into the CA."

1010 So auch Dolzer/Schreuer, Principles of International Investment Law, S. 149: „[T]he contemporary understanding extends beyond physical protection to guarantees against infringements of the investor's rights by the operation of laws and regulations of the host state."; Schreuer, J. Int. Disp. S. 1 (2010), 1, 10. A. A. Salacuse, Investment Treaties, S. 213 ff., insbes. S. 217: „[T]he interrelationship of ‚fair and equitable treatment' and ‚full protection and security'

Konsens mag sich im Laufe der Zeit in dieser Richtung etablieren. Insbesondere die Entscheidungen in *CME v. Czech Republic* sowie *Lauder v. Czech Republic, Biwater Gauff v. Tanzania, Siemens v. Argentina, National Grid v. Argentina* sowie *Vivendi v. Argentina* und *Siag v. Egypt* werden dann als Wegbereiter eines weiten Schutzbereichs angesehen werden können.[1011] Entscheidungen wie solche aus den Fällen *Azurix v. Argentina, Occidental v. Ecuador* sowie *Wena v. Egypt* kommen zwar auch zu einem weiten Anwendungsbereich. In diesen Schiedssprüchen resultiert dieser jedoch aus der Gleichsetzung oder Vermengung von *fair and equitable treatment* und *full protection and security.*[1012] Bereits heute sind die Entscheidungen *BG v. Argentina* und *Saluka v. Czech Republic*, die einen engen Schutzbereich allein mit der Tradition begründen, isoliert. Daran zeigt sich, dass das Verhältnis zum völkerrechtlichen Gewohnheitsrecht gleichsam Vorfrage für den Anwendungsbereich einer *full protection and security*-Klausel ist: Denn ob das Gebot vollen Schutzes und voller Sicherheit weit oder eng ausgelegt wird, bemisst sich danach, ob es als eigenständiger Schutzstandard angesehen wird (wie etwa bei *CME*) oder nicht (wie etwa bei *Saluka*).

dd) Haftungsmaßstab

Droht dem Investor oder dessen Investition ein Schaden oder wird ein Schaden zugefügt, ist der Gaststaat im Rahmen der *full protection and security*-Klausel verpflichtet, Maßnahmen des Schutzes und der Sicherheit zu ergreifen.

---

might allow for full protection and security to be breached without physical violence or damage; however, the force and durability of this trend is not yet clear or certain."

1011 Als Beispiel aus der jüngeren Spruchpraxis sei an dieser Stelle der Schiedsspruch in der Rechtssache *Spyridon Roussalis v. Romania*, ICSID ARB/06/1, Award, Rn. 319 ff., erwähnt.

1012 *Azurix Corp. v. The Republic of Argentina*, ICSID ARB/01/12, Award, Rn. 408: „To conclude, the Tribunal, having held that the Respondent failed to provide fair and equitable treatment to the investment, finds that the Respondent also breached the standard of full protection and security under the BIT."; das Schiedsgericht in *Occidental Exploration and Production Co. v. The Republic of Ecuador*, LCIA UN3467, Award, erklärt zunächst, dass ein stabiles rechtliches und wirtschaftliches Umfeld ein wesentlicher Teil des FET-Schutzes sei, der von Gaststaaten gewährleistet werden müsse (Rn. 183), um dann das Gebot vollen Schutzes und voller Sicherheit als Teil dessen als ebenfalls verletzt anzusehen (Rn. 187). Schließlich bestehe eine Pflicht, das rechtliche und wirtschaftliche Umfeld nicht zu ändern (Rn. 191: „[B]ut there is certainly an obligation not to alter the legal and business environment in which the investment has been made."); ferner erachtet auch das Schiedsgericht in *Wena Hotels Limited v. Arab Republic of Egypt*, ICSID ARB/98/4, Award, beide Schutzstandards als verletzt, ohne genau festzustellen, durch welche Handlung genau der jeweilige Schutzstandard verletzt wurde, vgl. Rn. 84 und 95.

Die Abwehr- und Verhinderungspflicht gilt dabei nicht absolut.[1013] Die schiedsrichterliche Rechtsprechung ist dahingehend einheitlich, dass Staaten nicht für alle Angriffe auf fremde Interessen verantwortlich sind. Statt einer allgemein geltenden staatlichen Garantiehaftung (*strict liability*)[1014] wird eine Pflicht zur Ergreifung notwendiger und zumutbarer Abwehrmaßnahmen angenommen: Danach muss der Staat Maßnahmen zum Schutz und zur Sicherheit von Investoren und Investitionen einleiten, wenn dies die gebotene Sorgfalt (*due diligence*) erfordert.[1015] Damit wird ein Bemühen geschuldet, nicht jedoch ein konkreter Schutzerfolg.[1016]

Diese *due diligence*-Pflicht hat sich im Völkergewohnheitsrecht etabliert und war bereits vor mehreren *Claims Commissions* Streitgegenstand.[1017] In Ermange-

1013 Vgl. ICJ, Elettronica Sicula S.p.A (ELSI), Award. In diesem Fall hatten die italienischen Behörden zugelassen, dass Arbeiter die Fabrik besetzten. Der Internationale Gerichtshof betrachtet das Verhalten der italienischen Behörden nicht als Verletzung des Gebotes vollen Schutzes und voller Sicherheit und erklärt hierzu: „The reference in Article V to the provision of ‚constant protection and security' cannot be construed as the giving of a warranty that property shall never in any circumstances be occupied or disturbed." (1989 ICJ Rep, S. 15, Rn. 108).

1014 Eine solche lehnen explizit ab: *Asian Agricultural Products Limited (AAPL) v. Democratic Socialist Republic of Sri Lanka*, ICSID ARB/87/3, Final Award, Rn. 49; *Lauder v. The Czech Republic*, UNCITRAL, Final Award, Rn. 308; *AES Summit Generation Limited and AES-Tisza Erömü Kft. v. Hungary*, ICSID ARB/07/22, Award, Rn. 13.3.2; *Saluka Investments B.V. v. The Czech Republic*, UNCITRAL, Partial Award, Rn. 484; *Técnicas Medioambientales Tecmed, S.A. v. United Mexican States*, ICSID ARB(AF)/00/2, Award, Rn. 177; *Noble Ventures, Inc. v. Romania*, ICSID ARB/01/11, Award, Rn. 163; *Spyridon Roussalis v. Romania*, ICSID ARB/06/1, Award, Rn. 322.

1015 Aus der Schiedspraxis vgl. *Técnicas Medioambientales Tecmed, S.A. v. United Mexican States*, ICSID ARB(AF)/00/2, Award, Rn. 177: „The Arbitral Tribunal agrees with the Respondent, and with the case law quoted by it, in that the guarantee of full protection and security is not absolute and does not impose strict liability upon the State that grants it."; *Noble Ventures, Inc. v. Romania*, ICSID ARB/01/11, Award, Rn. 164: „The latter is not a strict standard, but one requiring due diligence to be exercised by the State."; *Wena Hotels Limited v. Arab Republic of Egypt*, ICSID ARB/98/4, Award, Rn. 84; *Saluka Investments B.V. v. The Czech Republic*, UNCITRAL, Partial Award, Rn. 484; *M.C.I. Power Group, L.C. and New Turbine, Inc. v. Republic of Ecuador*, ICSID ARB/03/6, Award, Rn. 245 f.; *Plama Consortium Limited v. Republic of Bulgaria*, ICSID ARB/03/24, Award, Rn. 181; *Rumeli Telekom A.S. and Telsim Mobil Telekomunikasyon Hizmetleri A.S. v. Republic of Kazakhstan*, ICSID ARB/05/16, Award, Rn. 668; *Waguih Elie George Siag and Clorinda Vecchi v. Arab Republic of Egypt*, ICSID ARB/05/15, Award, Rn. 447; *Sergei Paushok, CJSC Golden East Comp. and CJSC Vostokneftegaz Co. v. The Government of Mongolia*, UNCITRAL, Award on Jurisdiction and Liability, Rn. 323 ff. Aus der Literatur vgl. Griebel, Internationales Investitionsrecht, S. 75; Reinisch, in: Internationales Wirtschaftsrecht, S. 347, 362.

1016 Griebel, Internationales Investitionsrecht, S. 75; Schreuer, J. Int. Disp. S. 1 (2010), 1, 4 f.

1017 Vgl. Zeitler, in: International Investment Law, S. 183, 188.

lung einer klaren Definition dieser Pflicht[1018] wird sie von Schiedsgerichten bei BIT-Klauseln in gleicher Weise angewandt wie im Völkergewohnheitsrecht.[1019] Als unbestimmter Rechtsbegriff bedarf die *due diligence* einer Konkretisierung durch die Rechtsprechung.

In der schiedsgerichtlichen Praxis wird gemeinhin untersucht, ob der Gaststaat Maßnahmen ergriffen hat, die einem „reasonable standard" entsprechen.[1020] Während der Kläger nach Ansicht des Schiedsgerichts im Verfahren *Tecmed v. Mexico* den Beweis nicht geführt hat, dass der Gaststaat nicht „reasonably" reagiert habe,[1021] stellt das Schiedsgericht in *Saluka v. Czech Republic* lediglich fest, das Handeln des Gaststaates sei nicht „totally unreasonable and unjustifiable" gewesen.[1022] Auf diese Weise wird der staatlichen Souveränität des Gaststaates im besonderen Maße Rechnung getragen; zugleich wird jedoch die sich aufdrängende Frage umgangen, welche Verhaltensweisen einem „reasonable standard" entsprächen. In *AAPL v. Sri Lanka* wagt das Schiedsgericht zwar auch keine Definition, macht jedoch deutlich, dass das Unterlassen des Gaststaates in diesem Fall die Pflicht zur *due diligence* verletze, weil der Staat nicht alles ihm

1018 Brownlie, Public International Law, S. 455: „Obviously no very dogmatic definition would be appropriate, since what is involved is a standard which will vary according to the circumstances."

1019 Zeitler, in: International Investment Law, S. 183, 193: „Most arbitrators have applied the same due diligence standard to FPS clauses in investment treaties as in customary international law."

1020 In ähnlicher Weise setzt das Schiedsgericht in *American Manufacturing & Trading, Inc. v. Republic of Zaire (Democratic Republic of the Congo)*, ICSID ARB/93/1, Award, der staatlichen Einschätzungsprärogative eine Grenze, indem es auf notwendige Maßnahmen abstellt. Demnach hafte Zaire dafür, nicht „all measures necessary to ensure the full enjoyment of protection and security" ergriffen zu haben, vgl. Rn. 6.05. Auch hier werden Alternativmaßnahmen nicht erwogen, es wird lediglich ein Mindestmaß festgesetzt.

1021 *Técnicas Medioambientales Tecmed, S.A. v. United Mexican States*, ICSID ARB(AF)/00/2, Award, Rn. 177: „At any rate, the Arbitral Tribunal holds that there is not sufficient evidence supporting the allegation that the Mexican authorities, whether municipal, state, or federal, have not reacted reasonably, in accordance with the parameters inherent in a democratic state, to the direct action movements conducted by those who were against the Landfill."

1022 *Saluka Investments B.V. v. The Czech Republic*, UNCITRAL, Partial Award, Rn. 490: „[T]he Czech Republic cannot be said to have failed to provide ‚full protection and security' to Saluka's investment. The reasoning behind the CSC's suspension decisions cannot be said to have been totally devoid of legitimate concerns relating to the securities market. The suspensions of trading in IPB shares were at least justifiable on regulatory grounds. Also, the elimination of shareholders' right of appeal does not *per se* transcend the limits of a legislator's discretion. [...] The amendment of the Czech Securities Act cannot be said to be totally unreasonable and unjustifiable by some rational legal policy."

Mögliche – und daher vernünftigerweise zu Erwartende – unternommen habe, den Schaden abzuwenden:

> „The Tribunal notes in this respect that the failure to resort to such precautionary measures acquires more significance when taking into consideration that such measures fall within the normal exercise of governmental inherent powers – as a public authority – entitled to order undesirable persons out from security sensitive areas. The failure became particularly serious when the highest executive officer of the Company reconfirmed just ten days before his willingness to comply with any governmental requests in this respect. Accordingly, the Tribunal considers that the Respondent through said inaction and omission violated its due diligence obligation which requires undertaking all possible measures that could be reasonably expected to prevent the eventual occurrence of killings and property destructions.“[1023]

Soweit das Schiedsgericht in *Lauder v. Czech Republic* die Maßnahmen des Gaststaates für „reasonable“ befindet und damit eine Verletzung des Gebotes vollen Schutzes und voller Sicherheit ablehnt, legt es einen anderen Maßstab als den beschriebenen an. Das Schiedsgericht geht zwar von derselben Annahme aus,[1024] prüft jedoch schließlich nicht, ob die Schutzreaktion des Staates, sondern vielmehr ob die Maßnahmen des Staates im Verhältnis zu dessen Regelungsinteressen „reasonable“ waren. Insofern unterscheidet sich dieser Schiedsspruch ebenso wie derjenige zur Streitsache *Saluka v. Czech Republic*[1025] deutlich von der sonstigen Rechtsprechung.[1026] Aufgrund dieser Partikularstellung fallen sie in der Gesamtschau der diesbezüglichen Schiedssprüche nicht so sehr ins Gewicht.

Ungeachtet der Tatsache, dass es schwer fällt zu determinieren, welche Handlungen „reasonable“ sind, stellt sich auch die Frage, ob die jeweiligen Umstände des Anlagestaates, Berücksichtigung finden müssen. Bei der Ermitt-

1023 *Asian Agricultural Products Limited (AAPL) v. Democratic Socialist Republic of Sri Lanka*, ICSID ARB/87/3, Final Award, Rn. 85.
1024 *Lauder v. The Czech Republic*, UNCITRAL, Final Award, Rn. 308: „The Arbitral Tribunal is of the opinion that the Treaty obliges the Parties to exercise such due diligence in the protection of foreign investment as reasonable under the circumstances.“
1025 *Saluka Investments B.V. v. The Czech Republic*, UNCITRAL, Partial Award, Rn. 490: „The reasoning behind the CSC's suspension decisions cannot be said to have been totally devoid of legitimate concerns relating to the securities market. The suspensions of trading in IPB shares were at least justifiable on regulatory grounds. Also, the elimination of shareholders' right of appeal does not *per se* transcend the limits of a legislator's discretion. Shareholder's rights vary greatly in different jurisdictions. The amendment of the Czech Securities Act cannot be said to be totally unreasonable and unjustifiable by some rational legal policy.“
1026 Dazu ausführlich Vandevelde, Bilateral Investment Treaties, S. 253 f.

lung dessen, welche Bemühungen von einem Gaststaat verlangt werden können, könnte namentlich der Grad an Entwicklung des Staates einbezogen werden.[1027]

Due diligence ließe sich im Sinne *Freemans* als objektiver Mindeststandard auffassen, der Gaststaaten „nothing more nor less than the reasonable measures of prevention" abverlangt, „which a well-administered government could be expected to exercise under similar circumstances".[1028] Der Schiedsspruch *AAPL v. Sri Lanka* nimmt auf *Freeman* Bezug,[1029] ebenso das Schiedsgericht in der Entscheidung *Paushok v. Mongolia* von 2011.[1030] *Freeman* zufolge spielte der Grad der Entwicklung des Gaststaates keine Rolle. Die frühere Rechtsprechung hingegen hat diesem sehr wohl Bedeutung zugemessen. In *British Claims in the Spanish Zone of Morocco* etwa, einem Fall aus dem Jahre 1923, machte Schiedsrichter *Huber* den Umfang der Pflichten des Gaststaates von dessen Möglichkeiten abhängig.[1031] Abwehrmaßnahmen mussten demnach als zumutbar erachtet werden können.

1027 Hierzu s. Gallus, JWIT 6 (2005), 711, 728, der eine entsprechende Regelung in den BITs propagiert.

1028 Freeman, RdC 88 (1956), 261. Vgl. hierzu Newcombe/Paradell, Standards of Treatment, S. 309: „The reference to reasonable measures might suggest that host states are required to provide an objective minimum standard of physical protection to foreign investors and investment."

1029 *Asian Agricultural Products Limited (AAPL) v. Democratic Socialist Republic of Sri Lanka*, ICSID ARB/87/3, Final Award, Rn. 77. Zeitler sieht in diesem Schiedsspruch den Gegenpol zu der von den Schiedsgerichten in *S.D. Myers v. Government of Canada*, NAFTA/UNCITRAL, Partial Award; *Saluka Investments B.V. v. The Czech Republic*, UNCITRAL, Partial Award, sowie *Mondev International Ltd. v. United States of America*, ICSID ARB(AF)/99/2, Award, vertretenen Ansicht, vgl. Zeitler, in: International Investment Law, S. 183, 205.

1030 *Sergei Paushok, CJSC Golden East Comp. and CJSC Vostokneftegaz Co. v. The Government of Mongolia*, UNCITRAL, Award on Jurisdiction and Liability, Rn. 323. In der Entscheidung heißt es ferner unter 325: „If a State fails to use due diligence to prevent or punish such injuries, it is responsible for this omission and is liable for the ensuing damage. It should be emphasized that the obligation to show ‚due diligence' does not mean that the State has to prevent any injury whatsoever. Rather, the obligation is generally understood as requiring that the State take reasonable actions within its power to avoid injury when it is, or should be, aware that there is a risk of injury. The precise degree of care, of what is ‚reasonable' or ‚due', depends in part on the circumstances." sowie unter 327: „[...] As a result, whether it would refer to ‚an objective requirement of stability, certainty and foreseeability' as argued by Claimants or to ‚a subjective standard reduced to the protection of Claimants' specific expectations' as argued by Respondent, the Tribunal cannot conclude that there has been a violation of the ‚full legal protection' guaranteed by Article 2 of the Treaty."

1031 Vgl. *Great Britain v. Spain*, Ad hoc, Spanish Zone of Morocco Claims, Rapport III (1924) 2 UNRIAA, S. 615, 644, zitiert von Cheng, General Principles of Law , S. 220: „[I]t has finally been recognised that the State is obliged to exercise only that degree of vigilance which corresponds to the means at its disposal. [...] The vigilance which, from the point of view of international law a state is obliged to exercise, may be characterized as *diligentia quam in suis* [...]."

Ebenso wird in der Literatur die Anwendung des Grundsatzes *diligentia quam in suis* bei der Bemessung der Maßnahmen, die von einem Gaststaat zu ergreifen sind, vertreten. Dies ermöglicht die Berücksichtigung der dem Staat – auch in rein internen Angelegenheiten – zur Verfügung stehenden Ressourcen.[1032]

Ein solches Verständnis liegt auch dem Schiedsspruch aus dem Jahr 2009, *Pantechniki v. Albania*, zugrunde. In diesem unterscheidet das Schiedsgericht zwei Fallgruppen: Bei physischen Angriffen gelte ein anderer Maßstab als bei Fragen des rechtlichen Schutzes.[1033] Während bei ersteren der Grad der Entwicklung berücksichtigt werden könne,[1034] sei dies bei letzteren deshalb ausgeschlossen, weil die Anreize zur Etablierung und Aufrechterhaltung funktionsfähiger Rechtsstrukturen nicht zunichte gemacht werden dürften.[1035]

Die Berücksichtigung der tatsächlich verfügbaren Ressourcen in Hinblick auf den Schutz gegen physische Angriffe überzeugt einerseits insofern, als auch dem Investor klar ist, dass er von einem weniger entwickelten Land nicht den gleichen

1032 Brownlie, Public International Law, Rn. 504.

1033 *Pantechniki S.A. Contractors & Engineers v. Republic of Albania*, ICSID ARB/07/21, Award, Rn. 76.

1034 *Pantechniki S.A. Contractors & Engineers v. Republic of Albania*, ICSID ARB/07/21, Award, Rn. 77: „A legal system and the dispositions it generates are the products of deliberate choices and conduct developed or neglected over long periods. The minimum requirement is not high in light of the great value placed on the rule of law. There is warrant for its consistent application. A failure of protection and security is to the contrary likely to arise in an unpredictable instance of civic disorder which could have been readily controlled by a powerful state but which overwhelms the limited capacities of one which is poor and fragile. There is no issue of incentives or disincentives with regard to unforeseen breakdowns of public order; it seems difficult to maintain that a government incurs international responsibility for failure to plan for unprecedented trouble of unprecedented magnitude in unprecedented places."

1035 *Pantechniki S.A. Contractors & Engineers v. Republic of Albania*, ICSID ARB/07/21, Award, Rn. 76: „No such proportionality factor has been generally accepted with respect to denial of justice. Two reasons appear salient. The first is that international responsibility does not relate to physical infrastructure; states are not liable for denial of justice because they cannot afford to put at the public's disposal spacious buildings or computerised information banks. What matters is rather the human factor of obedience to the rule of law. Foreigners who enter a poor country are not entitled to assume that they will be given things like verbatim transcripts of all judicial proceedings – but they are entitled to decision-making which is neither xenophobic nor arbitrary. The second is that a relativistic standard would be none at all. International courts or tribunals would have to make ad hoc assessments based on their evaluation of the capacity of each state at a given moment of its development. International law would thus provide no incentive for a state to improve. It would in fact operate to the opposite effect: a state which devoted more resources to its judiciary would run the risk of graduating into a more exacting category."

Schutz erwarten kann wie in einem hoch entwickelten Land.[1036] Freilich darf auch ein weniger entwickeltes Land ein Minimum an Sorgfaltspflicht nicht unterschreiten. Der Staat hat sich schließlich zu einem gewissen Schutzstandard verpflichtet.[1037] Andererseits findet sich diese Unterscheidung auch bereits im Völkergewohnheitsrecht.[1038] Vor diesem Hintergrund erscheint es naheliegend, dass sich der modifizierte objektive Standard[1039] in der Rechtsprechung durchsetzen wird. So ist zu erwarten, dass die, insbesondere in Ermangelung an diesbezüglichen Verfahren, noch als offen geltende Frage, inwieweit der Entwicklungsstand eines Gaststaates zu berücksichtigen ist, von künftigen Schiedsgerichten in kohärenter Weise beantwortet werden wird.

ee) Zusammenfassende Bewertung

Diese Ausführungen zeigen, dass die schiedsrichterliche Rechtsprechung nur in wenigen Punkten uneinig ist. Im Übrigen ist weitgehende Konsistenz beim Gebot vollen Schutzes und voller Sicherheit zu verzeichnen.

Wenn in einzelnen Aspekten eine abweichende Ansicht vertreten wird, wie etwa bei der Frage, ob auch das rechtliche Umfeld einer Investition geschützt wird, führt dies nicht zu schwerwiegenden Inkonsistenzen. Da in diesen Fällen ein anderer Schutzstandard, zumeist der Grundsatz gerechter und billiger Behandlung, zur Anwendung gebracht wird, werden solche Divergenzen aufgefangen.[1040]

1036 So auch Newcombe/Paradell, Standards of Treatment, S. 309: „Although the host state is required to exercise an objective minimum standard of due diligence, the standard of due diligence is that of a host state in the circumstances and with the resources of the state in question. This suggests that due diligence is a modified objective standard – the host state must exercise the level of due diligence of a host state in its particular circumstances. In practice, tribunals will likely consider the state's level of development and stability as relevant circumstance in determining whether there has been due diligence. An investor investing in an area with endemic civil strife and poor governance cannot have the same expectation of physical security as one investing in London, New York or Tokyo."

1037 In Ermangelung einer ausdrücklichen Regelung im einschlägigen BIT stellt die Entscheidung *American Manufacturing & Trading, Inc. v. Republic of Zaire (Democratic Republic of the Congo)*, ICSID ARB/93/1, Award, eine Balance her, die geeignet ist, Nachahmer zu finden: Die Verletzung des Schutzstandards durch die Republik Zaire bejahend, reduzierte das Schiedsgericht die zu leistenden Schadensersatzzahlungen wegen der besonderen Umstände, in denen sich der Staat zu jenem Zeitpunkt befand. Dazu auch Gallus, JWIT 6 (2005), 711, 728.

1038 Vgl. Zeitler, in: International Investment Law, S. 183, 189 f.

1039 Newcombe/Paradell, Standards of Treatment, S. 309.

1040 Newcombe/Paradell, Standards of Treatment, S. 313: „In practice, since most IIAs already accord fair and equitable treatment, whether protection and security obligations extend to legal

So wenden etwa Schiedsgerichte, die nur physische Angriffe als vom Gebot vollen Schutzes und voller Sicherheit erfasst sehen, in Fällen von Angriffen nicht-physischer Art den Grundsatz gerechter und billiger Behandlung an. Auch wenn es dogmatisch durchaus von Relevanz ist, in welchem Verhältnis beide Schutzstandards zueinander stehen und welcher von ihnen jeweils zum Tragen kommt, ist in der Praxis für Investition und Investor keine aus dieser Frage resultierende Unsicherheit zu verzeichnen. Das gleiche gilt für das Verhältnis zwischen dem Gebot vollen Schutzes und voller Sicherheit und dem Völkergewohnheitsrecht.

Hier haben besonders die Interpretationsvorgaben der *NAFTA Free Trade Commission* das Potential, die noch dunklen Stellen im Anwendungsbereich des Gebotes vollen Schutzes und voller Sicherheit auszuleuchten. Da sich die verbindliche Wirkung der Interpretationsvorgaben gem. Art. 1131 Abs. 2 NAFTA lediglich auf NAFTA-Fälle erstreckt, wäre mit diesen allerdings eine einheitliche Rechtsanwendung auch nicht garantiert.

In einem hohen Maße konsistenzfördernd ist darüber hinaus der Rückgriff auf die vorhandene Entscheidungspraxis unterschiedlicher Rechtsordnungen zur *due diligence*. Die übergreifende Anwendung allgemeiner Rechtsprinzipien, so ist *Zeitler* zuzustimmen, „will assist in creating a more homogenous and predictable investment law order“.[1041] Eine Fragmentierung des internationalen Investitionsrechts ist somit aus diesen Gründen – auch im Kontext des Gebotes vollen Schutzes und voller Sicherheit – nicht zu befürchten.

III. Rechtsfortbildung

Beim internationalen Investitionsrecht handelt es sich noch immer um eine vergleichsweise junge Rechtsmaterie, die anfangs freilich einige widersprüchliche Entscheidungen und damit auch Rechtsunsicherheiten mit sich bringt.[1042] Das Rechtsgebiet ist noch in vielen Teilen formbar. Die Prägung erfolgt jedoch nicht, wie angenommen werden könnte, rein einzelfallorientiert. Obgleich über 2.700 BITs zur Grundlage des internationalen Investitionsrechts zählen, sind es nicht mehr in erster Linie diese, die ihm seine Gestalt verleihen. Denn das internationale Investitionsrecht befindet sich nicht mehr in seiner vertragsdominierten Anfangsphase.

---

security and the stability and predictability of the regulatory framework is unlikely to affect the outcome of a case.“

1041 Zeitler, in: International Investment Law, S. 183, 212.

1042 Vgl. Griebel, Internationales Investitionsrecht, S. 58; Griebel/Kim, SchiedsVZ 2007, 186, 188ff.

Zwar spielen bei Investitionsstreitigkeiten unterschiedliche BITs und multilaterale Investitionsverträge eine große Rolle, doch wird einerseits in neueren Verträgen auf die Problemkonstellationen aus der Praxis und insbesondere die dazu ergehende Rechtsprechung mit entsprechenden Formulierungen reagiert,[1043] andererseits stimmen zahlreiche Klauseln der bisherigen BITs zumindest im Wesentlichen miteinander überein.[1044] Dies hat zur Folge, dass sich die Problemkonstellationen wiederholen, mithin ein Rückgriff auf frühere Entscheidungen thematisch möglich und naheliegend ist. Dies gilt umso mehr, als insbesondere die Schutzstandards in vage bleibenden Klauseln gefasst sind und daher der Konkretisierung durch die Rechtsprechung bedürfen. Diese Eigenschaften des internationalen Investitionsrechts ermöglichen gerade im Zusammenwirken mit Bezugnahmen auf frühere Entscheidungen in hohem Maße die schiedsrichterliche Rechtsfortbildung.[1045] Nicht ohne Berechtigung bezeichnet *Commission* das internationale Investitionsrecht als „body of law predisposed to development by case law“.[1046] Insofern ist die Bedeutsamkeit schiedsgerichtlicher Entscheidungen für die Entwicklung des materiellen Investitionsrechts nicht mehr zu übersehen.[1047] Bereits 1993, also vor dem „Baby Boom“ in der ICSID-Schieds-

1043 Vgl. etwa Art. 3 Abs. 3 UK Muster-BIT von 2005: „For avoidance of doubt it is confirmed that the [most-favored-nation] treatment provided for in paragraphs (1) and (2) above shall apply to the provisions of Articles 1 to 11 of this Agreement.“; Art. 3 Abs. 3 österreichischer Muster-BIT von 2008: „Each Contracting Party shall accord to investors of the other Contracting Party and to their investments or returns treatment no less favourable than that it accords to its own investors and their investments or to investors of any third country and their investments or returns with respect to the management, operation, maintenance, use, enjoyment, sale and liquidation as well as dispute settlement of their investments and returns, whichever is more favourable to the investor.“

1044 Duprey, Do Arbitral Awards Constitute Precedents? Should Commercial Arbitration Be Distinguished in this Regard from Arbitration Based on Investment Treaties?, 251, 276 f.; Parra, ICSID Rev. 16 (2001), 20, 21: „The substantive provisions of the treaties are, for the most part, similar in form and content.“; Salacuse, in: Foreign Investment Disputes, S. 51, 61 „Although the precise provisions of BITs are not uniform, virtually all BITs treat the same issues“; Rubins, TDM 3 (2004), 1: „Bilateral investment treaties (BITs) vary somewhat, but share a general structure and most substantive elements“.

1045 So auch *Fireman's Fund Insurance Company v. United Mexican States*, ICSID ARB(AF)/02/1, Award, Rn. 172: „However, cautious reliance on certain principles developed in a number of those cases, as persuasive authority, to the extent that they cover the same matters [...], may advance the body of law, which in turn may serve predictability in the interest of both investors and host States.“; Schill, GLJ 12 (2011), 1083, 1092.

1046 Commission, J. Int. Arb. 24 (2007), 129, 141.

1047 Wälde, TDM 1 (2004), 1: „International investment law now evolves – after an initial phase of treaty-making – now [sic!] largely by case law [...].“

gerichtsbarkeit,[1048] wurde ihre Bedeutung von *Lauterpacht* und *Rayfuse* hervorgehoben:

> „[T]hough their number may not appear great, their contribution to both the substance of international investment law and the procedure of international arbitration is of considerable importance.“[1049]

In allen hier behandelten Bereichen des Investitionsrechts lässt sich der immense Beitrag der Rechtsprechung aufzeigen. Dabei kommt insbesondere die Tendenz von Schiedsgerichten zum Ausdruck, über einzelne Vertragswerke hinweg Lösungen zu finden. In methodischer Hinsicht ist diese Vorgehensweise problematisch, wenn die einem Verfahren zugrundeliegenden Vertragstexte nicht ausgelegt werden, sondern vorrangig auf die frühere Rechtsprechung Bezug genommen wird. Indes ermöglicht der – oftmals durch generalklauselartige Formulierungen bedingte – Blick über den Vertragstext hinaus auch eine konsistente Rechtsprechung. Ein solcher ist durchaus begrüßenswert, sofern die Auslegung des konkreten Vertragstextes nicht den ihr zustehenden Rang in der Methodik der Entscheidungsfindung einbüßt. Denn frühere Entscheidungen ersetzen weder einschlägige Verträge und Gesetze noch deren Auslegung.[1050] Er ermöglicht es auch, dass Schiedsgerichte eine Fortentwicklung des Rechts durch andere Schiedsgerichte trotz fehlender Hierarchien aufgreifen und somit zu einer wirklichen Rechtsfortbildung beitragen.

Richterrecht prägt den Investitionsbegriff. ICSID-Schiedsgerichte haben die Inhalte der Salini-Kriterien mit konkreten Voraussetzungen gefüllt und sind damit über eine reine Auslegung des Investitionsbegriffs des Art. 25 WBÜ hinausgegangen.[1051] Als Richterrecht sind in diesem Zusammenhang exemplarisch die konkreten Bestimmungen der Mindestdauer eines Vorhabens zu nennen, um als Investition anerkannt zu werden.

Auch der Meistbegünstigungsgrundsatz wird von der Rechtsprechung konkretisiert. Er erweist sich dabei als treibende Kraft bei der Ermöglichung von Richterrecht.[1052] Als relativer Standard in seiner Struktur vertragsübergreifend angelegt, hat dieser neben seiner harmonisierenden Wirkung auf den Investo-

---

1048 Alexandrov, LPICT 4 (2005), 19.

1049 Rayfuse/Lauterpacht, ICSID Reports Vol. 1, S. ix.

1050 Weeramantry, ICSID Rev. 25 (2010), 111, 124.

1051 In ähnlicher Weise konstatiert Mortenson, Harv. Int. L. J. 51 (2010), 257, 273: „In addition to adding Schreuer's observation about regular profit and return to their analysis, these tribunals have sharpened the scrutiny paid to many of the individual factors.“

1052 So auch Duprey, in: Uniform International Arbitration Law, S. 251 ff.

renschutz auch eine schutzerhöhende Wirkung.[1053] Denn es vermag so der höchste Schutz, den ein Gaststaat Dritten gewährt, über die Meistbegünstigungsklausel zur Anwendung gebracht zu werden. Dennoch gibt es in der Rechtsprechung auch Fälle restriktiver Anwendung, etwa wenn zusätzlich gefordert wird, die Zustimmung zur Schiedsgerichtsbarkeit müsse „clear and unambiguous" sein.[1054]

Beim Gebot vollen Schutzes und voller Sicherheit gewähren zahlreiche Schiedsgerichte einen über den Schutz vor physischen Angriffen hinausgehenden Schutz. Teilweise wird ein solcher in der *full protection and security*-Klausel vorgesehen. Die meisten Klauseln sind jedoch so formuliert, dass mittels der grammatikalischen Auslegung keine eindeutige Aussage darüber getroffen werden kann, welcher Schutzumfang beabsichtigt ist. Regelmäßig führen auch die anderen Auslegungsmethoden nicht weiter. Gewährt ein Schiedsgericht dann einen weiten Schutz, wird es rechtsschöpfend tätig.[1055]

1053 So auch Schill, Berkeley J. Int. L. 27 (2009), 496, 518 sowie 520 f.: „Furthermore, the incorporation of more favorable substantive rights based on MFN clauses shows that the clauses are a tool for the multilateralization and harmonization of substantive standards of investment protection."

1054 *Plama Consortium Limited v. Republic of Bulgaria*, ICSID ARB/03/24, Decision on Jurisdiction, Rn. 198; *Wintershall Aktiengesellschaft v. The Republic of Argentina*, ICSID ARB/04/14, Award, Rn. 167, 187–89; *Telenor Mobile Communications A.S. v. Republic of Hungary*, ICSID ARB/04/15, Award, Rn. 90; *Vladimir Berschader and Moise Berschader v. The Russian Federation*, SCC 080/2005, Award, Rn. 181. Auf diese nicht unproblematische Analogie zur internationalen Handelsschiedsgerichtsbarkeit soll hier nicht weiter eingegangen werden. Ebenfalls kritisch dazu Schill, Berkeley J. Int. L. 27 (2009), 496, 566.

1055 Vgl. etwa *Azurix Corp. v. The Republic of Argentina*, ICSID ARB/01/12, Award, Rn. 408.

Zusammenfassende Bewertung

Die Gegenüberstellung der Spruchpraxis von ICC- und ICSID-Schiedsgerichten zeigt, dass letztere weit häufiger auf frühere Schiedssprüche Bezug nehmen als erstere. Des Weiteren lässt sich in der ICSID-Rechtsprechung ein höheres Maß an Präzedenzwirkung ausmachen.

Damit bestätigen sich die ursprünglich angenommenen Tendenzen sowohl in quantitativer wie auch in qualitativer Hinsicht. Doch die durchgeführten Untersuchungen legen zugleich Neues offen: Die Auswahl der untersuchten Bereiche der Handelsschiedsgerichtsbarkeit ließ eine höhere Präzedenzwirkung erwarten als tatsächlich ermittelt wurde. Es sind im Wesentlichen zwei Aspekte, welche die Präzedenzwirkung auf einem geringen Niveau halten: Erstens ist es die Vielfalt der Methoden, die in den einzelnen Entscheidungsbegründungen sichtbar wird und sich insbesondere im Themenkomplex der Ausweitung der Schiedsklausel auf die Unternehmensgruppe zeigt. Denn mit den vielen unterschiedlichen Herangehensweisen korreliert die vergleichsweise geringe Anzahl an Zitationen früherer Entscheidungen. Am häufigsten, so hat die Untersuchung gezeigt, zitieren ICC-Spruchkörper Schiedssprüche, um ihre Herangehensweise mit der Autorität dieser Entscheidungen zu stützen. Dies fällt jedoch umso schwerer, je mehr Lösungswege auf dem Markt der Entscheidungen vorhanden sind. Zweitens spielt die Rechtsprechung staatlicher Gerichte in zahlreichen ICC-Verfahren eine wichtige Rolle. Dies liegt im Falle einer Anwendung nationalen Rechts auf der Hand, bei der in der Regel auch die jeweilige nationale Rechtsprechung berücksichtigt wird. Bei internationalen Baustreitigkeiten zeigt sich darüber hinaus, dass der staatlichen Rechtsprechung insbesondere englischer Gerichte hohe Relevanz beigemessen wird, weil diese sich bereits intensiv mit Vorläuferklauseln der FIDIC-Standardbedingungen befasst haben. Die staatliche Rechtsprechung nimmt hier also in ICC-Schiedssprüchen einen höheren Stellenwert ein als die Spruchpraxis anderer ICC-Schiedsgerichte.

Während die erstgenannte Ursache auch in der ICSID-Spruchpraxis zu erkennen ist[1056] und somit auch dort als reduzierender Faktor hinsichtlich der möglichen Präzedenzwirkung fungiert, spielt die nationale Rechtsprechung vor ICSID-Schiedsgerichten eine vergleichsweise geringe Rolle. Auch hier wird zwar die staatliche Judikatur zitiert, doch kommt eine Bezugnahme auf die Rechtsprechung des Internationalen Gerichtshofs sowie anderer Schiedsgerichte weit häufiger vor. Bei der ICSID-Schiedsgerichtsbarkeit offenbart die qualitative Analyse eine etwas geringere Intensität der Präzedenzwirkung als es die quantitative

1056 Dazu bereits Fauchald, EJIL 19 (2008), 301 ff.

Untersuchung vermuten ließ. Einer Vielzahl von Zitationen kommt kaum Präzedenzwirkung zu, weil es sich bei ihnen um Entscheidungen handelt, die von den Parteien vorgebracht werden und von den Schiedsgerichten auch lediglich als Parteivorbringen erwähnt werden. Sie setzen sich mit diesen also nicht weiter auseinander, so dass in Ermangelung anderer, die Präzedenzwirkung verstärkender Faktoren eine faktische Präzedenzwirkung letztlich nur in ihrer geringsten Ausprägung besteht. Der bei der ICC-Spruchpraxis ermittelte Anteil an Zitationen, der dem Untermauern der eigenen Argumentation dient (ca. 70 %), liegt auch deutlich über demjenigen, welcher für die einzelnen Bereiche der investitionsschiedsgerichtlichen Rechtsprechung ermittelt wurde. Insbesondere aus zwei Gründen fällt die Präzedenzwirkung bei ersterer dennoch geringer aus: Zum einen zitieren ICC-Schiedsgerichte generell weniger Schiedssprüche als ICSID-Schiedsgerichte, denen überdies das Fallmaterial leichter zugänglich ist. Zum anderen haben die vielen Zitationen von Entscheidungen, die ICSID-Schiedsgerichten als Ausgangspunkt dienen, eine nicht zu vernachlässigende Präzedenzwirkung. In der Betrachtung der einzelnen Zitationen ist zwar eine geringere Präzedenzwirkung festzustellen als bei einem Befolgen oder Untermauern, doch zeigt die untersuchte investitionsrechtliche Spruchpraxis – in Verbindung mit der Vielzahl an Zitationen – eine insgesamt höhere Präzedenzwirkung. Die neutrale Bezugnahme auf eine Entscheidung als Ausgangspunkt erzeugt also eine Präzedenzwirkung, deren Relevanz nicht zuletzt eine systemische Betrachtung offenbart. So weist die ICSID-Spruchpraxis zum Investitionsbegriff, zur Meistbegünstigungsklausel sowie zum Gebot vollen Schutzes und voller Sicherheit durchaus ein hohes Maß an Präzedenzwirkung auf. Sie ist auch weit höher anzusiedeln als die Präzedenzwirkung in den untersuchten Bereichen der ICC-Spruchpraxis, obgleich sich die stärkste Zitationsform, das Befolgen einer früheren Rechtsprechung, sowohl in den untersuchten Bereichen der ICC- als auch in der ICSID-Spruchpraxis erwartungsgemäß nur sehr selten findet.

Mit der qualitativen Analyse tritt auch die Bedeutung der jeweiligen Beschaffenheit eines Rechtsgebiets hervor. Auf der einen Seite steht die *lex constructionis* als Paradigma eines transnationalen Rechts, an dessen Erzeugung und Etablierung eine Vielzahl von Akteuren teilhat. In diesem Kontext ist ein ICC-Schiedsgericht als ein Beteiligter unter Vielen anzusehen, weswegen der schiedsrichterlichen Rechtsprechung im Gesamtgefüge keine dominierende Rolle zukommt. Beim internationalen Investitionsrecht hingegen spielen Schiedsgerichte eine äußerst bedeutsame Rolle. Neben dem stetig wachsenden Netz an BITs sind sie es, die maßgeblich das Rechtsgebiet prägen. Die zunehmende Praxis der Bezugnahme auf frühere Entscheidungen führt dabei zu einem immer dichteren Geflecht. Freilich wird allein dadurch kein abgeschlossenes und absolut homogenes Rechtsgebiet geschaffen.[1057] Das internationale Investitionsrecht ist, wie *Douglas* schreibt, noch immer in einem „nascent stage of development".[1058] Es mag daher etwas verfrüht wirken, insgesamt bereits von einer Konsolidierung der Rechtsprechung zum internationalen Investitionsrecht zu sprechen.[1059] Fest steht aber, dass man mit Blick auf die internationale Investitionsschiedsgerichtsbarkeit nicht von einer Fragmentierung des Rechts durch reine Einzelfallentscheidungen temporärer Schiedsgerichte sprechen kann. Im Gegenteil ist eher eine Tendenz zu einer *jurisprudence constante* in zahlreichen Detailfragen zu erkennen.

1057 Widersprüchliche Entscheidungen können allerdings angesichts eines Wettbewerbs der Entscheidungen gerade in der Anfangsphase einer Systembildung durchaus positiv zu bewerten sein. Vgl. Wälde, TDM 1 (2004), 1: „It is in the fire of hotly contested arbitral litigation that case law emerges – some awards are on the margins, some are in the centre of the evolution of case law, some are unanimous, in others dissenting and concurring opinions help to shape an understanding of the rules and rationes decidendi underlying each case. But all cases contribute to the evolution of law which is well known in all major legal systems as the way English common law emerges or as in civil law countries remote and open-ended general codifications provide only a general structure and general concepts for a process of judicial law-making. Such an understanding of international investment arbitration is relatively recent." In diesem Sinne auch Schill, J. Int. Disp. S. 2 (2011), 353, 371.

1058 Douglas, International Law of Investment Claims, Preface, S. XXVI.

1059 Den Prozess der Konsolidierung hält auch Commission noch nicht für abgeschlossen, vgl. Commission, J. Int. Arb. 24 (2007), 129, 142: „[O]ne can, and should, speak of a consolidating investment jurisprudence".

Zusammenfassung und Ausblick

Im Zuge der „Entstaatlichung" der Gerichtsbarkeit und des immer größeren Zulaufs, den internationale Schiedsgerichte verzeichnen, gewinnen Schiedssprüche stark an Bedeutung. Die wachsende Anzahl veröffentlichter Schiedssprüche ermöglicht Schiedsgerichten eine rege Bezugnahme auf Entscheidungen anderer Schiedsgerichte. Ohne im Sinne einer *stare decisis*-Doktrin an sie gebunden zu sein, führen sie diese in ihren Entscheidungsbegründungen an. Den zitierten Entscheidungen kommt faktische Präzedenzwirkung zu, wie im dogmatischen Teil der vorliegenden Arbeit herausgestellt wurde. Unabdingbare Voraussetzungen der Präzedenzwirkung sind die Entscheidungsbegründung, die Veröffentlichung und die Bezugnahme auf die frühere Entscheidung.

Entscheidet das Vorliegen dieser Elemente über das „Ob" der Präzedenzwirkung, so wird das „Wie" durch qualifizierende Faktoren vorgegeben. Dabei nehmen die *persuasive authority* der früheren Entscheidung sowie die Nähe beider Sachverhalte und der anzuwendenden Rechtsvorschriften einen zentralen Platz ein. Die qualifizierenden Faktoren stehen in keinem hierarchischen Verhältnis zueinander, auch kann ihre jeweilige Auswirkung auf das Ausmaß an Präzedenzwirkung verschieden sein. Figurativ ließe sich das Zusammenspiel der verschiedenen Faktoren als multidimensionales Geflecht darstellen, das umso dichter ausfällt, je größer das durch die qualifizierenden Faktoren bedingte Ausmaß an Präzedenzwirkung ist.

Geht man davon aus, dass die jeweils in unterschiedlicher Ausprägung vorliegenden Faktoren die gewählte Art der Bezugnahme bestimmen, lässt sich die konkrete Gestalt der Präzedenzwirkung anhand ebendieser nachvollziehen. Mithilfe der im Rahmen dieser Arbeit entwickelten Methodik lassen sich die verschiedenen Zitationstypen dabei wie folgt kategorisieren: (1) ein Schiedsgericht befolgt eine frühere Entscheidung, (2) es wendet eine solche auf den aktuell zu entscheidenden Fall an, (3) es erwähnt lediglich einen Schiedsspruch, ohne dass diesem in der Falllösung eine tragende Rolle zuteilwird. Die Kategorie des Anwendens kann in Abstufungen weiter untergliedert werden: So weist ein Untermauern der eigenen Argumentation mit einer früheren Entscheidung die innerhalb dieser Kategorie höchste Präzedenzwirkung auf. Es folgen dann ein *Distinguishing*, die Auseinandersetzung mit einer Entscheidung als Ausgangspunkt eigener Erwägungen sowie das Ablehnen einer früheren Entscheidung. Die so differenzierten Kategorien repräsentieren unterschiedliche Grade an Präzedenzwirkung, wobei das Befolgen einer Entscheidung die höchstmögliche Präzedenzwirkung in einem System ohne Präjudizienbindung darstellt und die bloße Erwähnung einer Entscheidung das geringste Maß an Präzedenzwirkung bedeutet.

ICSID-Schiedsgerichte nehmen weit häufiger Bezug auf frühere Schiedssprüche als ICC-Schiedsgerichte. Dies ist zum einen darauf zurückzuführen, dass Entscheidungen von ICSID-Schiedsgerichten konsequent veröffentlicht werden. Demgegenüber wird bislang nur ein Bruchteil der ergangenen handelsschiedsgerichtlichen Entscheidungen publiziert. Zum anderen wenden ICC-Schiedsgerichte häufig nationales Recht an, bei welchem sie eher Entscheidungen staatlicher Gerichte als anderer ICC-Spruchkörper zitieren. Dies zeigt sich insbesondere bei den untersuchten internationalen Baustreitigkeiten. Zum internationalen Investitionsrecht findet sich hingegen nur wenig nationale Rechtsprechung. Darüber hinaus verleitet es als vergleichsweise junge Rechtsmaterie mit einer Vielzahl noch offener Anwendungsfragen Schiedsgerichte besonders oft dazu, die Lösungen anderer Schiedsgerichte heranzuziehen.

In qualitativer Hinsicht lässt sich ferner bei der ICSID-Rechtsprechung ein höheres Maß an Präzedenzwirkung ausmachen als bei den Schiedssprüchen der ICC-Schiedsgerichte. Beiden Schiedsgerichtsbarkeiten ist dabei gemein, dass das Untermauern der eigenen Argumentation zu den wichtigsten verwandten Zitationstypen gehört. Dies zeigen einerseits die durchgeführten Fallstudien zur Ausweitung der Schiedsklausel auf konzernzugehörige Unternehmen sowie zu internationalen Baustreitigkeiten für die ICC-Spruchpraxis, andererseits die Fallstudien zum Investitionsbegriff sowie zu den beiden Investitionsschutzstandards (Meistbegünstigungsgrundsatz und Gebot vollen Schutzes und voller Sicherheit) für die ICSID-Rechtsprechung. So gibt es in beiden Systemen Entscheidungen, denen im Einzelfall eine sehr hohe Präzedenzwirkung zukommt. Für die gesamte untersuchte ICC-Spruchpraxis ist die erreichbare Präzedenzwirkung jedoch eher gering, weil insgesamt nur wenige Zitationen von ICC-Entscheidungen vorhanden sind. Durch eine entsprechende Bezugnahme kann einer einzelnen Entscheidung zwar durchaus ein hohes Maß an Präzedenzwirkung zukommen. Doch selbst die berühmte *Dow Chemical*-Entscheidung weist in der Gesamtschau der sie zitierenden Schiedssprüche über solche einzelnen Zitationen hinaus kein sonderlich hohes Maß an Präzedenzwirkung auf. Anderes gilt beispielsweise für die *Salini*-Entscheidung. Sie ist für ICSID-Schiedsgerichte, die das Vorliegen einer Investition im Sinne des Art. 25 Abs. 1 WBÜ zu prüfen haben, nach wie vor von hoher Bedeutung, was sich in den entsprechend gewählten Zitationsarten niederschlägt.

Wie bereits die rechtsvergleichende Betrachtung des angloamerikanischen, deutschen und französischen Rechtssystems zeigt, folgt die Präzedenz*wirkung* nicht der Kontravalenz einer Präjudizien*bindung*, die lediglich bejaht oder verneint werden kann. Präzedenzwirkung gibt es in unterschiedlichen Graden. In Bezug auf die Präzedenzwirkung lassen sich internationale Schiedssprüche keinem der dargestellten staatlichen Systeme zuordnen. Der starke Einfluss verschiedener nationaler Rechtsordnungen auf die internationale Schiedsgerichtsbarkeit zeigt sich in den jeweiligen Gemeinsamkeiten. Anders als in den staatlichen Rechtssystemen gilt für die internationale Schiedsgerichtsbarkeit jedoch weder die *stare decisis*-Doktrin, noch besteht ein hierarchisch bedingter Druck, früheren Entscheidungen zu folgen. Um den Stellenwert internationaler Schiedssprüche zu bestimmen, genügt es nicht, darauf zu verweisen, dass sie jeweils nur die Verfahrensparteien binden,[1060] oder sie entsprechend Art. 38 Abs. 1 (d) IGH-Statut als „Hilfsmittel" zu qualifizieren. Tatsächlich nehmen internationale Schiedssprüche eine Reihe von Funktionen wahr, die darüber hinausgehen: Dient ein Schiedsspruch primär der Entscheidung eines Einzelfalls, so übersteigt seine Wirkung spätestens mit der Veröffentlichung den Kreis der Beteiligten. Der Schiedsspruch wird für andere Parteien zum Maßstab ihrer Erwartungen, für andere Schiedsgerichte ein Instrument ihrer Argumentation. Der Schiedsspruch gibt eine Antwort auf eine Rechtsfrage, welche für die Allgemeinheit von Interesse ist. Indem der Schiedsspruch durch die Bezugnahme späterer Schiedsgerichte einem größeren Wirkungskreis zugeführt wird, können die in ihm enthaltenen Argumentationen und Lösungen weitergetragen werden und schließlich zu einer „schleichende[n] Kodifizierung"[1061] beitragen. Hieran zeigt sich, dass ein Schiedsgericht mit seiner Entscheidung sowohl private als auch öffentliche Funktionen bedient.

So offenbart der Blick auf die Rechtswirklichkeit gerade in Bezug auf ICSID-Entscheidungen nicht nur eine Vielzahl an Zitationen, sondern auch solche Entscheidungszitate, in denen Schiedsgerichte ihren Willen kundgeben, mehr zu erbringen als die Dienstleistung einer Streitentscheidung. Allerdings sind sie weder zu mehr verpflichtet, noch besteht eine Obliegenheit oder gar Pflicht, früheren Entscheidungen zu folgen und Inkonsistenzen in der Spruchpraxis zu vermeiden.

Schiedsgerichte haben dagegen die Pflicht, das (in der Regel von den Parteien) gewählte Recht anzuwenden, sofern sie nicht zu einer Billigkeitsentscheidung ermächtigt wurden. Dabei haben sie die streitgegenständlichen Vorschriften auszulegen. Frühere Entscheidungen ersetzen weder einschlägige Verträge und Gesetze noch deren Auslegung. Sie können Schiedsgerichten gleichwohl als argumentatives Instrument dienen. Methodisch fundierte Argumentationen werden dabei eine höhere *persuasive authority* aufweisen und damit zu einer stärkeren Präzedenzwirkung führen.

1060 S. etwa Art. 34 Abs. 6 ICC Rules, Art. 27 Abs. 1 IAR, § 38 DIS-SchO, Art. 53 Abs. 1 WBÜ.
1061 Berger, Formalisierte oder „schleichende" Kodifizierung.

Welchen Stellenwert internationale Schiedssprüche tatsächlich einnehmen, richtet sich vor allem nach der Präzedenzwirkung, die ihnen jeweils zukommt. Die Unterschiede zwischen verschiedenen Schiedsgerichtsbarkeiten, wie sie hier zwischen der ICC und dem ICSID deutlich wurden, zeugen von einer unterschiedlichen Präzedenzwirkung. Weil die Präzedenzwirkung von ICC-Schiedssprüchen auf die geringere Zahl an veröffentlichten Entscheidungen zurückzuführen ist, wäre es – wie hier mit Nachdruck vertreten wird – geboten, Schiedssprüche konsequent zu veröffentlichen. Um einem etwaigen Vertraulichkeitsinteresse gerecht zu werden, könnten die Entscheidungen nicht nur anonymisiert, sondern auch erst nach einem gewissen Zeitablauf publiziert werden. Zudem könnte den Parteien das Recht eingeräumt werden, Passagen aus der Entscheidung, die vertrauliche Informationen beinhalten, nicht freizugeben. Auf diese Weise lassen sich die widerstreitenden Interessen in Einklang bringen, und eine breitere Veröffentlichungspraxis wird erreicht.

Lässt eine größere Zahl veröffentlichter Entscheidungen insgesamt ein höheres Maß an Präzedenzwirkung zu, so hat dies auch Auswirkung auf die schiedsgerichtliche Rechtsfortbildung. Denn Rechtsfortbildung setzt Präzedenzwirkung voraus. Darüber hinaus fungiert die Präzedenzwirkung als Katalysator der Verallgemeinerung schiedsrichterlicher, schöpferischer Tätigkeit. Denn die Rezeption der Rechtsfortbildung durch nachfolgende Schiedsgerichte ist umso wahrscheinlicher, je stärker die Präzedenzwirkung ausfällt.

Schiedsgerichte können über die Streitentscheidung hinaus auch Recht fortentwickeln, wobei einige Rechtsbereiche stärker durch Schiedsgerichte geprägt werden als andere. Zu diesen zählen die Rechtsgebiete, welche primär vor Schiedsgerichten und nicht vor staatlichen Gerichten behandelt werden. Das transnationale Recht ist hierfür paradigmatisch. Für die *lex constructionis* gilt allerdings die Besonderheit, dass die staatliche Rechtsprechung in diesem Bereich transnationalen Rechts eine noch immer dominante Rolle einnimmt, was primär dem Ursprung der verwendeten Standardbedingungen im nationalen Recht geschuldet ist. Einen weiteren Bereich starker schiedsgerichtlicher Prägung stellt das internationale Investitionsrecht dar, das einer solchen besonders zugänglich ist. Auch lässt sich bereits in Ansätzen eine schiedsgerichtliche Systembildung erkennen, welche einerseits auf das manifeste Streben nach Kohärenz einer Reihe von Schiedsgerichten zurückgeht, andererseits durch eine starke Präzedenzwirkung befördert wird. Denn je größer das Ausmaß an Präzedenzwirkung, umso höher ist auch der argumentative Aufwand eines späteren Schiedsgerichts, das von jener Entscheidung abweichen möchte.[1062]

1062 So auch Schill, Multilateralization of international investment law, S. 331: „[...] the rea-

Weit stärker als ICC-Spruchkörper sehen sich ICSID-Schiedsgerichte vor die Aufgabe gestellt, Pionierarbeit zu leisten. Eine belastbare Aussage darüber, ob es ihnen gelingen wird, eine konsistente Rechtsprechung insbesondere zu dieser Rechtsmaterie zu etablieren, kann erst in Zukunft getroffen werden.[1063] Was sich bereits seit geraumer Zeit abzeichnet, ist jedoch dies: Indem sie auf frühere Entscheidungen rekurrieren und sich mit diesen auseinandersetzen, zeigen Schiedsgerichte ein Bewusstsein davon, dass ihre Einzelfallentscheidungen in einen größeren Kontext einzubetten sind. Sie stellen den Willen vieler Schiedsgerichte unter Beweis, mehr zu erbringen als die Dienstleistung einer Streitentscheidung. In dem konstatierten Bemühen, an der Etablierung einer kohärenten und dadurch vorhersehbaren Rechtsprechung mitzuwirken, zeigt sich das Potential dieser Schiedsgerichte. Es besteht darin, mit der starken faktischen Präzedenzwirkung, die sie realisieren können, eine kohärente Rechtsprechung und schließlich auch ein kohärentes Investitionsrecht zu entwickeln. Wird dieses systembildende Potential verwirklicht, so vermag es in Zukunft die aus inkonsistenten Entscheidungen resultierenden Unsicherheiten und Hürden, die der Etablierung einer kohärenten Rechtsprechung heute noch vereinzelt entgegenstehen, zu überwinden.[1064]

Besondere Bedeutung kommt hierbei also der Präzedenzwirkung von Entscheidungen zu. Denn obgleich die Investitionsschiedsgerichtsbarkeit kein Präjudizienrecht im Sinne von *binding precedents* kennt und obgleich sich das Investitionsrecht deshalb auch nicht als *Case Law* nach angloamerikanischem Vorbild gestaltet bzw. gestalten wird, kann mit *Paulsson* festgehalten werden: „That a special jurisprudence is developing from the leading awards in the domain

soning of the Tribunal implies that a change in jurisprudence would require the parties to provide reasons for such a change. [...] such reasoning shifts the burden of argumentation and persuasion upon the party wishing to change an existing jurisprudence, even if this jurisprudence has developed based on wholly unrelated BITs. [...] the use of precedent, therefore, has a standard-setting function in BIT interpretation up to a point where there is, as a matter of fact, little difference between persuasive and binding precedent."

1063 Jacquet, Rev. Arb. 2010, 445, 466: „La question se pose alors de savoir si la jurisprudence CIRDI est chargée d'une tâche qui excède ses possibilités. Ou si, au contraire, les difficultés qu'elle rencontre ne constituent pas la meilleure illustration du rôle qu'elle peut être appelée à jouer."

1064 Jacquet, Rev. Arb. 2010, 445, 465f.: „Paradoxalement, la recherche de solutions jurisprudentielles à certains problèmes nouveaux [...] est de nature à exacerber les contradictions qui peuvent apparaître dans la jurisprudence arbitrale aussi bien qu'à contraindre la jurisprudence à se ‚construire'."

of investment arbitration can only be denied by those determined to close their eyes".[1065]

1065 Paulsson, TDM 3 (2006), 1, 12.

Anhänge

Anhang 1: Behandelte Schiedssprüche der ICC mit Fundstellen

ICC-Verfahrensnummer/Jahr	Fundstelle
4815/1987	Clunet 1996, 1042
5715/1989	Clunet 1996, 1049
5864/1989	Clunet 1997, 1073
5865/1989	Clunet 1998, 1008
5943/1990	Clunet 1996, 1014
5961/1989	Clunet 1997, 1051
6197/1995	Y.B. Comm. Arb. XXIII (1998), 13
6238/1989	ICC Bull. Vol. 9/2 (1998), 48
6276/1990 und 6277/1990	ICC Bull. Vol. 9/2 (1998), 58
6317/1989	Clunet 2003, 1156
6401(Beschluss)/1991	Clunet 1996, 1055
6401(Beschluss)/1990	Clunet 1998, 1058
6401(Beschluss)/1990	Clunet 1998, 1065
6474/1992	Y.B. Comm. Arb. XXV (2000), 279
6497 1994	Y.B. Comm. Arb. XXIVa (1999), 71
6515/1994 und 6516/1994	Y.B. Comm. Arb. XXIVa (1999), 80
6535/1992	ICC Bull. Vol. 9/2 (1998), 60
6611/1992	ICC Bull. Vol. 9/2 (1998), 49
6611/1993	ICC Bull. Vol. 9/2 (1998), 54
6648/1992	Y.B. Comm. Arb. XXIII (1998), 30
6850/1992	Y.B. Comm. Arb. XXIII (1998) 37
6955/1993	Y.B. Comm. Arb. XXIVa (1999), 107
6998/1994	Y.B. Comm. Arb. XXI (1996), 54
7047/1994	Y.B. Comm. Arb. XXI (1996), 79
7063/1993	Y.B. Comm. Arb. XXII (1997), 87
7081/1994	Clunet 2003, 1131
7105/1993	Clunet 2000, 1062
7139/1995	Clunet 2004, 1272
7146/1992	Y.B. Comm. Arb. XXVI (2001), 119
7155/1993	Clunet 1996, 1037
7181/1992	Y.B. Comm. Arb.XXI (1996)
7263/1994	Y.B. Comm. Arb. XXII (1997), 92
7289/1996	Revue de l'arbitrage 2002, 1001
7301/1993	Y.B. Comm. Arb. XXIII (1998), 42
7314/1994	Clunet 1996, 1045 = Y.B. Comm. Arb. XXIII (1998), 49
7319/1992	Clunet 1994, 1102 = Y.B. Comm. Arb. XXIVa (1999), 141
7337/1996	Y.B. Comm. Arb. XXIVa (1999), 149
7388/1993	Clunet 2000, 1107

ICC-Verfahrensnummer/Jahr	Fundstelle
7423/1995	ICC Bull. Vol. 9/2 (1998), 57
7453/1993	Clunet 1997, 1082 = Y.B. Comm. Arb. XXII (1997), 107
7518/1994	Clunet 1998, 1034
7528/1993	Y.B. Comm. Arb. XXII (1997)
7539/1995	Clunet 1996, 1030
7544/1995	Clunet 1999, 1062
7575/2002	Clunet 2010, 1378
7604/1995 und 7610/1995	Clunet 1998, 1027
7604/1996 und 7610 (Teilentscheidung)/1996	Clunet 1998, 1053
7626/1995	Y.B. Comm. Arb. XXII (1997), 132
7639/1994	Y.B. Comm. Arb. XXIII (1998), 66
7645/1995	Y.B. Comm. Arb. XXVI (2001), 130
7661/1995	Y.B. Comm. Arb. XXII (1997), 149
7710/1995	Clunet 2001, 1147
7722/1999	Y.B. Comm. Arb. XXXII (2007), 13
7893/1994	Clunet 1998, 1069 = Y.B. Comm. Arb. XXVII (2002), 139
7910/1996	ICC Bull. Vol. 9/2 (1998), 46
7920/1993	Y.B. Comm. Arb. XXIII (1998), 80
7929/1995	Y.B. Comm. Arb. XXV (2000), 312
7983/1996	Clunet 2002, 1085
7986/1999	Clunet 2002, 1071
8032/1995	Y.B. Comm. Arb. XXI (1996), 113
8035/1995	Clunet 1997, 1040
8113/1995	Y.B. Comm. Arb. XXV (2000), 324
8125/1997	Clunet 2000, 1119
8128/1995	Clunet 1996, 1024
8163/1996	ICC Bull. Vol. 16/2 (2005), 77
8238/1994	Clunet 1996, 1063
8324/1995	Clunet 1996, 1019
8331/1996	Clunet 1998, 1041
8362/1995	Y.B. Comm. Arb. XXII (1997), 164
8365/1996	Clunet 1997, 1078
8385/1995	Clunet 1997, 1061
8420/1996	Y.B. Comm. Arb. XXV (2000), 328
8423/1998	Y.B. Comm. Arb. XXVI (2001), 153 = Clunet 2002, 1079
8445/1996	Y.B. Comm. Arb. XXVI (2001), 167
8486/1996	Clunet 1998, 1047 = Y.B. Comm. Arb. XXIVa (1999), 162
8501	Clunet 2001, 1164
8528/1996	Y.B. Comm. Arb. XXV (2000), 341
8547/1999	Y.B. Comm. Arb. XXVIII (2003), 27

ICC-Verfahrensnummer/Jahr	Fundstelle
8626/1996	Clunet 1999, 1073
8677/1997	ICC Bull. Vol. 19/2 (2008), 71
8694/1996	Clunet 1997, 1056
8742/1996	Clunet 1999, 1066
8764/1996	Clunet 1999, 1081
8782/1997	Y.B. Comm. Arb. XXVIII (2003), 39
8786/1996	ASA Bulletin 2001, 751
8786/1997 (1584 Interim Award)	ASA Bulletin 2002, 67
8790/2000	Y.B. Comm. Arb. XXIX (2004), 13
8817/1996	Clunet 1999, 1080 = Y.B. Comm. Arb. XXV (2000), 355
8855/1997	Clunet 2000, 1070
8873/1997	Clunet 1998, 1017
8891/1998	Clunet 2000, 1076
8910/1998	Clunet 2000, 1085
8938/1996	Y.B. Comm. Arb. XXIVa (1999), 174
9163/2001	Revue de l'arbitrage 2003,1 = Clunet 2005, 1283
9202/1998	ICC Bull. Vol. 19/2 (2008), 76
9302/1998	Y.B. Comm. Arb. XXVIII (2003), 54
9333/1998	ASA Bulletin 2001, 757 = Clunet 2002, 1093
9427/1998	Y.B. Comm. Arb. XXVII (2002), 153
9443/1998	Clunet 2002, 1106
9466/1999	Y.B. Comm. Arb. XXVII (2002), 170
9517/2000	ICC Bull. Vol. 16/2 (2005), 80
9608/1998	Clunet 2004, 1294
9613/1999	Y.B. Comm. Arb. XXXII (2007), 42
9617/1999	Clunet 2005, 1291
9667/1998	Clunet 2000, 1096 = Revue de l'arbitrage 2002, 1009
9719/1999	ICC Bull. Vol. 16/2 (2005), 83
9771/2001	Y.B. Comm. Arb. XXIX (2004), 46
9781/2000	Y.B. Comm. Arb. XXX (2005), 22
9787/1998	Y.B. Comm. Arb. XXVII (2002), 181
9800/2000	Clunet 2004, 1284
9839/1999	Y.B. Comm. Arb. XXIX (2004), 66
9873/1999	ICC Bull. Vol. 16/2 (2005), 85
10060/1999	Y.B. Comm. Arb. XXX (2005), 42
10188/1999	Y.B. Comm. Arb. XXVIII (2003), 68
10264/2000	Clunet 2004, 1255
10274/1999	Y.B. Comm. Arb. XXIX (2004), 89
10329/2000	Y.B. Comm. Arb. XXIX (2004), 108
10422/2001	Clunet 2003, 1142
10439/2000	Revue de l'arbitrage 2004, 413
10526/2000	Clunet 2001, 1179 = Rev. arb. 2002, 1035
10527/2000	Clunet 2004, 1263

ICC-Verfahrensnummer/Jahr	Fundstelle
10596/2000	Y.B. Comm. Arb. XXX (2005), 66
10619/2001 und 2002	ICC Bull. Vol. 19/2 (2008), 85
10623/2001	ASA Bulletin 2003, 82
10671 (Teilentscheidung)	Clunet 2005, 1268
10671	Clunet 2006, 1417
10758/2000	Clunet 2001, 1171
10818/2001	ICC Bull. Vol. 16/2 (2005), 94
10892/2002	ICC Bull. Vol. 19/2 (2008), 91
10904/2002	Y.B. Comm. Arb. XXXVI (2006), 95
10947/2002	ASA Bulletin 2004, 308
10973/2001	Y.B. Comm. Arb. XXX (2005), 77
10982/2001	Clunet 2005, 1256
10988/2003	Clunet 2006, 1408
11039/2002	ICC Bull. Vol. 19/2 (2008), 95
11160/2002	ICC Bull. Vol. 16/2 (2005), 99
11209/2002	ICC Bull. Vol. 16/2 (2005), 102
11277/2003	Clunet 2006, 1429
11307/2003	Y.B. Comm. Arb. XXXIII (2008), 24
11333/2002	Y.B. Comm. Arb. XXXI (2006), 117
11426	Clunet 2006, 1443
11440/2003	Y.B. Comm. Arb. XXXI (2006), 127
11443/2001	Y.B. Comm. Arb. XXX (2005), 85
11499/2002 und 2003	ICC Bull. Vol. 19/2 (2008), 97
11663/2003	Y.B. Comm. Arb. XXXII (2007), 60
11670/2003	ASA Bulletin 2004, 333
11776/2002	Clunet 2006, 1560
11813/2005	ICC Bull. Vol. 19/2 (2008), 104
11849/2003	Y.B. Comm. Arb. XXXI (2006), 148
11855/2003	Clunet 2007, 1292
11896	Y.B. Comm. Arb. XXXVI (2011), 47
11961	Y.B. Comm. Arb. XXXIV (2009), 32
12045/2003	Clunet 2006, 1434
12073/2003	Y.B. Comm. Arb. XXXIII (2008), 63
12112	Y.B. Comm. Arb. XXXIV (2009), 77
12127/2003	Y.B. Comm. Arb. XXXIII (2008), 82
12167/2002	Clunet 2007, 1270
12172/2003	Y.B. Comm. Arb. XXXII (2007), 85
12173	Y.B. Comm. Arb. XXXIV (2009), 111
12193/2004	Clunet 2007, 1276
12290/2005	Clunet 2010, 1406
12305/2004	Clunet 2009, 1356
12363/2003	ASA Bulletin 2006, 462
12418/2004	Clunet 2008, 1188
12421/MS/2005	Y.B. Comm. Arb. XXXIII (2008), 102
12456/2004	Clunet 2010, 1386

ICC-Verfahrensnummer/Jahr	Fundstelle
12491/2004	ASA Bulletin 2006, 281
12502	Y.B. Comm. Arb. XXXIV (2009), 130
12551/2004	Clunet 2007, 1301
12605/2005	Clunet 2008, 1193
12711/2004	Clunet 2006, 1454
12721/2007	Clunet 2011, 1165
12745	Y.B. Comm. Arb. XXXV (2010), 40
12749/2005	Clunet 2009, 1367
12827/2005	Clunet 2009, 1376
12855/2004	Clunet 2009, 1393
13009	Y.B. Comm. Arb. XXXVI (2011), 70
13085	Y.B. Comm. Arb. XXXIV (2009), 212
13129	Y.B. Comm. Arb. XXXIV (2009), 231
13133	Y.B. Comm. Arb. XXXV (2010), 129
13139/2005 und 2006	Clunet 2010, 1418
13184	Y.B. Comm. Arb. XXXVI (2011), 96
13278	Y.B. Comm. Arb. XXXIII (2008), 118
13387/2005	Clunet 2010, 1427
13438/2005	Clunet 2009, 1400
13507	Y.B. Comm. Arb. XXXV (2010), 158
13509/2006	Clunet 2008, 1204
13646/2007	Clunet 2010, 1434
13676	Y.B. Comm. Arb. XXXV (2010), 168
13763/2006	Clunet 2011, 1174
13921/2006	Clunet 2009, 1407
14020	Y.B. Comm. Arb. XXXVI (2011), 119
14046	Y.B. Comm. Arb. XXXV (2010), 241
14108	Y.B. Comm. Arb. XXXVI (2011), 135
14114/2007	Clunet 2011, 1187
14241/2007	Clunet 2011, 1199
14243/2007	Clunet 2010, 1448
14297/2007	Clunet 2010, 1455
14359/2007	Clunet 2011, 1215
14470/2008	Clunet 2011, 1229
14637/2008	Clunet 2011, 1244
14753/2008	Clunet 2011, 1257
14817/2008	Clunet 2011, 1268
17050/GZ/2010	ASA Bulletin 2011, 634
NN 1995	ASA Bulletin 1996, 544
NN 2002 (Interim Award, 26.03.2002)	ASA Bulletin 2003, 802
NN 2000 (Sentence intérimaire sur la compétence, 31.07.2000)	ASA Bulletin 2001, 276
NN 2008	ASA Bulletin 2010, 37
NN 2008	ASA Bulletin 2011, 860

ICC-Verfahrensnummer/Jahr	Fundstelle
NN 2009	ASA Bulletin 2010, 46 [nur Kostenentscheidung auszugsweise abgedruckt]
NN 2009	ASA Bulletin 2010, 59
NN	ASA Bulletin 1997, 363

Anhang 2: Spruchpraxis der ICC zur Ausweitung der subjektiven Reichweite der Schiedsklausel auf konzernzugehörige Unternehmen

ICC-Entscheidung	Fundstelle	Explizite Bezugnahme auf Dow Chemical? (+/-) [Qualifikation]	Anzahl Zitate ICC-Entscheidungen (insgesamt)	Folgt der Dow Chemical-Rechtsprechung (+/-)	Besonderheiten
7155/1993	Clunet 1996, 1037	+ [Untermauern]	8	+	Anwendung französischen Rechts, auf dieser Grundlage Anwendung der „Group of Companies"-Doktrin
7604/1995 und 7610/1995	Clunet 1998, 1027	-	2	+	Prüfung der Kriterien der „Group of Companies"-Doktrin, nicht alle bejaht; Zuständigkeit wird über den Grundsatz *venire contra factum proprium* begründet
7626/1995	Y.B. Comm. Arb. XXII (1997), 132	-	0	Nur hilfsweise	Anwendung indischen Rechts und der „lifting the corporate veil"-Doktrin; „versteckte" und hilfsweise Anwendung der „Group of Companies"-Doktrin
8163/1996	ICC Bull. Vol. 16/2 (2005), 77	-	0	-	Anwendung deutschen Rechts; Voraussetzungen für Haftungsdurchgriff nicht gegeben
8385/1995	Clunet 1997, 1061	+ [Untermauern]	3	+	Anwendung der „Group of Companies"-Doktrin auf Grundlage der *lex mercatoria*

ICC-Entscheidung	Fundstelle	Explizite Bezugnahme auf Dow Chemical? (+/-) [Qualifikation]	Anzahl Zitate ICC-Entscheidungen (insgesamt)	Folgt der Dow Chemical-Rechtsprechung (+/-)	Besonderheiten
8910/1998	Clunet 2000, 1085	+ [Untermauern]	3	+	
9517/2000	ICC Bull. Vol. 16/2 (2005), 80	+ [Untermauern]	5	+	
9719/1999	ICC Bull. Vol. 16/2 (2005), 83	-	0	-	Lediglich Anwendung der „lifting the corporate veil"-Doktrin thematisiert
9873/1999	ICC Bull. Vol. 16/2 (2005), 85	-	0	+	Prüfung der Kriterien der „Group of Companies"-Doktrin, nicht alle bejaht
10758/2000	Clunet 2001, 1171	+ [Ausgangspunkt]	2	-	
10818/2001	ICC Bull. Vol. 16/2 (2005), 94	+ [*Distinguishing*; Ablehnung]	1	-	Eigener Abschnitt mit „The ‚Dow Chemical' doctrine" betitelt; erst *Distinguishing*, dann Ablehnung der Doktrin
11160/2002	ICC Bull. Vol. 16/2 (2005), 99	+ [Ausgangspunkt]	6	+	
11209/2002	ICC Bull. Vol. 16/2 (2005), 102	-	0	-	Lehnt „piercing the corporate veil" ab, da Parteien keine Umstände dargelegt hätten, die ein Abweichen vom Grundsatz der rechtlichen Selbständigkeit juristischen Person begründen könnten

ICC-Entscheidung	Fundstelle	Explizite Bezugnahme auf Dow Chemical? (+/-) [Qualifikation]	Anzahl Zitate ICC-Entscheidungen (insgesamt)	Folgt der Dow Chemical-Rechtsprechung (+/-)	Besonderheiten
12605/2005	Clunet 2008, 1193	- [nur „jurisprudence constante"]	0 [nur „jurisprudence constante"]	-	
12721/2007	Clunet 2011, 1165	-	0	Unklar	
14753/2008	Clunet 2011, 1257	-	3	Unklar	Prüfung der Kriterien der „Group of Companies"-Doktrin

Anhang 3: Spruchpraxis der ICC zu baurechtlichen Streitigkeiten

ICC-Entscheidung	Verfahrensgegenstand FIDIC: +/-; speziell Klausel 67 Red Book: ++	Anzahl Zitate ICC-Entscheidungen [Qualifikation]	Anzahl Zitate Nicht-ICC-Entscheidungen insgesamt	Davon Anzahl Entscheidungen aus Common Law-Jurisdiktionen
6238/1989	++	0	0	0
6276/1990 und 6277/1990	++	0	0	0
6535/1992	++	0	2	2
6611/1992	++	0	0	0
6611/1993	++	0	0	0
7423/1995	++	0	0	0
7722/1999	+	0	9	9
7910/1996	++	1 [Ablehnung]	0	0
8677/1997	++	0	0	0
8873/1997	+	0	2	0
9202/1998	++	0	1	0
10619/2001 und 2002	++	0	0	0
10623/2001	++	4 [alle Untermauern]	5	Unklar, ob 0 oder 2 („Supreme Court“ und „First Instance Court“ des „State X“)
10892/2002	+	0	0	0
10904/2002	+	0	19	0
11039/2002	+	0	0	0
11499/2002 und 2003	+	0	3	3
11813/2005	-	0	0	0
12456/2004	+	0	1	0
13085	+	0	1	0
NN/1995	-	1 [Ausgangspunkt]	10	5
Insgesamt 21 Entscheidungen	19 FIDIC betreffend, davon 11 Klausel 67 Red Book	6	53	19 (ggf. 21)

Anhang 4: Behandelte Schiedssprüche des ICSID*

Parteien, ICSID-Verfahrensnummer, Entscheidung, Datum

Benvenuti and Bonfant v. People's Republic of the Congo, ICSID ARB/77/2, Award, 15.08.1980, Y. B. Com. Arb. VIII (1983) 144ff.
Amco Asia Corporation and others v. Republic of Indonesia, ICSID ARB/81/1, Award, 20.11.1984, ICSID Reports I (1993), 413ff.
Klöckner Industrie-Anlagen GmbH and others v. United Republic of Cameroon and Société Camerounaise des Engrais, ICSID ARB/81/2, (First) Decision on Annulment, 03.05.1985
Liberian Eastern Timber Corporation (LETCO) v. Government of the Republic of Liberia, ICSID ARB/83/2, Award, 31.03.1986, International Legal Materials, Vol. 26 (1987), 647ff.
Atlantic Triton Company Limited v. People's Revolutionary Republic of Guinea, ICSID ARB/84/1, Award, 21.04.1986, Clunet 1988, 181ff.
Asian Agricultural Products Limited (AAPL) v. Democratic Socialist Republic of Sri Lanka, ICSID ARB/87/3, Final Award, 27.06.1990
American Manufacturing & Trading, Inc. v. Republic of Zaire (Democratic Republic of the Congo), ICSID ARB/93/1, Award, 21.02.1997
Antoine Goetz and others v. Republic of Burundi, ICSID ARB/95/3, Award, 10.02.1999
Fedax N.V. v. Republic of Venezuela, ICSID ARB/96/3, Decision on Objections to Jurisdiction, 11.07.1997
Compañía de Aguas del Aconquija S.A. and Vivendi Universal S.A. v. The Republic of Argentina, ICSID ARB/97/3, Award, 21.11.2000
Compañía de Aguas del Aconquija S.A. and Vivendi Universal S.A. v. The Republic of Argentina, ICSID ARB/97/3, Award, 20.08.2007
Československá Obchodní Banka, a.s. (CSOB) v. The Slovak Republic, ICSID ARB/97/4, Decision on Objections to Jurisdiction, 24.05.1999
Československá Obchodní Banka, a.s. (CSOB) v. The Slovak Republic, ICSID ARB/97/4, Award, 29.12.2004
Lanco International v. The Republic of Argentina, ICSID ARB/97/6, Preliminary Decision on Jurisdiction, 08.12.1998
Emilio Agustín Maffezini v. Kingdom of Spain, ICSID ARB/97/7, Decision of the Tribunal on the Objections of Jurisdiction, 25.01.2000
Víctor Pey Casado and President Allende Foundation v. Republic of Chile, ICSID ARB/98/2, Award, 08.05.2008
Wena Hotels Limited v. Arab Republic of Egypt, ICSID ARB/98/4, Award, 08.12.2000
Wena Hotels Limited v. Arab Republic of Egypt, ICSID ARB/98/4, Decision on Annulment, 05.02.2002
Philippe Gruslin v. Malaysia, ICSID ARB/99/3, Award, 27.11.2000
Patrick Mitchell v. Democratic Republic of Congo, ICSID ARB/99/7, Decision on the Application for Annulment of the Award, 01.11.2006
Mihaly International Corporation v. Democratic Socialist Republic of Sri Lanka, ICSID ARB/00/2, Award, 15.03.2002
Salini Costruttori S.p.A. and Italstrade S.p.A. v. Kingdom of Morocco, ICSID ARB/00/4, Decision on Jurisdiction, 31.07.2001
Consortium R.F.C.C. v. Kingdom of Morocco, ICSID ARB/00/6, Décision sur la compétence, 16.07.2001

Parteien, ICSID-Verfahrensnummer, Entscheidung, Datum
World Duty Free Co Ltd. v. The Republic of Kenya, ICSID ARB/00/7, Decision on a Request by the Respondent for a Recommendation of Provisional Measures, 25.04.2001
World Duty Free Co Ltd. v. The Republic of Kenya, ICSID ARB/00/7, Award, 04.10.2006
Generation Ukraine v. Ukraine, ICSID ARB/00/9, Award, 16.09.2003
Enron Creditors Recovery Corporation (formerly Enron Corporation) and Ponderosa Assets, L.P. v. The Republic of Argentina, ICSID ARB/01/3, Decision on Jurisdiction (Ancillary Claim), 02.08.2004
Enron Creditors Recovery Corporation (formerly Enron Corporation) and Ponderosa Assets, L.P. v. The Republic of Argentina, ICSID ARB/01/3, Award, 22.05.2007
MTD Equity Sdn. Bhd. and MTD Chile S.A. v. Republic of Chile, ICSID ARB/01/7, Award, 25.05.2004
MTD Equity Sdn. Bhd. and MTD Chile S.A. v. Republic of Chile, ICSID ARB/01/7, Decision on Annulment, 21.03.2007
CMS Gas Transmission v. The Republic of Argentina, ICSID ARB/01/8, Decision of the Tribunal on Objections to Jurisdiction, 17.07.2003
CMS Gas Transmission Company v. The Republic of Argentina, ICSID ARB/01/8, Award, 12.05.2005
Noble Ventures, Inc. v. Romania, ICSID ARB/01/11, Award, 12.10.2005
Azurix Corp. v. The Republic of Argentina, ICSID ARB/01/12, Decision on Jurisdiction, 08.12.2003
Azurix Corp. v. The Republic of Argentina, ICSID ARB/01/12, Award, 14.07.2006
Azurix Corp. v. The Republic of Argentina, ICSID ARB/01/12, Decision on the Application for Annulment, 01.09.2009
SGS Société Générale de Surveillance S.A. v. Islamic Republic of Pakistan, ICSID ARB/01/13, Decision on Objections to Jurisdiction, 06.08.2003
LG&E Energy Corp., LG&E Capital Corp., and LG&E International, Inc. v. The Republic of Argentina, ICSID ARB/02/1, Decision on Liability, 03.10.2006
PSEG Global Inc. and Konya Ilgin Elektrik Üretim ve Ticaret Limited Sirketi v. Republic of Turkey, ICSID ARB/02/5, Award, 19.01.2007
SGS Société Générale de Surveillance S.A. v. Republic of the Philippines, ICSID ARB/02/6, Decision of the Tribunal on Objections to Jurisdiction, 29.01.2004
Siemens A.G. v. The Republic of Argentina, ICSID ARB/02/8, Decision on Jurisdiction, 03.08.2004
Siemens A.G. v. The Republic of Argentina, ICSID ARB/02/8, Award, 06.02.2007
Salini Costruttori S.p.A. and Italstrade S.p.A. v. Hashemite Kingdom of Jordan, ICSID ARB/02/13, Decision of the Tribunal on Jurisdiction, 29.11.2004
Sempra Energy International v. The Republic of Argentina, ICSID ARB/02/16, Award, 28.09.2007
Tokios Tokelés v. Ukraine, ICSID ARB/02/18, Decision on Jurisdiction, 29.04.2004
Camuzzi International S.A. v. The Republic of Argentina, ICSID ARB/03/2, Decision of the Tribunal on Objections to Jurisdiction, 11.05.2005
Impregilo S.p.A. v. Islamic Republic of Pakistan, ICSID ARB/03/3, Decision on Jurisdiction, 22.04.2005
M.C.I. Power Group, L.C. and New Turbine, Inc. v. Republic of Ecuador, ICSID ARB/03/6, Award, 31.07.2007
Camuzzi International S.A. v. The Republic of Argentina, ICSID ARB/03/7, Decision of the Tribunal on Objections to Jurisdiction, 10.06.2005

Parteien, ICSID-Verfahrensnummer, Entscheidung, Datum
Consortium Groupement L.E.S.I.-DIPENTA v. People's Democratic Republic of Algeria, ICSID ARB/03/8, Award, 10.01.2005
Gas Natural SDG, S.A. v. The Republic of Argentina, ICSID ARB/03/10, Decision of the Tribunal on Preliminary Questions on Jurisdiction, 17.06.2005
Joy Mining Machinery Limited v. Arab Republic of Egypt, ICSID ARB/03/11, Award on Jurisdiction, 06.08.2004
Pan American Energy LLC and BP Argentina Exploration Company v. The Republic of Argentina, ICSID ARB/03/13, Decision on Preliminary Objections, 27.07.2006
El Paso Energy International Company v. The Argentine Republic, ICSID ARB/03/15, Decision on Jurisdiction, 27.04.2006
El Paso Energy International Company v. The Argentine Republic, ICSID ARB/03/15, Award, 31.10.2011
ADC Affiliate Limited and ADC & ADMC Management Limited v. Republic of Hungary, ICSID ARB/03/16, Award, 02.10.2006
Suez, Sociedad General de Aguas de Barcelona S.A., and InterAguas Servicios Integrales del Agua, S.A. v. The Republic of Argentina, ICSID ARB/03/17, Decision on Jurisdiction, 16.05.2006
Plama Consortium Limited v. Republic of Bulgaria, ICSID ARB/03/24, Decision on Jurisdiction, 08.02.2004
Plama Consortium Limited v. Republic of Bulgaria, ICSID ARB/03/24, Award, 27.08.2008
Fraport AG v. Republic of the Philippines, ICSID ARB/03/25, Award, 16.08.2007
Bayindir Insaat Turizm Ticaret Ve Sanayi A.S. v. Islamic Republic of Pakistan, ICSID ARB/03/29, Decision on Jurisdiction, 14.11.2005
Bayindir Insaat Turizm Ticaret Ve Sanayi A.S. v. Islamic Republic of Pakistan, ICSID ARB/03/29, Award, 27.08.2009
Total S.A. v. The Republic of Argentina, ICSID ARB/04/1, Decision on Liability, 27.12.2010
Jan de Nul N.V. and Dredging International N.V. v. Arab Republic of Egypt, ICSID ARB/04/13, Decision on Jurisdiction, 16.06.2006
Jan de Nul N.V. and Dredging International N.V. v. Arab Republic of Egypt, ICSID ARB/04/13, Award, 06.11.2008
Wintershall Aktiengesellschaft v. The Republic of Argentina, ICSID ARB/04/14, Award, 08.12.2008
Telenor Mobile Communications A.S. v. Republic of Hungary, ICSID ARB/04/15, Award, 13.09.2006
Duke Energy Electroquil Partners and Electroquil S.A. v. Republic of Ecuador, ICSID ARB/04/19, Award, 18.08.2008
L.E.S.I., S.p.A. and Astaldi, S.p.A. v. People's Democratic Republic of Algeria, ICSID ARB/05/3, Decision on Jurisdiction, 12.07.2006
Saipem S.p.A. v. People's Republic of Bangladesh, ICSID ARB/05/7, Decision on Jurisdiction and Recommendation on Provisional Measures, 21.03.2007
Saipem S.p.A. v. People's Republic of Bangladesh, ICSID ARB/05/7, Award, 30.06.2009
Parkerings-Compagniet AS v. Republic of Lithuania, ICSID ARB/05/8, Award, 11.09.2007
Malaysian Historical Salvors, SDN, BHD v. Malaysia, ICSID ARB/05/10, Award on Jurisdiction, 17.05.2007
Malaysian Historical Salvors, SDN, BHD v. Malaysia, ICSID ARB/05/10, Decision on the Application for Annulment, 16.04.2009

Parteien, ICSID-Verfahrensnummer, Entscheidung, Datum
Noble Energy Inc. and MachalaPower Cía. Ltd. v. Republic of Ecuador and Consejo Nacional de Electricidad, ICSID ARB/05/12, Decision on Jurisdiction, 05.03.2008
Waguih Elie George Siag and Clorinda Vecchi v. Arab Republic of Egypt, ICSID ARB/05/15, Award, 01.06.2009
Rumeli Telekom A.S. and Telsim Mobil Telekomunikasyon Hizmetleri A.S. v. Republic of Kazakhstan, ICSID ARB/05/16, Award, 29.07.2008
Ioannis Kardassopoulos v. Georgia, ICSID ARB/05/18, Decision on Jurisdiction, 06.07.2007
Ioannis Kardassopoulos v. Georgia, ICSID ARB/05/18, Award, 03.03.2010
Helnan International Hotels A/S v. Arab Republic of Egypt, ICSID ARB/05/19, Decision of the Tribunal on Objections to Jurisdiction, 17.10.2006
African Holding Company of America, Inc. and Société Africaine de Construction au Congo S.A.R.L. v. Democratic Republic of the Congo, ICSID ARB/05/21, Award, 29.07.2008
Biwater Gauff (Tanzania) Ltd. v. United Republic of Tanzania, ICSID ARB/05/22, Procedural Order No. 3, 29.09.2006
Biwater Gauff (Tanzania) Limited v. United Republic of Tanzania, ICSID ARB/05/22, Award, 24.07.2008
Spyridon Roussalis v. Romania, ICSID ARB/06/1, Award, 07.12.2011
Phoenix Action Ltd v. Czech Republic, ICSID ARB/06/5, Award, 15.04.2009
City Oriente Limited v. Republic of Ecuador and Empresa Estatal Petroleos del Ecuador (Petroecuador), ICSID ARB/06/21, Decision on Provisional Measures, 19.11.2007
Government of the Province of East Kalimantan v. PT Kaltim Prima Coal and others, ICSID ARB/07/3, Award on Jurisdiction, 28.12.2009
Abaclat and others v. The Argentine Republic, ICSID ARB/07/5, Decision on Jurisdiction, 04.08.2011
Toto Costruzioni Generali S.p.A. v. Republic of Lebanon, ICSID ARB/07/12, Decision on Jurisdiction, 11.09.2009
Alpha Projektholding GmbH v. Ukraine, ICSID ARB/07/16, Award, 08.11.2010
Impregilo S.p.A. v. The Republic of Argentina, ICSID ARB/07/17, Award, 21.06.2011
Saba Fakes v. Republic of Turkey, ICSID ARB/07/20, Award, 14.07.2010
Pantechniki S.A. Contractors & Engineers v. Republic of Albania, ICSID ARB/07/21, Award, 30.07.2009
AES Summit Generation Limited and AES-Tisza Erömü Kft. v. Hungary, ICSID ARB/07/22, Award, 23.09.2010
SGS Société Générale de Surveillance S.A. v. Republic of Paraguay, ICSID ARB/07/29, Decision on Jurisdiction, 12.02.2010
Hochtief Aktiengesellschaft v. The Argentine Republic, ICSID ARB/07/31, Decision on Jurisdiction, 24.10.2011
ATA Construction, Industrial and Trading Company v. Hashemite Kingdom of Jordan, ICSID ARB/08/2, Award, 18.05.2010
Brandes Investment Partners LP v. The Bolivarian Republic of Venezuela, ICSID ARB/08/3, Award, 02.08.2011
Inmaris Perestroika Sailing Maritime Services GmbH and others v. Ukraine, ICSID ARB/08/8, Decision on Jurisdiction, 08.03.2010
Malicorp Limited v. Arab Republic of Egypt, ICSID ARB/08/18, Award, 07.02.2011

Parteien, ICSID-Verfahrensnummer, Entscheidung, Datum
Global Trading Resource Corp. and Globex International, Inc. v. Ukraine, ICSID ARB/09/11, Award, 01.12.2010

* Die behandelten Schiedssprüche sind, soweit nicht anders gekennzeichnet, über die offizielle Webseite des ICSID (<http://icsid.worldbank.org/ICSID/Index.jsp>) oder die Webseite „Investment Treaty Arbitration“ (<http://www.italaw.com>) abrufbar.

Anhang 5: Behandelte investitionsrechtliche Schiedssprüche (ohne ICSID)*

Parteien, Verfahrensart oder -nummer, Entscheidung, Datum
Lauder v. The Czech Republic, UNCITRAL, Final Award, 03.09.2001
CME Czech Republic B.V. (The Netherlands) v. The Czech Republic, UNCITRAL, Partial Award, 13.09.2001
Occidental Exploration and Production Co. v. The Republic of Ecuador, LCIA UN3467, Award, 01.07.2004
Eureko B.V. v. Poland, Ad hoc, Partial Award, 19.08.2005
Saluka Investments B.V. v. The Czech Republic, UNCITRAL, Partial Award, 17.03.2006
Vladimir Berschader and Moise Berschader v. The Russian Federation, SCC 080/2005, Award, 21.04.2006
Eastern Sugar B.V. v. The Czech Republic, SCC 088/2004, Partial Award, 27.03.2007
RosInvestCo UK Ltd. v. The Russian Federation, SCC 079/2005, Award on Jurisdiction, 05.10.2007
BG Group Plc. v. The Republic of Argentina, UNCITRAL, Final Award, 24.12.2007
National Grid P.L.C. v. Republic of Argentina, UNCITRAL, Award, 03.11.2008

* Die untersuchten Schiedssprüche sind über die Webseite „Investment Treaty Arbitration" (<http://www.italaw.com>) abrufbar.

Anhang 6: Spruchpraxis des ICSID zum Investitionsbegriff

ICSID-Entscheidung	Anzahl Zitationen insgesamt (mit Bezug zum Investitionsbegriff)	Anzahl Zitationen Nicht-ICSID-Entscheidungen	Anzahl zitierter ICSID-Entscheidungen	Qualifikation der Zitationen von ICISD-Entscheidungen
Fedax v. Venezuela, ICSID ARB/96/3, Decision on Objections to Jurisdiction	6	0	6	6 Aus
CSOB v. Slovak Republic, ICSID ARB/97/4, Decision on Objections to Jurisdiction	1	0	1	2 Unt
Lanco International v. Argentina, ICSID ARB/97/6, Preliminary Decision on Jurisdiction	1	0	1	1 Aus
Víctor Pey Casado v. Chile, ICSID ARB/98/2, Award*	12	0	12	1 Unt/12 Aus
Patrick Mitchell v. Congo, ICSID ARB/99/7, Decision on the Application for Annulment of the Award	9	0	9	12 Aus
Salini v. Morocco, ICSID ARB/00/4, Decision on Jurisdiction	1	0	1	1 Par
Generation Ukraine v. Ukraine, ICSID ARB/00/9, Award	0	0	0	-
Enron v. Argentina, ICSID ARB/01/3, Decision on Jurisdiction*	10	0	10	2 Dis/8 Aus
CMS v. Argentina, ICSID ARB/01/8, Decision on Objections to Jurisdiction	9	0	9	1 Unt/3 Aus/5 Par

ICSID-Entscheidung	Anzahl Zitationen insgesamt (mit Bezug zum Investitionsbegriff)	Anzahl Zitationen Nicht-ICSID-Entscheidungen	Anzahl zitierter ICSID-Entscheidungen	Qualifikation der Zitationen von ICISD-Entscheidungen
Azurix v. Argentina, ICSID ARB/01/12, Decision on Jurisdiction	1	0	1	1 Aus
SGS v. Pakistan, ICSID ARB/01/13, Decision on Objections to Jurisdiction	4	0	4	2 Unt/1 Dis/1 Par
SGS v. Philippines, ICSID ARB/02/6, Decision of the Tribunal on Objections to Jurisdiction	3	0	3	2 Dis/2 Aus
Tokios Tokelés v. Ukraine, ICSID ARB/02/18, Decision on Jurisdiction	2	0	2	1 Unt/1 Aus
Camuzzi v. Argentina, ICSID ARB/03/2, Decision on Objections to Jurisdiction*	8	3	5	3 Unt/1 Dis/1 Aus/1 Abl
M.C.I. v. Ecuador, ICSID ARB/03/6, Award	7	1	6	3 Unt/3 Par
LESI-DIPENTA v. Algeria, ICSID ARB/03/8, Award	7	0	7	3 Unt/5 Aus
Joy Mining v. Egypt, ICSID ARB/03/11, Award on Jurisdiction	9	0	9	3 Dis/8 Aus/1 Par
Fraport AG v. Philippines, ICSID ARB/03/25, Award	6	0	6	6 Aus
Bayindir v. Pakistan, ICSID ARB/03/29,	5	0	5	1 Bef/2 Unt/5 Aus

ICSID-Entscheidung	Anzahl Zitationen insgesamt (mit Bezug zum Investitionsbegriff)	Anzahl Zitationen Nicht-ICSID-Entscheidungen	Anzahl zitierter ICSID-Entscheidungen	Qualifikation der Zitationen von ICISD-Entscheidungen
Decision on Jurisdiction				
Jan de Nul v. Egypt, ICSID ARB/04/13, Decision on Jurisdiction	3	0	3	3 Aus
LESI and Astaldi v. Algeria, ICSID ARB/05/3, Decision on Jurisdiction	7	0	7	3 Unt/5 Aus
Saipem v. Bangladesh, ICSID ARB/05/7, Decision on Jurisdiction	8	0	8	2 Unt/1 Aus/5 Par
Malaysian Historical Salvors v. Malaysia, ICSID ARB/05/10, Award	11	0	11	1 Unt/3 Dis/6 Aus/2 Par
Ioannis Kardassopoulos v. Georgia, ICSID ARB/05/18, Award	0	0	0	-
Helnan International v. Egypt, ICSID ARB/05/19, Decision of the Tribunal on Objections to Jurisdiction	6	0	6	2 Bef/4 Par
African Holding Company v. Congo, ICSID ARB/05/21, Award	4	0	4	3 Unt/1 Dis
Biwater Gauff v. Tanzania, ICSID ARB/05/22, Award	12	0	12	12 Aus
Spyridon Roussalis v. Romania, ICSID ARB/06/1, Award	0	0	0	-

ICSID-Entscheidung	Anzahl Zitationen insgesamt (mit Bezug zum Investitionsbegriff)	Anzahl Zitationen Nicht-ICSID-Entscheidungen	Anzahl zitierter ICSID-Entscheidungen	Qualifikation der Zitationen von ICISD-Entscheidungen
Phoenix Action v. Czech Republic, ICSID ARB/06/5, Award	24	3	21	12 Unt/1 Dis /16 Aus
Toto Costruzioni v. Lebanon, ICSID ARB/07/12, Decision on Jurisdiction	13	0	13	4 Aus/11 Par
Alpha Projektholding v. Ukraine, ICSID ARB/07/16, Award	18	0	18	11 Unt/4 Aus/7 Par
Saba Fakes v. Turkey, ICSID ARB/07/20, Award	11	0	11	6 Unt/15 Aus
ATA Construction v. Jordan, ICSID ARB/08/2, Award	1	0	1	1 Unt
Inmaris Perestroika Sailing v. Ukraine, ICSID ARB/08/8, Decision on Jurisdiction	11	0	11	6 Unt/1 Dis/3 Aus/1 Abl
Global Trading v. Ukraine, ICSID ARB/09/11, Award	10	0	10	7 Unt/4 Par
Insgesamt 35 Entscheidungen	240 Zitationen	7 Zitationen	233 Zitationen	3 Bef/70 Unt/15 Dis/140 Aus/2 Abl/44 Par

* Verfahren zum 31.12.2011 nicht abgeschlossen

Bef = Befolgen; Unt = Untermauern; Dis = *Distinguishing*; Aus = Ausgangspunkt; Abl = Ablehnung; Par = Parteivorbringen

Anhang 7: Investitionsrechtliche Spruchpraxis zum Meistbegünstigungsgrundsatz (MFN)

Entscheidung	Anzahl Zitationen insgesamt (mit Bezug zu MFN)	Anzahl Zitationen Nicht-ICSID-Entscheidungen	Anzahl zitierter ICSID-Entscheidungen	Qualifikation der Zitationen von ICISD-Entscheidungen
ICSID-Entscheidung:				
AAPL v. Sri Lanka, ICSID ARB/87/3, Final Award	0	0	0	-
Maffezini v. Spain, ICSID ARB/97/7, Decision of the Tribunal on the Objections of Jurisdiction	7	6	1	1 Dis/1 Aus
ADF v. United States, ICSID ARB(AF)/00/1, Award	1	0	1	1 Par
Tecmed v. Mexico, ICSID ARB(AF)/00/02, Award	1	0	1	1 Par
MTD v. Chile, ICSID ARB/01/7, Award	0	0	0	-
CMS v. Argentina, ICSID ARB/01/8, Award	0	0	0	-
Siemens v. Argentina, ICSID ARB/02/8, Decision on Jurisdiction	5	2	3	1 Unt/2 Par
Salini v. Jordan, ICSID ARB/02/13, Decision of the Tribunal on Jurisdiction	4	3	1	1 Dis/1 Aus
Camuzzi v. Argentina, ICSID ARB/03/2, Decision of the Tribunal on Objections to Jurisdiction*	0	0	0	-
Impregilo v. Pakistan, ICSID ARB/03/3, Decision on Jurisdiction	0	0	0	-
M.C.I. v. Ecuador, ICSID ARB/03/6, Award	1	0	1	1 Par
Camuzzi v. Argentina, ICSID ARB/03/7, Decision of the	1	0	1	1 Par

Entscheidung	Anzahl Zitationen insgesamt (mit Bezug zu MFN)	Anzahl Zitationen Nicht-ICSID-Entscheidungen	Anzahl zitierter ICSID-Entscheidungen	Qualifikation der Zitationen von ICISD-Entscheidungen
Tribunal on Objections to Jurisdiction				
Gas Natural v. Argentina, ICSID ARB/03/10, Decision of the Tribunal on Preliminary Questions on Jurisdiction	3	0	3	2 Unt/1 Dis
Suez v. Argentina, ICSID ARB/03/17, Decision on Jurisdiction*	4	0	4	3 Unt/1 Dis
Plama v. Bulgaria, ICSID ARB/03/24, Decision on Jurisdiction	9	4	5	1 Unt/1 Dis/1 Aus/1 Abl/1 Par
Bayindir v. Pakistan, ICSID ARB/03/29, Decision on Jurisdiction	1	0	1	1 Par
Wintershall v. Argentina, ICSID ARB/04/14, Award	34	19	15	4 Unt/1 Dis/9 Aus/6 Par
Telenor v. Hungary, ICSID ARB/04/15, Award	6	0	6	1 Unt/1 Dis/6 Aus
Nicht-ICSID-Entscheidung:				
Berschader v. Russia, SCC 080/2005, Award	6	1	5	1 Unt/5 Aus/1 Abl
RosInvest v. Russia, SCC 079/2005, Award on Jurisdiction	11	0	11	11 Par
20 Entscheidungen	94 Zitationen	35 Zitationen	59 Zitationen	0 Bef/13 Unt/7 Dis/23 Aus/2 Abl/25 Par

* Verfahren zum 31.12.2011 nicht abgeschlossen

Bef = Befolgen; Unt = Untermauern; Dis = *Distinguishing*; Aus = Ausgangspunkt; Abl = Ablehnung; Par = Parteivorbringen

Anhang 8: Investitionsrechtliche Spruchpraxis zum Gebot vollen Schutzes und voller Sicherheit (FPS)

Entscheidung	Anzahl Zitationen insgesamt (mit Bezug zu FPS)	Anzahl Zitationen Nicht-ICSID-Entscheidungen	Anzahl zitierter ICSID-Entscheidungen	Qualifikation der Zitationen von ICISD-Entscheidungen
ICSID-Entscheidung:				
AAPL v. Sri Lanka, ICSID ARB/87/3, Final Award	0	0	0	-
AMT v. Zaire (Congo), ICSID ARB/93/1, Award	0	0	0	-
Vivendi v. Argentina, ICSID ARB/97/3, Award	8	5	3	3 Aus
Wena Hotels v. Egypt, ICSID ARB/98/4, Award	2	0	2	2 Aus
Mondev v. United States of America, ICSID ARB(AF)/99/2, Award	3	2	1	1 Aus
ADF v. United States of America, ICSID ARB(AF)/00/1, Award	1	0	1	1 Unt
Tecmed v. Mexico, ICSID ARB(AF)/00/2, Award	1	0	1	1 Unt
Enron v. Argentina, ICSID ARB/01/3, Decision on Jurisdiction (Ancillary Claim)*	4	2	2	2 Par
Noble Ventures v. Romania, ICSID ARB/01/11, Award	3	1	2	2 Dis/2 Aus
Azurix v. Argentina, ICSID ARB/01/12, Award	8	3	5	3 Aus/2 Par
PSEG v. Turkey, ICSID ARB/02/5, Award	2	2	0	-
Siemens v. Argentina, ICSID ARB/02/8, Award	12	6	6	3 Aus/3 Par
M.C.I. v. Ecuador, ICSID ARB/03/6, Award	2	1	1	1 Par

Entscheidung	Anzahl Zitationen insgesamt (mit Bezug zu FPS)	Anzahl Zitationen Nicht-ICSID-Entscheidungen	Anzahl zitierter ICSID-Entscheidungen	Qualifikation der Zitationen von ICISD-Entscheidungen
Plama v. Bulgaria, ICSID ARB/03/24, Award	9	3	6	6 Aus
Total v. Argentina, ICSID ARB/04/1, Decision on Liability*	0	0	0	-
Jan de Nul v. Egypt, ICSID ARB/04/13, Award	1	0	1	1 Par
Parkerings v. Lithuania, ICSID ARB/05/8, Award	2	0	2	1 Unt/1 Aus
Siag v. Egypt, ICSID ARB/05/15, Award	1	0	1	1 Aus
Rumeli v. Kazakhstan, ICSID ARB/05/16, Award	3	1	2	2 Aus
Biwater Gauff v. Tanzania, ICSID ARB/05/22, Award	5	2	3	3 Aus
Spyridon Roussalis v. Romania, ICSID ARB/06/1, Award	15	2	13	3 Unt/11 Aus
Impregilo v. Argentina, ICSID ARB/07/17, Award*	2	0	2	2 Aus
Pantechniki v. Albania, ICSID ARB/07/21, Award	1	1	0	-
AES v. Hungary, ICSID ARB/07/22, Award*	2	1	1	1 Aus
Nicht-ICSID-Entscheidung:				
Lauder v. Czech Republic, UNCITRAL, Final Award, 2001	0	0	0	-
CME v. Czech Republic, UNCITRAL, Partial Award, 2001	0	0	0	-

Entscheidung	Anzahl Zitationen insgesamt (mit Bezug zu FPS)	Anzahl Zitationen Nicht-ICSID-Entscheidungen	Anzahl zitierter ICSID-Entscheidungen	Qualifikation der Zitationen von ICISD-Entscheidungen
Occidental v. Ecuador, LCIA UN3467, Final Award, 2004	2	0	2	2 Unt
Eureko v. Poland, ad hoc, Partial Award, 2005	0	0	0	-
Saluka Investments v. Czech Republic, PCA, Partial Award, 2006	3	0	3	6 Aus
Eastern Sugar v. Czech Republic, SCC 088/2004, Partial Award, 2007	0	0	0	-
BG Group v. Argentina, UNCITRAL, Final Award, 2007	7	2	5	3 Unt/2 Par
National Grid v. Argentina, UNCITRAL, Award, 2008	7	1	6	5 Dis/1 Par
31 Entscheidungen	104 Zitationen	35 Zitationen	69 Zitationen	0 Bef/11 Unt/7 Dis/47 Aus/0 Abl/12 Par

* Verfahren zum 31.12.2011 nicht abgeschlossen
Bef = Befolgen; Unt = Untermauern; Dis = *Distinguishing*; Aus = Ausgangspunkt; Abl = Ablehnung; Par = Parteivorbringen

Anhang 9: Auszüge aus baurechtlichen Standardbedingungen

Conditions of Contract for Building and Engineering Works Designed by the Employer (Red Book), 1999:

20.6 Arbitration

Unless settled amicably, any dispute in respect of which the DAB's decision (if any) has not become final and binding shall be finally settled by international arbitration. Unless otherwise agreed by both Parties:
(a) the dispute shall be finally settled under the Rules of Arbitration of the International Chamber of Commerce,
(b) the dispute shall be settled by three arbitrators appointed in accordance with these Rules, and
(c) the arbitration shall be conducted in the language for communications defined in Sub-Clause 1.4 [*Law and Language*].
The arbitrator(s) shall have full power to open up, review and revise any certificate, determination, instruction, opinion or valuation of the Engineer, and any decision of the DAB, relevant to the dispute. Nothing shall disqualify the Engineer from being called as a witness and giving evidence before the arbitrator(s) on any matter whatsoever relevant to the dispute.
Neither Party shall be limited in the proceedings before the arbitrator(s) to the evidence or arguments previously put before the DAB to obtain its decision, or to the reasons for dissatisfaction given in its notice of dissatisfaction. Any decision of the DAB shall be admissible in evidence in the arbitration.
Arbitration may be commenced prior to or after completion of the Works. The obligations of the Parties, the Engineer and the DAB shall not be altered by reason of any arbitration being conducted during the progress of the Works.

Conditions of Contract for Works of Civil Engineering Construction, 4th edition, 1987:

67.3 Arbitration

Any dispute in respect of which:
(a) the decision, if any, of the Engineer has not become final and binding pursuant to Sub-Clause 67.1., and
(b) amicable settlement has not been reached within the period stated in Sub-Clause 67.2,
shall be finally settled, unless otherwise specified in the Contract, under the Rules of Conciliation and Arbitration of the International Chamber of Commerce by one

or more arbitrators appointed under such Rules. The said arbitrator/s shall have full power to open up, review and revise any decision, opinion, instruction, determination, certificate or valuation of the Engineer related to the dispute.
Neither party shall be limited in the proceedings before such arbitrator/s to the evidence or arguments put before the Engineer for the purpose of obtaining his said decision pursuant to Sub-Clause 67.1. No such decision shall disqualify the Engineer from being called as a witness and giving evidence before the arbitrator/s on any matter whatsoever relevant to the dispute.
Arbitration may be commenced prior to or after completion of the Works, provided that the obligations of the Employer, the Engineer and the Contractor shall not be altered by reason of the arbitration being conducted during the progress of the Works.

Conditions of Contract for Works of Civil Engineering Construction, 3rd edition, 1977:

67 Settlement of Disputes – Arbitration

[...]
All disputes or differences in respect of which the decision, if any, of the Engineer has not become final and binding as aforesaid shall be finally settled under the Rules of Conciliation and Arbitration of the International Chamber of Commerce by one or more arbitrators appointed under such Rules. The said arbitrator/s shall have full power to open up, revise and review any decision, opinion, direction, certificates or valuation of the Engineer. Neither party shall be limited in the proceedings before such arbitrator/s to the evidence or arguments put before the Engineer for the purpose of obtaining his said decision. No decision given by the Engineer in accordance with the foregoing provisions shall disqualify him from being called as a witness and giving evidence before the arbitrator/s on any matter whatsoever relevant to the dispute or difference referred to the arbitrator/s aforesaid. The reference to arbitration may proceed notwithstanding that the Works shall not then be or be alleged to be complete, provided always that the obligations of the Employer, the Engineer and the Contractor shall not be altered by reason of the arbitration being conducted during the progress of the Works.

Conditions of Contract for Works of Civil Engineering Construction, 2nd edition, 1969:

67. Settlement of Disputes

[...]

All disputes or differences in respect of which the decision (if any) of the Engineer has not become final and binding as aforesaid shall be finally settled under the Rules of Conciliation and Arbitration of the International Chamber of Commerce by one or more arbitrators appointed in accordance with the said Rules. The said arbitrator/s shall have full power to open up[,] review and revise any decision[,] opinion[,] direction[,] certificate or valuation of the Engineer and neither party shall be limited in the proceedings before such arbitrator/s to the evidence or arguments put before the Engineer for the purpose of obtaining his said decision. No decision given by the Engineer in accordance with the foregoing provisions shall disqualify him from being called as a witness and giving evidence before the arbitrator/s on any matter whatsoever relevant to the dispute or difference referred to the arbitrator/s as aforesaid. The arbitrator/s shall not enter on the reference until after the completion or alleged completion of the Works unless with the written consent of the Employer and the Contractor provided always

(i) that such reference may be opened before such completion or alleged completion in respect of the withholding by the Engineeer of any certificate or the withholding of any portion of the retention money to which the Contractor claims in accordance with the conditions set out in Part II in the Clause numbered 60 to be entitled or in respect of the exercise of the Engineer's power to give a certificate under Clause 63 (1) hereof or in respect of a dispute arising under Clause 71 hereof

(ii) that the giving of a Certificate of Completion under Clause 48 hereof shall not be a condition precedent to the opening of any such reference.

Literaturverzeichnis

Ahrens, Jan-Michael, Die subjektive Reichweite internationaler Schiedsvereinbarungen und ihre Erstreckung in der Unternehmensgruppe, Frankfurt a.M. 2001.

Alexandrov, Stanimir A., The „Baby Boom" of Treaty-Based Arbitrations and the Jurisdiction of ICSID Tribunals: Shareholders as „Investors" and Jurisdiction Ratione Temporis, LPICT 4 (2005), 19 ff.

Alexy, Robert, Begriff und Geltung des Rechts, Freiburg, München 1992.

Alexy, Robert/Dreier, Ralf, Precedent in the Federal Republic of Germany, in: *MacCormick, Neil D./Summers, Robert S.* (Hg.), Interpreting Precedents – A Comparative Study, Ashgate 1997, S. 17 ff.

Amarasinha, Stefan D./Kokott, Juliane, Multilateral Investment Rules Revisited, in: *Muchlinski, Peter/Ortino, Federico* (Hg.), The Oxford Handbook of International Investment Law, New York 2008, S. 119 ff.

Amerasinghe, Chittharanjan F., The Jurisdiction of the International Center for the Settlement of Investment Disputes, Indian J. Int. L. 19 (1979), 166 ff.

Arndt, Adolf, Gesetzesrecht und Richterrecht, NJW 1963, 1273 ff.

Arnoldt, Thomas, Praxis des Weltbankübereinkommens (ICSID): Anwendbares Recht und Kontrollverfahren beim Internationalen Zentrum zur Beilegung von Investitionsstreitigkeiten, Baden-Baden 1997.

Atias, Christian, L'ambiguïté des arrêts dit de principe en droit privé, JCP I 1984, 3145, n° 1 ff.

Bagner, Hans, Confidentiality – A Fundamental Principle in International Commercial Arbitration?, J. Int. Arb. 18 (2001), 243 ff.

Bailey, Stephen H./Ching, Jane P. L./Taylor, Nick W., The Modern English Legal System, 5. Aufl. London 2007.

Baker, John Hamilton, An introduction to English legal history, London 2002.

Banifatemi, Yas, The emerging jurisprudence of the most-favored-nation treatment in investment arbitration, in: *Bjorklund, Andrea K./Laird, Ian A./Ripinsky, Sergey* (Hg.), Investment Treaty Law: Current Issues III – Remedies in International Investment Law, Emerging Jurisprudence of International Investment Law, London 2009, S. 241 ff.

Banifatemi, Yas, The Law Applicable in Investment Treaty Arbitration, in: *Yannaca-Small, Katia* (Hg.), Arbitration Under International Investment Agreements: A Guide to the Key Issues, Oxford 2010, S. 191 ff.

Baum, Axel H., Reconciling Anglo-Saxon and Civil Law Procedure: The Path to a Procedural Lex Arbitrationis, in: *Briner, Robert/Fortier, Yves/Berger, Klaus Peter/Bredow, Jens* (Hg.), Law of International Business and Dispute Settlement in the 21st Century. Liber Amicorum Karl-Heinz Böckstiegel, Köln 2001, S. 21 ff.

Baumbach, Adolf/Lauterbach, Wolfgang/Albers, Jan/Hartmann, Peter, ZPO-Kommentar, 69. Aufl. München 2011.

Bel, Jean, Le Précédent Judiciaire en Droit Privé, in: *Blaurock, Uwe* (Hg.), Die Bedeutung von Präjudizien im deutschen und französischen Recht, Frankfurt a.M. 1985, S. 25 ff.

Belaid, Sadok, Essai sur le pouvoir créateur et normatif du juge, Paris 1974.

Belling, Jan-Frederik, Die Jurisdiktion rationae materiae der ICSID-Schiedsgerichte, Berlin 2008.

Ben Hamida, Walid, Clause de la nation plus favorisée et mécanismes de règlement de différends: que dit l'histoire?, Clunet 2007, 1127 ff.

Berger, Klaus Peter, The International Arbitrators' Application of Precedent, J. Int. Arb. 9 (1992), 5 ff.

Berger, Klaus Peter, Formalisierte oder „schleichende" Kodifizierung des transnationalen Wirtschaftsrechts, Berlin 1996.

Berger, Klaus Peter, Herausforderungen für die (deutsche) Schiedsgerichtsbarkeit, SchiedsVZ 2009, 289 ff.

Berger, Klaus Peter/Kleine, Lucas, AGB-Gestaltung und Transparenzgebot – Beispiele aus der jüngeren BGH-Rechtsprechung zum unternehmerischen Geschäftsverkehr, NJW 2007, 3526 ff.

von Bernstorff, Christoph, Incoterms 2010, RIW 2010, 672 ff.

Bertrand, Edouard, L'Amiable Composition – Rapport du Groupe de travail du Comité français de la CCI, RDAI (2005), 753 ff.

Bishop, R. Doak, International Arbitration of Petroleum Disputes: The Development of a Lex Petrolea, Y.B. Comm. Arb. 23 (1998), 1131 ff.

Bishop, R. Doak/Macmahon, Belinda, Multiple Party Actions in International Arbitration, Oxford 2009.

Bjorklund, Andrea K., Investment Treaty Arbitral Decisions as Jurisprudence Constante, in: *Picker, Colin B./Bunn, Isabella D./Arner, Douglas W.* (Hg.), International Economic Law: The State and Future of the Discipline, Oxford 2008, S. 265 ff.

Blackaby, Nigel, Public Interest and Investment Treaty Arbitration, in: *van den Berg, Albert Jan* (Hg.), International Commercial Arbitration: Important Contemporary Questions, Den Haag 2003, S. 355 ff.

Blackaby, Nigel/Partasides, Constantine/Redfern, Alan/Hunter, Martin, Redfern and Hunter on International Arbitration, 5. Aufl. Oxford, New York 2009.

Blumenwitz, Dieter, Einführung in das anglo-amerikanische Recht, 7. Aufl. München 2003.

Böckstiegel, Karl-Heinz, Major Criteria for International Arbitrators in Shaping an Efficient Procedure, ICC Bull. 1999, 49 ff.

Böckstiegel, Karl-Heinz, Taking Evidence in International Commercial Arbitration – Legal Framework and Trends in Practice, in: *Böckstiegel, Karl-Heinz/Berger, Klaus Peter/Bredow, Jens* (Hg.), The Taking of Evidence in International Commercial Arbitration, Köln 2010, S. 1 ff.

Böckstiegel, Karl-Heinz, Assumptions regarding Common Law versus Civil Law in the Practice of International Commercial Arbitration, SchiedsVZ 2011, 113 ff.

von Bogdandy, Armin/Venzke, Ingo, Zur Herrschaft internationaler Gerichte: Eine Untersuchung internationaler öffentlicher Gewalt und ihrer demokratischen Rechtfertigung, ZaöRV 2010, 1 ff.

Born, Gary B., International Commercial Arbitration – Vol. I, Alphen aan den Rijn 2009.

Born, Gary B./Shenkman, Ethan G., Confidentiality and Transparency in Commercial and Investor-State International Arbitration, in: *Rogers, Catherine A./Alford, Roger P.* (Hg.), The Future of Investment Arbitration, Oxford, New York 2009, S. 5 ff.

Bosch, Wolfgang, Rechtskraft und Rechtshängigkeit im Schiedsverfahren, Tübingen 1990.

van den Bossche, Pete, From afterthought to centerpiece: the WTO Appellate Body and its rise to prominence in the world trading system, in: *Sacerdoti, Giorgio/Yanovich, Alan/Bohanes, Jan* (Hg.), The WTO at Ten – The Contribution of the Dispute Settlement System, Cambridge 2006, S. 289 ff.

Bracton, Henry de/Woodbine, George E./Thorne, Samuel E., On the Laws and Customs of England, Buffalo 1997.

Bredow, Jens, Die DIS-Schiedsordnung 1998, in: *DIS/Bredow, Jens/Böckstiegel, Karl-Heinz* (Hg.), Neues Deutsches Schiedsverfahrensrecht – Neue DIS-Schiedsgerichtsordnung, Bonn 1998, S. 111ff.

von Breitenstein, Detlev, Rechtsordnung und „Lex Mercatoria" – Zur vergeblichen Suche nach einem „anationalen" Recht für die internationale Arbitrage, in: Festschrift für Otto Sandrock zum 70. Geburtstag, Heidelberg 2000, S. 111ff.

Brewer, Scott, Exemplary Reasoning: Semantics, Pragmatics, and the Rational Force of Legal Argument by Analogy, Harv. L. Rev. 109 (1996), 923ff.

Broches, Aron, The Convention on the Settlement of Investment Disputes between States and Nationals of other States, RdC 136 (1972), 337ff.

Brown, Alexis C., Presumption meets Reality: An Exploration of the Confidentiality Obligation in International Commercial Arbitration, Am. U. Int. L. Rev. 16 (2001), 969ff.

Brownlie, Ian, Principles of Public International Law, 7. Aufl. Oxford 2008.

Brunet, Edward, Questioning the Quality of Alternative Dispute Resolution, Tul. L. Rev. 62 (1987), 1ff.

Bühler, Michael W./Webster, Thomas H., Handbook of ICC Arbitration: Commentary, Precedents, Materials, 2. Aufl. London 2008.

Bunni, Nael G., Recent Developments in Construction Disputology, J. Int. Arb. 17 (2000), 105ff.

Bunni, Nael G., The FIDIC Forms of Contract, 3. Aufl. Oxford 2005.

Bunni, Nael G., Risk and Insurance in Construction, 2. Aufl. London 2011.

Busse, Daniel, Die Bindung Dritter an Schiedsvereinbarungen, SchiedsVZ 2005, 118ff.

Buys, Cindy G., The Tensions between Confidentiality and Transparency in International Arbitration, Am. Rev. Int. Arb. 14 (2003), 121ff.

Bydlinski, Franz, Hauptpositionen zum Richterrecht, JZ 1985, 149ff.

Bydlinski, Franz, Juristische Methode und Rechtsbegriff, 2. Aufl. Wien 1991.

Calliess, Gralf-Peter, Das Tetralemma des Rechts. Zur Möglichkeit der Selbstbeschränkung des Kommunikationssystems Recht, ZfRSoz 2000, 293ff.

Calliess, Gralf-Peter, Billigkeit und effektiver Rechtsschutz. Zu Innovation und Evolution des (Zivil-) Rechts in der Globalisierung, ZfRSoz 2005, 35ff.

Calliess, Gralf-Peter/Renner, Moritz, Transnationalizing Private Law – The Public and the Private Dimensions of Transnational Commercial Law, GLJ 10 (2009), 1341ff.

Carbonneau, Thomas E., The Exercise of Contract Freedom in the Making of Arbitration Agreements, Vand. J. Trans. L. 36 (2003), 1189ff.

Carbonneau, Thomas E., Arbitral Law-Making, Mich. J. Int. L. 25 (2004), 1183ff.

Carbonnier, Jean, Droit civil – Introduction, 21. Aufl. Paris 1992.

Carbonnier, Jean, Mon cher Collègue, RTD civ. 1992, 341ff.

Carter, James H., International Commercial Dispute Resolution, Disp. Res. J. 51 (1996), 95ff.

Carter, James H., Transnational Law: What Is It? How Does It Differ from International Law and Comparative Law?, Penn. St. Int. L. Rev. 23 (2004), 797ff.

Cavalieros, Philippe, La confidentialité de l'arbitrage, Cah. arb. 3 (2006), 56ff.

Chaaban, Rana, Clause d'Arbitrage et Cautionnement, Rev. Arb. (2007), 721ff.

Chan, Edwin H. W./Chan, Charles K. L./Hills, Martyn J., Construction Industry Adjudication: A Comparative Study of International Practice, J. Int. Arb. 22 (2005), 363ff.

Cheng, Bin, General Principles of Law as applied by International Courts and Tribunals, Cambridge 1993.

Cheng, Tai-Heng, Precedent and Control in Investment Treaty Arbitration, Fordham Int. L. J. 30 (2007), 1014ff.

Cheng, Tai-Heng/Trisotto, Robert, Reasons and Reasoning in Investment Treaty Arbitration, Suff. Trans. L. Rev. 32 (2009), 409 ff.

Chua, Adrian, The Precedential Effect of WTO Panel and Appellate Body Reports, Leiden J. Int. L. 11 (1998), 45 ff.

Chukwumerije, Okezie, Interpreting Most-Favoured-Nation Clauses in Investment Treaty Arbitrations, JWIT 8 (2007), 597 ff.

Clay, Thomas, L'arbitre, Paris 2001.

Commission, Jeffrey P., Precedent in Investment Treaty Arbitration – A Citation Analysis of a Developing Jurisprudence, J. Int. Arb. 24 (2007), 129 ff.

Cordero-Moss, Guiditta, Full Protection and Security, in: *Reinisch, August* (Hg.), Standards of Investment Protection, Oxford 2008, S. 131 ff.

Cornu, Gérard, La jurisprudence aujourd'hui – Libre propos sur une institution controversée, RTD civ. 1992, 342 ff.

Cornu, Gérard, Droit civil – Introduction au droit, 13. Aufl. Paris 2007.

Craig, Laurence W. /Park, William W./Paulsson, Jan, International Chamber of Commerce Arbitration, 3. Aufl. Dobbs Ferry 2000.

Cremades, Bernardo, The impact of international arbitration on the development of business law, Am. J. Comp. L. 31 (1983), 526 ff.

Cross, Rupert/Harris, James W., Precedent in English Law, 4. Aufl. Oxford 1991.

Curtis, Christopher T., The Legal Security of Economic Development Agreements, Harv. Int. L. J. 29 (1988), 317 ff.

Dasser, Felix, Internationale Schiedsgerichte und lex mercatoria, Zürich 1989.

David, René/de Vries, Henry P., The French Legal System, New York 1958.

Debourg, Claire, Les contrariétés de décisions dans l'arbitrage international, Paris 2012.

Delaume, George, Le Centre International pour le règlement des Différends relatifs aux Investissements (CIRDI), Clunet 1982, 775 ff.

Delvolvé, Jean-Louis, L'arbitrage multipartite, ASA Bull. 10 (1992), 154 ff.

Delvolvé, Jean-Louis, Vraies et fausses confidences, ou les petits et les grands secrets de l'arbitrage, Rev. Arb. (1996), 373 ff.

Derains, Yves, L'application cumulative par l'arbitre des systèmes de conflit de lois intéressées au litige, Rev. Arb. 1972, 99 ff.

Derains, Yves, Is there a group of Companies Doctrine?, in: *ICC* (Hg.), Dossier of the ICC Institute of World Business Law: Multiparty Arbitration, Paris 2010, S. 131 ff.

Derains, Yves/Schwartz, Eric A., A Guide to the ICC Rules of Arbitration, 2. Aufl. Den Haag 2005.

Dessemontet, François, Arbitration and Confidentiality, Am. Rev. Int. Arb. 7 (1996), 299 ff.

Dessemontet, François, Des auteurs, des arbitres et des citations dans les sentences. Une figure obligée?, in: *Gauch, Peter/Pichonnaz, Pascal* (Hg.), Figures juridiques – Rechtsfiguren, Mélanges dissociés/K(l)eine Festschrift pour Pierre Tercier, Zürich, Basel, Genf 2003, S. 61 ff.

Deumier, Pascale, Création du droit et rédaction des arrêts par la Cour de cassation, in: *Politiques, Académie des Sciences Morales et* (Hg.), La création du droit par le juge, Paris 2007, S. 49 ff.

Dezalay, Yves/Garth, Bryant G., Merchants of Law as Moral Entrepreneurs: Constructing International Justice from the Competition for Transnational Business Disputes, L. Soc. Rev. 29 (1995), 27 ff.

Dezalay, Yves/Garth, Bryant G., Dealing in Virtue: International Commercial Arbitration and the Construction of a Transnational Legal Order, Chicago 1996.

Diedrich, Frank, Präjudizien im Zivilrecht, Hamburg 2004.

Diel-Gligor, Katharina, Inconsistencies in International Investment Jurisprudence: The Example of ICSID Arbitration. Problem Analysis and Proposals for Reform, in Vorbereitung.

Doehring, Karl, Völkerrecht, 2. Aufl. Heidelberg 2004.

Dolzer, Rudolf/Schreuer, Christoph, Principles of International Investment Law, Oxford, New York 2008.

Dolzer, Rudolf/von Walter, André, Fair and Equitable Treatment – Lines of Jurisprudence on Customary Law, in: *Ortino, Federico/Liberti, Lahra/Sheppard, Audley/Warner, Hugo* (Hg.), Investment Treaty Law – Current Issues II, London 2007, S. 99 ff.

Douglas, Michael, The Lex Mercatoria and the Culture of Transnational Industry, U. M. Int. Comp. L. Rev. 13 (2006), 367 ff.

Douglas, Zachary, The International Law of Investment Claims, Cambridge 2009.

Douglas, Zachary, Can a Doctrine of Precedent Be Justified in Investment Treaty Arbitration?, ICSID Rev. 25 (2010), 104 ff.

Drahozal, Christopher R., Arbitration by the Numbers: The State of Empirical Research on International Commercial Arbitration, Arb. Int. 22 (2006), 291 ff.

Drahozal, Christopher R., Why Arbitrate? Substantive Versus Procedural Theories of Private Judging, Am. Rev. Int. Arb. 22 (2011), 163 ff.

Dreier, Horst, Grundgesetz – Kommentar, 2. Aufl. Tübingen 2008.

Druzin, Bryan, Law Without the State: The Theory of High Engagement and the Emergence of Spontaneous Legal Order Within Commercial Systems, Geo. J. Int. L. 41 (2010), 559 ff.

Dupont, Pierre-Emmanuel, The Notion of ICSID Investment: Ongoing ‚Confusion' or ‚Emerging Synthesis'?, JWIT 12 (2011), 245 ff.

Duprey, Pierre, Do Arbitral Awards constitute Precedents? Should Commercial Arbitration be Distinguished in this Regard from Arbitration Based on Investment Treaties?, in: *Gaillard, Emmanuel/Pinsolle, Philippe/Schlaepfer, Anne Véronique/Degos, Louis* (Hg.), Towards a Uniform International Arbitration Law?, Huntington 2005, S. 251 ff.

Duve, Christian/Keller, Moritz, Privatisierung der Justiz – bleibt die Rechtsfortbildung auf der Strecke? – Ein Beitrag zur Auflösung des Spannungsverhältnisses von Privatautonomie und Rechtsfortbildung in der Schiedsgerichtsbarkeit, SchiedsVZ 2005, 169 ff.

Editorial, The Decision of the High Court of Australia in *Esso/BHP v. Plowman*, Arb. Int. 11 (1995), 231 ff.

Elkouri, Frank/Elkouri, Edna Asper, How arbitration works, 6. Aufl. Arlington 2008.

Engisch, Karl, Einführung in das juristische Denken, 9. Aufl. Köln 2007.

Fabre-Magnan, Muriel, Introduction générale au droit – Droit des personnes, Méthodologie juridique, 2. Aufl. Paris 2011.

Fages, Fabrice, La confidentialité de l'arbitrage à l'épreuve de la transparence financière, Rev. Arb. (2003), 5 ff.

Fauchald, Ole Kristian, The Legal Reasoning of ICSID Tribunals – An Empirical Analysis, EJIL 19 (2008), 301 ff.

Faya Rodriguez, Alejandro, The Most-Favored-Nation Clause in International Investment Agreements, J. Int. Arb. 25 (2008), 89 ff.

Ferrario, Pietro, The Group of Companies Doctrine in International Commercial Arbitration: Is There any Reason for this Doctrine to Exist?, J. Int. Arb. 26 (2009), 647 ff.

Fietta, Stephen, Most favoured nation treatment and dispute resolution under bilateral investment treaties: a turning point?, TDM 2 (2005), 1 ff.

Fikentscher, Wolfgang, Methoden des Rechts in vergleichender Darstellung, Bd. IV, Tübingen 1977.

Fikentscher, Wolfgang, Präjudizienbindung, ZfRV 1985, 163 ff.

Finke, Jasper, Die Parallelität internationaler Streitbeilegungsmechanismen. Untersuchung der aus der Stärkung der internationalen Gerichtsbarkeit resultierenden Konflikte, Berlin 2004.

Fischer-Lescano, Andreas/Teubner, Gunter, Regime-Kollisionen. Zur Fragmentierung des globalen Rechts, Frankfurt a.M. 2006.

Föbus, Nikolaus, Die Insuffizienz des strafrechtlichen Schutzes von Geschäfts- und Betriebsgeheimnissen nach § 17 UWG, Frankfurt a.M. 2011.

Fortier, Yves, The Occasionally Unwarranted Assumption of Confidentiality, Arb. Int. 15 (1999), 131 ff.

Fouchard, Philippe/Gaillard, Emmanuel/Goldman, Berthold, International Commercial Arbitration, Den Haag 1999.

Fouchard, Philippe/Goldman, Berthold/Gaillard, Emmanuel, Traité de l'arbitrage commercial international, Paris 1996.

Foyer, Jean, Allocution d'ouverture, in: *Politiques, Académie des Sciences Morales et* (Hg.), La création du droit par le juge, Paris 2007, S. 3 ff.

Franck, Susan D., The Legitimacy Crisis in Investment Treaty Arbitration: Privatizing Public International Law Through Inconsistent Decisions, Fordham L. Rev. (2005), 1521 ff.

Freeman, Alwyn V., Responsibility of States for the Unlawful Acts of Their Armed Forces, RdC 88 (1956), 261 ff.

Freyer, Dana/Herlihy, David, Most-Favored-Nation Treatment and Dispute Settlement in Investment Arbitration: Just How „Favored" is „Most-Favored"?, ICSID Rev. 20 (2005), 58 ff.

Gaillard, Emmanuel, Le principe de confidentialité de l'arbitrage commercial international, D. Chron. (1987), 153 ff.

Gaillard, Emmanuel, Establishing jurisdiction through a mostfavored-nation clause, N. Y. L. J. 233 (2005), 1 ff.

Gaillard, Emmanuel/Banifatemi, Yas, The Meaning of „and" in Article 42 (1), Second Sentence, of the Washington Convention: The Role of International Law in the ICSID Choice of Law Process, ICSID Rev. 18 (2003), 375 ff.

Gallus, Nick, The Influence of the Host State's Level of Development on International Investment Treaty Standards of Protection, JWIT 6 (2005), 711 ff.

Gallus, Nick, Plama v. Bulgaria and the scope of investment treaty MFN clauses, TDM 2 (2005), 1 ff.

Gantz, David, An Appellate Mechanism for Review of Arbitral Decisions in Investor-State Disputes: Prospects and Challenges, Vand. J. Trans. L. 39 (2006), 39 ff.

Garner, Bryan A., Black's Law Dictionary, St. Paul 2009.

Geiben, Jörg, Die Privatsphäre und Vertraulichkeit im Schiedsverfahren. Eine rechtsvergleichende Untersuchung des deutschen, englischen und US-amerikanischen Schiedsrechts, Köln 2001.

Gélinas, Fabien, Investment Tribunals and the Commercial Arbitration Model: Mixed Procedures and Creeping Institutionalisation, in: *Gehring, Mark/Cordonier Segger, Marie-Claire* (Hg.), Sustainable Development in World Trade Law, Den Haag 2005, S. 577 ff.

Ghestin, Jacques/Goubeaux, Gilles/Fabre-Magnan, Muriel, Traité de droit civil, 4. Aufl. Paris 1994.
Gill, Judith, Inconsistent Decisions: An Issue to be Addressed or a Fact of Life?, TDM (2005), 12 ff.
Gill, Judith, Is There a Special Role for Precedent in Investment Arbitration?, ICSID Rev. 25 (2010), 87 ff.
Ginsburg, Tom, The Culture of Arbitration, Vand. J. Trans. L. 36 (2003), 1335 ff.
Glenn, Patrick H., Persuasive Authority, MLJ 32 (1987), 261 ff.
Gobert, Michelle, La jurisprudence, source du droit triomphante mais menacée, RTD civ. 1992, 344 ff.
Goldman, Berthold, Les conflits de lois dans l'arbitrage international de droit privé, RdC 109 (1963), 347 ff.
Goldman, Berthold, The applicable law: general principles of law – the lex mercatoria, in: *Lew, Julian D.* (Hg.), Contemporary Problems in International Arbitration, Dordrecht, Boston, Lancaster 1987, S. 113 ff.
Griebel, Jörn, Internationales Investitionsrecht, München 2008.
Griebel, Jörn/Kim, Yun-I., Zwischen Aufbruch, Stillstand und Rückschritt – Überlegungen zur Zukunft des internationalen Investitionsrechts, SchiedsVZ 2007, 186 ff.
Grigera Naón, Horacio, Choice-of-Law Problems in International Commercial Arbitration, RdC 289 (2001), 9 ff.
Grundmann, Stefan, Europäisches Schuldvertragsrecht: Das europäische Recht der Unternehmensgeschäfte, Berlin 1999.
Grundmann, Stefan, Law merchant als lex lata Communitatis – insbesondere die Unidroit-Principles, in: *Diederichsen, Uwe/Fischer, Gerfried/Medicus, Dieter/Pirrung, Jörg/Wagenitz, Thomas* (Hg.), Festschrift für Walter Rolland, Köln 1999, S. 145 ff.
Grundmann, Stefan, Privatautonomie im Binnenmarkt, JZ 2000, 1133 ff.
Gruner, Dora Marta, Accounting for the Public Interest in International Arbitration: The Need for Procedural and Structural Reform, Colum. J. Trans. L. 41 (2003), 923 ff.
Guinchard, Serge/Montagnier, Gabriel/Varinard, André/Debard, Thierry, Institutions juridictionelles, 11. Aufl. Paris 2011.
Gusy, Christoph, Der Gleichheitssatz, NJW 1988, 2505 ff.
Habegger, Philipp, Extension of Arbitration Agreements to Non-Signatories and Requirements of Form, ASA Bull. 22 (2004), 398 ff.
Häberle, Siegfried Georg, Zahlung und Zahlungssicherung mit Dokumentenakkreditiven (Documentary Credits), in: *Häberle, Siegfried Georg* (Hg.), Handbuch für Kaufrecht, Rechtsdurchsetzung und Zahlungssicherung im Außenhandel, München 2002, S. 755 ff.
Handorn, Boris, Das Sonderkollisionsrecht der deutschen internationalen Schiedsgerichtsbarkeit, Tübingen 2005.
Hannich, Rolf, Karlsruher Kommentar zur StPO, 6. Aufl. München 2008.
Hanotiau, Bernard, Complex Arbitrations – Multiparty, Multicontract, Multiissue and Class Action, Den Haag 2005.
Hanotiau, Bernard, Groups of Companies in International Arbitration, in: *Mistelis, Loukas/Lew, Julian D.* (Hg.), Pervasive Problems in International Arbitration, Aalphen aan den Rijn 2006, S. 279 ff.
Hascher, Dominique, Introduction, in: *ICC* (Hg.), Décisions sur la procédure d'arbitrage de la CCI – Supplément Spécial 2010 au Bulletin de la CCI, Paris 2011, S. 5 ff.

Hébraud, Pierre, Le juge et la jurisprudence, in: *Université des sciences sociales de Toulouse* (Hg.), Mélanges offerts à Paul Couzinet, Toulouse 1974, S. 329 ff.
Heldrich, Andreas, 50 Jahre Rechtsprechung des BGH – Auf dem Weg zu einem Präjudizienrecht? – Festvortrag zum 50-jährigen Bestehen des BGH, ZRP 2000, 497 ff.
Henry, Marc, La Théorie du Groupe de Sociétés Appliquée aux Arbitrages Impliquant un Etat, Int. Bus. L. J. (2006), 297 ff.
Hergenröder, Curt Wolfgang, Zivilprozessuale Grundlagen richterlicher Rechtsfortbildung, Tübingen 1995.
Hesse, Konrad, Grundzüge des Verfassungsrechts der Bundesrepublik Deutschland, 20. Aufl. Heidelberg 1995.
Hirsch, Günther, Schiedsgerichte – ein Offenbarungseid für staatliche Gerichte?, SchiedsVZ 2003, 49 ff.
von Hoffmann, Bernd, „Lex Mercatoria" vor internationalen Schiedsgerichten, IPRax 1984, 106 ff.
von Hoffmann, Bernd/Thorn, Karsten, Internationales Privatrecht, 9. Aufl. München 2007.
Hök, Götz-Sebastian, Handbuch des internationalen und ausländischen Baurechts, 2. Aufl. Berlin, Heidelberg 2012.
Holder, Daniel, Vertraulichkeit im Schiedsverfahren nach deutschem Recht – Unter Berücksichtigung der Rechtslage in England, Australien, Schweden und Neuseeland, Frankfurt a.M. 2009.
Hondius, Ewoud, General Report, in: *Hondius, Ewoud* (Hg.), Precedent and the Law – General reports of the XVIIth congress of the International Academy of Comparative Law, Brüssel 2007, S. 1 ff.
Hosking, James M., The Third Party Non-Signatory's Ability to Compel International Commercial Arbitration: Doing Justice Without Destroying Consent, Pepp. Disp. Res. L. J. 4 (2004), 469 ff.
Hunter, Martin/Barbuk, Alexei, Reflections on the Definition of an ‚Investment', in: *Aksen, Gerald/Böckstiegel, Karl-Heinz/Mustill, Michael J./Patocchi, Paolo Michele/Whitesell, Anne Marie* (Hg.), Global Reflections on International Law, Commerce and Dispute Resolution. Liber Amicorum in Honour of Robert Briner, Paris 2005, S. 381 ff.
Hwang, Michael/Chung, Katie, Defining the Indefinable: Practical Problems of Confidentiality in Arbitration, J. Int. Arb. 26 (2009), 609 ff.
ICC, Zum „Aushandeln" einer Vertragsbestimmung in Verträgen zwischen Unternehmen, SchiedsVZ 2005, 108 ff.
ICC, ICC International Court of Arbitration Bulletin, Vol. 22 (1), Paris 2011.
ICSID, History of the ICSID Convention (Vol. I, II), Washington D.C. 1968, 1970.
ICSID, The ICSID Caseload – Statistics, 2012 (1), Washington D.C. 2012, http://icsid.worldbank.org/ICSID/FrontServlet?requestType=ICSIDDocRH&actionVal=ShowDocument&CaseLoadStatistics=True&language=English31 (zuletzt abgerufen am 01.07.2013).
Ipsen, Knut, Völkerrecht, 5. Aufl. München 2004.
Jacob, Marc, Precedents: Lawmaking Through International Adjudication, GLJ 12 (2011), 1005 ff.
Jacquet, Jean-Michel, Avons-nous besoin d'une jurisprudence arbitrale?, Rev. Arb. 2010, 445 ff.
Jarrosson, Charles, Des arbitres sans contrôle?, in: *Leben, Charles* (Hg.), La procédure arbitrale relative aux investissements internationaux, Louvain-la-Neuve 2010, S. 263 ff.
Jarvin, Sigvard, The Group of Companies Doctrine, ASA SpS 8 (1994), 181 ff.
Jenkins, Jane/Stebbings, James, International Construction Arbitration Law, Aalphen aan den Rijn 2006.

Johannsen, Sven Leif Erik, Der Investitionsbegriff nach Art. 25 Abs. 1 der ICSID-Konvention, BTW (2009), 1ff.
Jolivet, Emmanuel, Les Incoterms. Étude d'une norme du commerce international, Paris 2003.
Jouannet, Emmanuelle, La notion de jurisprudence internationale en question, in: *SFDI* (Hg.), La juridictionnalisation du droit international, Paris 2003, S. 343ff.
Jürschik, Corina, Die Ausdehnung der Schiedsvereinbarung auf konzernzugehörige Unternehmen, Hamburg 2011.
Kähler, Lorenz, Strukturen und Methoden der Rechtsprechungsänderung, 2. Aufl. Baden-Baden 2011.
Kahn, Philippe, The Law Applicable to Foreign Investments: The Contribution of the World Bank Convention on the Settlement of Investment Disputes, Ind. L. J. (1968), 1ff.
Karton, Joshua D. H., Party Autonomy and Choice of Law: Is International Arbitration Leading the Way or Marching to the Beat of its Own Drummer?, UNB L. J. (2010), 1ff.
Kaufmann-Kohler, Gabrielle, The Arbitrator and the Law: Does He/She Know It? Apply It? How? And a Few More Questions, Arb. Int. 21 (2005), 631ff.
Kaufmann-Kohler, Gabrielle, In Search of Transparency and Consistency, TDM 2 (2005), 1ff.
Kaufmann-Kohler, Gabrielle, Arbitral Precedent: Dream, Necessity or Excuse?, Arb. Int. 23 (2007), 357ff.
Kaufmann-Kohler, Gabrielle, Soft Law in International Arbitration: Codification and Normativity, J. Int. Disp. S. 1 (2010), 283ff.
Kegel, Gerhard/Schurig, Klaus, Internationales Privatrecht, 9. Aufl. München 2004.
Kessedjian, Catherine, To Give or Not to Give Precedential Value to Investment Arbitration Awards?, in: *Rogers, Catherine A./Alford, Roger P.* (Hg.), The Future of Investment Arbitration, Oxford, New York 2009, S. 43ff.
King, D. Brian, Consistency of Awards in Cases of Parallel Proceedings Concerning Related Subject Matters, in: *Schlaepfer, Anne-Véronique/Pinsolle, Philippe/Degos, Louis* (Hg.), Towards a Uniform International Arbitration Law?, New York 2005, S. 293ff.
Kingsbury, Benedict/Schill, Stephan, Investor-State Arbitration as Governance: Fair and Equitable Treatment, Proportionality and the Emerging Global Administrative Law, IILJ WP 6 (2009), 1ff.
Klöckner, Ilka, Grenzüberschreitende Bindung an zivilgerichtliche Präjudizien, Tübingen 2006.
Knahr, Christina/Reinisch, August, Transparency versus Confidentiality in International Investment Arbitration – The Biwater Gauff Compromise, LPICT 6 (2007), 97ff.
Knull, William H./Rubins, Noah, Betting the Farm on International Arbitration: Is it Time to Offer an Appeal Option?, Am. Rev. Int. Arb. 11 (2000), 531ff.
Komárek, Jan, Judicial Lawmaking and Precedent in Supreme Courts, LSE WP 4 (2011), 1ff.
Kouris, Steven, Confidentiality: Is International Arbitration Losing One of Its Major Benefits?, J. Int. Arb. 22 (2005), 127ff.
Kramer, Stefan, Die Meistbegünstigung, RIW 1989, 473ff.
Kreindler, Richard, Possible Future Revisions to the IBA Rules on the Taking of Evidence in International Commercial Arbitration, in: *Böckstiegel, Karl-Heinz/Berger, Klaus Peter/Bredow, Jens* (Hg.), The Taking of Evidence in International Commercial Arbitration, Köln 2010, S. 85ff.
Kriele, Martin, Theorie der Rechtsgewinnung, 2. Aufl. Berlin 1976.
Kriele, Martin, Gesetzestreue und Gerechtigkeit in der richterlichen Rechtsfindung, in: *Universität zu Köln* (Hg.), Festschrift der Rechtswissenschaftlichen Fakultät zur 600-Jahr-Feier der Universität zu Köln, Köln 1988, S. 707ff.

Kriele, Martin, Grundprobleme der Rechtsphilosophie, Münster 2003.

Kriele, Martin, Richterrecht und Rechtspolitik, ZRP 2008, 51ff.

Krishnan, Devashish, A Notion of ICSID Investment, TDM 6 (2009), 1ff.

Kropholler, Jan, Internationales Einheitsrecht, Tübingen 1975.

Kropholler, Jan, Internationales Privatrecht, 2. Aufl. Tübingen 2006.

Kurtz, Jürgen, The Delicate Extension of Most-Favoured-Nation Treatment To Foreign Investors: Maffezini v Kingdom of Spain, in: *Weiler, Todd* (Hg.), International Investment Law and Arbitration, London 2005, S. 523ff.

Lachmann, Jens-Peter, Handbuch für die Schiedsgerichtspraxis, 3. Aufl. Köln 2008.

Laird, Ian A., A Distinction without a Difference? An Examination of the Concepts of Admissibility and Jurisdiction in *Salini v. Jordan* and *Methanex v. USA*, in: *Weiler, Todd* (Hg.), International Investment Law and Arbitration, London 2005, S. 201ff.

Lando, Ole, Conflict-of-Law Rules for Arbitrators, in: *Bernstein, Herbert* (Hg.), Festschrift für Konrad Zweigert zum 70. Geburtstag, Tübingen 1981, S. 157ff.

Langenbucher, Katja, Die Entwicklung und Auslegung von Richterrecht – Eine methodologische Untersuchung zur richterlichen Rechtsfortbildung im deutschen Zivilrecht, München 1996.

Larenz, Karl, Methodenlehre der Rechtswissenschaft, 2. Aufl. Berlin, Heidelberg, New York 1992.

Larenz, Karl/Canaris, Claus-Wilhelm, Methodenlehre der Rechtswissenschaft, 4. Aufl. Berlin 2010.

Larroumet, Christian, A propos de la jurisprudence arbitrale, Gaz. Pal. 348 (2006), 5ff.

Latty, Franck, La lex sportiva: Recherche sur le droit transnational, Boston 2007.

Lazareff, Serge, Confidentialité et arbitrage: approche théorique (et même philosophique), in: *ICC* (Hg.), La confidentialité dans l'arbitrage – Supplément spécial 2009, Paris 2009, S. 87ff.

Lederman, Leandra, Precedent Lost: Why Encourage Settlement, And Why Permit Non-Party Involvement In Settlements?, Notre Dame L. Rev. 75 (1999), 221ff.

Leurent, Bruno, Reflections on the International Effectiveness of Arbitration Awards, J. Int. Arb. 4 (1996), 269ff.

Lévi-Strauss, Claude, La pensée sauvage, 1. Aufl. Paris 1962.

Levit, Janet Koven, A Bottom-Up Approach to International Lawmaking: The Tale of Three Trade Finance Instruments, Yale J. Int. L. 30 (2005), 125ff.

Levit, Janet Koven, Bottom-Up Lawmaking through a Pluralist Lens: The ICC Banking Commission and the Transnational Regulation of Letters of Credit, Emory L. J. 57 (2008), 1147ff.

Lew, Julian D., Applicable Law in International Commercial Arbitration, Dobbs Ferry 1978.

Lew, Julian D., The Case for the Publication of Arbitration Awards, in: *Schultsz, Jan C./van den Berg, Albert Jan* (Hg.), The Art of Arbitration: essays on international arbitration. Liber Amicorum Pieter Sanders; Deventer 1982, S. 223ff.

Linarelli, John, Analytical Jurisprudence and the Concept of Commercial Law, Penn. St. L. Rev. 114 (2009), 119ff.

Lionnet, Klaus, Rechtspolitische Bedeutung der Schiedsgerichtsbarkeit, in: *Berger, Klaus Peter/Ebke, Werner F./Elsing, Siegfried H.* (Hg.), Festschrift für Otto Sandrock zum 70. Geburtstag, Heidelberg 2000, S. 603ff.

Loquin, Eric, L'application de règles anationales dans l'arbitrage commercial international, in: *ICC* (Hg.), L'apport de la jurisprudence arbitrale, Paris 1986, S. 67ff.

Loquin, Eric, Réflexions sur „la jurisprudence arbitrale“, sa cohérence et ses divergences, in: *Ancel, Pascal/Rivier, Marie-Claire* (Hg.), Les divergences de jurisprudence, Saint-Etienne 2003, S. 127 ff.

Loquin, Eric, Les obligations de confidentialité dans l'arbitrage, Rev. Arb. (2006), 323 ff.

Loquin, Eric, L'utilisation par les arbitres du TAS des principes généraux du droit et le développement d'une Lex sportiva, in: *Rigozzi, Antonio/Bernasconi, Michele* (Hg.), The Proceedings before the Court of Arbitration for Sport, Bern 2007, S. 85 ff.

Luban, David L., Settlements and the Erosion of the Public Realm, Geo. L. J. 83 (1995), 2619 ff.

Luhmann, Niklas, Das Recht der Gesellschaft, Frankfurt a.M. 1995.

Lyon, M. Beth, The Role of the Consulting Engineer in Developing Country Construction Under the FIDIC Form Contract, L. Pol. Int. Bus. 26 (1994), 273 ff.

MacCormick, Neil D./Summers, Robert S., Introduction, in: *MacCormick, Neil D./Summers, Robert S.* (Hg.), Interpreting Precedents – A Comparative Analysis, Ashgate 1997, S. 1 ff.

Mainguy, Daniel, Introduction générale au droit, 5. Aufl. Paris 2010.

Malaurie, Philippe, Les précédents et le droit: rapport français, in: *Hondius, Ewoud* (Hg.), Precedent and the Law – General reports of the XVIIth congress of the International Academy of Comparative Law, Brüssel 2007, S. 139 ff.

Malaurie, Philippe/Morvan, Patrick, Introduction générale, 3. Aufl. Paris 2009.

Mallmann, Roman A., Bau- und Anlagenbauverträge nach den FIDIC-Standardbedingungen, München 2002.

von Mangoldt, Hermann/Klein, Friedrich/Starck, Christian, Kommentar zum Grundgesetz – Band III, 6. Aufl. München 2010.

Markert, Lars, Streitschlichtungsklauseln in Investitionsschutzabkommen, Baden-Baden 2010.

Maunz, Theodor/Dürig, Günter, Grundgesetz – Kommentar, 62. EL München 2011.

Maupin, Julie A., MFN-based Jurisdiction in Investor-State-Arbitration: Is There Any Hope for a Consistent Approach?, J. Int. Econ. L. 14 (2011), 157 ff.

Maurer, Andreas, Lex Maritima, Tübingen 2012.

McLachlan, Campbell, Investment Treaties and General International Law, ICLQ 57 (2008), 361 ff.

von Mehren, Arthur Taylor, To what Extent Is International Commercial Arbitration Autonomous?, in: *Fouchard, Philippe/Kahn, Philippe/Lyon-Caen, Antoine* (Hg.), Le droit des relations économiques internationales: Études offertes à Berthold Goldman, Paris 1982, S. 217 ff.

Minoli, Eugenio, L'arbitrage, facteur d'unification du droit et d'élimination des conflits de lois, Rev. Arb. 1966, 63 ff.

Misra, Joyiyoti/Jordans, Roman, Confidentiality in International Arbitration: An Introspection of the Public Interest Exception, J. Int. Arb. 23 (2006), 39 ff.

Mistelis, Loukas, International Arbitration – Corporate Attitudes and Practices, 12 Perceptions Tested: Myths, Data and Analysis, Am. Rev. Int. Arb. 15 (2004), 525 ff.

Mistelis, Loukas, Confidentiality and Third Party Participation, Arb. Int. 21 (2005), 211 ff.

Molfessis, Nicolas, Les revirements de jurisprudence – Rapport remis à Monsieur le Premier Président Guy Canivet, Paris 2005.

Molineaux, Charles, Moving Toward a Construction Lex Mercatoria – A Lex Constructionis, J. Int. Arb. 14 (1997), 55 ff.

Montesquieu, De l'Esprit des lois, Bd. I [1748], 1. Aufl. Paris 1990.

Mortenson, Julian Davis, The Meaning of „Investment“: ICSID's Travaux and the Domain of International Investment Law, Harv. Int. L. J. 51 (2010), 257 ff.

Mourre, Alexis, Precedent and Confidentiality in International Commercial Arbitration: The Case for the Publication of Arbitral Awards, in: *Gaillard, Emmanuel/Banifatemi, Yas* (Hg.), Precedent in International Arbitration, New York 2008, S. 39 ff.
Müller, Christoph, La confidentialité en arbitrage commercial international: un trompe l'œil?, ASA Bull. 23 (2005), 216 ff.
Müller, Friedrich, ‚Richterrecht' – Elemente einer Verfassungstheorie, Berlin 1986.
von Münch, Ingo/Kunig, Philip, Grundgesetz Kommentar – Band II, 6. Aufl. München 2012.
Musielak, Hans-Joachim, Kommentar zur Zivilprozessordnung, 9. Aufl. München 2012.
Mustill, Michael J./Boyd, Stewart C., Commercial Arbitration, 2. Aufl. London 2001.
Naimark, Richard W./Keer, Stephanie E., What Do Parties Really Want From International Commercial Arbitration?, Disp. Res. J. 57 (2002/2003), 78 ff.
Nappert, Sophie, By Wit or Fortune Led: Thoughts on a Role for Precedent in International Commercial Arbitration, TDM 3 (2006), 1 ff.
Nariman, Fali S., International Commercial Arbitration – at the Cross-Roads, in: *Briner, Robert/Fortier, Yves/Berger, Klaus Peter/Bredow, Jens* (Hg.), Law of International Business and Dispute Settlement in the 21st Century. Liber Amicorum Karl-Heinz Böckstiegel, Köln 2001, S. 555 ff.
Neill, Patrick, Confidentiality in Arbitration, Arb. Int. 12 (1996), 287 ff.
Neumayer, Karl H., Diskussionsbeitrag, in: *Coing, Helmut* (Hg.), Materielles Recht und Verfahrensrecht in der internationalen Schiedsgerichtsbarkeit, Frankfurt a.M. 1972, S. 93 ff.
Newcombe, Andrew/Paradell, Lluís, Law and Practice of Investment Treaties: Standards of Treatment, Alphen aan den Rijn 2009.
Newdigate, Lord Saville of, The 1996 English Arbitration Act: A Ten Year Retrospective – Preface, Arb. Int. 23 (2007), 431 ff.
Noussia, Kyriaki, Confidentiality in International Commercial Arbitration: A Comparative Analysis of the Position under English, US, German and French Law, Berlin, Heidelberg 2010.
OECD, Perspectives on Global Development 2010: Shifting Wealth, Paris 2010.
Oldenstam, Robin/von Pachelbel, Johann, Confidentiality and Arbitration – a few reflections and practical notes, SchiedsVZ 2006, 31 ff.
Oppetit, Bruno, Théorie de l'arbitrage, Paris 1998.
Orrego Vicuña, Francisco, Arbitration in a New International Alternative Dispute Resolution, ICSID News 18 (2001), 1 ff.
Oschütz, Frank, Sportschiedsgerichtsbarkeit. Die Schiedsverfahren des Tribunal Arbitral du Sport vor dem Hintergrund des schweizerischen und deutschen Schiedsverfahrensrechts, Berlin 2004.
Parisi, Francesco/Fon, Vincy, The Economics of Lawmaking, Oxford, New York 2009.
Park, William W., Arbitration of International Business Disputes: Studies in Law and Practice, Oxford 2006.
Park, William W., The Procedural Soft Law of International Arbitration: Non-Governmental Instruments, in: *Mistelis, Loukas/Lew, Julian D.* (Hg.), Pervasive Problems in International Arbitration, Alphen aan den Rijn 2006, S. 141 ff.
Park, William W., Non-Signatories and International Contracts: An Arbitrator's Dilemma, in: *Bishop, R. Doak/Macmahon, Belinda* (Hg.), Multiple Party Actions in International Arbitrations, Oxford 2009, S. 3 ff.
Park, William W., Arbitrators and Accuracy, J. Int. Disp. S. 1 (2010), 25 ff.

Parra, Antonio R., Provisions on the Settlement of Investment Disputes in Modern Investment Laws, Bilateral Investment Treaties and Multilateral Instruments on Investment, ICSID Rev. 12 (1997), 287 ff.

Parra, Antonio R., Applicable Substantive Law in ICSID Arbitrations Initiated under Investment Treaties, ICSID Rev. 16 (2001), 20 ff.

Paulsson, Jan, Arbitration Without Privity, ICSID Rev. 10 (1995), 232 ff.

Paulsson, Jan, Jurisdiction and Admissibility, in: *Aksen, Gerald/Böckstiegel, Karl-Heinz/Mustill, Michael J./Patocchi, Paolo Michele/Whitesell, Anne Marie* (Hg.), Global Reflections on International Law, Commerce and Dispute Resolution. Liber Amicorum in Honour of Robert Briner, Paris 2005, S. 601 ff.

Paulsson, Jan, International Arbitration and the Generation of Legal Norms: Treaty Arbitration and International Law, TDM 3 (2006), 1 ff.

Paulsson, Jan/Rawding, Nigel, The Trouble with Confidentiality, Arb. Int. 11 (1995), 303 ff.

Peczenik, Aleksander, The Binding Force of Precedent, in: *MacCormick, Neil/Summers, Robert* (Hg.), Interpreting Precedents – A Comparative Study, Aldershot 1997, S. 475 ff.

Perez, Oren, Using Private-Public Linkages to Regulate Environmental Conflicts: The Case of International Construction Contracts, J. L. Soc. 29 (2002), 77 ff.

Perrot, Roger, Institutions judiciaires, 14. Aufl. Paris 2010.

Perschbacher, Rex R./Bassett, Debra Lyn, The End of Law, B. U. L. Rev. 84 (2004), 1 ff.

Pfaff, Dieter, Zum Problem der Veröffentlichung von Schiedssprüchen der internationalen Handels-Schiedsgerichtsbarkeit, in: *Kipp, Heinrich/Mayer, Franz/Steinkamm, Armin* (Hg.), Um Recht und Freiheit. Festschrift für Friedrich August Frh. von d. Heydte zur Vollendung d. 70. Lebensjahres, Berlin 1977, S. 1127 ff.

Posner, Richard A., The Theory and Practice of Citations Analysis, with Special Reference to Law and Economics, LEWP (1999), 1 ff.

Posner, Richard A., Economic Analysis of Law, 8. Aufl. New York 2011.

Poudret, Jean-François/Besson, Sébastien, Droit comparé de l'arbitrage international, Zürich, Genf, Basel 2002.

Prütting, Hanns, Vertraulichkeit in der Schiedsgerichtsbarkeit und in der Mediation, in: *Briner, Robert/Fortier, Yves L./Berger, Klaus Peter /Bredow, Jens* (Hg.), Law of International Business and Dispute Settlement in the 21st Century. Liber Amicorum Karl-Heinz Böckstiegel, Köln 2001, S. 629 ff.

Radi, Yannick, The Application of the Most-Favoured-Nation Clause to the Dispute Settlement Provisions of Bilateral Investment Treaties: Domesticating the ‚Trojan Horse', EJIL 18 (2007), 757 ff.

Raeschke-Kessler, Hilmar, Die IBA Rules über die Beweisaufnahme in internationalen Schiedsverfahren, in: *Böckstiegel, Karl-Heinz* (Hg.), Beweiserhebung in internationalen Schiedsverfahren, Köln, München u. a. 2001, S. 41 ff.

Raeschke-Kessler, Hilmar, The Contribution of International Arbitration to Transnational Procedural Law, in: *Aksen, Gerald/Böckstiegel, Karl-Heinz/Mustill, Michael J./Patocchi, Paolo Michele/Whitesell, Anne Marie* (Hg.), Global Reflections on International Law, Commerce and Dispute Resolution. Liber Amicorum in Honour of Robert Briner, Paris 2005, S. 647 ff.

Raeschke-Kessler, Hilmar/Berger, Klaus Peter, Recht und Praxis des Schiedsverfahrens, 3. Aufl. Köln 1999.

Ramberg, Jan, ICC Guide to Incoterms 2010, Paris 2011.

Ramsey, Vivian, Problems of Delay and Disruption Damages in International Construction Arbitration, in: *ICC* (Hg.), Dossier of the ICC Institute of World Business Law: Evaluation of Damages in International Arbitration, Paris 2006, S. 193ff.

Rauscher, Thomas/Wax, Peter/Wenzel, Joachim, Münchener Kommentar zur Zivilprozessordnung – Band III, 3. Aufl. München 2008.

Rayfuse, Rosemary/Lauterpacht, Elihu, Reports of Cases Decided under the Convention on the Settlement of Investment Disputes between States and Nationals of Other States – ICSID Reports Vol. 1, Cambridge 1993.

Raymond, Anjanette H., Confidentiality in a Forum of Last Resort: Is the Use of Confidential Arbitration a Good Idea for Business and Society, Am. Rev. Int. Arb. 16 (2005), 479ff.

Real, Gustav K. L., Der Schiedsrichtervertrag: Inhalt und rechtliche Regelung im deutschen Recht mit rechtsvergleichenden Ausblicken, Köln, Berlin u.a. 1983.

Redfern, Alan/Hunter, Martin, Law and practice of international commercial arbitration – Student edition, London 2003.

Redfern, Alan/Hunter, Martin, Law and Practice of International Commercial Arbitration, 4. Aufl. London 2004.

Reed, Lucy, The *De Facto* Precedent Regime in Investment Arbitration: A Case for Proactive Case Management, ICSID Rev. 25 (2010), 95ff.

Reinisch, August, The Use and Limits of Res Judicata and Lis Pendens as Procedural Tools to Avoid Conflicting Dispute Settlement Outcomes, LPICT 3 (2004), 37ff.

Reinisch, August, The Proliferation of International Dispute Settlement Mechanisms: The Threat of Fragmentation vs. the Promise of a More Effective System? Some Reflections From the Perspective of Investment Arbitration, in: *Buffard, Isabelle/Crawford, James/Pellet, Alain/Wittich, Stephan* (Hg.), International Law between Universalism and Fragmentation. Festschrift in Honour of Gerhard Hafner, Leiden 2008, S. 107ff.

Reinisch, August, The Role of Precedent in ICSID Arbitration, A. A. Yb. 2008, 495ff.

Reinisch, August, Internationales Investitionsschutzrecht, in: *Tietje, Christian* (Hg.), Internationales Wirtschaftsrecht, Berlin 2009, S. 347ff.

Renner, Moritz, Zwingendes transnationales Recht: Zur Struktur der Wirtschaftsverfassung jenseits des Staates, Baden-Baden 2010.

Reuben, Richard C., Confidentiality in Arbitration: Beyond the Myth, Kans. L. Rev. 54 (2006), 1255ff.

Rigozzi, Antonio, L'arbitrage international en matière de sport, Basel 2005.

Ritlewski, Kristoff, Die Lex Mercatoria in der schiedsgerichtlichen Praxis, SchiedsVZ 2007, 130ff.

Ritz, Philipp, Die Geheimhaltung im Schiedsverfahren nach schweizerischem Recht, Tübingen 2007.

Rogers, Catherine A., Transparency in International Commercial Arbitration, Kans. L. Rev. 54 (2006), 1301ff.

Roquette, Andreas J./Otto, Andreas, Vertragsbuch Privates Baurecht, 2. Aufl. München 2011.

Röthel, Anne, Normkonkretisierung im Privatrecht, Tübingen 2002.

Rubino-Sammartano, Mauro, Amiable Compositeur (Joint Mandate to Settle) and Ex Bono et Aequo (Discretional Authority to Mitigate Strict Law) – Apparent Synonyms Revisited, J. Int. Arb. 9 (1992), 5ff.

Rubins, Noah, The Evolution of Investment Arbitration in the U.S. FTAs with Singapore and Chile, TDM 3 (2004), 1ff.

Säcker, Franz Jürgen/Rixecker, Roland, Münchener Kommentar zum Bürgerlichen Gesetzbuch – Band III, 6. Aufl. München 2012.
Salacuse, Jeswald W., Towards a Global Treaty on Foreign Investment: The Search for a Grand Bargain, in: *Horn, Norbert* (Hg.), Arbitrating Foreign Investment Disputes, Den Haag 2004, S. 51ff.
Salacuse, Jeswald W., The Law of Investment Treaties, Oxford 2010.
Sandrock, Otto, Die Fortbildung des materiellen Rechts durch die Internationale Schiedsgerichtsbarkeit, in: *Böckstiegel, Karl-Heinz* (Hg.), Rechtsfortbildung durch Internationale Schiedsgerichtsbarkeit, Köln, Berlin u.a. 1989, S. 21ff.
Sandrock, Otto, How much freedom should an international arbitrator enjoy? – The desire for freedom from law v. the promotion of international arbitration, Am. Rev. Int. Arb. 3 (1992), 30ff.
Sandrock, Otto, Welches Kollisionsrecht hat ein Internationales Schiedsgericht anzuwenden?, RIW 1992, 785ff.
Sandrock, Otto, Arbitration Agreements and Groups of Companies, Int. L. 27 (1993), 941ff.
Sandrock, Otto, Die objektive Anknüpfung von Verträgen nach § 1051 II ZPO, RIW 2000, 321ff.
Sandrock, Otto, Die Aufweichung einer Formvorschrift und anderes mehr – Das Schweizer Bundesgericht erlässt ein befremdliches Urteil, SchiedsVZ 2005, 1ff.
Sawang, Judith, Geheimhaltung und rechtliches Gehör im Schiedsverfahren nach deutschem Recht, Tübingen 2010.
Schäfer, Erik/Verbist, Herman/Imhoos, Christophe, ICC Arbitration in Practice, Den Haag 2005.
Schäffer, Heinz, Rechtsquellen und Rechtsanwendung, Wien 1973.
Schanze, Erich, Investitionsverträge im internationalen Wirtschaftsrecht, Frankfurt a.M. 1986.
Schauer, Frederick, Why Precedent in Law (and Elsewhere) is Not Totally (or Even Substantially) About Analogy, PPS 3 (2008), 454ff.
Schill, Stephan, The multilateralization of international investment law, Cambridge 2009.
Schill, Stephan, Multilateralizing Investment Treaties Through Most-Favored-Nation Clauses, Berkeley J. Int. L. 27 (2009), 496ff.
Schill, Stephan, Allocating Adjudicatory Authority: Most-Favored-Nation Clauses as a Basis of Jurisdiction – A Reply to Zachary Douglas, J. Int. Disp. S. 2 (2011), 353ff.
Schill, Stephan, System-Building in Investment Treaty Arbitration and Lawmaking, GLJ 12 (2011), 1083ff.
Schill, Stephan, W(h)ither Fragmentation? On the Literature and Sociology of International Investment Law, EJIL 22 (2011), 875ff.
Schilling, Michael, Konkretisierungskompetenz und Konkretisierungsmethoden im Europäischen Privatrecht, Berlin 2009.
Schlosser, Peter, Das Recht der internationalen privaten Schiedsgerichtsbarkeit, 2. Aufl. Tübingen 1989.
Schlosser, Peter, Die Fortbildung des Prozeßrechts durch die Internationale Schiedsgerichtsbarkeit, in: *Böckstiegel, Karl-Heinz* (Hg.), Rechtsfortbildung durch Internationale Schiedsgerichtsbarkeit, Köln u.a. 1989, S. 5ff.
Schlüchter, Ellen, Mittlerfunktion der Präjudizien, Berlin, New York 1986.
Schmidt, Carsten, Prozessuale Meistbegünstigung im völkerrechtlichen Investitionsschutz, Frankfurt a. M. 2008.
Schmidt, Martin, Konkretisierung von Generalklauseln im europäischen Privatrecht, Berlin 2009.
Schmitthoff, Clive M., Das neue Recht des Welthandels, RabelsZ 1964, 47ff.

Schmitz, Amy J., Untangling the Privacy Paradox in Arbitration, Kans. L. Rev. 54 (2006), 1211ff.
Schreuer, Christoph, The ICSID Convention: A Commentary, Cambridge 2001.
Schreuer, Christoph, Travelling the BIT Route. Of Waiting Periods, Umbrella Clauses and Forks in the Road, JWIT 231 (2004), 231ff.
Schreuer, Christoph, Full Protection and Security, J. Int. Disp. S. 1 (2010), 1ff.
Schreuer, Christoph/Malintoppi, Loretta/Reinisch, August, The ICSID Convention: A Commentary, 2. Aufl. Cambridge 2009.
Schreuer, Christoph/Weiniger, Matthew, Conversations Across Cases – Is There a Doctrine of Precedent in Investment Arbitration?, TDM 3 (2006), 1ff.
Schreuer, Christoph/Weiniger, Matthew, A Doctrine of Precedent?, in: *Muchlinski, Peter/Ortino, Federico/Schreuer, Christoph* (Hg.), The Oxford Handbook of International Investment Law, Oxford, New York 2008, S. 1188ff.
Schroeder, Hans-Patrick, Die lex mercatoria arbitralis: strukturelle Transnationalität und transnationale Rechtsstrukturen im Recht der internationalen Schiedsgerichtsbarkeit, München 2007.
Schütze, Rolf A., Die Bestimmung des anwendbaren Rechts im Schiedsverfahren und die Feststellung seines Inhalts, in: *Briner, Robert/Fortier, Yves/Berger, Klaus Peter /Bredow, Jens Bredow* (Hg.), Law of International Business and Dispute Settlement in the 21st Century. Liber Amicorum Karl-Heinz Böckstiegel, Köln 2001, S. 715ff.
Schütze, Rolf A., Schiedsgericht und Schiedsverfahren, München 2007.
Schütze, Rolf A., Die gerichtliche Überprüfung von Entscheidungen des Schiedsgerichts, SchiedsVZ 2009, 241ff.
Schütze, Rolf A., Schiedsgerichtsbarkeit und Rechtsvergleichung, ZVglRWiss 2011, 89ff.
Schütze, Rolf A./Tscherning, Dieter/Wais, Walter, Handbuch des Schiedsverfahrens, 2. Aufl. Berlin 1990.
Sentner, James J., Who is Bound by Arbitration Agreements? Enforcement by and against Non-Signatories, Bus. L. Int. 6 (2005), 55ff.
Seppälä, Christopher R., The Arbitration Clause In FIDIC Contracts For Major Works, ICLR 22 (2005), 4ff.
Seppälä, Christopher R., The Development of a Case Law in Construction Disputes Relating to FIDIC Contracts, in: *Banifatemi, Yas* (Hg.), Precedent in International Arbitration, New York 2008, S. 67ff.
Seppälä, Christopher R., International Construction Contract Disputes: Second Commentary on ICC Awards Dealing Primarily with FIDIC Contracts, in: *ICC* (Hg.), International Court of Arbitration Bulletin Vol. 19 (2), 2008, S. 41ff.
Seppälä, Christopher R., The Development of a Case Law in Construction Disputes Relating to FIDIC Contracts, ICLR (2009), 105ff.
Shahabuddeen, Mohammed, Precedent in the World Court, Cambridge 1996.
Shihata, Ibrahim/Parra, Antonio R., The Experience of the ICSID, ICSID Rev. (1999), 299ff.
Silberman, Linda/Ferrari, Franco, Getting to the law applicable to the merits in international arbitration and the consequences of getting it wrong, L. Econ. Res. (2010), 1ff.
Simonel, Laurent-Xavier, Le juge et son précédent, Gaz. Pal. 344 (1999), 2ff.
Smit, Hans, A-National Arbitration, Tul. L. Rev. 63 (1989), 629ff.
Snyder, David V., Private Lawmaking, Ohio St. L. J. 64 (2003), 371ff.
Sonnauer, Heinz, Die Kontrolle der Schiedsgerichte durch die staatlichen Gerichte, Köln 1992.
Sornarajah, Muthucumaraswamy, The International Law on Foreign Investment, 2. Aufl. Cambridge 2004.

Spoorenberg, Frank/Vinuales, Jorge E., Conflicting Decisions in International Arbitration, LPICT 8 (2009), 91 ff.
Starck, Christian, Die Bindung des Richters an Gesetz und Verfassung, VVDStRL 1975, 43 ff.
von Staudinger, Julius, Kommentar zum Bürgerlichen Gesetzbuch mit Einführungsgesetz und Nebengesetzen, Berlin 2006.
Stein, Torsten, Demokratische Legitimierung auf supranationaler und internationaler Ebene, ZaöRV 2004, 563 ff.
Stein, Ursula, Lex Mercatoria: Realität und Theorie, Frankfurt a.M. 1995.
Stern, Brigitte, Trois arbitrages, un même problème, trois solutions: les nationalisations pétrolières libyennes devant l'arbitrage international, Rev. Arb. 1980, 3 ff.
Stipanowich, Thomas J., Reconstructing Construction Law: Reality and Reform in a Transactional System, Wis. L. Rev. (1998), 463 ff.
Strieder, Joachim, Rechtliche Einordnung und Behandlung des Schiedsrichtervertrages, Köln, Berlin u. a. 1984.
Strong, Stacie I., Research in International Commercial Arbitration: Special Skills, Special Sources, Am. Rev. Int. Arb. 20 (2009), 119 ff.
Summers, Robert S., Precedent in the United States (New York State), in: *MacCormick, Neil D./Summers, Robert S.* (Hg.), Interpreting Precedents – A Comparative Study, Ashgate 1997, S. 355 ff.
Sureda, Andrés Rigo, Precedent in Investment Treaty Arbitration, in: *Binder, Christina/Kriebaum, Ursula/Reinisch, August/Wittich, Stephan* (Hg.), International Investment Law for the 21st century: Essays in Honor of Christoph Schreuer, Oxford 2009, S. 830 ff.
Tams, Christian, An Appealing Option? The Debate about an ICSID Appellate Structure, BTW 57 (2006), 1 ff.
Teitelbaum, Ruth, Who's Afraid of *Maffezini?* Recent Developments in the Interpretation of Most Favored Nation Clauses, J. Int. Arb. 22 (2005), 225 ff.
Tercier, Pierre, La légitimité de l'arbitrage, Rev. Arb. 2011, 653 ff.
Teubner, Gunter, Globale Bukowina. Zur Emergenz eines transnationalen Rechtspluralismus, RJ 1996, 255 ff.
Teubner, Gunther, Recht als autopoietisches System, 2. Aufl. Frankfurt a. M. 1996.
Townsend, John M., Extending an arbitration Clause to a non-signatory Claimant or non-signatory defendant: does it make a difference?, in: *ICC* (Hg.), Dossier of the ICC Institute of World Business Law: Multiparty Arbitration, Paris 2010, S. 111 ff.
Trakman, Leon E., Confidentiality in International Commercial Arbitration, Arb. Int. 18 (2002), 1 ff.
Troper, Michel, La séparation des pouvoirs et l'histoire constitutionnelle française, Paris 1973.
Tudor, Ioana, The Fair and Equitable Treatment in the International Law of Foreign Investment, Oxford 2008.
Tweeddale, Andrew, Confidentiality in Arbitration and the Public Interest Exception, Arb. Int. 21 (2005), 59 ff.
Tweeddale, Andrew/Tweeddale, Keren, Arbitration of Commercial Disputes – International and English Law and Practice, Oxford, New York 2005.
UNCTAD, IIA Monitor No. 1 (2009), Genf 2009, http://unctad.org/en/Docs/webdiaeia20096_en.pdf (zuletzt abgerufen am 01.07.2013).

UNCTAD, Most-Favoured-Nation Treatment – UNCTAD Series on Issues in International Investment Agreements II (2010), New York, Genf 2010, http://unctad.org/en/Docs/diaeia20101_en.pdf (zuletzt abgerufen am 01.07.2013).

UNCTAD, IIA Issue Note No. 1 (2011), Genf 2011, http://unctad.org/en/Docs/webdiaeia20113_en.pdf (zuletzt abgerufen am 01.07.2013).

UNCTAD, Transparency – UNCTAD Series on Issues in International Investment Agreements II (2012), New York, Genf 2012, http://unctad.org/en/PublicationsLibrary/unctaddiaeia2011d6_en.pdf (zuletzt abgerufen am 01.07.2013).

UNCTAD, World Investment Report 2012, Genf 2012, http://unctad.org/en/PublicationsLibrary/wir2012_embargoed_en.pdf (zuletzt abgerufen am 01.07.2013).

Vandevelde, Kenneth J., Bilateral Investment Treaties, Oxford 2010.

Vargiu, Paolo, Beyond Hallmarks and Formal Requirements: A „Jurisprudence Constante" on the Notion of Investment in the ICSID Convention, JWIT 10 (2009), 753 ff.

Velten, Rainer, Die Anwendung des Völkerrechts auf State Contracts in der internationalen Schiedsgerichtsbarkeit, Berlin 1987.

Vidal, Dominique, The Extension of Arbitration Agreements within Groups of Companies: The Alter Ego Doctrine in Arbitral and Court Decisions, ICC Bull. 16 (2005), 63 ff.

Voser, Nathalie, Harmonization by Promulgating Rules of Best International Practice in International Arbitration, SchiedsVZ 2005, 113 ff.

Wälde, Thomas, La Jurisprudence du CIRDI, TDM 1 (2004), 1 ff.

Wälde, Thomas, Alternatives for Obtaining Greater Consistency in Investment Arbitration: An Appellate Institution after the WTO, Authoritative Treaty Arbitration or Mandatory Consolidation?, TDM 2 (2005), 71 ff.

Wälde, Thomas, The Present State of Research Carried Out by the English-Speaking Section of the Centre for Studies and Research, RdC (2006), 63 ff.

Wank, Rolf, Die verfassungsgerichtliche Kontrolle der Gesetzesauslegung und Rechtsfortbildung durch die Fachgerichte, JuS 1980, 545 ff.

Weeramantry, J. Romesh, The Future Role of Past Awards in Investment Arbitration, ICSID Rev. 25 (2010), 111 ff.

Weidemaier, W. Mark C., Towards a Theory of Precedent in Arbitration, W. M. L. Rev. 51 (2010), 1896 ff.

Weise, Paul-Frank, Lex mercatoria – Materielles Recht vor der internationalen Schiedsgerichtsbarkeit, Frankfurt a.M. 1990.

Wertenbruch, Johannes, Die INCOTERMS – Vertragsklauseln für den internationalen Kauf, ZGS 2005, 136 ff.

Whittaker, Simon, Precedent in English law: a view from the citadel, in: *Hondius, Ewoud* (Hg.), Precedent and the law – General reports of the XVIIth congress of the International Academy of Comparative Law, Brüssel 2007, S. 27 ff.

Wilske, Stephan/Shore, Laurence/Ahrens, Jan-Michael, „Group of Companies Doctrine" – Where is it heading?, Am. Rev. Int. Arb. 17 (2006), 73 ff.

Wolf, Christian, Die institutionelle Handelsschiedsgerichtsbarkeit, München 1992.

Woolhouse, Sarita Patil, Group of Companies Doctrine and English Arbitration Law, Arb. Int. 20 (2004), 435 ff.

Wortmann, Beda, Choice of Law by Arbitrators: The Applicable Conflict of Laws System, Arb. Int. 14 (1998), 97 ff.

Yannaca-Small, Katia, Definition of „Investment“: An open-ended Search for a Balanced Approach, in: *Yannaca-Small, Katia* (Hg.), Arbitration under International Investment Agreements, Oxford, New York 2010, S. 243 ff.

Zander, Michael, The law-making process, 6. Aufl. Cambridge 2004.

Zeitler, Helge Elisabeth, Full Protection and Security, in: *Schill, Stephan* (Hg.), International Investment Law and Comparative Public Law, Oxford 2010, S. 183 ff.

Zénati, Frédéric, La nature de la Cour de cassation, Bull. info., n° 575, 15.04.2003, http://www.courdecassation.fr/publications_cour_26/bulletin_information_cour_cassation_27/bulletins_information_2003_1615/n_575_1652/ (zuletzt abgerufen am 01.07.2013).

Zénati, Frédéric, La jurisprudence, Paris 1991.

Ziegler, Andreas R., Most-Favoured-Nation (MFN) Treatment, in: *Reinisch, August* (Hg.), Standards of Investment Protection, Oxford 2008, S. 59 ff.

Zoellner, Carl-Sebastian, Das Transparenzprinzip im internationalen Wirtschaftsrecht, Halle a. d.S. 2009.

Zumbansen, Peer, Lex Mercatoria, Schiedsgerichtsbarkeit und Transnationales Recht, RabelsZ 2003, 637 ff.

Zweigert, Konrad/Kötz, Hein, Einführung in die Rechtsvergleichung auf dem Gebiete des Zivilrechts, 3. Aufl. Tübingen 1996.

Sachregister

FSC
www.fsc.org
MIX
Papier | Fördert gute Waldnutzung
FSC® C083411

Kolibri 360 GmbH
Ferdinand-Jühlke-Straße 7
99095 Erfurt, Deutschland
produktsicherheit@kolibri360.de